W0195748

SCHWEIZ

NATIONAL GEOGRAPHIC TRAVELER

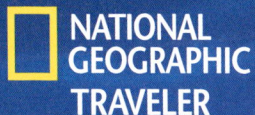

SCHWEIZ

Teresa Fisher

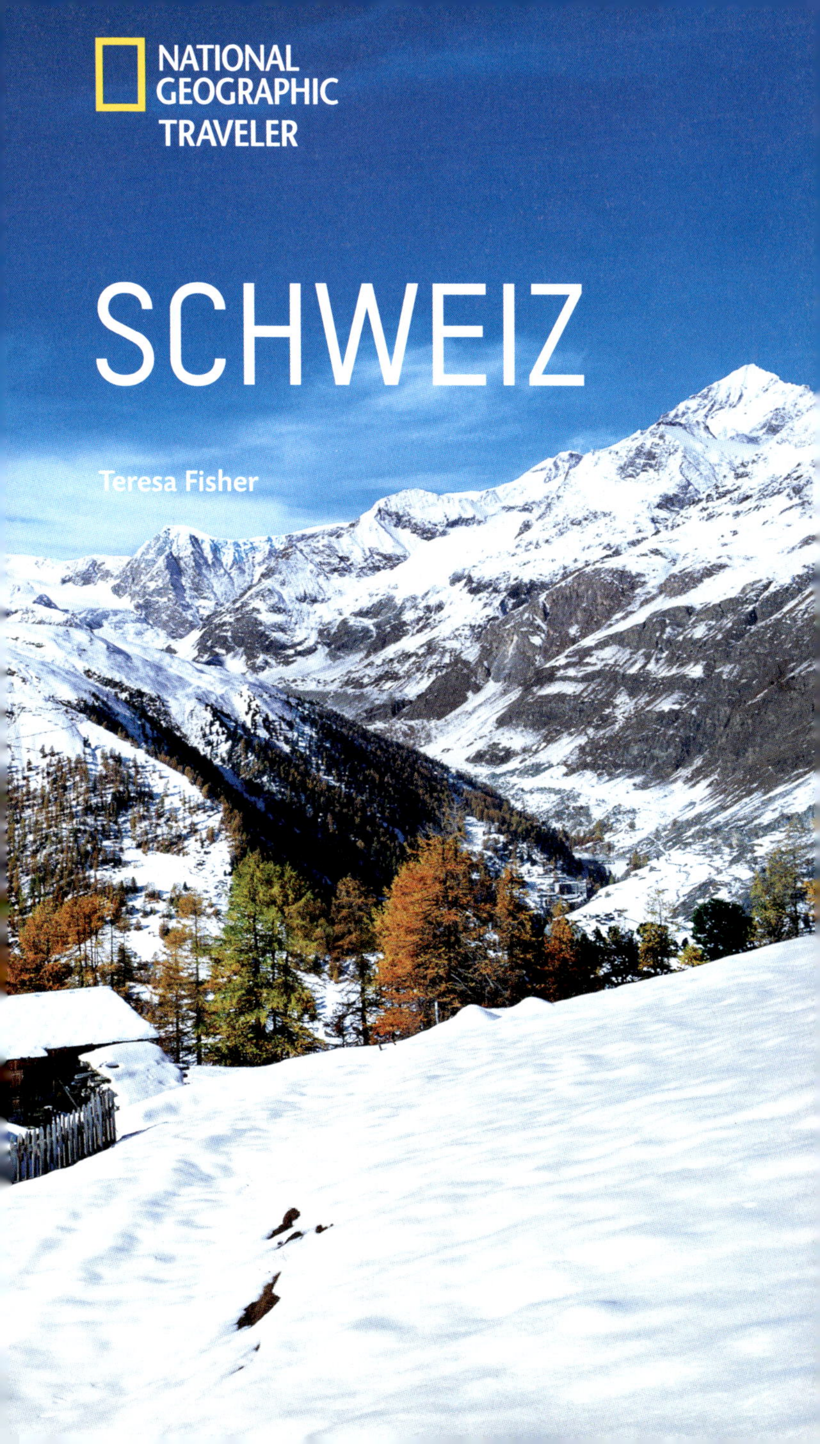

INHALT

Seiten 2–3: Das legendäre Matterhorn

RÜCKSICHTSVOLL REISEN

Umsichtige Urlauber brechen voller Neugierde auf und kehren reich an Erfahrungen nach Hause zurück. Wer dabei rücksichtsvoll reist, kann seinen Teil zum Schutz der Tierwelt, zur Bewahrung historischer Stätten und zur Bereicherung der Kultur vor Ort beitragen. Und er wird selbst reich beschenkt mit unvergesslichen Erlebnissen.

Möchten nicht auch Sie verantwortungsbewusst und rücksichtsvoll reisen? Dann sollten Sie folgende Hinweise beachten:

- Vergessen Sie nie, dass Ihre Anwesenheit einen Einfluss auf die Orte ausübt, die Sie besuchen.

- Verwenden Sie Ihre Zeit und Ihr Geld nur auf eine Weise, die dazu beiträgt, den ursprünglichen Charakter eines Ortes zu bewahren. (Auf diesem Weg lernen Sie ein Land auch sehr viel besser kennen.)

- Entwickeln Sie ein Gespür für die ganz besondere Natur und das kulturelle Erbe Ihres Urlaubslandes.

- Respektieren Sie die heimischen Bräuche und Traditionen.

- Zeigen Sie den Einheimischen ruhig, wie sehr Sie das, was den besonderen Reiz ihres Landes ausmacht, zu schätzen wissen: die Natur und die Landschaft, Musik, typische Gerichte, historische Dörfer oder Bauwerke.

- Scheuen Sie sich nicht, mit Ihrem Geldbeutel Einfluss zu nehmen: Unterstützen Sie möglichst solche Einrichtungen oder Personen, die sich um die Bewahrung des Typischen und Althergebrachten bemühen. Entscheiden Sie sich für Läden, Restaurants, Gaststätten oder Reiseanbieter, denen offensichtlich an der Bewahrung ihrer Heimat gelegen ist. Und meiden Sie Geschäfte, die den Charakter eines Ortes stören.

- Wer auf diese Weise reist, hat mehr von seinem Urlaub, und er kann sicher sein, dass er seinen Teil zum Erhalt und zur Verbesserung eines Ortes oder einer Landschaft beigetragen hat.

Diese Art des Reisens gilt als zeitgemäße Form eines sanften, auf Nachhaltigkeit bedachten Tourismus; NATIONAL GEOGRAPHIC verwendet dafür auch den Begriff des „Geo-Tourismus". Gemeint ist damit ein Tourismus, der den Charakter eines Ortes – seine Umwelt, seine Kultur, seine natürliche Schönheit und das Wohlergehen seiner Bewohner – nicht aus den Augen verliert. Weitere Informationen zum Thema gibt es im National Geographic's Center for Sustainable Destinations unter www.nationalgeographic.com/travel/sustainable.

SCHWEIZ

ÜBER DIE AUTORIN

Die britische Autorin und Fotografin **Teresa Fisher** entdeckte ihre große Liebe zur Schweiz schon als kleines Kind auf den Skipisten in Wengen. Seitdem hat sie mehr als 30 Reiseführer über Ziele in aller Welt veröffentlicht, darunter mehrere speziell für Reisen mit Kindern. Ein besonderer Schwerpunkt sind europäische Städteführer. Außerdem hat sie für verschiedene Verlage wie Thomas Cook und Columbus ausführlich über die Schweiz geschrieben. Teresa Fisher gibt regelmäßig Reisetipps im BBC-Lokalradio. Ihre Fotos und Reiseberichte erscheinen in Großbritannien in verschiedenen überregionalen Zeitungen, darunter *Daily Telegraph*, *Sunday Telegraph* und *Sunday Times*. Sie spricht fließend Deutsch und Französisch, hat sieben Jahre in den Alpen gelebt, wo sie als Trainerin für interkulturelle Kommunikation für BMW tätig war, und einige Zeit als Journalistin in Zürich gearbeitet. Sie hat die Pisten der meisten Schweizer Skiorte befahren, ist über viele Alpenpässe gewandert, hat Ziegen gehütet und mit eigenen Händen Bergkäse geschöpft. Nur mit dem Jodeln will es noch nicht so richtig klappen.

Die Reise planen

Für die große Beliebtheit der Schweiz als Reiseland gibt es gute Gründe. Das kleine Land im Herzen Europas mit Grenzen zu Deutschland, Österreich, Frankreich, Italien und Liechtenstein ist berühmt für die Schönheit seiner Gebirgslandschaften. Es besitzt jedoch auch sehenswerte Städte mit hervorragenden Museen, märchenhafte Schlösser und andere imposante weltliche und sakrale Architektur. Die Schweiz hat für jeden Geschmack viel zu bieten.

Der Versuch, das ganze Land auf einer Reise kennenzulernen, ist von vornherein zum Scheitern verurteilt. Es gibt zwei Hauptkategorien von Schweizbesuchern. Für die Erholungs- und Sporturlauber ist die Schweiz ein Idyll mit verschneiten Alpengipfeln und glitzernden Seen und mit vielen Möglichkeiten, aktiv zu sein, im Sommer wie im Winter. Die Kulturtouristen zieht es vor allem in die Städte und die 980 Museen des Landes. Die meisten Museen befinden sich in den Städten nördlich der Alpen, in denen auch die Mehrzahl der 7,5 Millionen Einwohner der Schweiz lebt. Die Bundesstadt Bern liegt beinahe in der Mitte des Landes; weitere Bevölkerungszentren sind Zürich (nordöstlich von Bern), Luzern (östlich), Basel (nördlich), Genf und Lausanne (im Westen).

Unterwegs in der Schweiz

Die Schweiz besitzt das am besten funktionierende öffentliche Verkehrsnetz der Welt. Seine Hauptknotenpunkte sind Genf und Zürich. Mit dem nahtlos ineinandergreifenden System aus Zügen, Bussen, Schiffen, Berg- und Seilbahnen kommt man in dem kleinen Land mühelos und schnell herum. Die größeren Städte haben leistungsfähige Straßenbahnnetze. Für Vielfahrer lohnt sich der Swiss Pass (siehe S. 273). Er gewährt freie Fahrt oder zumindest Ermäßigungen in weiten Teilen des öffentlichen Verkehrsnetzes. Die Schweiz ist weltbekannt für Bahnverbindungen mit spektakulärer Streckenführung, also lehnt man sich am besten ganz entspannt zurück und genießt die Aussicht!

Schweizer Käsefondue

Eine Woche in der Schweiz

Wer nur eine Woche in der Schweiz verbringt, kann sich auf eine Stadt oder einen Skiort beschränken bzw. eine bestimmte Region erkunden oder im Schnelldurchgang durchs ganze Land touren. Für Tatendurstige ist eine Woche gerade genug, um einige der reizvollsten Städte kennenzulernen. Sollte Ihnen das vorgeschlagene Programm zu umfangreich sein, lassen Sie eine Stadt oder Sehenswürdigkeit aus und gehen Sie die Reise etwas ruhiger an.

Startpunkt ist die tonangebende Metropole Zürich am gleichnamigen See im Nordosten des Landes. Hier kann man den **ersten und zweiten Tag** im Kunsthaus Zürich und weiteren Weltklasse-Museen wie dem Landesmuseum Zürich zubringen. Wer sich so einen Überblick über die Landesgeschichte verschafft hat, wird der weiteren Reise noch mehr abgewinnen können. Sehr sehenswert sind auch das Fraumünster mit seinen herrlichen Glasmalereien und die Aussicht vom Turm des Grossmünsters. Danach lockt ein Einkaufsbummel durch die Bahnhofstrasse, die luxuriöseste Einkaufsmeile im ganzen Land. Später kann man das rege Nachtleben von Zürich oder einen Abend in der Oper genießen (Opernkarten frühzeitig reservieren; siehe Reiseinformationen S. 309).

NICHT VERSÄUMEN

Die Basler Fasnacht 53–54

Die Museen von Genf, Basel & Zürich 60–69, 88–93, 190–207

Eine Dampferfahrt auf dem Genfer See 73

Schweizer Schokolade 78–79

Schweizer Käsefondue 128–129

Eine Wanderung in der Jungfrau- Region 134–135

Skilaufen im sagenhaft schönen Wallis 153

Den Anblick des mächtigen Matterhorns 159

Schweizer Weine 210–211

Eine Fahrt mit dem Glacier- Express 240–241

Den Schweizerischen Nationalpark 243–244

Besucherinformation

Eine gute Informationsquelle für alle, die eine Reise in die Schweiz planen, ist **My Switzerland** *(www. myswitzerland.com),* die Website der offiziellen Schweizer Tourismusorganisation. Hier finden Sie aktuelle Detailinformationen zu Sehenswürdigkeiten, Veranstaltungen und Aktivitäten in jedem Kanton und Links zu regionalen Websites. Die Website der **Schweizerischen Bundesbahnen** *(www. sbb.ch)* liefert aktuelle Fahrplan- und Streckeninfos zur individuellen Reiseplanung.

Am **dritten Tag** geht es mit dem Zug weiter ins etwa eine Stunde entfernte Touristenmekka Luzern am Vierwaldstätter See. Dies ist die Landschaft von Wilhelm Tell und die Keimzelle der Eidgenossenschaft. Mit kopfsteingepflasterten Sträßchen, freskengeschmückten Häusern und malerischen Türmen und Kirchen verkörpert die Stadt das Postkartenimage der Schweiz. Außerdem beherbergt sie das Verkehrshaus der Schweiz, eines der besten Verkehrsmuseen der Welt, und die herausragende Sammlung Rosengart mit impressionistischer und moderner

Mit dem Auto durch die Schweiz

Viele Schweizer bevorzugen öffentliche Verkehrsmittel, aber es gibt überall Autovermietungen und die Straßen sind in gutem Zustand. Die schmalen, kurvenreichen Bergsträßchen sind nichts für schwache Nerven, laden aber zu wunderbaren Panoramatouren ein. Zu den spektakulärsten Strecken gehören die Passstraßen über den Großen Sankt Bernhard sowie über Furka-, Bernina-, Gotthard- und Simplonpass.

Malerei. Wer einen Tag mehr zur Verfügung hat, kann eine Bergtour auf den Pilatus (per Raddampfer und Zahnradbahn) oder auf den Rigi mit dem wohl schönsten Bergpanorama der Region unternehmen.

Der **vierte Tag** gehört der kleinen Bundesstadt Bern, die etwa eine Zugstunde von Luzern entfernt liegt. Nach einem Rundgang durch die mittelalterliche Altstadt pickt man sich am besten ein oder zwei Sehenswürdigkeiten aus der Riesenauswahl heraus, z. B. den BärenPark, wo sich einige echte Exemplare des Wappentiers der Stadt tummeln, oder das Zentrum Paul Klee. Der **fünfte Tag** führt ins Berner Oberland. Interlaken, rund eine Zugstunde von Bern, ist eine geeignete Ausgangsbasis in der Region. Wer sich für nur eine Bergtour entscheiden muss, sollte mit der Zahnradbahn zum Jungfraujoch hinauffahren. Am **sechsten Tag** erreicht man nach etwa drei Zugstunden Genf am idyllischen Genfer See im Südwesten des Landes. Die Stadt besitzt außergewöhnliche Museen wie das Musée International de la Croix-Rouge et du Croissant-Rouge, eine pittoreske Altstadt und das Palais des Nations, den europäischen Sitz der Vereinten Nationen. Wer vom Sightseeing genug hat, kann in Carouge nach Mitbringseln stöbern oder am Strand ausspannen, im See baden und den imposanten Jet d'Eau (Fontäne) vor der majestätischen Uferbebauung bewundern. Am **siebten Tag** geht es auf einer Raddampfertour über den Genfer See, an den Weinbergen am Seeufer vorbei ins lebendige Lausanne, geschichtsträchtige Vevey und mondäne Montreux. Rechtzeitig zum Abendessen ist man zurück in der Gourmethauptstadt Genf.

Empfehlungen für Besucher mit mehr Zeit

Wer einen tieferen Eindruck von der Schweiz gewinnen will, muss ihre verschiedenen Regionen abseits der Städte kennenlernen. Das erfordert

Kleine Namenkunde

Ob auf Autokennzeichen, bei Postanschriften oder als Endung von Schweizer Internetadressen, überall stößt man auf das Länderkürzel CH. Es steht für „Confoederatio Helvetica". Die lateinische Bezeichnung für die Schweizerische Eidgenossenschaft bezieht sich zwar auf den keltischen Stamm der Helvetier, der zu Zeiten der Römer in diesem Gebiet siedelte, stammt aber aus dem Jahr 1291 (siehe S. 34), in dem die drei Urkantone Uri, Unterwalden und Schwyz ihr erstes Bündnis schlossen. Später wurden die Eidgenossen allesamt als „Schwyzer" tituliert, daher der heute gebräuchliche Ländername Schweiz.

Volksfest in Urnäsch im überaus traditionsbewussten Appenzellerland

mehr Zeit, etwa für einen Abstecher nach Osten in die Bilderbuchlandschaft des **Appenzellerlands**, das sein Brauchtum noch intensiv pflegt,
oder zu den *sgraffito*-geschmückten Häusern des **Engadins** in Graubünden. Im Süden locken das legendäre **Matterhorn** und andere Hochal-
pengipfel rund um Walliser Skiorte wie **Zermatt** und **Verbier** oder die
Seen und Weinberge des **Tessins**. Im Westen kann man von Montreux
den **Schokoladenzug** in die grünen Hügel der Gruyères-Region nehmen, um das gleichnamige mittelalterliche Städtchen zu besuchen, Käse
zu kosten und die Schokoladenfabrik im nahen **Broc** zu besichtigen.

Lohnende Ziele sind auch oft vernachlässigte Provinzstädte wie **Fribourg**
(Freiburg) mit seiner attraktiven Altstadt, **Neuchâtel** (Neuenburg) als Tor
zum Schweizer Jura, **St. Gallen** mit seiner prachtvollen barocken Stiftsbibliothek oder **Basel**, eine Bastion der modernen Architektur am Dreiländereck.

Die Hochalpen sind ein Paradies für Naturfreunde, so etwa die wilden,
einsamen Täler des **Schweizerischen Nationalparks** in Graubünden. Das
Wallis bietet neben Skirevieren auch anspruchsvolle Wanderrouten. Im
benachbarten Tessin verbinden sich in den historischen Städten **Locarno**
und **Lugano** schweizerische Tüchtigkeit und mediterrane Lebensfreude.

Eines ist sicher: Wer einmal angefangen hat, das Vielseitige und Einzigartige der Schweiz zu entdecken, kommt immer wieder gern zurück, denn so
schnell bekommt man davon nicht genug! ∎

Geschichte & Kultur

Abenddämmerung am Züricher Hauptbahnhof

Die Schweiz heute

Die Schweiz ist ein kleines Land, geteilt durch sehr unterschiedliche Naturräume, vier Sprachen und viele Traditionen. Gleichzeitig ist sie eine geeinte Nation, die die Wirtschaftskraft des Nordens mit dem Lebensgefühl des Südens verbindet. Ob Deutschschweizer, Romand, Tessiner oder Rätoromane – Nationalgefühl haben alle.

Als Ausdruck des Nationalstolzes prangt allerorten unübersehbar die Schweizer Flagge. Würde sie von den Berggipfeln, aus den Vorgärten und von den offiziellen Gebäuden entfernt, es würde etwas fehlen. Sie ist ein echtes Markenzeichen.

Immer wieder beeindruckend ist die Vielfältigkeit des Landes. Wer von einer Ortschaft in die nächste fährt, stellt unter Umständen fest, dass er soeben eine Sprachgrenze überschritten hat. Überall herrscht jedoch die gleiche herzliche und großzügige Gastlichkeit, für die das Land berühmt ist. Vor der immer präsenten Gebirgskulisse breiten sich verschiedenste Landschaften aus, von den sanften Hügeln und dichten Wäldern des Jura bis zu den Seen, Weinbergen, Obstgärten und Schlössern im Flachland. In den Gebirgszügen umringen Berggiganten grandiose Gletscher und ewigen Schnee; auf dem Land sind es die Ansammlungen einfacher, sonnengegerbter Holzhäuser in Honig- oder Karamelltönen und das ferne Läuten der Kuhglocken, was die Besucher anzieht. Ob es den Schweizern recht ist oder nicht: Das Schokoladen-Image der Schweiz mit weißen Berggipfeln vor einem strahlend blauen, wolkenlosen Himmel, mit urigen Bergdörfern, blumenübersäten Wiesen und jodelnden Hirtenjungen in traditioneller Kleidung kommt nicht von ungefähr.

> **Wer von einer Ortschaft in die nächste fährt, stellt unter Umständen fest, dass er soeben eine Sprachgrenze überschritten hat.**

Jedoch hat die Schweiz weitaus mehr zu bieten. Die großen, vitalen Städte mit Weltklassemuseen, moderner Architektur, Juwelieren und Luxushotels zeugen von dem beneidenswerten Lebensstandard, für den die Schweiz ebenfalls berühmt ist. Seinesgleichen sucht das effiziente öffentliche Verkehrssystem des Landes. Die Schweiz verfügt über das dichteste Verkehrsmittelnetz der Welt, mit pünktlich verkehrenden Bahnen, Schiffen und Bussen, die auch das abgelegenste Bergdorf anfahren.

Die einzigartige Lage der Schweiz hat das Land in vielerlei Hinsicht geprägt. Als Schnittstelle alter Handelswege und des intellektuellen Austauschs zwischen der lateinischen und der germanischen Welt ist die Region schon von alters her ein Schmelztiegel der Kulturen. Hier treffen die Sprachen Deutsch, Französisch und Italienisch aufeinander und so kommt es, dass die Schweiz über vier Landessprachen verfügt. Die Mehrheit der Bevölkerung (63,7 %)

Das hypermoderne Einkaufszentrum Westside in Bern

Der blumengeschmückte Jardin Anglais im Zentrum von Genf

spricht *Schwyzerdütsch* (Schweizerdeutsch), eine gesprochene Sprache ohne
eine standardisierte schriftliche Form. Die große Vielzahl an melodischen regionalen Dialekten verdankt sich der trennenden Wirkung der Berge. Französisch
wird von etwa 20 Prozent der Schweizer im Westteil des Landes gesprochen,
der Romandie oder Welschschweiz. Das Schweizer Französisch ist dem Stan-
dard-Französisch sehr ähnlich, jedoch existieren einige besondere regionale
Ausdrücke und Aussprachen. Der berühmte „Röstigraben" (siehe Kasten S. 19)
trennt den französisch- vom deutschsprachigen Teil des Landes. Italienisch
wird im Tessin (6,4 %) in der Südschweiz gesprochen, Rätoromanisch (siehe
Kasten S. 49), eine Ableitung des Lateinischen, von rund einem Prozent der
Bevölkerung in einigen abgelegenen Tälern in Graubünden im Südosten.
Drei Kantone (Bern, Freiburg/Fribourg und Wallis/Valais) sind zweisprachig;
Graubünden ist sogar dreisprachig (Deutsch, Italienisch und Rätoromanisch).
Dennoch lernen die Kinder in der Schule vielerorts vor einer weiteren Landes-
sprache zunächst Englisch, was in der Bevölkerung sehr umstritten ist.

Politik & Wirtschaft

Angesichts der unterschiedlichen Landessprachen und -kulturen ist die
politische Stabilität der Schweiz bemerkenswert. Das einzigartige System
der direkten Demokratie hat sich seit der Unterzeichnung der Schwei-

zer Bundesverfassung 1848 (siehe S. 37f) nur wenig verändert. Seine
Ursprünge gehen bis auf die Reformation im 16. Jahrhundert zurück.
Nach Zwingli, Calvin und Luther (siehe S. 35f) sollten kirchliche Gemein-
den sich selbst leiten, ohne hierarchische Führung. Ihre demokratischen
Ideen bereiteten den Weg für die schweizerische Basisdemokratie, in der
die Bevölkerung relevante Entscheidungen per Volksabstimmung trifft.

Verwaltungsgliederung: Die Schweiz verfügt über drei Verwaltungsebe-
nen: den Bund, die Kantone und die Kommunen. Auf Bundesebene gibt
es drei Staatsgewalten, die Exekutive, die Legislative und die Judikative.
Die ausführende Gewalt bildet der Bundesrat, die gesetzgebende Gewalt
die Bundesversammlung, bestehend aus zwei Kammern, dem National-
und dem Ständerat. Diese Bundesinstitutionen sind in der Bundesstadt
Bern ansässig und bestimmen den Kurs in der Verteidigungs- und Außen-
politik. Der Einfluss der Zentralgewalten auf die Innenpolitik ist durch die
Verfassung eingeschränkt: Hier haben vor allem die Kantone das Wort.
Jedoch hat der Bund in letzter Zeit seine Gestaltungsmacht erweitert,
um auch andere landesweit relevante Fragen wie Energieversorgung,
Umweltschutz und organisierte Kriminalität angehen zu können. Der
Bundesrat ist ein siebenköpfiges Exekutivkabinett auf der Grundlage eines
Konkordanzsystems, das heißt, eine Koalition der großen Parteien mit
Sitzen je nach Stimmenanteil bei den Parlamentswahlen. Vorsitzender ist
der Bundespräsident, eine mehr oder weniger zeremonielle Position.

Auf Kantonsebene sind die entsprechenden Institutionen der Kantonsrat
und die Kantonsregierung, die sich
vor allem um kantonale Belange wie
Bildung und Gesundheit kümmern. Die
Schweiz ist in 26 Kantone gegliedert. Von
diesen sind 20 „volle" Kantone und sechs
„Halbkantone", was bei der Vertretung
im Ständerat eine Rolle spielt. Dies
sind die Gliedstaaten, die sich 1848 zur
Helvetischen Konföderation (siehe S. 38)
zusammenschlossen. Unter den Kantonen
stehen die Kommunen.

Das gesamte System stützt die Macht
des Volkes. In einigen Regionen in den
Kantonen Appenzell und Glarus (siehe
S. 228ff) versammeln sich die wahl- und
stimmberechtigten Bürger für bestimmte
Entscheidungen einmal im Jahr auf
großen freien Plätzen. Die Zeremonien
sind seit Jahrhunderten die gleichen. Die
Bevölkerung trägt Tracht und abgestimmt
wird per Handzeichen.

Frauenwahlrecht

**Angesichts der Geschichte der
Demokratie in der Schweiz ist es
überraschend, wie lange die Frauen
auf ihr Wahlrecht warten mussten.
Schon 1886 machten sie Eingaben
– jedoch erfolglos. Erst 1957 gab es
Fortschritte: Basel räumte den Frauen
ein Wahlrecht ein, allerdings nur auf
kommunaler und kantonaler Ebene.
Diesem Beispiel folgten die frankophonen Kantone Genf, Neuchâtel
und Waadt, sieben Jahre später auch
Zürich. Doch erst 1971 erhielten die
Frauen dank einer Zweidrittelmehrheit
das Wahlrecht bei den Schweizer Parlamentswahlen – viel später als in den
meisten europäischen Ländern. Einige
Kantone widersetzten sich, besonders
Appenzell Innerrhoden: Hier dürfen
Frauen erst seit 1991 über kantonale
Angelegenheiten abstimmen.**

Jeder Schweizer hat das Recht, Verfassungsänderungen vorzuschlagen. Um über eine Verfassungsänderung abstimmen zu lassen, müssen 100 000 Unterschriften gesammelt werden. Mit 50 000 Unterschriften können vom Schweizer Parlament verabschiedete Gesetze blockiert und eine Volksabstimmung herbeigeführt werden. Da alle paar Monate Abstimmungen auf kommunaler und kantonaler Ebene stattfinden, hat sich unter den Stimmberechtigten eine gewisse Abstimmungsmüdigkeit breitgemacht, und die Beteiligung liegt nur bei etwa 30 Prozent. Für eine Gesetzesänderung muss ein Vorschlag die Mehrheit der Kantone und der Gesamtstimmen gewinnen. Auch Fragen von nationaler Bedeutung werden per Referendum entschieden; dabei liegt die Beteiligung höher. So wurde 2001 der Beitritt zur Europäischen Union per Volksabstimmung abgelehnt.

Traditionell scheut die Schweiz vor Bündnissen zurück, die militärisches, politisches oder direktes wirtschaftliches Handeln erfordern.

Die schweizerische Außenpolitik beruht auf dem Grundsatz der Neutralität. Dies und die Finanzkraft des Landes haben dazu beigetragen, dass es auf europäischer wie auf weltpolitischer Ebene eine Rolle spielt. Grund für die Ablehnung des EU-Beitritts war und ist die Furcht vor dem Verlust des Schweizer Frankens, der Neutralität und des Systems der Volksabstimmungen. Dazu kommen Befürchtungen, dass die Schweiz mit ihren vier Kulturen ihre Identität verlieren würde, wenn sie sich den großen

Im Bundespalast in Bern werden neue Mitglieder des Bundesrates vereidigt

Nachbarn Deutschland, Frankreich und Italien weiter annähern würde. Um die Nachteile der Nichtmitgliedschaft auszugleichen, wurden Schweizer Vorschriften und Praktiken in zahlreichen Bereichen wie etwa beim Handel EU-Richtlinien angepasst. Zwei Drittel der schweizerischen Exporte gehen nämlich in die EU. 2008 trat in der Schweiz nach einer Volksabstimmung das Schengener Abkommen in Kraft; die Personenkontrollen im Reiseverkehr zwischen der Schweiz und den EU-Nachbarstaaten wurden abgebaut.

Die Schweiz auf internationalem Parkett: Die politische Neutralität, gepaart mit der langen Demokratie- und Diplomatiegeschichte des Landes, ist der Schlüssel zum internationalen Erfolg der Schweiz. Traditionell scheut das Land vor Bündnissen zurück, die militärisches, politisches oder direktes wirtschaftliches Handeln erfordern. Stattdessen bietet sich die Schweiz lieber als Vermittler an und richtet wichtige internationale Konferenzen aus. Der Beitritt zu den Vereinten Nationen 2002 markierte das Ende einer jahrhundertelangen selbstgewählten Isolation.

Gemäß der Landesverfassung besteht das Hauptziel der schweizerischen Außenpolitik darin, die Unabhängigkeit und den Wohlstand der Nation zu bewahren. Weitere Ziele sind die Förderung der friedlichen Koexistenz der Völker, die Förderung der Achtung der Menschenrechte, der Demokratie und des Gesetzes, die Linderung von Leid und Armut auf der Welt, die Bewahrung der natürlichen Ressourcen und die Förderung Schweizer Wirtschaftsinteressen auf der Welt.

> ## Der Röstigraben
>
> Als „Röstigraben" wird die gedachte Trennlinie zwischen den französisch- und den deutschsprachigen Regionen der Schweiz bezeichnet. Die Sprachgrenze verdankt ihren Namen den Rösti, einem klassischen deutsch-schweizerischen Kartoffelgericht. Sie beginnt im Norden, im Jura, zwischen Delémont und Laufen, und zieht sich durch die Kantone Bern, Fribourg und Wallis. Auf Beschilderungen finden sich oft beide Sprachen, z. B. Basel/Bâle, Murten/Morat und Biel/Bienne. Am augenfälligsten ist die Sprachgrenze in Freiburg/Fribourg: Hier sprechen die Bewohner westlich der Sarine/Saane Französisch, östlich des Flusses jedoch Deutsch.

Daher ist die Schweiz (und insbesondere Genf) Sitz zahlreicher internationaler Organisationen, darunter die Weltgesundheitsorganisation und das Internationale Roten Kreuz. Die Schweiz gehört außerdem einigen internationalen Wirtschaftsorganisationen an, so der Welthandelsorganisation (WHO), dem Internationalen Währungsfonds (IWF), der Weltbank und der Organisation für wirtschaftliche Zusammenarbeit und Entwicklung (OECD).

Sogar in den Zeiten der globalen Finanzkrise kann die Schweiz auf eine gesunde Infrastruktur, effiziente Märkte und ein hohes Niveau in der wissenschaftlichen Forschung und beim technologischen Fortschritt verweisen. Die Schweiz verfügt über die niedrigste Inflationsrate und Arbeitslosenquote aller industrialisierten Länder. Die Verbrechensraten zählen zu den niedrigsten weltweit. Das Land ist politisch stabil, der Schweizer Franken ist nach wie vor eine der sichersten Währungen der Welt, und das Land ist weltweit führend mit hohen Standards bei Finanzdienstleistungen. Weitere wichtige Wirtschaftszweige sind der Tourismus sowie das Bau- und Versicherungswesen.

Tourismus

Der Schweizer Fremdenverkehr nahm seinen Anfang im 19. Jahrhundert, als die ersten markanten Gipfel der Alpen erstiegen wurden – vorwiegend von wohlhabenden britischen Bergsteigern in Begleitung örtlicher Bergführer. So 1811 die Jungfrau, 1855 der Monte Rosa, mit 4634 Meter Höhe der höchste Berg der Schweiz, und 1865 das Matterhorn. Diese Zeit gilt als das Goldene Zeitalter des Alpinismus. Berghütten und Grandhotels wurden gebaut. Letztere nicht nur in den Bergen, sondern auch in den Städten. Der Tourismus erforderte den Aufbau einer Verkehrsinfrastruktur. Ende des 19. Jahrhunderts gab es Bergbahnen am Pilatus, am Gornergrat und an der Jungfrau. Letztere beförderte ihre Gäste ganz hinauf zum Jungfraujoch (siehe S. 136f) und damit zur höchstgelegenen Bahnstation in Europa. Bis heute ist sie Touristenattraktion Nr. 1 in der Schweiz.

Schnell zog sich über das ganze Land ein Schienennetz, das schon in den 1950er Jahren elektrifiziert wurde. Heute bildet es das Rückgrat des effizienten Swiss Travel Systems. Je mehr sich das Land zum europäischen Urlaubsparadies entwickelte, desto mehr Interesse weckten die Grandhotels auch im Rest der Welt. Der Grundstein für das legendäre Schweizer Gastgewerbe war gelegt. Der ausgezeichnete Ruf gründete sich auf durchgehend hohe Standards, die auch heute noch in den renommierten Hotelier- und Gastronomieschulen des Landes vermittelt werden.

> **Die Schweizer mögen es gern sauber und ordentlich – wen wundert es da, dass sie Weltmeister im Recyceln sind.**

Es dauerte nicht lange, bis man in den Bergdörfern erkannte, dass man sowohl im Winter als auch im Sommer einiges zu bieten hatte. Dennoch setzte ein echter Massentourismus erst nach dem Zweiten Weltkrieg ein. Noch in den 1960er und 1970er Jahren waren die heute international bekannten Urlaubsorte Grindelwald und Zermatt kleine bescheidene Ortschaften. Heute ist die gesamte ländliche Schweiz das ganze Jahr über ein Urlaubsparadies. Die Städte haben sich zu beliebten Zielen für Kurzreisen entwickelt. Die klassischen Wintersportorte werden inzwischen auch im Sommer angesteuert: Dann locken nicht nur erstklassige Wandermöglichkeiten, sondern auch zahllose weitere Outdoor-Aktivitäten (siehe S. 212f).

Ski alpin an der Kleinen Scheidegg im Berner Oberland

Die Schweizer sorgen sich sehr um die Bewahrung ihrer Naturschönheiten und haben daher mit die strengsten Umweltschutzgesetze der Welt (siehe S. 31). Die Bevölkerung befolgt außerdem eine Reihe ungeschriebener Regeln und erwartet auch von Besuchern, dass sie sich an diese halten: Unter anderem dürfen keine Bergblumen gepflückt werden, beim Wandern muss man auf den ausgewiesenen Wegen bleiben, Feuer dürfen nur an dafür vorgesehenen Stellen entzündet werden und jeglicher Müll muss wieder mitgenommen werden. Die Schweizer mögen es gern sauber und ordentlich – wen wundert es da, dass sie Weltmeister im Recyceln sind. Im Durchschnitt werden Papier zu 75, Glas zu 95, Kunststoff zu 71, Aluminiumdosen zu 90 und Blechdosen zu 75 Prozent wiederverwertet. Nicht nur der Einzelne wird in die Pflicht genommen, auch die Unternehmen haben strenge Vorschriften. So sammeln z. B. die Schweizerischen Bundesbahnen (SBB) in ihren Zügen jährlich 2,5 Millionen Plastikflaschen, zwei Millionen Aluminiumdosen, eine Million Glasflaschen und 2600 Tonnen Zeitungen und Zeitschriften und führen sie der Wiederverwertung zu. Zwar werden auch in der Schweiz Steuern nicht bereitwilliger gezahlt als anderswo, doch die Steuerzahler sind damit einverstanden, umfassend in ein hypereffizientes Bahnnetz zu investieren, um die Straßen zu entlasten.

Was macht die Schweizer zu Schweizern?

Wer an die Schweiz denkt, denkt an Käse, Alphörner, Kuhglocken, Heidi und Schokolade. Solche Stereotype zu benennen ist eine Gratwanderung, man droht dabei ins Vorurteil abzugleiten. Wenngleich es den „typischen Schweizer" nicht gibt, existieren einige Mentalitätsmerkmale, die einer großen Zahl der derzeit knapp acht Millionen Schweizer eigen sind. Die folgende Betrachtung beruht jedoch nicht auf sozioökonomischen Fakten oder Untersuchungen.

Die meisten Schweizer sind sich darin einig, dass die Schönheit im Kleinen liegt, angefangen von der Größe ihres Landes bis zu den winzigen Blütenblättern der Nationalblume, des Edelweiß, und den feinen Mechanismen eines Schweizer Uhrwerks. Präzision ist der Schlüssel zum Erfolg, und damit Schweizer Qualitätserzeugnisse ihren Ruf behalten, wird eine Perfektion angestrebt, die von außen betrachtet manchmal die Grenze zur Pedanterie überschreitet. Die Schweizer verfügen über einen stark ausgebildeten Sinn für Identität und Patriotismus und sind mit gutem Recht stolz auf ihr wohlhabendes Land. Sie sind dabei sehr sparsam und stellen ihren Wohlstand nur selten zur Schau. In den Städten genießen die Bürger mit das höchste Pro-Kopf-Einkommen der

Trubel auf der Haupteinkaufsstraße von Zürich, der Bahnhofstrasse

ERLEBNIS: Französisch lernen beim Wandern

Wer auf entspannte und erfrischende Weise sein Französisch verbessern möchte, dem bietet **Le Français en Marchant** (*Château-d'Oex, Vaud, Tel. 023/342 22 67, E-Mail: info@francaisen marchant.ch, www.francaisenmarchant.ch, €€€€€*) im Kanton Waadt einwöchige Sprachkurse auf 960 Meter Höhe. Nach drei Stunden Sprachunterricht in kleinen Gruppen vormittags wird nachmittags in der malerischen Region Préalpes Vaudoises (Waadtländer Alpen) gewandert. Dabei kann man die neu erworbenen Sprachkenntnisse gleich anwenden. Die Übernachtung erfolgt in Gästezimmern im Dorf.

Welt. Die Schweiz verfügt über ein ausgezeichnetes Bildungs- und Gesundheitswesen. Statt lediglich Mehrheitsentscheidungen zu treffen, sind sie geübt im Kompromisseschließen. Obwohl politische Kommentatoren oft eine gewisse Schwerfälligkeit und Ineffizienz bemängeln, sind sich die Schweizer darin einig, dass langfristige Stabilität und die breite Akzeptanz von Gesetzen für die Wirtschaft besser sind als häufige Veränderungen. Im Ergebnis ist die Schweiz eine im Allgemeinen harmonische, tolerante und reibungslos funktionierende Nation. Nur selten werden Regeln gebrochen, und die Wähler zeigen ein hohes Maß an Bereitschaft, die für sie getroffenen Entscheidungen zu akzeptieren. Obwohl Ideen wie Menschenrechte und Asyl schon lange mit der Schweiz assoziiert werden, erweisen sich die Schweizer zuweilen als wenig tolerant gegenüber den vielen Ausländern, die den Schweizer Lebensstil teilen. Mehr als 20 Prozent der Bewohner der Schweiz sind Ausländer, und während die Schweiz die höchste Zahl an politischen Flüchtlingen pro Einwohner in Europa aufweist, sind die Meinungen zum Thema Einwanderung sehr gespalten.

Die Schweizer sind um die Bewahrung ihrer nationalen Identität mitsamt Sitten und Brauchtum sehr bemüht. Selbst in der hochtechnisierten Welt des 21. Jahrhunderts – in der 94 Prozent der Bewohner regelmäßig das Internet nutzen – gehört das Alphorn noch immer zu den wichtigsten Symbolen des Landes (siehe S. 50) und erklingt regelmäßig in Berghütten oder am Rand der Skipisten. Ein wichtiger Bestandteil der Schweizer Musik ist auch das Jodeln, das sich gerade in letzter Zeit wieder großer Popularität erfreut. Zu guter Letzt: In der Schweiz sollte man nie unpünktlich sein! Die Schweizer sind die unangefochtenen Meister der präzisen Zeitmessung. Züge fahren pünktlich ab und die Leute sind eher überpünktlich, als dass sie zu spät kommen.

So scheint alles in der Schweiz zu funktionieren wie ein Schweizer Uhrwerk. Das hört sich zu gut an, um wahr zu sein, aber tatsächlich: Die Schweizer sind gesetzestreu, effizient, fleißig, sauber, höflich und sehr liebenswert. Sie arbeiten hart, aber sie wissen auch zu feiern. Und „Swiss made" ist auf der ganzen Welt ein Synonym für Qualität. ∎

> **In der Schweiz sollte man nie unpünktlich sein! Die Schweizer sind die unangefochtenen Meister der präzisen Zeitmessung.**

Natur & Landschaft

Die Schweiz wartet mit einer Vielfalt von Landschaften auf, von saftig grünem Hügelland, weiten Seen und stillen Flüssen bis zu gewaltigen Bergriesen, funkelnden Gletschern, tosenden Wasserfällen und üppigen Bergtälern. Fast überall eröffnet sich ein Postkartenpanorama: ein Land von außergewöhnlicher Schönheit.

Geographische Gliederung

In der Schweiz lassen sich drei Naturräume unterscheiden: der Höhenzug des Jura im Nordwesten, die Alpen im Süden und Osten und dazwischen das Mittelland. Das Mittelland erstreckt sich vom Genfer See im Südwesten bis zum Bodensee im Nordosten und ist mit mehreren größeren Städten der am dichtesten besiedelte Teil der Schweiz. Fast zwei Drittel der Landesfläche von 41 284 Quadratkilometern ist von Bergen bedeckt. Höchster Berg ist der Monte Rosa im Kanton Wallis mit 4634 Metern. Trotz der damit verbundenen Einschränkungen wird knapp ein Drittel der Bodenfläche für Landwirtschaft, Industrie und zur Besiedlung genutzt.

Das Land wurde größtenteils von Gletschern geformt. Das ist besonders gut in den Alpen zu erkennen, in denen alle größeren Täler jene U-Form aufweisen, die sich der Erosion durch Gletscher verdankt. Während der Würmeiszeit war das Schweizer Mittelland komplett von Gletschern bedeckt. Nach dem Rückzug des Eises vor 18 000 Jahren blieben zwischen den hohen Bergen Gletscher zurück. Sie befinden sich vorwiegend in den Penninischen und Berner Alpen und die meisten schrumpfen heute aufgrund der Erderwärmung. Der größte und längste Gletscher in den Alpen ist der Aletschgletscher (siehe S. 137) südlich der Jungfrau. Die Jungfrau-Aletsch-Region bildet das größte Gletschergebiet in Westeuropa und gehört seit 2001 zum Unesco-Weltnaturerbe.

Die Jungfrau-Aletsch-Region bildet das größte Gletschergebiet in Westeuropa und gehört seit 2001 zum Unesco-Weltnaturerbe.

Das Mittelland: Die Landschaft des Mittellands mit vielen Seen wurde ebenfalls vom Eis geschaffen. Sie ist weitgehend hügelig, mit Höhen von 400 bis 700 Metern. Die größte Ebene ist das Drei-Seen-Land mit Lac de Neuchâtel (Neuenburger See), Lac de Morat (Murtensee) und Bieler See (Lac de Bienne). Geologisch gesehen ist das Mittelland Teil eines größeren Beckens, das sich im Südwesten bis nach Chambéry in Frankreich zieht und im Nordosten bis ins deutsche und österreichische Voralpenland. Innerhalb der Schweiz ist dieses Becken etwa 300 Kilometer lang und weitet sich von Westen nach Osten. Es ist geographisch und geologisch scharf abgegrenzt durch die Alpen im Süden und den Jura im Norden und Nordwesten.

Der Schweizer Jura: Die dicht bewaldete Hügellandschaft des Jura nimmt etwa ein Zehntel der Landesfläche der Schweiz ein. Das Gebirge entstand zur Zeit des Jura (daher der Name) und zieht sich zwischen den Flusssystemen des Rheins und der Rhone entlang. Es bildet einen Teil der Staatsgrenze zu Frankreich. Im Jura findet man eine Reihe eindrucksvoller Natursehenswürdigkeiten (siehe S. 103) wie den Creux du Van und

(Fortsetzung auf S. 28)

Eine Brücke in den Gorges d'Areuse bei Couvet im Jura

Sommer in den Bergen

Schweizer Alpenpanoramen sind auf der ganzen Welt bekannt, von spannenden Actionszenen in James-Bond-Filmen bis zur Toblerone, deren Dreiecksform dem berühmtesten Berg des Landes, dem Matterhorn, nachempfunden ist.

Viele Schweizurlauber sehen die Berge nur schneebedeckt und von den Skipisten aus. Jedoch entfaltet sich im Frühjahr, wenn der Schnee schmilzt und der Himmel aufklart, eine ungeheuer reizvolle und atemberaubend vielfältige Landschaft. Auch im Frühling und im Sommer halten die Berge jede Menge Aktivitäten und Attraktionen bereit.

Flora & Fauna

Strenge Umweltgesetze schützen die Natur, die in den Bergregionen erblüht. In den fragilen Ökosystemen sind einige seltene Pflanzen beheimatet, insbesondere auf den Bergwiesen, die von April bis Juli ein wahres Farbenmeer entfalten. Im Frühjahr sind frühe weiße Krokusse und violettblaue Enziane zu finden, danach kleine Bergorchideen, winzige Mannsschilde, gelber Gletscher-Hahnenfuß und leuchtend rote Alpenrosen. Allgemein lässt sich sagen: Je höher eine Pflanze wächst, desto seltener ist sie. Eine der bekanntesten Alpenblumen, doch auch eine der seltensten, ist die Schweizer Nationalblume, das Edelweiß, mit winzigen sternförmigen weißen Blüten. Es wächst auf Höhen von bis zu 3100 Metern.

Die höheren Lagen sind der Lebensraum von Steinbock und Gämse. Steinböcke waren über hundert Jahre lang fast ausgerottet, bevor sie ab 1906 wieder angesiedelt wurden. Dank Auswilderungsprogrammen gibt es auch wieder Luchse, Berghasen, Hermeline, Wiesel und sogar einige Wölfe und Braunbären. Leichter zu entdecken ist das Murmeltier, das in

unterirdischen Bauen an den Hängen lebt und wenn es Gefahr wittert, ein lautes, schrilles Pfeifen ausstößt.

In den Lüften erspäht man mit etwas Glück vor allem in der Südostschweiz den seltenen, majestätischen Steinadler sowie den Lämmer- oder Bartgeier mit einer Flügelspannweite von bis zu drei Metern. Zu den Vögeln, nach denen man oberhalb der Baumgrenze Ausschau halten sollte, gehören außerdem die Alpendohle, eine Bergkrähe mit gelbem Schnabel, und das außerordentlich zähe Alpenschneehuhn. An den bewaldeten Berghängen findet man in Aleppo-Kiefernwäldern den lauten, schwarz-weiß getüpfelten Tannenhäher sowie das Birkhuhn, dessen frühmorgendliche Balztänze ein Erlebnis sind. Weitere Informationen erteilt der Schweizer Vogelschutz *(www.birdlife.ch)*.

Wandern & Bergsteigen

Angesichts dieser Bergwelt überrascht es nicht, dass die Schweizer enthusiastische Wanderer sind. Eine Leidenschaft, die sie mit mehr als 120 Millionen Besuchern jährlich teilen. Es gibt mehr als 63 000 Kilometer Wanderwege *(sentier* auf Französisch, *sentiero* auf Italienisch) – kaum weniger als Straßen.

Bergsteigen verbreitete sich in den Alpen erst von der Mitte des 19. Jahrhunderts an, wenn auch einige wichtige Gipfel schon vorher erklommen worden waren wie 1779 der Mont Blanc und 1811 die Jungfrau. Erst mit der Gründung des English Alpine Club 1857, des ersten von mehreren Vereinen, die Bergsteiger aus ganz Europa zusammenbrachten,

Über einer Bergwiese im Wallis thront das mächtige Matterhorn

wurde der Sport wirklich populär. In den nächsten 20 Jahren erfolgten zahlreiche Erstbesteigungen, darunter die des Eigers 1858 und die des Matterhorns 1865.

Der größte Alpenverein der Schweiz, der Schweizer Alpen-Club *(Monbijoustrasse 61, Bern, Tel. 031/370 18 18, www.sac-cas.ch)*, wurde 1863 gegründet. Der Club unter-

hält 150 Berghütten. Wildes Zelten ist in der Schweiz grundsätzlich verboten. Die Ausstattung ist von Hütte zu Hütte unterschiedlich, alle bieten jedoch einfache, preisgünstige Unterkünfte; in einigen gibt es warme Mahlzeiten und Duschen. Kleinere, abgelegenere Hütten haben oft kein Personal.

Steinböcke sind exzellente Kletterer

die Taubenlochschlucht. Mit seinen sanften Bergen ist dieser Höhenzug ein beliebtes Ausflugsgebiet für Wanderer, Mountainbiker, Kanuten und Skilangläufer.

Die Alpen: Die Alpen sind eines der größten und höchsten Gebirge der Welt und ziehen sich in einem Bogen von Slowenien durch Österreich, Deutschland, Italien, Liechtenstein und die Schweiz bis nach Frankreich. Die Schweizer Alpen bilden das Kernstück der Kette. Sie umfassen die höchsten Berge Europas (mit Ausnahme des Mont Blanc in Frankreich): Rund 100 Gipfel sind um die 4000 Meter hoch.

Das Hochgebirge ist nur dünn besiedelt. Dennoch liegen hier zahlreiche Urlaubsorte und es existiert ein dichtes Netz an Eisen- und Zahnradbahnen, Bussen und Seilbahnen. Die Berge bilden den wichtigsten Besuchermagnet des Landes. Im Sommer kommen die Gäste zum Wandern und Bergsteigen, im Winter für den Wintersport in weltbekannten Orten wie Wengen, Zermatt, St. Moritz, Davos, Klosters und Verbier.

Die Alpen gliedern sich in Höhenstufen. Die meisten Bergdörfer liegen in der sogenannten subalpinen Zone unterhalb der Baumgrenze. Das Erscheinungsbild der Wälder in den unteren Lagen bestimmen zumeist Laubbäume, ab etwa 1200 Meter Höhe vermehrt Nadelbäume wie Lärchen und Zirbeln. Die Obergrenze der Zone liegt auf der Nordseite der Alpen bei etwa 1800 Metern, auf der Südseite bei rund 2000 Metern. Oberhalb der Baumgrenze beginnt die alpine Zone. Sträucher und Gebüsch gehen allmählich in Bergwiesen voller Blumen über – gutes Weideland. Die Ausdehnung dieser Zone hängt davon ab, wo der ewige Schnee beginnt. Die Grenze variiert zwischen 2800 und 3200 Metern. Die letzte Zone sind die Regionen des ewigen Schnees und Eises. Hier gibt es außer Forschungsstationen wie dem Sphinx-Observatorium auf dem Jungfraujoch und den Sternwarten am Matterhorn am Gronergrat keine Bewirtschaftung.

Alpenpässe & -tunnel

Die hohen Alpenpässe erschließen denjenigen, die sich die windigen und engen Serpentinenstraßen zumuten, die spektakulärste Landschaft des Landes. Da die Schweiz aufgrund ihrer zentralen Lage schon immer ein europäisches Drehkreuz war, dienten die Routen über den Großen St. Bernhard (siehe S. 150f), den Simplon oder den St. Gotthard schon vor Jahrhunderten als Verbindung zwischen Nord- und Südeuropa. Die meisten sind nur von April oder Mai bis Oktober passierbar, einige wie Bernina, Maloja, Lenzerheide und Simplon sind jedoch das ganze Jahr über offen. Es existiert eine große Anzahl beeindruckender Straßen- und/oder Eisenbahntunnel – jeder von ihnen eine ingenieurtechnische Meisterleistung. Der allererste Tunnel in den Alpen, das Urnerloch, wurde 1708 angelegt, um die Reise über den St. Gotthard zu erleichtern. Er war nur 64 Meter lang. Der erste Straßentunnel unterhalb eines Passes entstand 1964: der Große-St.-Bernhard-Tunnel. Bis 2007 war der 1881 gebohrte, 17 Kilometer lange Gotthard-Eisenbahntunnel der längste Tunnel seiner Art. Dann wurde der 34,6 Kilometer lange Lötschberg-Basistunnel eröffnet. Er ist der längste Landtunnel der Welt; durch ihn fahren sowohl Passagier- als auch Frachtzüge. Inzwischen wird auch an einem Gotthard-Basistunnel gebaut: Er soll 2016 eröffnet werden und wird 57 Kilometer lang sein. Beide Tunnel sind Teil eines staatlichen Großprojekts namens Neue Eisenbahn-

Die hohen Alpenpässe erschließen denjenigen, die sich die windigen und engen Serpentinenstraßen zumuten, die spektakulärste Landschaft des Landes.

Alpentransversale (NEAT) mit dem Ziel, schnellere Bahnverbindungen in Nord-Süd-Richtung zu schaffen und den stark umweltbelastenden Schwerverkehr von der Straße auf die Schiene zu verlagern.

Flüsse & Seen

Die Schweiz verfügt über mehr als 32 000 Kilometer Flüsse und Bäche und 1349 Quadratkilometer Seen. Die großen Flusstäler der Rhone im Wallis, des Rheins und des Inns in Graubünden und des Tessins im gleichnamigen Kanton durchschneiden das Land. Jeder dieser Flüsse mündet in ein anderes Meer: die Rhone ins Mittelmeer, der Rhein in die Nordsee, das Wasser des Inns fließt über die Donau ins Schwarze Meer und das des Tessins, der in den Po mündet, in die Adria. Die Stillgewässer der Schweiz reichen von den beiden großen Seen Genfer See und Bodensee bis zu Hunderten kleiner, kristallklarer Bergseen. An den meisten Gewässern ist Angeln erlaubt. Eine Lizenz ist bei der jeweiligen Gemeinde bzw. bei der Touristeninformation zu erwerben.

Einige der größeren Seen werden zwecks Stromerzeugung gestaut. Die Wasserkraft ist die effizienteste natürliche Energiequelle der Schweiz. Besonders eindrucksvoll sind die Hochgebirgsstauseen, von denen die meisten in steilen Felstälern liegen, wie der Lac de Mauvoisin im oberen Val de Bagnes (siehe Kasten S. 160). Mehr als 60 Prozent des Strombedarfs der Schweiz werden mit Wasserkraft gedeckt. Der Rest wird größtenteils aus Kernkraft gewonnen. Bei einer Volksabstimmung 2003 lehnten die Stimmberechtigten einen Ausstieg aus der Kernenergie klar ab. 2007 wurde beschlossen, sämtli-

Das Land mit der „gelben Klasse" erkunden

Das Schweizer Verkehrssystem mit seinen Eisen-, Berg- und Seilbahnen ist weltbekannt. Jedoch ist selbstverständlich nicht jeder Ort mit der Bahn zu erreichen. Stattdessen transportieren knallgelbe Busse der Schweizerischen Post, die PostAutos, Fahrgäste steile Berghänge hinauf, über schwindelerregende Bergpässe, zu am Ende einsamer Täler gelegenen Dörfern und in versteckte Orte, die die allermeisten Touristen nie zu Gesicht bekommen.

Die Postbusse nahmen im Juni 1906 ihren Dienst auf: Damals ersetzten drei blank polierte gelbe Gefährte die Pferdewagen der Zeit. Nach anfänglicher Skepsis erfuhren sich die Postbusse schnell einen ausgezeichneten Ruf. Weitere Fahrzeuge kamen hinzu, das Busnetz wurde erweitert, und zwischen den beiden Weltkrie-

gen erlebten die Postbusse ihre Glanzzeit. Heute wird jedes Dorf von den gelben Bussen mit ihrem unverkennbaren dreitönigen Hupen, dessen Tonfolge aus der Ouvertüre zu „Wilhelm Tell" von Rossini stammt, angefahren. Das aus 783 Routen bestehende Liniennetz der PostAutos ist länger als das der Schweizer Eisenbahnen und befördert jedes Jahr mehr als 115 Millionen Passagiere.

Mit dem PostAuto gelangt man zu einigen abgelegenen Natursehenswürdigkeiten wie z. B. zum Murmeltierweg *(Val Bregalga, Graubünden)*, an dem man die niedlichen Nager im Sommer beobachten kann und der mit dem Postbus zwischen Avers und Juf zu erreichen ist. Informationen über Strecken, Fahrpläne und Tagespässe enthält das offizielle Kursbuch *(www.postauto.ch)*.

che existierende AKWs bis 2030 durch neue Anlagen zu ersetzen. Zwar wird ein wenig Kohlebergbau betrieben, es gibt jedoch kaum Bodenschätze. Der Bedarf an Rohstoffen wird fast vollständig durch Import gedeckt.

Klima

Das Schweizer Klima ist überraschend vielfältig. Im Westen beeinflusst der Atlantik das Wetter und bringt Wind, Feuchtigkeit und Regen, während es im Osten tendenziell weniger regnet, die Sonne mehr scheint und die Temperaturen höher sind. Im warmen Tessin ist das Klima fast mediterran, jedoch ist die Niederschlagsmenge wegen der Nähe der Alpen recht hoch. In den Hochgebirgs-regionen sind die Temperaturen den großen Höhen entsprechend niedriger als im Norden und im Mittelland; im Winter fällt dort mehr Schnee, im Sommer ist es kälter.

Der Sommer ist in den Alpen die beste Zeit zum Wandern, Mountainbikefahren und für andere Outdoor-Sportarten.

Jede Jahreszeit hält besondere Reize bereit. Im Frühjahr ist es mild, zuweilen aber wechselhaft und regnerisch. Trotzdem ist dies die ideale Reisezeit, nämlich vor dem Massenandrang im Sommer. Zur Zeit der Schneeschmelze zeigen sich Flüsse und Wasserfälle von ihrer eindrucksvollsten Seite, gleich-zeitig tragen die Gipfel noch ihre malerischen Schneekronen. Im Sommer ist es meist warm und trocken; in den niedrigeren Tälern und Städten liegt die Durchschnittstemperatur bei 22 Grad Celsius. In den Bergen ist es etwas kühler, die Frostgrenze zieht sich zeitweise auf 4000 Meter zurück. Der Sommer ist in den Alpen die beste Zeit zum Wandern, Mountainbikefahren und für andere Outdoor-Sportarten inmitten üppiger Bergblumenwiesen. Die Passstraßen sind geöffnet, sodass sich auch abgelegenere Orte und Täler leicht erkunden lassen. Das Wetter in den Bergen kann aber auch im Sommer schnell und unvorhergesehen umschlagen; man sollte sich also täglich über die aktuellen Wetterverhältnisse informieren.

Im Herbst mit seinen kühleren, klaren Sonnentagen fällt die Frostgrenze in den Bergen auf rund 2000 Meter. Dann locken leuchtende Herbstfarben zu Ausflügen in die Natur. In den Städten ist es nach dem sommerlichen Besu-cherrummel zumeist ruhig. Im Winter zieht es die Wintersportfans natürlich auf die zahllosen Pisten (siehe S. 246f). Oft fallen die Temperaturen im ganzen Land unter den Gefrierpunkt und auch in niedrigen Lagen fällt Schnee.

Umweltschutz

Die Schweiz hat mit die strengsten Umweltschutzgesetze der Welt. Eines der ersten Umweltschutzgesetze überhaupt war ein Schweizer Bundesge-setz, das die Abholzung von Schutzwäldern verbot, sodass die Waldfläche des Landes seit über hundert Jahren kontinuierlich wächst. Weltweit führend sind die Schweizer auch beim Recycling (siehe S. 21f). Über die Jahre wurden einige einflussreiche Umweltschutzorganisationen gegrün-det, darunter 1909 der Schweizerische Bund für Naturschutz (heute Pro Natura) und 1970 die heutige Stiftung Landschaftsschutz Schweiz. ■

Geschichte

Angesichts der neutralen Haltung der modernen Schweiz mag die bewegte Historie des Landes mit jahrhundertelangen Grenzstreitigkeiten und internen Konflikten überraschen. Die Geschichte seiner Besiedlung reicht bis in die Steinzeit zurück. Aus dieser Ära stammen Knochenreste und Feuersteinwerkzeuge, die um Neuchâtel, in Appenzell und bei Schaffhausen am Rhein gefunden wurden.

Römer & frühes Mittelalter

Um 1500 v. Chr. siedelten im Mittelland und an der Ufern des Genfer Sees die keltischen Stämme der Räter und Helvetier. Um 50 v. Chr. kamen die Römer in das Gebiet und blieben bis etwa 400 n. Chr. Sie gründeten die Siedlungen Basel, Chur, Genf, Lausanne und Zürich und errichteten zum Schutz ihres Territoriums Verteidigungsanlagen am Rhein. Kaiser Augustus gelang es, Kontrolle über die gesamte Alpenregion zu erlangen, und er ließ eine direkte Route von Rom nach Gallien anlegen. Das römische Zeitalter war von Frieden und Wohlstand geprägt. Die Landwirtschaft blühte und die Römer führten neben dem Weinbau Bäder und Fußbodenheizung ein. Das Land wurde vollständig romanisiert.

Im 4. Jahrhundert gerieten die Römer verstärkt unter Druck von Seiten nach Süden wandernder germanischer Stämme. Im Jahr 401 entschlossen sie sich schließlich zum Rückzug über die Alpen. In den folgenden Jahrhunderten wuchs die Bevölkerung der Schweiz durch Zuwanderung aus benachbarten Gebieten. In den westlichen Landesteilen siedelten die Burgunder, die die lateinische Sprache der Römer übernahmen, im Norden und in der Mitte der germanische Stamm der Alemannen. Hier liegen die Ursprünge der Schweizer Sprachenvielfalt. Die Grenze zwischen burgundischem und alemannischem Territorium verlief dort, wo heute die Sprachgrenze zwischen Deutschschweiz und französischer Schweiz (siehe S. 19) verläuft. In Rätien, im Süden, hatte die Bindung an die römische Sprache und Kultur länger Bestand als im Rest des Landes. Noch heute wird in Teilen Graubündens eine auf dem Lateinischen basierende Sprache gesprochen, das Rätoromanische (siehe S. 49). Im frühen Mittelalter (500–1000) bildete die Bevölkerung eine vorwiegend feudale Gesellschaft, in der sich das Land in den Händen von Adligen und der Kirche befand. Der Einfluss des Christentums nahm weiter zu, besonders nachdem Karl der Große (742–814) das Land ins Heilige Römische Reiche integriert hatte. Zahlreiche Klöster wurden gegründet, darunter jene auch heute noch bedeutenden in Einsiedeln, Engelberg, Romainmôtier und St. Gallen.

> **Die Römer führten Weinbau, Bäder und Fußbodenheizung ein. Das Land wurde vollständig romanisiert.**

Das Basler Rathaus aus dem 16. Jahrhundert

RENOVATUM ET AMPLI
FICATUM ANNO DOMINI
M D CCCC I

Hoch- und Spätmittelalter

Im Hoch- und Spätmittelalter gründeten verschiedene Adelsgeschlechter Städte und Festungen in der Schweiz. Die Zähringer gründeten Bern, Fribourg und Murten und erbauten in Thun eine Burg. Die Savoyer errichteten am Genfer See eine Reihe von Burgen, darunter das berühmte Château de Chillon. Die Habsburger, die später über große Teile Europas herrschen sollten, erbauten im Aargau eine mächtige Festung.

Im Jahr 1220 wurde die Route über den St.-Gotthard-Pass eröffnet; so entstand eine schnelle Handelsverbindung zwischen Nordeuropa und dem Mittelmeer. Über Nacht wurden dadurch Gemeinden wie Uri und Schwyz am nördlichen Zugang zum Pass zu strategisch bedeutenden Handelszentren. Das löste lokale Auseinandersetzungen und Aufstände aus, in die schließlich der Kaiser eingriff. 1231 erhielten Uri und neun Jahre später Schwyz das Privileg der Reichsunmittelbarkeit. 1273 wurde Rudolf von Habsburg zum römisch-deutschen König gewählt. Um seine Hausmacht auszubauen, brachte er einen Großteil der Nordschweiz unter seine Kontrolle und führte hohe Steuern ein. Dies führte zum Widerstand der Bewohner, die sich auf die alten Freiheiten beriefen.

Die päpstliche Schweizergarde

Im Jahr 1505 erbat sich Papst Julius II. Schweizer Söldner zur Bewachung des Vatikans in Rom. Am 22. Januar des folgenden Jahres betraten 150 Söldner aus dem Kanton Uri zum ersten Mal den Vatikan. Sie wurden vom Papst gesegnet und legten einen Treueeid ab. Wie die eidgenössischen Söldner damals bekleidet waren, ist nicht bekannt. Die auffallende Uniform von heute, bestehend aus einem Wams mit Puffärmeln und einer Puffhose in den Medici-Farben Blau, Rot und Gelb sowie einer Baskenmütze bzw. einem Helm mit Straußenfeder, stammt aus dem 20. Jahrhundert.

Die Keimzelle der heutigen Schweiz

Das Jahr 1291 ist eines der wichtigsten in der Geschichte der Schweiz, denn es markiert den Anfang der Schweizerischen Eidgenossenschaft. In diesem Jahr starb der mächtige Rudolf von Habsburg. Sein Tod löste eine Reihe von Unruhen aus, die wiederum die Gründung verschiedener Schutzbündnisse zur Folge hatten. Das wichtigste war das der drei Talschaften Uri, Schwyz und Unterwalden, die in Zeiten schwacher Zentralgewalt den Landfrieden sichern und langfristig ihre alten Autonomierechte behaupten bzw. zurückgewinnen wollten. Die Ereignisse dieser Zeit sind größtenteils in einen Nebel aus patriotischen Mythen und Legenden wie der Geschichte von Wilhelm Tell (siehe S. 182f) gehüllt. Nach einer alten Überlieferung sollen die Vertreter aus Uri, Schwyz und Unterwalden ihr Abkommen auf der Rütliwiese am Westufer des Urner Sees beschworen haben.

Die vereinten Streitkräfte bildeten eine ansehnliche Militärmacht. 1315 errangen sie in der Schlacht am Morgarten einen historischen Sieg über eine eigentlich überlegene habsburgische Armee. Anschließend wurde das Bündnis der drei Urkantone im Bundesbrief von Brunnen als „Schweizerische Eidgenossenschaft" bekräftigt. Der lateinische Name, *Confoederatio Helvetica*, findet sich bis heute im Länderkennzeichen CH wieder. Die Habsburger versuchten, Luzern zum Kampf gegen das Bündnis zu zwingen, doch 1332 schlossen sich die Luzerner der Eidgenossenschaft an. Bis 1350 waren die Habsburger gänzlich aus der Schweiz verdrängt. Auch in den Gebieten, die sich der Eidgenossenschaft bislang nicht angeschlossen hatten, begann das Feudalsystem zusammenzubrechen. So hatten in Zürich die mächtigen Handwerkergilden den herrschenden Adel schon vor dem Beitritt der Stadt zur Eidgenossenschaft von der Macht verdrängt. Auf Zürich (1351) folgten 1352 Glarus und Zug, 1353 Bern und 1481 Fribourg und Solothurn. Basel und Schaffhausen schlossen sich 1501 der Eidgenossenschaft an, gefolgt von Appenzell 1513. Von Anfang an wurde ein System etabliert, das auf dem Willen des Volkes basierte. Die sogenannte Tagsatzung, auf der bevollmächtigte Abgesandte gemeinsame Geschäfte berieten, versammelte sich mehrmals pro Jahr.

> **Die Niederlage in der Schlacht von Marignano führte dazu, dass die Schweizer sich zurückzogen und sich zum ersten Mal zur Neutralität bekannten.**

Mit dem Wachsen der Eidgenossenschaft nahm auch ihre militärische Macht weiter zu. Ein bemerkenswerter Sieg im sogenannten Schwabenkrieg von 1499 verschaffte ihnen die faktische Unabhängigkeit vom Heiligen Römischen Reich. Ab 1512 nahmen die Eidgenossen als Verbündete von Papst Julius II. Einfluss auf die Auseinandersetzungen um die Herrschaft in Italien und der Papst titulierte sie als „Verteidiger der Freiheit der Kirche". Im Jahr 1515 mussten sich eidgenössische Truppen in der Schlacht von Marignano einer französisch-venezianischen Streitmacht geschlagen geben. Die schockierende Niederlage führte dazu, dass die Schweizer sich zurückzogen und sich zum ersten Mal zur Neutralität bekannten. Fortan kämpften die in ganz Europa wegen ihrer Loyalität und ihres Mutes gefürchteten und gerühmten helvetischen Soldaten nur noch als Söldner. Infolge der wechselhaften Lebens- und Wirtschaftsbedingungen herrschte in der Schweiz große Armut. Sich im Ausland als Söldner zu verdingen, war ein einträgliches Geschäft. In der Schweizergarde im Vatikan (siehe Kasten gegenüber) findet dieses Söldnertum in gewisser Weise bis heute seine Fortsetzung.

Die Reformation

Das 16. Jahrhundert war in Europa das Zeitalter der Glaubenskämpfe. In der Folge von Martin Luther (1483–1546) forderten die „Protestanten" eine Reformation der katholischen Kirche und verurteilten die Herrschaft des Papstes. Der Leutpriester Ulrich Zwingli (1484–1531) führte vom Grossmünster in Zürich aus die schweizerische Reformation. Zwingli übersetzte die Bibel ins Schweizerdeutsche und veränderte die gottesdienstliche Praxis entsprechend der reformierten Theologie. Insbesondere das protestantische Arbeitsethos sollte tiefgreifende Wirkung auf die Entwicklung der modernen Schweiz haben. Zwinglis Lehren wurden bald auch in Basel, Bern und der Hälfte der Kantone des Landes übernommen.

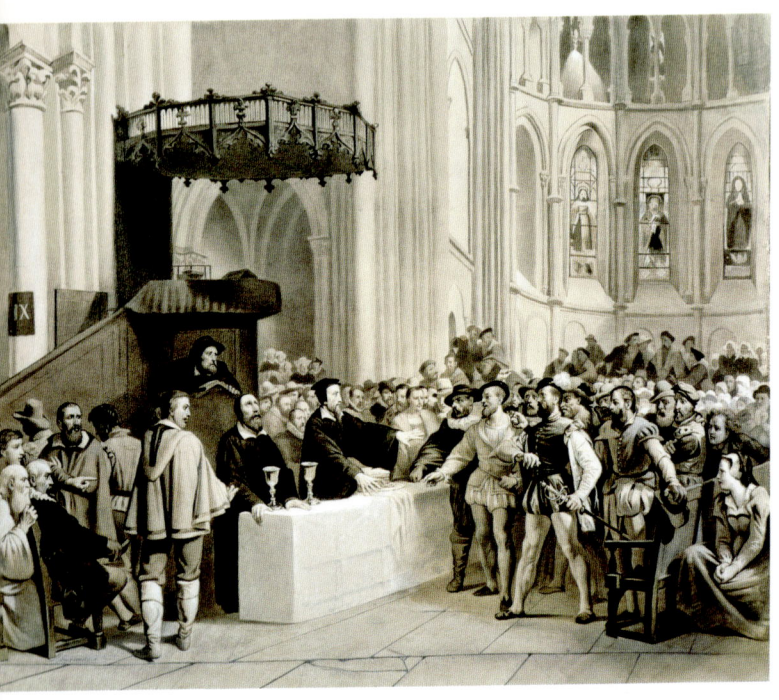

Der französischstämmige Reformator Johannes Calvin verweigert seinen Gegnern in der Cathédrale de Saint-Pierre in Genf die heilige Kommunion, um 1550

Die konservativen Kantone der Innerschweiz blieben jedoch katholisch, was zur konfessionellen Spaltung des Landes und zu scharfen Auseinandersetzungen führte. Zwingli selbst kam 1531 im Zweiten Kappeler Krieg ums Leben, den die reformierten Kantone unter der Führung Zürichs gegen die katholischen Kantone führten. Die Reformation erfuhr jedoch weiterhin Zuwachs, unter anderem durch das Wirken von Johannes Calvin (1509–64). Der Priester war vor der Verfolgung durch die Katholiken aus Frankreich geflohen und traf 1536 in Genf ein. Mit der Ausbreitung des Calvinismus wurde Genf zu einem Bollwerk des Protestantismus in Europa. Gegenüber der katholischen Gegenreformation in den 1550er und 1560er Jahren behielten die protestantischen Städte dank ihrer politischen und wirtschaftlichen Macht die Oberhand. Am Ende stand ein Friedensvertrag, der den Zusammenhalt der Eidgenossenschaft ermöglichte, indem jedem Kanton religiöse Wahlfreiheit gewährt wurde. Appenzell spaltete sich 1597 in zwei Halbkantone, einen reformierten und einen katholischen. Heute geben 55 Prozent der Schweizer als Religionszugehörigkeit evangelisch an, 43 Prozent sind katholisch.

Wirtschaftsboom & Neutralität

Die innerstaatliche Toleranz sollte sich auszahlen. Im Dreißigjährigen Krieg (1618–48) konnte sich die Eidgenossenschaft darauf einigen, nicht ins Kriegsgeschehen einzugreifen. Als überall um sie herum der Krieg tobte, erkannten die einzelnen Kantone, dass der Zusammenschluss trotz aller Konflikte von großem Nutzen für sie war. Diese Erkenntnis führte zu einer bewussten Politik der Neutralität. Im Westfälischen Frieden von 1648 wurden die Neutralität der Schweiz und ihre Unabhängigkeit vom Heiligen Römischen Reich ausdrücklich bestätigt.

Zur selben Zeit erlebte das Land einen von der blühenden Textilindustrie im Nordosten des Landes getriebenen Wirtschaftsboom. Das 18. Jahrhundert stellte für Genf und Zürich ein Goldenes Zeitalter dar, in dem Wirtschaftszweige wie die Uhrmacherei und das Bankenwesen gediehen. In der zweiten Hälfte des Jahrhunderts wurde die rigorose Sittenlehre des Calvinismus durch die liberalen Ideen der Aufklärung abgelöst. Der berühmte Schriftsteller und Philosoph Jean-Jacques Rousseau (1712–78) lebte zu dieser Zeit in Genf. Seine Schriften, in denen er universelle Freiheit und Gleichheit einforderte, säten die Samen für die amerikanische Unabhängigkeitserklärung und die Französische Revolution.

Zu Beginn der Französischen Revolution 1789 wurden Genf und einige Regionen der Westschweiz von Frankreich annektiert. Zehn Jahre später überrannten die Franzosen unter Napoleon Bonaparte (1769–1821) die Schweiz und besetzten Bern und Zürich. Innerhalb von nur einer Woche wurde das jahrhundertealte System der Kantone aufgelöst; an seine Stelle trat Napoleons Helvetische Republik.

> **Die einzelnen Kantone erkannten, dass die Mitgliedschaft in der Eidgenossenschaft trotz aller Konflikte von großem Nutzen war.**

Doch nur für kurze Zeit. Die Schweizer rebellierten gegen den zentralistisch gelenkten Einheitsstaat. Es folgte ein Bürgerkrieg, in dessen Folge Napoleon seine Truppen aus der Schweiz abziehen musste. 1803 gründete er, wenn auch unter französischer Oberherrschaft, die alte Eidgenossenschaft neu. Die Kantone Aargau, St. Gallen, Graubünden, Thurgau, Tessin und Waadt, die vorher lediglich Verbündete gewesen waren, traten ihr als gleichberechtigte Mitglieder bei. Nach dem Sturz Napoleons 1815 kehrten die Schweizer zum alten System zurück. Mit dem Beitritt der Kantone Genf, Neuchâtel und Wallis war das Staatsgebiet in den heutigen Grenzen quasi erreicht, und Unabhängigkeit und Neutralität des Landes wurden erneut formell bestätigt.

Die Verfassung

Auch Anfang des 19. Jahrhunderts ging es der Schweiz wirtschaftlich gut; das Eisenbahnnetz wurde aufgebaut und das Bankenwesen blühte. Jedoch versuchten 1847 sieben katholische Kantone, sich von den übrigen loszusagen. Der sogenannte Sonderbund drohte das gesamte Land in die Krise zu stürzen, aber die Rebellion wurde vom Bundesheer unter der Leitung von General Henri Dufour (1787–1875) im Keim erstickt. Die in der Folge ausgehandelte Bundesverfassung von 1848 sah nach dem Vorbild der Verfassung der Vereinigten Staaten 25 Kantone vor, die mehr oder weniger autonom waren. Das sollte die tiefsitzende Angst der katholischen Kantone vor einem Übergewicht der protestantischen Kräfte eindämmen. Zum ersten Mal verfügte die Schweiz über eine Zentralregierung und ein direkt gewähltes Parlament mit Sitz in der Bundesstadt Bern. Nur widerwillig traten die Kantone ihre Rechte, Geld zu drucken, Postdienste zu betreiben und Zölle zu erheben, ab. Sie behielten jedoch die gesetzgebende und ausführende Gewalt in regionalen Angelegenheiten. 1874 wurde die Verfassung in einem Schritt zu mehr Demokratie dahingehend verändert, dass Volksabstimmungen zu kommunalen, kantonalen und nationalen Angelegenheiten eingeführt wurden. Die 1999 noch einmal ergänzte Verfassung ist bis heute in Kraft.

In der zweiten Hälfte des 19. Jahrhunderts führte die international anerkannte Neutralität der Schweiz dazu, dass das Land mit bedeutenden humanitären Bewegungen in Verbindung gebracht wurde. Die erste und berühmteste war das Rote Kreuz, das der Schweizer Geschäftsmann Henri Dunant (1828–1910) 1863 in Genf gründete. Eng verbunden mit ihrer Geschichte ist auch die Erarbeitung der ersten Genfer Konvention 1864, in der die Regeln für eine menschliche Behandlung von Kriegsgefangenen und Flüchtlingen niedergelegt wurden. Zur selben Zeit erfuhr die Schweizer Wirtschaft einen enormen Aufschwung durch die Ausbreitung des Alpentourismus (siehe S. 26f).

ERLEBNIS: Der Weg der Schweiz

Der **Weg der Schweiz** (*www.weg-der-schweiz.ch*) ist ein besonderer Wanderweg, der 1991 aus Anlass des 700-jährigen Jubiläums der Gründung der Schweizerischen Eidgenossenschaft durch den Schwur der ewigen Verbundenheit zwischen Uri, Schwyz und Unterwalden eingeweiht wurde.

Die 36 Kilometer lange Route beginnt bei der **Rütliwiese**, der symbolischen Geburtsstätte der Schweiz, führt dann um den Urner See und endet in **Brunnen**. Der Weg ist in 26 Abschnitte unterteilt, von denen jeder einen Kanton repräsentiert. Am Wegesrand weisen Steintafeln in der Reihenfolge des Beitritts zur Eidgenossenschaft auf die Kantone hin. Die Länge eines jeden Abschnitts ergibt sich aus der Einwohnerzahl des jeweiligen Kantons – fünf Millimeter entsprechen einem Schweizer Bürger. Der längste Abschnitt ist 6,1 Kilometer lang und repräsentiert Zürich, den bevölkerungsreichsten Kanton. Der Abschnitt des winzigen, nur dünn besiedelten Halbkantons Appenzell Innerrhoden ist dagegen nur 71 Meter lang.

Der Weg ist gut gekennzeichnet und mit Übernachtung in Flüelen oder Altdorf, wo der legendäre Apfelschuss Wilhelm Tells stattgefunden haben soll (siehe S. 182f), in zwei Tagen leicht zu schaffen. Oder man begeht kleinere Abschnitte: von Rütli nach Bauen (8 km, anfänglich stark bergan, dann auf und ab, 3 Stunden), von Bauen nach Flüelen (12 km, flach, 2¾ Stunden), von Flüelen nach Sisikon (8 km, zumeist flach, 2½ Stunden) und von Sisikon nach Brunnen (8 km, auf und ab, 5½ Stunden). Broschüren mit Karten zum Weg halten die Touristeninformationen bereit.

Deutsche Soldaten schließen 1940 die Grenze zwischen Frankreich und der Schweiz

Die Schweiz während der beiden Weltkriege

Im Ersten Weltkrieg blieb die Schweiz offiziell neutral und entsandte lediglich Rotkreuz-Verbände. Die Parteinahme in der Schweizer Bevölkerung richtete sich eindeutig nach Sprachzugehörigkeit: Viele deutschsprachige Schweizer unterstützten öffentlich Deutschland und Österreich-Ungarn. Dies führte zu erheblichen Spannungen zwischen den beiden größten Sprachgruppen im Land. Die größte Auswirkung des Krieges auf die Schweiz war jedoch der Zustrom von Flüchtlingen. Dazu zählten die Künstler des Dadaismus (siehe S. 47) ebenso wie die Kommunistenführer Wladimir Lenin (1870–1924) und Leo Trotzki (1879–1940), die sich 1914 beide vorübergehend in Zürich niederließen. Im November 1918 riefen von der Russischen Revolution beflügelte Schweizer Arbeiter zu einem Generalstreik auf – dem ersten und einzigen in der Geschichte des Landes. Da die Schweiz stillstand, musste der Bundesrat auf einige Forderungen der Arbeiter eingehen. Nach dem Krieg trat die Schweiz 1919 dem Völkerbund als neutrales Mitglied bei und verschaffte diesem seinen Sitz in Genf.

Der Boom der 1920er und die Krise der 1930er Jahre gingen auch an der Schweiz nicht spurlos vorüber. Als in Deutschland Hitler an die Macht kam, wurde Schweizerdeutsch zur offiziellen Verkehrssprache erhoben, um sich vom Hochdeutsch und damit vom Dritten Reich zu distanzieren. Zum Schutz des Vermögens deutscher Juden vor dem Zugriff der Nazis wurde das Anlegen von anonymen Nummernkonten gestattet. 1939 brach der Krieg aus. Zur

Bekräftigung der Schweizer Neutralität und des Schweizer Widerstandswillens rief der Oberbefehlshaber der Bundesarmee, General Henri Guisan, am 25. Juli 1940 seine höheren Offiziere zum Rapport auf die Rütliwiese. Obwohl von kriegführenden Ländern umgeben, blieb die Schweiz von Kriegsschäden weitgehend verschont.

Sonderfall Schweiz

In der zweiten Hälfte des 20. Jahrhunderts war viel vom „Sonderfall Schweiz" die Rede. Das Land sonnte sich im Glanz seiner selbsterklärten Neutralität und Isolation. Da die Schweizer zwei Weltkriege ohne feindliche Invasion überstanden hatten, fühlten sie sich dem restlichen Europa überlegen. Die Wirtschaft blühte, es gab so gut wie keine Arbeitslosigkeit, und der Wohlstand der meisten Bürger nahm noch zu: Sie genossen einen hohen Lebensstandard in einem der reichsten Länder der Welt. 1945 wurde Genf zum europäischen Hauptsitz der Vereinten Nationen, auch wenn die Schweiz wegen ihrer Neutralität eine Mitgliedschaft ablehnte.

Da die Schweizer zwei Weltkriege ohne feindliche Invasion überstanden hatten, fühlten sie sich dem restlichen Europa überlegen.

Erst in den 1980er und 1990er Jahren öffnete sich die eher biedere Schweiz gegenüber dem Fortschritt, der andere europäische Länder längst erreicht hatte. Symbolhaft hierfür ist der Erfolg der Swatch, die 1983 auf den Markt kam. Mit ihren hochmodernen Designs katapultierte die Uhr das traditionelle Schweizer Uhrmachergewerbe ins 21. Jahrhundert. Doch erst 1991 erhielten die Frauen im Kanton Appenzell Innerrhoden das Wahlrecht (siehe S. 17).

In den 1990er Jahren erschütterte eine Reihe von Bankenskandalen das Fundament der Schweizer Wirtschaft. Es wurde bekannt, dass auf Vorkriegskonten von Holocaustopfern gewaltige Reichtümer lagen, ohne dass ernsthaft versucht worden war, die Eigentümer ausfindig zu machen. Nach sehr viel schlechter Presse zahlten die drei größten Banken schließlich 1,25 Milliarden Dollar an die Familien von Holocaustüberlebenden. Kritik an der Asyl- und Flüchtlingspolitik der Schweiz im Zweiten Weltkrieg wurde laut. Obwohl das Land Hunderten von Flüchtlingen einen sicheren Hafen bot, wurden zugleich Tausende von Juden an den Grenzen abgewiesen und in den sicheren Tod geschickt. Außerdem wurde bekannt, dass im Tausch gegen Rohstoffe Munition an das Dritte Reich geliefert worden war. Schließlich wurden Nummernkonten mit Nazivermögen entdeckt. Der „Sonderfall Schweiz" relativierte sich durch diese Enthüllungen.

Die Schweiz im 21. Jahrhundert

Die Schweiz im 21. Jahrhunderts ist ein bescheideneres und demütigeres
Land. 2001 erfuhr der Stolz der Schweizer durch die Pleite der staatlichen
Fluggesellschaft Swissair einen weiteren Dämpfer. 2002 erbrachte eine
Volksabstimmung eine knappe Mehrheit von nur 54,6 Prozent für einen
Beitritt zu den Vereinten Nationen. Nach Jahrhunderten der selbstge-
wählten Isolation ein bedeutender Schritt für das Land. Die Schweiz
genießt jedoch weiterhin noch ihren Status als neutrales Land und sie gilt
als Steuerparadies. Die Schweiz gehört zu den führenden Produktions-
standorten der pharmazeutischen Industrie, Zürich ist der führende
Bankenplatz der Welt und Genf spielt als Sitz zahlreicher internationaler
Organisationen eine wichtige Rolle auf dem internationalen Parkett. Im
Land heiß umstritten ist jedoch weiterhin die Asyl- und Zuwanderungs-
politik, genauso wie ein möglicher Beitritt zur EU, der aber bei Volksabstimmungen wiederholt abgelehnt wurde. ■

Die Himmelskugel von Paul Manship vor dem Palais des Nations in Genf

Essen & Trinken

Die Schweizer Kochkunst ist ein wohlgehütetes Geheimnis. Neben Gerichten, die in den Traditionen der heimischen Esskultur fest verwurzelt sind, gehören kulinarische Spezialitäten aus den Nachbarländern Frankreich, Italien, Österreich und Deutschland zur Küche des Alpenlandes.

Die Essgewohnheiten sind eng verknüpft mit den geographischen Merkmalen des Landes. In den Hochalpen hat sich eine einfache, aber nahrhafte Landküche herausgebildet, die sich den beschränkten Möglichkeiten der Bergwirtschaft und dem Bedürfnis der Bewohner nach herzhaftem Essen, besonders in den harten Wintern, verdankt. Die Kühe auf den Bergweiden liefern eine nahr- und schmackhafte Milch für unzählige Milchspezialitäten und eine bemerkenswerte Vielfalt an Käsesorten, von denen viele bis heute auf traditionelle Weise hergestellt und gelagert werden.

Zu den typischen Gerichten in dieser Region zählen *Älplermagronen* (Makkaroni mit Käse, Schinken, Zwiebeln,

Apfelmus und Zimt), *Rösti* (gebratene, geraspelte Kartoffeln) und das berühmte *Birchermüesli* (Früchtemüsli mit Joghurt). Die schweizerischsten Gerichte der deftigen Alpenküche sind Käsefondues und Raclette – geschmolzener Käse mit neuen Kartoffeln, sauren Gurken und Essigzwiebeln. In den Tälern der Zentral- und Südschweiz basieren viele Speisen auf Kartoffeln, Nudeln oder Klößen, wie etwa *Spätzli* oder *Knöpfli*, die mit Sahne und Käse als ganze Mahlzeit oder auch als Beilage gereicht werden.

Ausländische Einflüsse

In jedem Supermarkt finden sich neben einer erstklassigen Auswahl an Brot, Käse, Wein und Gemüse auch Produkte aus Frankreich, Deutschland, Österreich und Italien. Die Küchen der verschiedenen Sprachregionen werden stark von den Nachbarländern beeinflusst. Die Kantone, die Deutschland und Österreich am nächsten liegen, zeichnen sich durch fleischlastige Speisen wie Weißwürste und *Leberknödli* aus. In St. Gallen gibt es an jeder Ecke *Schüblig*, eine geräucherte Brühwurst.

Genf und die umliegenden Kantone sind von der französischen Küche beeinflusst. Als kulinarische Hauptstadt der Schweiz wartet Genf mit zahlreichen Bistros und Restaurants auf, in denen französische Haute Cuisine serviert wird. Nirgends jedoch weist die Schweizer Küche so starke Einflüsse durch den Nachbarn auf wie im Tessin. Die Nähe zu Italien und die Trennung von der restlichen Schweiz

---

Schweizer Käse

Seit Tausenden von Jahren machen die Schweizer Käse. So wie römische Reisende die Schweizer Käseherstellung beschreiben, hat es den Anschein, als sei das damals schon ein wichtiger Erwerbszweig gewesen. Heute gibt es 450 offiziell anerkannte Schweizer Käsesorten, vom harten und sehr kräftigen **Sbrinz** (den Ärzte im Mittelalter als Heilmittel verschrieben) bis zum weichen und milden **Vacherin Mont d'Or** aus dem Jura. Die bekanntesten Schweizer Käsesorten sind der löchrige **Emmentaler**, der leicht salzige **Gruyère** (Greyerzer) aus der Westschweiz und der würzige **Appenzeller** aus der Nordostschweiz (siehe S. 128f).

Eine Auswahl an Schweizer Käse bei Chas Barmettler in Luzern

durch die Alpen haben eine vollkommen eigene Küche hervorgebracht, die auf Grundspeisen wie Pasta, Polenta, Gnocchi und Risotto basiert. Regionale Spezialitäten sind Kaninchen, Salami und *cicitt* (Ziegenwurst); an köstlichen Nachspeisen gibt es *amaretti* (Mandelmakronen), Kastanienvermicelli und *torta di pane* (Brotkuchen).

Regionale Spezialitäten

Andere Kantone verfügen ebenfalls über regionale Spezialitäten. Besonders beliebt sind oft sehr reichhaltige Suppen und Eintöpfe wie etwa Basler Mehlsuppe (mit geröstetem braunem Mehl angedickte Zwiebelsuppe), Appenzeller Bierrahmsuppe mit Käseplätzchen, *busseca* (ähnlich einer Minestrone, aber mit Kutteln als Hauptzutat) aus dem Tessin, Kabissuppe (Reis-Kohl-Suppe) in Schwyz oder die brühmte *soupe de châlet* aus Fribourg mit Kartoffeln, Sahne, Käse und Makkaroni.

Auch Wurst gibt es in zahlreichen Variationen. Als „Nationalwurst" gilt der Cervelat aus Schweine- und Rindfleisch. Weitere Delikatessen sind die *longeole genevoise* (Schweinefleisch mit wildem Fenchel und Knoblauch), das *Emmentalerli* aus Kalb- und Schweinefleisch und der *papet vaudois* (leicht geräucherte Schweine- und Rindfleischwurst, serviert auf Lauch und Kartoffeln) aus Lausanne. Besonders viele kulinarische Spezialitäten bietet das Wallis. Es ist der wichtigste Weinkanton und dazu berühmt für eine große Auswahl an Bergkäse sowie das aromatische Walliser Trockenfleisch.

Angesichts der vielen Gewässer ist es nicht verwunderlich, dass es in der Schweiz exzellente Fischgerichte gibt. In den Bergbächen tummeln sich vor allem Forellen, die auf verschiedene Weise zubereitet werden. Ein besonderer Genuss ist eine gebackene Rheinäsche und von vielen geschätzt werden das zarte Fleisch des *omble chevalier* (Seesaibling) und die feinen Filets vom Barsch aus dem Genfer See, dessen Fleisch schmackhaft und fest ist. In den Restaurants an den zahlreichen Seen der Zentralschweiz kommen auch weniger bekannte Weißfische wie *bondelle* (Silberfelchen), *féra* (Weißfelchen), *corégone* (Renke) und Hasel auf den Tisch.

Süße Leckereien

Die Milchwirtschaft der Schweiz produziert die Grundlage für die cremigen

---

ERLEBNIS: Weinwanderwege

Viele Weindörfer verfügen über genossenschaftliche Weinkeller zur Präsentation ihrer Erzeugnisse und in einigen Regionen führen Weinwanderwege durch die reizvolle Reblandschaft.

Zu den schönsten gehört der 32 Kilometer lange **Lavaux-Weinwanderweg** (von Lausanne nach Villeneuve), der wunderbare Blicke auf das Bergpanorama und den Genfer See bietet. Durch die Weinbergterrassen von Dorf zu Dorf zuckelt außerdem der Lavaux Express (siehe S. 83; *www.lavauxexpress.ch*).

Am gut ausgeschilderten **Walliser Weinweg** (74 km, von Martigny nach Leuk) liegen mehr als 150 Kellereien. Parallel verlaufen Rad- und Autorouten.

Wanderer auf dem Pfad **Wy-Erläbnis** (Wein-Erlebnis, 3 km, von Buus nach Maisprach, *www.daswyerlaebnis.ch*) bei Basel können unterwegs regionale Weine und kleine Speisen probieren.

Auf dem **Weinpfad Vully** (5 km, von Sugiez nach Môtier) am Murtensee begleitet Viny, das Maskottchen des Anbaugebiets Wistenlach, Familien auf einer lehrreichen Wanderung. Die Eltern können unterwegs Wein verkosten.

Der 90-minütige **Werdenberger Weinpfad** („Trübliweg", 5 km, Werdenberg, nahe Liechtenstein) führt Besucher vorbei an bebilderten Informationstafeln zum Weinanbau.

Der erste von drei **Mendrisiotto-Weinpfaden** (12 km, Rundweg ab Mendrisio) führt über die Weinhügel des Tessins am Südende des Luganer Sees (siehe S. 262f).

In einer Böttcherei am Rigi wird der Boden eines Weinfasses versiegelt

Nachspeisen und kalorienreichen Backwaren. Nur wenige Kantone verfügen nicht über ein traditionelles Gebäck, mit dem an ein historisches Ereignis erinnert oder ein religiöses Fest begangen wird. Hervorzuheben sind der Luzerner Lebkuchen und die Genfer *tarte aux poires* (Birnenkuchen), die zur Escalade nicht fehlen darf. Bei den köstlichen Obstkuchen zeigt sich der Einfluss der französischen Backkunst. Basler Kirschkuchen, Berner Holunderkuchen oder Zuger Kirschtorte sind ein Genuss.

Wein oder Bier?

Obwohl er sehr gut ist, ist Schweizer Wein im Ausland kaum zu finden, da die Nachfrage im Land selbst so hoch ist. Mindestens 50 Rebsorten werden angebaut. Einige davon sind alte einheimische Trauben und nur in der Schweiz zu finden, wie etwa Petite Arvine, Completer, Amigne blanche und die roten Sorten Humagne Rouge und Cornalin (siehe *www.swisswine.ch*).

Die Hauptanbaugebiete liegen im Waadtland und im Wallis. Aus dem Wallis stammen der bekannte trockene Weißwein Fendant und der sanfte Rotwein Dôle. Am Nordufer des Genfer Sees produzieren die Gebiete La Côte und Le Lavaux subtile Chasselas-Weißweine sowie fruchtige Spätburgunder. Das Tessin mit seinem milden Klima bringt ausgezeichnete Merlots hervor. In letzter Zeit erfreuen sich die leicht moussierenden Weißweine vom Bodensee und die Blauburgunder aus der Gegend um Schaffhausen großer Beliebtheit.

Besonders im deutschsprachigen Raum trinken die Schweizer auch Bier. Die größte Brauerei ist Feldschlösschen, die älteste ist die Brauerei Schützengarten, St. Gallen, deren leicht süßes Schwarzbier „Schwarzer Bär" zu kosten sich lohnt. Zu den heimischen Spirituosen zählt der starke „Appenzeller Alpenbitter" mit Extrakten aus 42 Kräutern. Als Verdauungsschnäpse werden häufig Obstbrände wie der *Pflümli* (Pflaumengeist) gereicht.

Kunst & Volkskultur

Die Schweiz, gesellschaftlich eher konservativ ausgerichtet, ist auf kulturellem Gebiet ausgesprochen liberal. Das Land mit stark ausgebildeten Traditionen fördert gleichzeitig Innovation und Experimente in der Kunst. So gibt es hier alles von moderner Performance Art bis zu traditionellen Brauchtumsveranstaltungen auf dem Land.

Kunst

Die Schweiz hat die weltweit höchste Dichte an Museen pro Einwohner, insgesamt sind es fast eintausend. Laut Switzerland Tourism findet man zwischen Genf und St. Gallen alle 30 Kilometer eine besuchenswerte

„Safari Death Moscow" (1989) von AurelioZen im Basler Museum Tinguely

Kunsteinrichtung. Von Westen nach Osten zählen zu den Topadressen das Musée d'Art et d'Histoire in Genf, die Fondation Pierre Gianadda in Martigny, das Kunstmuseum, die Kunsthalle und die Fondation Beyler in und bei Basel, das Zentrum Paul Klee in Bern, die Sammlung Rosengart in Luzern, das Kunstmuseum Zürich und die Oskar-Reinhart-Sammlungen in Winterthur.

In der Schweiz waren zahlreiche bekannte Künstler ansässig und in fast jeder Kunstepoche hat das Land mindestens einen bedeutenden Künstler hervorgebracht. Zu den bedeutenden Persönlichkeiten der Schweizer Kunstgeschichte zählen Konrad Witz (1400–45), Maler religiöser Motive, Johann Heinrich Füssli (1741–1825), Repräsentant der Romantik, und Ferdinand Hodler (1853–1918), dessen Werk eine langsame Entwicklung vom Realismus des 19. Jahrhunderts hin zum Impressionismus und schließ-

Die Schweiz hat die weltweit höchste Dichte an Museen pro Einwohner, insgesamt sind es fast eintausend.

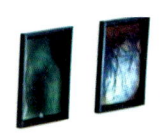

lich zum Jugendstil und Expressionismus nahm. Der bekannteste Schweizer Künstler des 20. Jahrhunderts war Paul Klee (1879–1940), berühmt für seine farbenfrohen abstrakten Gemälde. Während des Ersten Weltkriegs beherbergte die Schweiz eine große Zahl von Künstlern, die vor dem Krieg aus ihren Heimatländern geflüchtet waren. Viele ließen sich in Zürich nieder, wo sie die rebellische und surrealistische Antikunstbewegung des Dadaismus (siehe S. 199) begründeten.

Schweizer Künstler erhielten prestigeträchtige staatliche Aufträge zur Schaffung von Kunst für öffentliche Räume oder Gebäude. Die Werke der Bildhauer Alberto Giacometti (1901–66), berühmt für seine fadendünnen Figuren, und Jean Tinguely (1925–91), der bewegliche Skulpturen schuf, sind in vielen Schweizer Städten anzutreffen.

Im Sommer finden in der ganzen Schweiz internationale Kunstmessen statt. Die renommierteste ist die Art Basel *(www.artbasel.com)* im Juni. Sie lockt jedes Jahr rund 60 000 Besucher an.

Architektur

Die meisten Menschen denken bei Schweizer Architektur an niedliche, geraniengeschmückte Chalets oder Emmentaler Bauernhäuser. Aber die Schweizer Architektur hat viel mehr zu bieten als diese Klischees. Vom frühen 20. Jahrhundert an war das Land das Zuhause mutiger und visionärer Architekten. Den Anfang machte der als Charles-Édouard Jeanneret in La Chaux-de-Fonds bei Neuchâtel geborene Le Corbusier (1887–1965), einer der bedeutendsten

Der Wellnesskomplex des Tschuggen Grand Hotel des Schweizer Architekten Mario Botta

Architekten der Epoche. Wenngleich sich Bauwerke von Le Corbusier überall auf der Welt finden, stehen sein erstes (die Villa Jeanneret-Perret) und das letzte (das Heidi-Weber-Haus) in der Schweiz. Seine radikalen Ideen beeinflussten und beflügelten eine ganze Generation Schweizer Architekten, darunter die beiden Gründer des berühmten Basler Büros Herzog & de Meuron, die mit ihrem auffallenden postmodernen Stil zahlreiche Preise gewonnen haben. Zu ihren bekanntesten Projekten zählen das Kunstmuseum Tate Modern in London und das „Vogelnest" genannte Olympiastadion in Peking.

Einige prestigeträchtige öffentliche Bauvorhaben der letzten Jahre wurden innovativen Architekten anvertraut. Beispiele sind das Zentrum Paul Klee von Renzo Piano in Bern, das Schaulager von Herzog & de Meuron, die Fondation Beyeler von Renzo Piano und das Museum Jean Tinguely von Mario Botta, alle in und bei Basel. Viele andere sehenswerte Gebäude liegen etwas abseits, etwa Mario Bottas futuristische Kirchen Santa Maria degli Angeli (siehe S. 261) am Monte Tamaro und San Giovanni Battista (siehe S. 261) in Mogno. Botta ist ein ehemaliger Schüler von Le Corbusier und vielleicht der berühmteste lebende Architekt der Schweiz.

Literatur

Das literarische Erbe der Schweiz ist ein kompliziertes Thema. Aufgrund der Mehrsprachigkeit gibt es mehrere literarische Traditionen im Land, die sich größtenteils unabhängig voneinander entwickelt haben. Zwar gibt es auch eine Geschichte der rätoromanischen und der italienischen Literatur in der Schweiz, die Hauptwerke des Schweizer Literaturkanons wurden jedoch in Deutsch und Französisch verfasst.

Die Schweizer Geschichte und Kultur zeigt in vielem fast schon isolationistische Tendenzen, die Schriftsteller haben jedoch stets über den Tellerrand geblickt und sich mit der Entwicklung in den Nachbarländern auseinandergesetzt.

Die prominentesten Vertreter der Schweizer Literatur in deutscher Sprache sind der Dichter und Erzähler Jeremias Gotthelf (1797–1854), Gottfried Keller (1819–90), bekannt für seinen Roman „Der grüne Heinrich" (1880), und Conrad Ferdinand Meyer (1825–98), der auch historische Romane zur Geschichte der Schweiz schrieb. Im 20. Jahrhundert brachte die Schweiz mehrere gefeierte Autoren hervor, namentlich den Dramatiker Friedrich Dürrenmatt (1921–90) und den Schriftsteller Max Frisch (1911–1991). Ein erfolgreicher junger Autor ist Peter Stamm (geb. 1963). Das berühmteste Deutschschweizer Werk ist jedoch „Heidi" von Johanna Spyri (1827–1901). Das ergreifende Kinderbuch war schon Ende des 19. Jahrhunderts ein weltweiter Erfolg. Es wurde in mehr als 50 Sprachen übersetzt und mindestens zwölf Mal verfilmt.

> ### Das Rätoromanische
>
> Das Rätoromanische, seit 1938 die vierte Schweizer Landessprache, wird von knapp einem Prozent der Bevölkerung gesprochen, vor allem im Kanton Graubünden. Es ist wie das Friaulische und das Ladinische, die in Norditalien gesprochen werden, ein auf dem Lateinischen basierendes Sprachrelikt, das in abgelegenen Bergtälern überlebt hat. Dabei unterscheidet sich die Sprache von Tal zu Tal nicht unerheblich. Sie umfasst fünf Hauptdialekte; dazu wurde eine standardisierte Version, das Rumantsch Grischun, geschaffen, das jedoch seit seiner Einführung umstritten ist. 1996 wurde das Rätoromanische zur Teilamtssprache des Bundes erhoben und hat somit ein Recht auf Schutz und Förderung.

Zum Erbe der frankophonen Literatur zählen solch illustre Namen wie der des Genfer Philosophen Jean-Jacques Rousseau (1712–78), des Romanciers Édouard Rod (1857–1910) und von Charles-Ferdinand Ramuz (1878–1947), dessen Romane und Gedichte das Leben auf dem Land darstellen. Zuletzt machten vor allem der Dichter Jacques Chessex (1934–2009) und der Dichter und Satiriker Maurice Chappaz (1916–2009) von sich reden.

Zahlreiche ausländische Autoren besuchten die Schweiz. Einige wie der Deutsche Hermann Hesse (1877–1962) ließen sich auf Dauer nieder und wurden Schweizer Bürger; andere blieben nur ein paar Monate. Zu den

Besuchern, die sich von den Landschaften und der Geschichte der Schweiz inspirieren ließen, zählen Mary Shelley (1797–1851), die ihren „Frankenstein" (1818) in einem stürmischen Sommer am Genfer See schrieb, und Sir Arthur Conan Doyle (1859–1930), der sein Geschöpf, Sherlock Holmes, in „Sein letzter Fall" (1893) an den tosenden Reichenbachfällen (siehe S. 138f) – vermeintlich – sterben ließ.

Der häufigste Grund, warum Schriftsteller sich in der Schweiz niederließen, war die politische Neutralität. Der erste ausländische Schriftsteller, der in der Schweiz Zuflucht suchte, war Voltaire (1694–1778); er lebte ein paar Jahre lang in Genf, nachdem er wegen seiner beißenden Satiren aus Frankreich vertrieben worden war. Während des Ersten Weltkriegs verbrachten zahlreiche Schriftsteller die Kriegszeit in Zürich und Genf, darunter die Dadaisten und der Ire James Joyce (1882–1941), der in Zürich sein berühmtestes Werk schuf, den Roman „Ulysses" (1922). Nach der Machtergreifung durch die Nazis ließ sich der deutsche Schriftsteller Thomas Mann (1875–1955) in der Nähe von Zürich nieder.

Jedes Jahr versammeln sich Schriftsteller der vier Sprachgruppen der Schweiz zusammen mit im Ausland lebenden Schweizer Autoren bei den Solothurner Literaturtagen, um ihre neuesten Texte zu präsentieren und an Gesprächsrunden und anderen Veranstaltungen teilzunehmen. Parallel erscheint die Anthologie „New Swiss Writing" mit 40 Texten in Originalsprache und englischer Übersetzung.

ERLEBNIS:
Alphornspielen lernen

Das Alphorn ist ein anspruchsvolles Instrument, aber mit den Bergen als Kulisse und den Kühen als Zuhörerschaft herrschen in der Schweiz erfolgversprechende Rahmenbedingungen. Im **Alphorn-Atelier Schönried** (Tel. 033/744 58 35, www.alp hornatelier.ch) im Berner Oberland bietet der bekannte Alphornlehrer und -spieler Fritz Frautschi Unterricht auf allen Stufen an, von eintägigen Schnupperkursen und Wochenendkursen bis zu intensiven Wochenkursen auf dem passend benannten Hornberg. Ein Instrument können Anfänger gegen eine geringe Gebühr ausleihen.

Musik & Theaterleben
Besuchern der Schweiz wird jede Menge Livemusik geboten. In den Städten hat man die Qual der Wahl zwischen Oper, Rock und Jazz. In den Bergen hat man Gelegenheit, echte schweizerische Events wie Alphornfestivals und Jodelwettstreite zu erleben. Jede größere Stadt verfügt über ein eigenes Symphonieorchester und ein entsprechendes Konzertprogramm. Zu den besten klassischen Ensembles gehören das Berner Symphonieorchester (www.bsorchester.ch), das Zürcher Kammerorchester (www.zko.ch), das Genfer Orchestre de la Suisse Romande (www.osr.ch) und das Musikkollegium Winterthur (www.musikkollegium.ch), das für sein Repertoire moderner Klassik bekannt ist.

Das bekannteste unter mehreren großen Musikfestivals ist das Montreux Jazz Festival (www.montreuxjazz.com; siehe S. 83) am Genfer See im Juli, bei dem weltberühmte Stars auftreten. Dabei hat sich der Begriff davon, was unter

Alphornbläser bei einem Schäferfest im Wallis bereiten sich auf ihren Auftritt vor

Jazz zu verstehen ist, erheblich erweitert, sodass auch schon bekannte Rock-bands und Soul- und Bluesmusiker gespielt haben. Das Lucerne Festival *(www. lucernefestival.ch)* geht zurück auf ein Galakonzert, das Arturo Toscanini 1938 vor dem ehemaligen Haus Richard Wagners in Tribschen bei Luzern (siehe S. 168) dirigierte. Seitdem wurden aus einem Festival drei, eins im Frühjahr, eins im Sommer und eins für Klaviermusik im November. Zusammen ziehen sie jährlich rund 150 000 Besucher an. Die meisten Konzerte finden im futuris-tischen Kultur- und Kongresszentrum Luzern (KKL) statt; bei vielen wirkt das Lucerne Festival Orchestra mit. Das von dem italienischen Dirigenten Claudio Abbado (geb. 1933) gegründete Orchester zählt zu den besten der Welt.

In der Schweiz gibt es eine lebendige Theaterszene mit einem großen Anteil an freien Gruppen. Lange Tradition hat das Puppentheater; viele Büh-nen zeigen Dramatisierungen bekannter Schweizer Märchen- und Sagenstoffe. Ein unterhaltsames Erlebnis für Schweizbesucher sind die Tell-Freilichtspiele *(www.tellspiele.ch,* siehe S. 132). Schon seit 1912 wird bei Interlaken von Ende Juni bis Anfang September mit über 200 Darstellern sowie Pferden, Ziegen und Kühen Friedrich Schillers „Wilhelm Tell" aufgeführt.

Die größte Sprechtheaterbühne der Schweiz ist das renommierte Schauspielhaus Zürich (www.schauspielhaus.ch). Gespielt wird in zwei Häusern, im traditionsreichen Gebäude am Pfauen im Stadtzentrum und in dem 2000 eröffneten Schiffbau in Zürich-West, einem avantgardistischen Kulturzentrum in einem Backsteingebäude aus dem 19. Jahrhundert. Das Schauspielhaus erwarb sich seinen guten Ruf in den 1930er und 1940er Jahren, als viele talentierte Schauspieler aus Deutschland und Österreich auf der Flucht vor den Nazis in die Schweiz emigrierten. In dieser Zeit war das Theater die einzige freie Bühne im deutschen Sprachraum und viele antifaschistische Stücke standen auf dem Spielplan, darunter Uraufführungen von Bertolt Brecht (1898–1956), Max Frisch und Friedrich Dürrenmatt.

Die Schweiz ist für die Pflege des traditionellen Brauchtums bekannt.

Zürichs Oper (www.opernhaus.ch) hat ein international anerkanntes Ensemble, welches das schöne neobarocke Opernhaus am See bespielt. Das 1891 erbaute Gebäude war das erste Opernhaus Europas mit elektrischem Licht. Bekannte Komponisten und Dirigenten waren an und für die Oper tätig, darunter die Deutschen Richard Wagner (1813–83), Richard Strauss (1864–1949), Paul Hindemith (1895–1963) und Wilhelm Furtwängler (1886–1954) und der Schweizer Komponist Arthur Honegger (1892–1955). Zahlreiche Ur- und Erstaufführungen fanden hier statt. Ein weiteres Aushängeschild des Hauses ist das Ballett. Oper, Ballett und zeitgenössischer Tanz kommen auch im Grand Théâtre de Genève (www.geneveopera.ch) und im Stadttheater Bern (www.stadttheaterbern.ch) zur Aufführung. Ein Zentrum für zeitgenössischen Tanz und Musik sowie Performance ist auch die Dampfzentrale Bern (www.dampfzentrale.ch). Führend in der Schweizer Tanzszene ist jedoch das Béjart Ballet (www.bejart.ch), eine weltberühmte Tanzcompagnie mit Sitz in Lausanne. Das Ensemble wurde von dem Choreografen und Erasmus-Preisträger Maurice Béjart (1927–2007) gegründet, dessen spannende, innovative Produktionen weltweit auf Begeisterung stießen und dem Ballett ein neues Publikum erschlossen.

Brauchtum & Traditionen

Die Schweiz ist für die Pflege des traditionellen Brauchtums bekannt. Jede Region verfügt über ihre eigenen Geschichten, Feste und Sitten. Zu den am weitesten verbreiteten und ältesten Figuren der Schweizer Folklore zählen freundliche Hausgeister, für die am Abend ein Schüsselchen Sahne hinausgestellt wird, damit sie auf die Hausbewohner achtgeben, und die Barbegazi, schüchterne langbärtige Gnome, die im Hochgebirge leben und auf ihren riesigen Füßen wie auf Skiern die Hänge hinuntersausen. Im Fieschertal im Oberwallis, so erzählt man sich, sollen einst die Gogwärgini gelebt haben. Wilde, bärtige Zwerge, die in die Dörfer kamen und den Menschen bei der täglichen Arbeit halfen. Irgendwann verschwanden die dienstbaren Geister; die Geschichten rund um die Gogwärgini sind aber bis heute überliefert und werden auf dem Gogwärgiweg, einem Themenweg mit zehn Stationen, erzählt.

Feste: In fast jeder Stadt und jedem Dorf der Schweiz gibt es mindestens ein traditionelles Fest. Angesichts der ausgeprägten saisonalen Wetterwechsel im Jahresverlauf überrascht es nicht, dass diese Feste oft den Übergang von einer Jahreszeit zur nächsten markieren. Die mit ihnen verbundenen Bräuche wirken manchmal unzeitgemäß -- es gibt Wettkämpfe im Kuh-Ringen oder Kuhglockenläuten und Schönheitswettbewerbe für Kühe. Bei fast allen Dorffesten spielt die Kuh eine besondere Rolle.

Vor dem Beginn der Fastenzeit wird im ganzen Land Fasnacht gefeiert. Besonders ausgelassen ist die Fasnacht in Basel, mit frabenfrohen Umzügen, Straßenfesten und Feuerwerk. In Bern wird ein im Käfigturm gefangener „Bär" mit dem *Ychüblete* (Eintrommeln) aus seinem Winterschlaf geweckt *(www. fasnacht.be)*. Solothurn wird zur Fasnacht für einen Tag in „Honolulu" – das genau gegenüber von Solothurn auf der anderen Seite der Erdkugel liegt – umbenannt, und es finden Masken- und Kostümumzüge statt, wobei mit

Eine Aufführung des „Grafen von Monte Christo" am Theater St. Gallen

Ein bunter Festwagen bei der Basler Fasnacht

Schlaginstrumenten so viel Lärm wie möglich gemacht wird. Beim Züricher Frühlingsfest, dem *Sechseläuten* (Sechs-Uhr-Läuten), wird der *Böögg* in Brand gesetzt, ein künstlicher Schneemann aus Stroh und Feuerwerkskörpern, der den Winter symbolisiert. Je schneller sein Kopf explodiert, desto schöner soll der Sommer werden!

In der Vorweihnachtszeit werden überall in der Schweiz Weihnachtsmärkte aufgebaut. In Fribourg führt der Schweizer Nikolaus, der Samichlaus, am Nikolaustag einen mit Süßigkeiten und Lebkuchen beladenen Esel durch die Stadt. Die Leckereien verteilt er an die braven Kinder, die ungezogenen werden von seinem rußgeschwärzten Knecht Schmutzli verscheucht. Das neue Jahr wird überall mit einem Silvesterfeuerwerk begrüßt (*www.silvesterzauber. ch*). Die größte Party des Landes steigt in Zürich in einem Park am See. Die Bewohner des Dorfes Urnäsch im Appenzeller Hinterland feiern die Jahreswende sogar zweimal: nach dem aktuellen Kalender am 31. Dezember und nach dem alten Julianischen Kalender noch einmal am 13. Januar.

Volkskultur: Die Volkskultur findet vornehmlich Ausdruck in Musik, Gesang, Mundartdichtung und in folkloristischen Tänzen wie dem Schuhplattler, außerdem im Kunsthandwerk wie der Holzschnitzerei und Stickerei. Am lebendigsten ist die Volkskultur im Appenzellerland, wo Handwerkskunst, Musik und Trachten zu einem Lebensstil gehören, den auch junge Generationen pflegen. An Festtagen tragen die Frauen Flügelhauben aus Tüllstickerei und spitzenbesetzte Kleider, die Männer gelbe Hosen, purpurrote bestickte Westen und einen silbernen Ohrring im rechten Ohr. Die Bewohner des Unterengadin sind besonders stolz auf ihre einzigartigen rätoromanischen Traditionen (siehe S. 49). Lebendig erhalten werden sie durch Feste wie Mattinadas (2. Januar), wenn die Kinder mit geschmückten Schlitten durch die Dörfer ziehen, und den Chalandamarz, den beliebten Frühlingsumzug, bei dem die Kinder riesige Kuhglocken tragen und alte Lieder singen. In der gesamten Alpenregion werden der jährliche Alpauftrieb und Alpabtrieb als festlicher Brauch gepflegt. Jedes Dorf begeht diese Tage, an denen das Vieh auf die Bergweiden getrieben bzw. heruntergeholt wird, mit einem prächtigen Zug, für den die Kühe mit Blumenkränzen, besticktem Zaumzeug und großen Zierglocken geschmückt werden. Die Kuh, die die meiste Milch gegeben hat, trägt die größte Glocke und führt als *Kranzkuh* die bunte Prozession durch das Dorf an.

Feste wie diese verhalfen auch dem Jodeln und dem Alphorn zu neuerlicher Popularität. Die ursprünglich zum Zusammentreiben des Viehs auf den Almen eingesetzten Alphörner werden heute als Musikinstrumente gespielt, gewöhnlich als Begleitung zum Jodeln. Sie sind zum Teil über drei Meter lang, und zum Spielen benötigt man eine besondere Atemtechnik. Das Jodeln, hervorgegangen aus Signalrufen, mit denen sich die Menschen im Gebirge verständigten, entwickelte sich zu einem wichtigen Bestandteil der traditionellen Alpenmusik. Gejodelt wird heute meistens für Touristen, doch gibt es auch ein paar regionale und kantonale Jodlerfeste und sogar das nationale Eidgenössische Jodlerfest. Es findet alle drei Jahre im Juni jeweils an einem anderen Ort statt und lockt über 200 000 Besucher an, die sich die verschiedenen traditionellen und modernen Varianten des Jodelns, zu denen inzwischen auch Jazz- und Rockjodeln gehören, nicht entgehen lassen möchten. ∎

Beim Züricher Frühlingsfest, dem Sechseläuten, wird der Böögg in Brand gesetzt, ein künstlicher Schneemann aus Stroh und Feuerwerkskörpern.

Geschichtsträchtige Stadt an einem herrlichen See, mit französischem Flair, vielen Parks, Wassersportmöglichkeiten und sonnenverwöhnten Weinbergen in nächster Umgebung

Genf & Genfer See

Blick auf den Jet d'Eau vom Ufer

Genf & Genfer See

Von allen Schweizer Städten ist Genf die am wenigsten schweizerische. Rund 40 Prozent der 186 000 Einwohner sind Ausländer aus 190 Nationen. Die Hauptstadt des gleichnamigen Kantons liegt an der Südspitze des Genfer Sees, wo die Rhone abfließt, direkt an der Grenze zu Frankreich. Eine kleine Stadt mit großen Ideen, erstaunlich vielfältig und weltbürgerlich.

Die Stadt Genf

Genf bezaubert mit seinem traumhaften See und über 50 Parks vor schneebedeckter Alpenkulisse. Die elegante, deutlich vom benachbarten Frankreich beeinflusste Metropole ist die zweitgrößte Stadt der Schweiz nach Zürich und bekannt als Zentrum der Uhrmacherei und des Bankwesens. Zahlreiche Museen zeugen von einer langen, ereignisreichen Geschichte. Genf ist auch die gastronomische Hauptstadt der Eidgenossenschaft: Es besitzt mehr sternegekrönte Restaurants als jede andere Schweizer Stadt und dank der multikulturellen Bevölkerung eine Fülle von kleinen Cafés und Restaurants mit Spezialitäten aus aller Welt.

See und Rhone teilen Genf in zwei Hälften: die glanzvolle Rive Droite (rechtes Ufer) mit den Bürogebäuden der internationalen Organisationen und attraktiven Parks und die künstlerisch angehauchte Rive Gauche (linkes Ufer) mit vielen Museen und mondänen Einkaufsstraßen. Der Puls der Stadt schlägt am vernehmlichsten in dem Gewirr aus Fußgängerzonen und Plätzen, das die pittoreske Vieille Ville (Altstadt) bildet. Hier sorgen trendige Boutiquen, gemütliche Restaurants, Bauernmärkte und traditionelle Feste für frisches Leben zwischen den historischen Gemäuern.

Genf ist bequem zu Fuß zu erkunden. Besonders schön bummelt es sich entlang der Uferpromenaden. Mit Bus und Tram kommt man schnell und problemlos herum. Den See überquert man auf den kleinen gelben *mouettes genevoises* (Pendlerfähren), die zwischen 7.30 und 19.30 Uhr alle zehn Minuten verkehren. Kostenlose Fahrräder vermietet Genève Roule (*www.geneveroule.ch*), mit zahlreichen Standorten überall in der Stadt.

Dank seiner Lage im Herzen Europas und am Schnittpunkt vieler alter Handels- und Kulturwege wurde Genf die Wiege einiger großer humanistischer und huma-

NICHT VERSÄUMEN

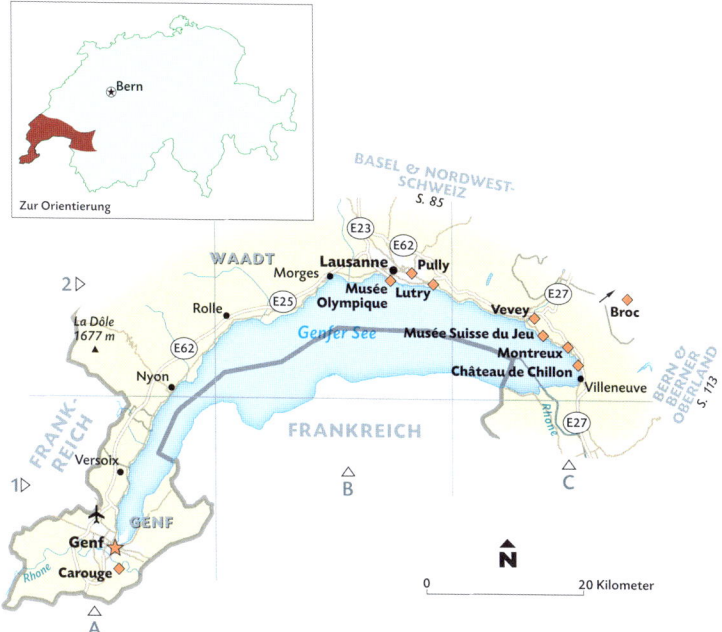

Zur Orientierung

BASEL & NORDWEST-SCHWEIZ *S. 85*

WAADT

E23

Morges · Lausanne · Pully
E62
Musée · Lutry
Olympique
E25

La Dôle
1677 m

Rolle

Vevey · E27
Musée Suisse du Jeu · Broc
Genfer See · Montreux
Château de Chillon

E62
Nyon · Villeneuve

BERN & BERNER OBERLAND *S. 113*

FRANKREICH

Versoix
Rhone
E27

△ B △ C

1▷

GENF

Genf
Carouge
Rhone

FRANK-REICH

△ A

N

0 ————————— 20 Kilometer

2▷

nitärer Ideen. Hier wirkten Geistesgrößen wie Johannes Calvin, Jean-Jacques Rousseau und Henry Dunant, der das Rote Kreuz gründete und die erste Genfer Konvention ausarbeitete. Viele wichtige internationale Verträge wurden hier unterzeichnet und zahlreiche bedeutende internationale Organisationen haben ihr Hauptquartier in Genf, so auch die Vereinten Nationen und die Weltgesundheitsorganisation. Ihnen verdankt die Stadt ihren Ruf als Begegnungsort für den Austausch zwischen geistigen Strömungen und als Fenster zur Zukunft.

Die Umgebung

Am Nordufer des Sees erstreckt sich bis über Lausanne hinaus das Weinbaugebiet des Waadtlands (Pays de Vaud). Diese Region ist auch für kulinarische Genüsse wie Fisch aus dem Genfer See, traditionelle Wurstwaren und Eintöpfe bestens bekannt.

Nach Lausanne kommt man per Auto, Zug oder Schiff. Am besten nimmt man für den Hinweg ein Auto, um weitere Sehenswürdigkeiten zu besuchen, und zurück ein Schiff, um das Panorama zu genießen. Das hügelige Lausanne hat eine urige Altstadt, eine prächtige Kathedrale, ein Schloss aus dem 14. Jahrhundert und tolle Museen wie das Olympiamuseum. Auf dem Lavaux-Weinwanderweg vom Museum zum Château de Chillon gibt es zu durchstreifen und Weine zu verkosten. Weiter führt er durch den Kurort Vevey, mit eleganter Uferpromenade, interessanten Geschäften und Charlie Chaplins ehemaligem Wohnsitz, und durch Montreux, das nicht nur während des Jazzfestivals einen Besuch wert ist. Auf ein berühmtes Schweizer Produkt stößt man auf Schritt und Tritt: Auch wer keinen der ansässigen Schokoladenhersteller besuchen möchte, kann deren köstliche Erzeugnisse überall erwerben. ■

Genf

Wer vom Flughafen kommt oder am Bahnhof Gare de Cornavin einfährt, sieht als Erstes die elegante nördliche Stadthälfte, die Rive Droite. Am linken Rhone-Ufer, der Rive Gauche, liegt die Altstadt. Dort zeugen steile Pflastergassen und historische Museen von einer langen und bewegten Stadtgeschichte. Wer weiter ausschwärmt, entdeckt Parks, Kunstmuseen und Seestrände.

Der Spitzturm der Kathedrale ist ein Wahrzeichen der Stadt

Genf

🅰 Karte S. 59 A1

Besucherinformation

✉ Genève Tourisme, Rue du Mont-Blanc 18

☎ 022/909 70 00

🚌 Bus: 3, 6, 8, 9 (Mont-Blanc)

www.geneva-tourism.ch

Rive Gauche

Das Herz der Rive Gauche ist ein faszinierender Architekturmix aus Gotik, Renaissance und Barock. Ein guter Startpunkt für einen Stadtrundgang ist die elegante **Place de Neuve** direkt unterhalb der Altstadt.

Mitten auf dem Platz prunkt ein Denkmal für General Dufour, Mitbegründer des Roten Kreuzes. Rundherum stehen stattliche Gebäude wie das majestätische Opernhaus, das **Grand Théâtre** *(Kartenverkauf: Place Neuve 5, Tel. 022/418 31 30)*. Es wurde 1879 im Second-Empire-Stil errichtet. Die Marmorstatuen vor der Fassade stellen das Drama, den Tanz, die Musik und die Komödie dar. 1951 brannte das Gebäude teilweise aus, wurde aber elf Jahre später vergrößert wiedereröffnet. Flankiert wird es von der Musikhochschule, dem **Conservatoire de Musique** *(Rue de l'Arquebus 12, Tel. 022/319 60 60)*, mit einer Fassade im byzantinischen Stil, hinter der sich ein großer Konzertsaal verbirgt, und dem **Musée Rath**, dem ältesten Kunstmuseum der Schweiz. Der klassizistische Bau wurde der Stadt 1826 von den Schwestern Jeanne-Françoise und Henriette Rath gestiftet. Das Museum ist für hochrangige Ausstellungen zur internationalen und Schweizer Kunst bekannt.

INSIDERTIPP

Machen Sie es wie die Einheimischen: Lassen Sie sich auf einer Bank im Parc des Bastions nieder und genießen Sie ein mit Schokolade belegtes Baguette.

CAROLINE GRAVES
NATIONAL GEOGRAPHIC-Autorin

Der **Parc des Bastions** auf der anderen Seite des Platzes ist ein beliebtes Fleckchen zum Ausspannen, zu einer Partie Riesenschach oder Kaffee und Kuchen im stimmungsvollen **Café du Parc des Bastions** *(Promenade des Bastions 1, Tel. 022/310 86 66)* in einem ehemaligen Musikpavillon mit Wintergarten. Der Park war der erste botanische Garten der Stadt; hier sind außer Statuen und Springbrunnen über 50 seltene Baumarten zu entdecken. Er liegt direkt am Rand der Altstadt (siehe S. 64f). An einer Seite des Parks säumt das 91 Meter lange **Monument international de la Réformation** (Internationale Reformationsdenkmal) Überreste der alten Stadtmauer. Das 1917 geschaffene Denkmal zeigt die vier Genfer Reformatoren Farel, Calvin, Bèze und Knox in Begleitung von Cromwell, Luther, Zwingli und den Pilgervätern (siehe S. 35ff).

Östlich vom Park liegt das **Musée d'Art et d'Histoire**

Musée Rath

- Karte S. 61
- Place Neuve 2
- 022/418 33 40
- Mo geschl.
- €€€
- Bus: 3, 5, 36 (Place Neuve); Tram: 12 (Place Neuve)

www.ville-ge.ch/mah

Musée d'Art et d'Histoire

- Karte S. 61
- Rue Charles-Galland 2
- 022/418 26 00
- Mo geschl.
- €€ (nur Wechselausstellungen)
- Bus: 3, 5, 36 (Athénée)

www.ville-ge.ch/mah

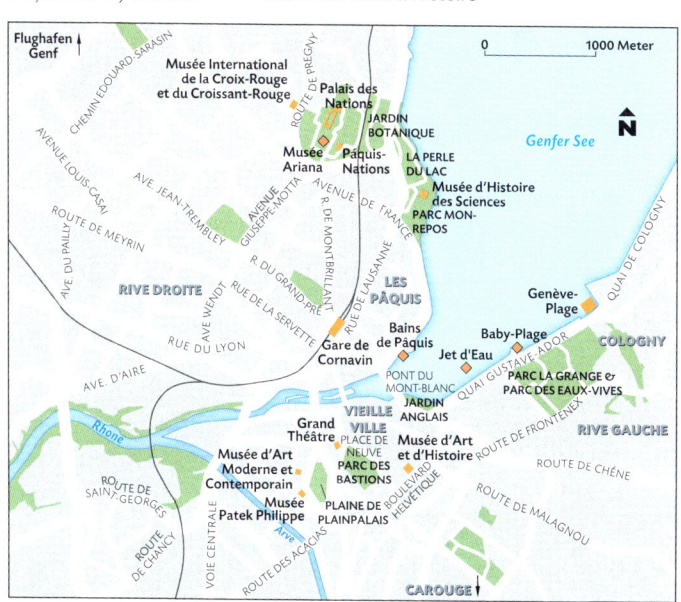

Musée Patek Philippe

🅐 Karte S. 61

✉ Rue des Vieux Grenadiers 7

☎ 022/807 09 10

🕐 So, Mo geschl.

💲 €€

🚌 Bus: 1 (École-de-Médicine); Tram: 12, 15 (Plainpalais)

www.patekmuseum.com

Musée d'Art Moderne et Contemporain

🅐 Karte S. 61

✉ Rue des Vieux Grenadiers 7

☎ 022/320 61 22

🕐 Mo geschl.

💲 €

🚌 Bus: 1 (École-de-Médicine); Tram: 12, 15 (Plainpalais)

www.mamco.ch

(MAH; Museum für Kunst und Geschichte), eines der bedeutendsten Museen von Genf. Seine Sammlung reicht von antiken griechischen Statuen über mittelalterliche Glasmalerei bis zu Werken von Rembrandt und Monet. Die große Freifläche westlich vom Park heißt **Plaine de Plainpalais**. Schon 1637 wurde hier *mail* gespielt (ähnlich dem Krocket) und im Lauf der Jahrhunderte wurde die Anlage für Wettbewerbe im Bogenschießen und Turnen sowie für Fußballspiele genutzt. Heute umfasst sie einen Skateboard-Park, Boule-Plätze und einen Kinderspielplatz. Dienstags, freitags und sonntags findet auf dem Gelände ein Obst- und Gemüsemarkt, Mittwoch- und Samstagvormittag ein Flohmarkt statt.

Westlich der Plaine de Plainpalais hütet das **Musée Patek Philippe** die schönste

und umfangreichste Uhrensammlung, die je zusammengetragen wurde. Genf ist die Hochburg der Schweizer Luxusuhren-Herstellung und die Firma Patek Philippe zählt zu den besten Uhrenfabrikanten der Welt. Im Erdgeschoss sind über 200 Maschinen und Werkzeuge zu sehen; außerdem wird alle 30 Minuten der Kurzfilm „A Legacy of Genius" gezeigt. Im ersten Stock ist die Patek-Philippe-Sammlung ausgestellt. Eine Sensation ist die Calibre 89, die komplizierteste Taschenuhr, die je gefertigt wurde. Im zweiten Stock befindet sich die Antiquitäten-Sammlung mit europäischen und Schweizer Uhren aus dem 16. bis 19. Jahrhundert. Besondere Attraktionen sind mit Emaille- und Filigranarbeiten verzierte und mit Edelsteinen besetzte Uhren in Gestalt von Tieren, Musikinstrumenten und Schusswaffen. Im Obergeschoss gibt es eine Bibliothek mit Literatur zum Thema Zeitmessung.

Richtung See: Ein kurzes Stück die Rue des Vieux Grenadiers hinauf, präsentiert das **Musée d'Art Moderne et Contemporain** (MAMCO; Museum der modernen & zeitgenössischen Kunst) in einem umgebauten ehemaligen Fabrikgebäude seine eindrucksvolle Sammlung an Malerei, Fotografie, Skulpturen und Videoinstallationen aus der zweiten Hälfte des 20. Jahrhunderts bis heute.

Abstecher nach Carouge

Die kleine Gemeinde Carouge, südlich der Altstadt, verkörpert mit legeren Straßencafés, einer regen Künstlerszene und einer Fülle ansprechender kleiner Läden die unkonventionelle Seite von Genf. Noch im 18. Jahrhundert war Carouge eine eigenständige Stadt, die zum Königreich Sardinien gehörte. Bis heute herrscht eine mediterrane Atmosphäre: italienisch beeinflusste Architektur, in Apricot und Cremetönen gestrichene Fassaden und ein mildes Mikroklima, in dem Palmen, Oleander und Olivenbäume gut gedeihen. Kommen Sie Mittwoch- oder Samstagmorgen zum Bauernmarkt.

Das Musée d'Ethnographie zeigt Exponate aus aller Welt

In diesem Teil der Stadt befinden sich zahlreiche Museen. Das **Musée d'Ethnographie** wird 2014 wiedereröffnet. Bis dahin sind seine faszinierenden Exponate zur Völkerkunde in der Dependance in Conches, östlich von Genf, untergebracht.

Vom MAMCO ist es auf der Rue des Bains nur ein kurzer Bummel nach Norden bis zur Rhone. Am Ufer entlang geht es nach Osten, wo der Fluss nach der fünften Brücke (Pont du Mont-Blanc) offiziell zum Genfer See wird. Am Seeufer erstreckt sich der **Jardin Anglais** (Englischer Garten; siehe S. 64) mit der berühmten Horloge Fleurie (Blumenuhr). Richtung Nordosten blickt man auf den spektakulären **Jet d'Eau**, das bekannteste Wahrzeichen von Genf. Ursprünglich stammte der Wasserstrahl aus dem Überdruckventil einer mit Wasserkraft betriebenen Fabrik. Den Genfern gefiel das Schauspiel so gut, dass die Stadt 1891 einen richtigen Springbrunnen daraus machte. In einer 140 Meter hohen Fontäne werden pro Minute etwa 30 000 Liter Seewasser in die Luft gestoßen. Tagsüber bildet der Sprühnebel einen Regenbogen, nachts wird die Fontäne illuminiert.

Parks & Strände: Etwas weiter östlich lockt hinter ein paar Fischerhütten und Bootsschuppen der kleine Sandstrand **Baby-Plage**, den die Genfer im Sommer zum Sonnenbaden und Schwimmen aufsuchen.

(Fortsetzung auf S. 66)

Musée d'Ethnographie

⊠ Karte S. 61
✉ Boulevard Carl-Vogt 65–67
☎ 022/418 45 50
🕓 Eröffnung 2014
💲 €

Musée d'Ethnographie (Conches)

✉ Rue Calandrini 7, Conches
☎ 022/346 01 25
🕓 Mo geschl.
💲 €€

www.ville-ge.ch/meg

Jet d'Eau

⊠ Karte S. 61
✉ Quai du Général-Guisan

Baby-Plage

⊠ Karte S. 61
✉ Port des Eaux-Vives Ador

Rundgang durch die Altstadt

Genfs ereignisreiche Geschichte spiegelt sich in den Museen und Denkmälern in der Altstadt. Ein Bummel durch die Gassen und über die brunnengeschmückten Plätze des malerischen Viertels, das voller verlockender Läden und gemütlicher Cafés, Bars und Restaurants ist, gehört unbedingt dazu.

Eine Partie Riesenschach im Parc de Bastions

Startpunkt ist der **Quai Gustave-Ador** am **Jardin Anglais** ❶ mit der berühmten **Horloge Fleurie** (Blumenuhr) aus über 6500 Blumen und einem schönen Blick auf den **Jet d'Eau** (siehe S. 63).

Von der Place du Lac am Westende des Parks gehen Sie südwärts durch das Haupteinkaufsviertel. Die Route kreuzt die mondäne Rue du Rhône mit Haute-Couture-Boutiquen, Juwelieren und Uhrmachern und führt durch die erschwinglichere Rue du Marché. Durch die Rue de la Fontaine geht es zur belebten **Place du Bourg-de-Four** ❷, wo sich das römische Forum befand und Rousseau (siehe S. 37) im Haus Nr. 40 seine Kindheit verbrachte. Der Platz mit Galerien, Antikläden, Cafés und Bistros ist das geographische Zentrum und die Seele der Stadt.

Wenden Sie sich nach rechts in die Rue de l'Hôtel-de-Ville und wieder nach rechts, um zur Place de la Taconnerie mit der **Cathédrale de Saint-Pierre** ❸ *(Cours St-Pierre 6)* zu kommen. Der romanisch-gotische Kirchenbau entstand zwischen 1150 und 1232. Die üppige Ausschmückung wurde entfernt, als die Kirche 1536 protestantisch wurde. Vom Turm haben Sie einen weiten Blick über das Umland. Unter der Kathedrale befindet sich eine **römische Ausgrabungsstätte**.

Durch die Rue Otto-Barblan geht es zur Rue de Puits St-Pierre, wo Henri Dunant, Gründer des Roten Kreuzes, wohnte. Hier steht das älteste Wohnhaus der Stadt, die **Maison Tavel** ❹. Sie ist Sitz des **Musée du Vieux Genève** *(Maison Tavel, Rue du Puits St-Pierre 6, Tel. 022/*

418 37 00) mit einem Stadtmodell aus dem 19. Jahrhundert. Im benachbarten **Arsenal** *(Rue du Puits St-Pierre)* aus dem 17. Jahrhundert sind Mosaike mit Szenen aus der Stadtgeschichte zu sehen.

An der Kreuzung mit der Grand-Rue steht zur Linken das **Hôtel de Ville** (Rathaus), wo im 19. Jahrhundert das Rote Kreuz gegründet und 1864 die erste Genfer Konvention unterzeichnet wurde. Ein Torbogen führt auf einen Platz mit der längsten Holzbank der Welt und einer **Statue** des Staatsmanns Charles Pictet de Rochemont (1755–1824).

Die Rampe de la Treille hinunter geht es zur **Place de Neuve** ❺ (siehe S. 60), dem Zentrum des Genfer Kulturlebens. Im anliegenden **Parc des Bastions** ist das **Monument International de la**

NICHT VERSÄUMEN

Horloge Fleurie (Blumenuhr) • Chapelle des Macabées in der Cathédrale de Saint-Pierre • Tour de l'Île

Réformation ❻ (siehe S. 61) zu bewundern. Steigen Sie die steile Rue de la Tertasse hinauf und biegen Sie links in die gepflasterte Rue de la Cité mit schönen Altbauten, Läden und Galerien ein. Sie führt zurück zum Fluss. Der **Tour de l'Île** ❼ direkt an der Brücke ist alles, was vom mittelalterlichen Bischofspalast übrig blieb. Von hier ist es nur ein kurzer Bummel am Fluss entlang zurück zum Startpunkt.

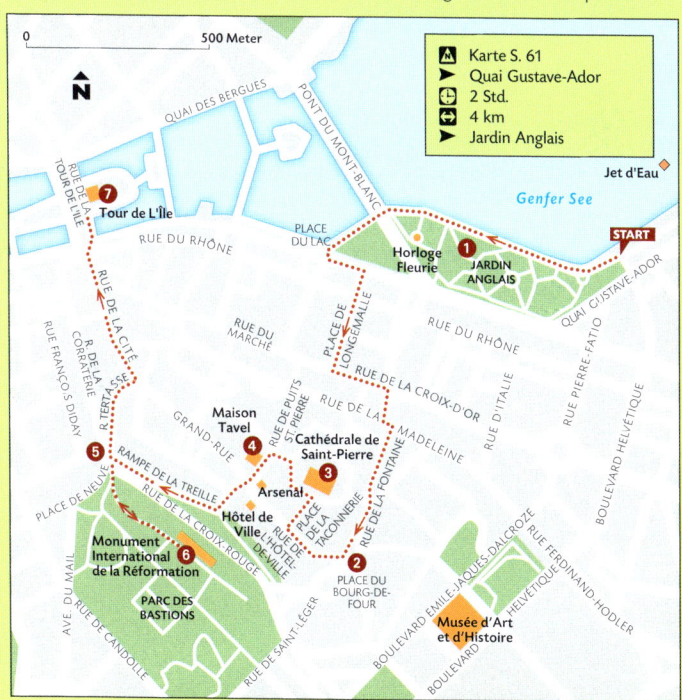

Bei schönem Wetter ist der Jardin Botanique ein wunderbarer Ort für eine Erholungspause

Genève-Plage

- 🗺 Karte S. 61
- ✉ Port-Noir, Quai de Cologny
- ☎ 022/736 24 82
- 🕐 Okt.–April geschl.
- 💲 €
- ⛴ Mouette Genevoise: 3, 4 (Port Noir)

Rive Droite

- 🗺 Karte S. 61

Bains de Pâquis

- 🗺 Karte S. 61
- ✉ Quai du Mont-Blanc 30
- ☎ 022/732 29 74
- 🚌 Bus: 1 (Pâquis)
- ⛴ Mouette Genevoise: 1, 2, 3 (Pâquis)

Hinter der Baby-Plage liegen zwei einladende Parks. Der **Parc la Grange** *(Quai Gustave-Ador)* ist die größte und vielleicht schönste Anlage der Stadt, mit uralten Bäumen, einer Orangerie, einem Rosengarten, einer Villa aus dem 18. Jahrhundert und Resten einer römischen Villa aus dem 1. Jahrhundert. Im Sommer finden Gratiskonzerte statt. Nachts wird der Park geschlossen (die Öffnungszeiten ändern sich je nach Jahreszeit). Der **Parc des Eaux-Vives** *(Quai Gustave-Ador)* ist im Mai und Juni am schönsten, wenn die Rhododendren blühen. Sie waren ein Geschenk der Niederlande zum Dank für die humanitäre Hilfe der Schweiz im Zweiten Weltkrieg.

Das Strandbad **Genève-Plage** etwas weiter östlich verfügt über ein 50-Meter-Schwimmbecken, ein Wassersportzentrum, Plätze für Beachvolleyball und Boule, Spielplätze und Restaurants. Dahinter erstreckt sich, am Hang über dem See, **Cologny**, der exklusivste und teuerste Vorort von Genf.

Rive Droite

Prachtboulevards, Fünf-Sterne-Hotels, Uferpromenaden und Parks prägen die vornehme Rive Droite am nordwestlichen Ende des Genfer Sees. In dem kosmopolitischen und eleganten Stadtteil residieren viele internationale Organisationen wie die Vereinten Nationen.

Das Ufer der Rhone und des Genfer Sees säumen elegante Straßen, *quais* (Kais) genannt, und Luxushotels in prächtigen Belle-Époque-Villen. Alles vor der Gebirgskulisse des Jura. Mittendrin ragt ein Pier mit einem Leuchtturm und der Badeanstalt **Bains de Pâquis** in den See hinaus. Die 1932 eröffnete und seither sehr geschätzte Anlage bietet Schwimmbecken, Strände, Tai-Chi, Massagen und eine schlichte Café-Bar (mit hervorragendem Brunch am Wochenende). Es gibt sogar eine Sauna und ein türkisches Bad, um sich nach dem Schwimmen im kühlen See wieder aufzuwärmen. Im quirligen Uferviertel Pâquis mit trendigen Bars und Clubs und exotischen Restaurants, die Köstlichkeiten aus aller Herren Länder servieren, zeigt sich Genf von seiner weltläufigen Seite.

Richtung Norden: Weiter nördlich geht das Seeufer in eine von Spaziergängern bevorzugte Parklandschaft über. Die „Stadt der Parks" hat über 50 Grünanlagen; sie bedecken etwa ein Viertel des Stadtgebiets. Viele bieten traumhaften Blicke auf den See und die Berge, wie der **Parc Mon-Repos**, der sich fast zwei Kilometer am See entlangzieht. Er lockt mit Schwimmgelegenheiten, Wiesen zum Sonnenbaden und schattigen Picknickplätzchen. In der Villa aus dem 19. Jahrhundert, die einst der Naturforscher Philippe de Plantamour (1816–98) bewohnte, sitzt das Henry-Dunant-Institut, Zentrum für humanitären Dialog.

Der benachbarte Park **La Perle du Lac** (Perle des Sees) ist eine hübsche Anlage mit Skulpturen, Buchsbaumhecken, bunten Blumenbeeten und herrlichem Blick über den See auf den Mont Blanc (4810 m). Hier residiert in einer klassizistischen Villa von 1830 das **Musée d'Histoire des Sciences** (Museum für Wissenschaftsgeschichte) mit einer umfangreichen Sammlung antiker wissenschaftlicher Instrumente.

Auf dem weitläufigen Gelände des **Conservatoire et Jardin Botanique** (Botanischer Garten) findet man 16 000 Pflanzenarten aus aller Welt. Das Areal ist in mehrere Bereiche gegliedert. Dazu

Musée d'Histoire des Sciences

- Karte S. 61
- Villa Bartholoni, Rue de Lausanne 128
- 022/418 50 60
- Di geschl.
- Bus: 1 (Sécheron); Tram: 15 (Butini)
- Mouette Genevoise: 4 (Perle du Lac)

www.geneve-tourisme.ch

Conservatoire et Jardin Botanique

- Karte S. 61
- Chemin de l'Impératrice 1, Chambésy-Genève
- 022/418 51 00
- Bus: 1, 11, 28 (Jardin Botanique); Tram: 15 (Nations)

www.ville-ge.ch/cjb

Themenspaziergänge

Die Touristeninformation hält Broschüren für Themenspaziergänge mit Wegbeschreibung, Stadtplan und Erläuterungen bereit. Zwei Touren sind auch als 2½-stündige Audioführung erhältlich: „Gang durch die Altstadt" und „Genf International" *(bei der Touristeninformation gegen eine kleine Gebühr und eine Kaution für den MP3-Player erhältlich).* Alternativ kann man sich öffentlichen Rundgängen anschließen oder eine private Führung buchen. Zur Auswahl stehen mehr als 15 verschiedene Themen, darunter „Die Escalade" (siehe S. 68), „Auf den Spuren von Jean Calvin", „Die Genfer Uhrmacherkunst" oder „Genf in der Literatur".

Palais des Nations

🗺 Karte S. 61

✉ Parc de l'Ariana, Avenue de la Paix 14

☎ 022/917 48 96

🕐 Führungen April–Aug. tägl., Sept.–März Mo–Fr

💲 €€

🚌 Bus: 8, 28, F, V, Z (Appia), 5, 11 (Nations); Tram: 14, 15 (Nations)

www.unog.ch

gehören ein Arboretum, ein „Tast- und Duftgarten" und ein familienfreundliches Botanicum, das zur spielerischen Erkundung der Pflanzenwelt einlädt.

Auf der anderen Seite der Avenue de la Paix residiert hinter einer Glasfassade, die passenderweise den Himmel spiegelt (von den Genfer Architekten Brodbeck & Roulet), die **World Meteorological Organization** (www.wmo.ch). Als wissenschaftliches Organ der Vereinten Nationen befasst sie sich mit Klimawandel,

verhindern. Seine Nachfolgeorganisation, die Vereinten Nationen (Uno), machte 1966 das monumentale Palais des Nations (Völkerbundpalast) zu ihrem europäischen Hauptsitz. Der Bau wurde Anfang der 1930er Jahre auf Gelände errichtet, das der Genfer Sammler und Kunstmäzen Gustave Revilliod (1817–90) der Stadt gestiftet hatte. Er ist 1,6 Kilometer lang und verfügt über Büros für 4000 ständige Mitarbeiter. Sein Konferenzzentrum ist das größte und mit jährlich

Partystadt Genf

In Genf gibt es immer etwas zu feiern, z. B. wilde Karnevalsumzüge zur traditionellen Vertreibung des Winters, gepflegte Partys im Begleitprogramm des Internationalen Auto-Salons im März, die Bundesfeier mit Feuerwerk und ausgelassener Fröhlichkeit oder das Escalade-Fest, zu dem ein Fackelzug in historischen Kostümen veranstaltet wird.

Auch das übrige Jahr herrscht in Genf ein munteres, aber kultiviertes Nachtleben. Einige der beliebtesten Adressen sind das schicke Capocaccia (Rue de la Confédération 8, Tel. 022/310 15 15)

für Cocktails; die ultracoole Bar Le Glow (Quai Wilson 41) mit Blick auf den See; Le Rouge et Le Blanc (Quai des Bergues 27, Tel. 022/731 15 50), eine trendige Weinbar an der Rhone; La Clémence (Place du Bourg-du-Four 20, Tel. 022/310 24 98) mit gemütlicher Altstadtatmosphäre; die Nachtclubs Alhambar (Rue de la Rôtisserie 10, Tel. 022/312 13 13) und La Bohême (Boulevard Helvétique 36, Tel. 022/700 46 00); außerdem Au Chat Noir (Rue Vautier 13, Tel. 022/343 49 98) oder Gabs Music Lounge (Rue de Zürich 12, Tel. 022/732 31 32) mit Livejazz und -blues.

Luftverschmutzung und dem Schwund der Ozonschicht.

Palais des Nations: 1920 nahm in Genf der Völkerbund seine Arbeit auf. Die Organisation war mit dem Ziel gegründet worden, kriegerische Konflikte von der Größenordnung des Ersten Weltkriegs in Zukunft zu

über 10 000 Meetings auch das meistgenutzte der Welt. Viele UN-Organe haben hier ihre Zentrale, darunter die Abteilungen für Frieden und Abrüstung, Menschenrechte, humanitäre Hilfe, Wissenschaft und Technologie.

Wer die Tore der Unog passiert, verlässt die Schweiz und betritt internationales

Territorium – also Pass oder Personalausweis nicht vergessen! Nach Voranmeldung können Besucher an interessanten einstündigen Führungen (in den Amtssprachen der Uno) teilnehmen. Zu besichtigen sind der **Versammlungssaal**, der **Ehrenhof**, der **Saal der Menschenrechte und des Bündnisses der Kulturen**, der **Ratssaal** und die **Salle des Pas Perdus** (Wandelhalle). Draußen auf der Place des Nations steht die gigantische Skulptur **Der zerbrochene Stuhl** des Schweizer Künstlers Daniel Berset (geb. 1953), ein Mahnmal für die Opfer von Streubomben und Landminen.

Wenige Gehminuten entfernt liegt das **Musée Ariana, ein herausragendes Glas- und Keramikmuseum mit** Exponaten aus 700 Jahren, vom Mittelalter bis heute. Gustave Revilliod ließ den Museumsbau im Stil der Neorenaissance errichten und nannte ihn nach seiner Mutter Ariana de la Rive. Nahebei gibt das **Musée International de la Croix-Rouge et du Croissant-Rouge** (Rotkreuz- und Rothalbmond-Museum) einen bewegenden Einblick in das verdienstvolle Wirken dieser beiden Organisationen. Es ist in der Zentrale des Internationalen Komitees vom Roten Kreuz untergebracht, das seit 1864 humanitäre Hilfe in Krisengebieten leistet. Das Rote Kreuz wurde von Henry Dunant (1828–1910) gegründet, der während einer Reise das Grauen des Kriegs auf dem Schlachtfeld von Solferino (1859) in Italien hautnah erlebt hatte. Er erhielt später den ersten Friedensnobelpreis. ∎

Musée Ariana

- Karte S. 61
- Avenue de la Paix 10
- 022/418 54 50
- Di geschl.
- € (nur Wechselausstellungen)
- Bus: 8, 28, F, V, Z (Appia), 5, 11, 14 (Nations); Tram: 13, 15 (Nations)

www.genevetourisme.ch

Musée International de la Croix-Rouge et du Croissant-Rouge

- Karte S. 61
- Avenue de la Paix 17
- 022/748 95 06
- Di, Sa, So geschl.
- €€
- Bus: 8, F, V, Z (Appia)

www.micr.org

Der Ratssaal des Palais des Nations mit Wandbildern von José Maria Sert

Genfer See

Der Genfer See, in der Schweiz Lac Léman oder Genfersee, ist der größte See der Alpenregion. Das Gewässer, das sich zwischen den Alpen und dem Jura von der Stadt Genf nach Nordosten erstreckt, ist Herz und Seele der französischsprachigen Schweiz. Der See bringt mediterranes Lebensgefühl in die Berge und wird deshalb auch als „der eleganteste See der Welt" bezeichnet.

Dichter Segelboot-Verkehr auf dem Genfer See

Versoix
🅰 Karte S. 59 A1

Waadtland
🅰 Karte S. 59
A2, B2, C2

**Besucher-
information**
✉ Office du
Tourisme,
Canton de Vaud,
Avenue d'Ouchy
60, Lausanne
☎ 021/613 26 26
**www.region-du-
leman.ch**

Der Genfer See dient als Einfallstor für eine ganze Region. Seine Ufer berühren zwei Länder (im Norden die Schweiz, im Süden Frankreich) und in der Schweiz drei Kantone (Genf, Waadt und Wallis). Die größten Städte am Schweizer Ufer sind Genf, Lausanne und Montreux. Die bedeutendsten Seebäder auf der französischen Seite, Thonon-les-Bains and Evian-les-Bains, liegen günstig für einen Tagesausflug per Fähre.

Nordöstlich der Stadt Genf bildet der gleichnamige Kanton einen schmalen Landstreifen zwischen dem See und der französischen Grenze. Etwa zehn Kilometer und 15 Autominuten von Genf-Zentrum lockt **Versoix** mit einer schönen Uferpromenade und dem alljährlichen Festival du Chocolat *(Place de la Gare, Versoix, Tel. 022/775 66 08, www.versoix.ch/fdc.php).* Zwischen Versoix und Genf besteht eine Zugverbindung.

Das Waadtland

Nördlich von Versoix empfängt der Kanton Waadt seine Gäste mit einem grandiosen See- und Alpenpanorama, üppigen Wäldern, fruchtbaren Weinbergen, winzigen Stränden und von der Sonne verwöhnten Dörfern. Auf einer Schifffahrt am Ufer entlang (siehe S. 73) erhascht man Blicke auf Schlösser, fürstliche Villen, belebte Städtchen und elegante Belle-Époque-Seebäder. Die Orte, die das Seeufer säumen, wie **Nyon, Rolle** und **Morges**, sind berühmt für luxuriöse Fünf-Sterne-Hotels, Thermalbäder, Kur- und Schönheitskliniken.

Zudem ist das Waadtland für seine gute Küche bekannt. Auf den Speisekarten stehen Barsch, Felchen, Saibling, Forelle und Hecht aus dem See, aber auch herzhafte ländliche Gerichte wie *papet vaudois* (Eintopf mit Lauch und Kartoffeln) und zahlreiche Wurstspezialitäten: *saucisse aux choux* (Krautwurst), *saucisse vaudois* (eine Schweinswurst) oder *boutefas* (aus geräuchertem Schweinefleisch mit Gewürzen und Schnaps). Zum Nachtisch gibt es *tarte à la raisinée*, einen dünnen Kuchen mit einem köstlichen Gelee aus in Wein eingekochten Birnen und Quitten. Unwiderstehlich sind auch die Käsesorten der Region; sie tragen die Bezeichnung „Produits du Terroir Vaudois" (*www.terroir-vaudois. ch*). Die Weine, die auf den steilen Südhängen von Genf bis Lausanne gedeihen, zählen zu den besten der Schweiz.

Lausanne

Die junge, quicklebendige französischsprachige Stadt Lausanne ist das sportliche Zentrum der Schweiz und die „Olympiahauptstadt" der Welt. Hier haben das Internationale Olympische Komitee (IOC) und 15 weitere internationale Sportverbände ihren Sitz. Außerdem hat Lausanne über 300 Sport-

INSIDERTIPP

Unterbrechen Sie die Fastenzeit für einen Tag und besuchen Sie das Festival du Chocolat in Versoix. Bei Chocolatier Cartier am Seeufer gibt es das ganze Jahr über süße Verführungen.

CLIVE CARPENTER
National Geographic-Autor

vereine, die von Wassersport bis Skilanglauf und Wandern in den nahen Bergen alles Mögliche betreiben.

Zugleich ist Lausanne eine ungezwungene Universitätsstadt mit 130 000 Einwohnern, die Genf den Rang als geistiges und kulturelles Zentrum der französischsprachigen Schweiz streitig macht. Berühmte Schriftsteller

Nyon
🅰 Karte S. 59 A2

Rolle
🅰 Karte S. 59 B2

Morges
🅰 Karte S. 59 B2

Lausanne
🅰 Karte S. 59 B2
Besucherinformation
✉ Office du Tourisme, Lausanne, Bahnhof, Place de la Gare 9 & Place de la Navigation, Lausanne
☎ 021/613 73 73
www.lausannetourisme.ch

Chocolatier Cartier
🅰 Karte S. 59 A1
✉ Route de Suisse, Versoix
☎ 022/755 10 05
www.cartier-swiss.ch

Die Cathédrale de Notre-Dame in Lausanne

Cathédrale de Notre-Dame

✉ Place de la Cathédrale 4, Lausanne

☎ 021/316 71 61

🚇 Metro: 2 (Bessières); Bus: 14 (Pierre-Viret)

wie Voltaire, Jean-Jacques Rousseau, Victor Hugo und Charles Dickens lebten und arbeiteten hier. Und mit spannenden Museen, stilvollen Geschäften, gehobenen Restaurants, Theatern, dem weltberühmten Béjart Ballet und einem Nachtleben, das dem von Zürich nur wenig nachsteht, verspricht die Stadt auch reichlich Zerstreuung.

Lausanne zu erkunden, kann anstrengend werden. Die Stadt erstreckt sich über drei steile Hügel, mit einem Höhenunterschied von 480 Metern zwischen dem Uferviertel Ouchy und den nördlichen Vororten. Doch seit der Eröffnung des Metronetzes 2008 ist es einfacher geworden. Die zwei Linien mit 14 Stationen decken fast das ganze Stadtgebiet ab. Hotelgäste bekommen an

der Rezeption die Lausanne Transport Card, mit der sie Metro und Nahverkehrsbusse kostenlos nutzen können. Das Seeufer lässt sich bestens per Fahrrad erkunden. Dafür gibt es den Velopass, mit dem man gegen eine kleine Gebühr Räder an Selbstbedienungsstationen überall in der Stadt leihen kann (www.lausanneroule.ch).

Cathédrale de Notre-Dame: Auf einem der drei Hügel von Lausanne liegt das stimmungsvolle Altstadtviertel Cité. Die Zusammenballung mittelalterlicher Gebäude mit Läden, Galerien, kleinen Bars und Restaurants ist größtenteils Fußgängerzone. Ihr Glanzstück ist die Cathédrale de Notre-Dame aus dem 13. Jahrhundert, ein Meisterwerk der Gotik mit einer wunderbaren Fensterrose, in

ERLEBNIS: Boote und Wassersport auf dem Genfer See

Vom Wasser aus betrachtet wirkt das Seeufer mit seinen Weinbergen und Schlössern vor der imposanten Gebirgskulisse besonders romantisch. Dazu bieten sich viele Möglichkeiten, vom Raddampfer bis zum Tretboot. Wer sich stärker ins Zeug legen möchte, kann auf dem See verschiedene Wassersportarten treiben.

Segeln

Die vielen Boote auf dem See sprechen für sich: Segeln ist definitv ein Lieblingssport am Genfer See und Dutzende von Jachthäfen und Bootsanlegern säumen das Ufer. Der berühmteste Jachtclub der Region ist die **Société Nautique de Genève** (www.nautique.org), die an allen renommierten Segelregatten der Welt teilnimmt. Sie betreibt auch eine große **Segelschule** (Port-Black, Cologny, Tel. 022/707 05 00, ecoledevoile@nautique.org, €€€€€) mit Anfängerkursen für Kinder ab sechs Jahren und Fortgeschrittenenkursen für Erwachsene.

In Lausanne gibt es alternativ zwei kleinere Segelschulen: **Ciels Bleus** (Place du Vieux-Port, Lausanne, Tel. 076/366 39 49, www.cielsbleus.ch) und **École de Voile d'Ouchy** (Chemin des Pécheurs 7, Lausanne, Tel. 021/635 58 87, www.ecole-de-voile.ch, €€€€€). Erstere bietet neben Segelkursen auch Unterricht im Wasserskifahren.

Wassersport

Mit gemächlichem Segeln sind die Möglichkeiten, auf dem See aktiv zu werden, aber längst nicht erschöpft. Beim Wakeboarding, das Wasserskifahren und Surfen kombiniert, wird man auf einem Brett, das wie ein kurzes Surfboard aussieht, hinter einem schnellen Boot hergezogen. Die Boote des **Wake Sport Center** (Quai de Cologny 9, Cologny, Tel. 079/202 38 73, www.wake.ch) fahren im Sommer täglich auf den See hinaus und werden samt professionellem Trainer vermietet.

Nur einen Steinwurf vom See entfernt bietet das Unternehmen **Rafting.ch** (Tel. 079/301 41 40, www.rafting.ch) Raftingtouren durch die Stromschnellen der Arve an, die bei Genf in die Rhone mündet. Die Expeditionen starten in der Regel an der Pont de Sierne und führen durch das Stadtzentrum von Genf.

Schifffahrten

Wer lieber in aller Ruhe die Aussicht bewundern will, kann verschiedene Rundfahrten auf dem Genfer See unternehmen, von kurzen Thementouren bis zu tagesfüllenden Ausflügen, die alle Hauptsehenswürdigkeiten am See ansteuern (Genf, Lausanne, Vevey, Montreux, das Château de Chillon und sogar das französische Evian). Die meisten Seerundfahrten werden von der **Compagnie Générale de Navigation** (CGN, Avenue de Rhodanie 17, Lausanne, Tel. 0848/811 848, www.cgn.ch, €€€€–€€€€€) angeboten, deren 20 Schiffe (darunter acht schöne alte Belle-Epoque-Raddampfer) von verschiedenen Seebädern ablegen. Die Fahrzeit von Genf nach Lausanne beträgt 3¾ Stunden.

INSIDERTIPP

Mit einem Tretboot können Sie eine preiswerte Flusstour durch das Stadtzentrum unternehmen, begleitet von den hier heimischen Schwänen.

CAROLINE GRAVES
National Geographic-Autorin

Sehr hübsch ist auch eine 3-stündige Fahrt mit der *La Vaudoise*, dem letzten Plattbodensegler auf dem Genfer See. Er diente ab 1932 als Lastkahn zum Transport von Steinen und Kies und liegt heute im Hafen von Ouchy (Les Pirates d'Ouchy, Tel. 079/446 21 18, www.lavaudoise.com).

Hôtel de Ville

✉ Place de la Palud 2

☎ 021/315 25 55

🚇 Metro: 2 (Bessières); Bus: 14 (Pierre-Viret)

Musée Cantonal des Beaux-Arts

✉ Palais de Rumine, Place de la Riponne 6

☎ 021/316 34 45

🕐 Mo geschl.

💲 €€

🚇 Metro: 2 (Rippone-Maurice Béjart); Bus: 1, 2 (Rue Neuve), 8 (Riponne)

www.musees.vd.ch/fr/musee-des-beaux-arts

der die Schöpfung der Welt dargestellt ist, und einem bunt bemalten Portal.

Hinter der Kathedrale steht das gedrungene **Château Saint-Maire** aus dem 14. Jahrhundert, heute Sitz der Kantonsregierung. Nicht weit davon residiert im ehemaligen Bischofspalais aus dem Mittelalter das **Musée Historique de Lausanne** (*Place de la Cathédrale 4, Lausanne, Tel. 021/315 41 00, Sept.–Juni Mo geschl., www.lausanne.ch/mhl*). Es schildert die Stadtgeschichte seit prähistorischer Zeit und zeigt ein riesiges Modell der Stadt im 17. Jahrhundert. Von der Terrasse hat man einen weiten Blick über den See und auf das Trendviertel Flon im Westen. Die Lagerhäuser des früheren Industriegebiets wurden zu alternativen Cafés und Bars, Nachtclubs und Theaterspielstätten umgebaut.

Die Olympischen Spiele

Baron Pierre de Coubertin (1863–1937) gilt als Initiator der Olympischen Sommerspiele der Neuzeit. Der französische Aristokrat und Historiker war überzeugt, dass körperliche Ertüchtigung und geistige Entwicklung zusammengehören. Er schwärmte für die griechische Antike und setzte sich dafür ein, die Olympischen Spiele als internationalen Wettbewerb wiederzubeleben. Sein Traum erfüllte sich 1896, als in Athen die ersten Olympischen Spiele der Neuzeit stattfanden. Winterspiele werden seit 1924 durchgeführt. Coubertin war der erste Präsident des Internationalen Olympischen Komitees (IOC), das seit 1915 seinen Sitz in Lausanne hat.

Nahe dem Eingang der Kathedrale führt eine überdachte Holztreppe, die mittelalterlichen **Escaliers du Marché**, hinunter zur **Place de la Palud** mit dem **Gerechtigkeitsbrunnen** aus dem 16. Jahrhundert und dem **Hôtel de Ville** (Rathaus). Die Drachen auf seinem Dach erinnern an die historischen Handelsverbindungen mit Ostasien. Mittwochs und samstags ist hier Markt.

Centre-Ville: Im Stadtzentrum wimmelt es von schicken Boutiquen und Kunstgalerien. Im stattlichen **Palais de Rumine** (1900) oberhalb der Place de la Palud wurde 1923 der Vertrag von Lausanne unterzeichnet, der die Aufteilung des Osmanischen Reichs nach dem Ersten Weltkrieg regelte. Heute beherbergt der Bau im Stil der Neorenaissance mehrere Museen, darunter das beeindruckende **Musée Cantonal des Beaux-Arts** (Kantonalmuseum der schönen Künste).

Südlich der Place de la Palud und der Rue Centrale geht es hinauf zur Place Saint-François mit der **Église Saint-François** aus dem 13. Jahrhundert. Die Kirche mit dem eleganten Glockenturm gehörte früher zu einem Franziskanerkloster. Einen kurzen Bummel entfernt liegt der ruhige **Parc Mon-Repos** mit seinen majestätischen Bäumen, Skulpturen, einer Voliere und der **Villa Mon-Repos**,

Vor dem Musée Olympique in Ouchy bei Lausanne brennt das olympische Feuer

dem einstigen Wohnhaus von Baron Pierre de Coubertin, der die Olympischen Spiele der Neuzeit ins Leben rief.

Der Stadtteil **Ouchy** unten am Seeufer, früher ein Fischerdorf, prunkt mit Grandhotels, einem Jachthafen, gepflegten Parks und baumgesäumten Promenaden, die sich bis in den Nachbarort Lutry ziehen. Hier befindet sich das **Musée Olympique**. Es zeichnet die Geschichte der olympischen Bewegung von den ersten Spielen im antiken Griechenland (776 v. Chr.) bis zum heutigen Tag nach. Dank 3-D und neuester Computertechnik können die Besucher hautnah in die Welt der Olympioniken eintauchen.

Richtung Osten: Das östlich von Ouchy ebenfalls am Ufer gelegene Stadtviertel Vidy mit Schwimmbad, Sandstränden, Jachthafen, Bars und Restaurants ist ein beliebtes Freizeitziel. Das **Musée Romain de Lausanne-Vidy** (Römisches Museum in Lausanne-Vidy, *Chemin du Bois-de Vaux 24, Tel. 021/ 315 41 85, www.lausanne. ch/mrv*) gibt Einblick in die Geschichte des römischen Hafens Lusonna am Lacus Lemannus vom 1. Jahrhundert v. Chr. bis zum 4. Jahrhundert n. Chr. Das Château de Vidy, ein Herrenhaus aus dem 18. Jahrhundert, ist heute Sitz des IOC. Ein vier Kilometer langer „Sportpfad" mit 22 Infotafeln zur Geschichte der Olympischen Spiele zieht sich durch das Viertel.

Am Nordrand von Ouchy liegt die **Fondation de l'Hermitage**, eines der besten

Musée Olympique

- ✉ Quai d'Ouchy 1
- ☎ 021/621 65 11
- 🕐 Nov.–März Mo geschl.
- 💲 €€€€
- 🚇 Metro: 2 (Ouchy); Bus: 8, 25 (Musée Olympique)

www.olympic.org

Fondation de l'Hermitage

- ✉ Route du Signal 2, Bellevaux
- ☎ 021/320 50 13
- 🕐 Mo geschl.
- 💲 €€€
- 🚌 Bus 16 (Hermitage)

www.fondation-hermitage.ch

Radler vor dem Kunstwerk „La Fourchette" von Jean-Pierre Zaug in Vevey

Vevey

Karte S. 59 C2

Besucher-information

Montreux-Vevey Tourisme, Grande-Place 29, Vevey

☎ 084/886 84 84

⏱ So geschl.

www.montreux-vevey.com/de

Kunstmuseen der Region. Es veranstaltet Ausstellungen zur Malerei und Bildhauerei des späten 19. und des 20. Jahrhunderts.

Waadtländer Riviera

Östlich von Lausanne, wo sich das Nordufer des Genfer Sees nach Südosten biegt, liegen die Städtchen Vevey und Montreux. Dieser bei Touristen sehr beliebte Uferabschnitt wird auch Waadtländer Riviera genannt. In der Vergangenheit zog er Berühmtheiten wie die Schriftsteller Victor Hugo, Ernest Hemingway und Graham Greene, den französischen Maler Gustave Courbet und die Schauspieler Noël Coward und Charlie

Chaplin an. Heute wohnen hier Popstars, Modeschöpfer und Sportlegenden wie die Rennfahrer Michael Schumacher, Alain Prost und Lewis Hamilton.

Die Waadtländer Riviera ist eine gute Ausgangsbasis für die Erkundung der umliegenden Landschaft und ein geeigneter Startpunkt für Panoramazugfahrten mit der GoldenPass-Line (siehe S. 111) ins Berner Oberland. Nicht einmal eine Stunde fährt man von hier bis zu den Skigebieten in den Waadtländer Alpen (siehe S. 153). Für Besucher, die ausgiebig in der Region herumfahren wollen, kann sich ein Fünf- oder Sieben-Tage-Regionalpass Genfer See–Alpen lohnen, der an zwei (oder drei) frei wählbaren Tagen unbegrenzt freie Fahrt und an den übrigen Tagen 50 Prozent Ermäßigung bietet. Es gibt ihn bei Touristeninformationen, Bahnhöfen und Verkaufsstellen für Schiffstickets.

Vevey

Das hübsche Seebad Vevey ist wegen seiner Traumlage am Seeufer zwischen den Weinbergen des Lavaux und seinem selbst im Winter angenehm milden Klima ein populäres Urlauberziel. Der Ort, an dem die Milchschokolade erfunden wurde, ist Hauptsitz von Nestlé.

Vieille Ville: In den Pflasterstraßen der Altstadt, zwischen den Zuggleisen und dem See, erinnern Monumente und Museen an die reiche Geschichte des Städtchens. Außerdem gibt es hier Boutiquen, Kunst-, Kunsthandwerks- und Antiquitätenläden und Geschäfte mit Wein, Käse und Schokolade aus der Region. Dienstag- und samstagvormittags ist auf der **Grande Place** Wochenmarkt. Von Mitte Juli bis Ende August locken **Marchés folkloriques** (Folkloremärkte) Besucher mit heimischem Kunsthandwerk, Volksmusik sowie Wein und anderen Köstlichkeiten der Region. Die Touristeninformation ist in der großen, von dem Unternehmer Henri Nestlé finanzierten **Markthalle** aus den 1930er Jahren untergebracht. Das **Musée Suisse de l'Appareil Photographique** (Schweizerische Kameramuseum) an der Grande Place widmet sich der Geschichte der Fotografie und zeigt Fotoapparate aus den 1920er Jahren bis zur Gegenwart.

An der eleganten Uferpromenade steht eine Statue des großen Filmkomikers und Regisseurs Charlie Chaplin (1889–1977), der 25 Jahre im **Manoir de Ban** im Vorort Corsier wohnte. Das renovierte Anwesen soll ab 2013 als Museum an Chaplins Leben und Werk erinnern. Weitere berühmte Einwohner von

(Fortsetzung auf S. 80)

Musée Suisse de l'Appareil Photographique

- ⊠ Grande Place, Vevey
- ☎ 021/925 34 80
- 🕐 Mo geschl.
- 💲 €€
- 🚆 Zug (Vevey)

Manoir de Ban

- ⊠ Route de Fenil 2, Corsier-sur-Vevey
- 🕐 Eröffnung für Frühjahr 2013 geplant

www.chaplin museum.com

Who's who der Waadtländer Riviera

Schriftsteller, Musiker, Schauspieler und Politiker, Bildhauer und Architekten hat die Schönheit der Waadtländer Riviera inspiriert. Der „Spaziergang der Dichter" (www.montreux-vevey.com/de/culture_leisure/Excursions2/Oekotourismus_Kultur/SpurenBesucher_de), eine Route mit 25 „sprechenden Bänken", folgt ihren Spuren und bringt Besuchern die Gedanken, Worte und Verse bekannter Gäste der Region nah, zu denen Persönlichkeiten wie Charlie Chaplin, Graham Greene, Ernest Hemingway und Victor Hugo gehörten (die Broschüre „Spaziergang der Dichter" ist kostenlos bei allen Touristeninformationen erhältlich).

Schweizer Schokolade

Schokolade ist Teil der Schweizer Lebensart. In Klein- und Großstädten scheint jede Straße mindestens ein Schokoladengeschäft zu haben, das Passanten mit unwiderstehlichen Düften und Auslagen in Versuchung führt. Heiße Schokolade darf auf keiner Getränkekarte fehlen. Wenn wundert es da, zu hören, dass die Schweiz in der Schokoladenproduktion weltweit führend ist.

Schokoladige Kostproben bei der Chocolaterie Rapp

Die Schweizer stehen im Ruf, die beste Schokolade der Welt herzustellen. Und sie verzehren mehr Schokolade als irgendwer sonst auf der Welt, nämlich beeindruckende 10,5 Kilogramm pro Kopf und Jahr.

Die Schokoladenherstellung ist in der Schweiz eine Kunstform. Neben unzähligen Schokoladensorten und handgefertigten Pralinen produzieren die Schweizer saisonale Köstlichkeiten wie Schokoblumen und Schoko-Ostereier im Frühjahr, Schokokastanien und -pilze im Herbst und natürlich Schokoladen-Weihnachtsmänner. Obendrein gibt es regionale Spezialitäten wie die Schokobären in Bern und die Schokoladenuhren im Jura.

Zur Geschichte der Schokolade

Die Ursprünge der Schokoladenherstellung liegen in Mittelamerika, wo die Maya schon im 6. Jahrhundert Schokolade genossen und die Azteken diesen Brauch später übernahmen. Der spanische Konquistador Hernando Cortés brachte im frühen 16. Jahrhundert erstmals Kakaobohnen aus Mexiko in sein Heimatland. Von hier gelangte die Schokolade im folgenden Jahrhundert als Getränk nach Frankreich. Die Italiener verzehrten bereits feste Schokolade, bevor sie die Schweiz erreichte. Doch nachdem François-Louis Cailler 1819 in Vevey mit der Schokoladenproduktion begann, die er von italienischen Zucker-

INSIDERTIPP

Wenn Ihnen Schokolade als solche noch nicht schweizerisch genug ist, haben Sie im Restaurant Edelweiss *(Place de la Navigation 2)* **in Genf Gelegenheit, Schokoladenfondue zu Live-Jodelmusik zu genießen.**

CAROLINE GRAVES
National Geographic-Autorin

bäckern erlernt hatte, gab es kein Zurück mehr. Er erfand als Erster ein Verfahren, um Schokolade in Tafelform herzustellen. Bald darauf stieg auch Philippe Suchard in Neuchâtel in die Schokoladenproduktion ein, verbesserte die Produktionsmethoden und machte Schokolade erschwinglicher. Um 1870 erfand Caillers Schwiegersohn Daniel Peter in Vevey die Milchschokolade, indem er der Kakaopaste das kurz zuvor von seinem Nachbarn Henri Nestlé erfundene Milchpulver beimischte.

Berühmte Namen

Weitere Innovationen folgten. 1879 erfand Rodolphe Lindt in Bern das Conchierverfahren zur Herstellung glatter, flüssiger Schokoladenmasse. 1898 nahm das Unternehmen Cailler in Broc die erste große Schokoladenfabrik in Betrieb. 1909 ließ der Berner Chocolatier Jean Tobler die „Toblerone" patentieren, deren dreieckige Form vom Matterhorn inspiriert war. Jules Séchaud aus Montreux entwickelte 1913 ein Verfahren, um gefüllte Schokolade herzustellen, und sicherte damit der Schweiz die Marktführerschaft.

Nestlé, Suchard und Lindt sind immer noch legendäre Namen in der Schokoladenindustrie. Zwei der angesehensten Schweizer Chocolatiers sind Sprüngli und Teuscher. Doch wer sich nur auf die bekannten Marken konzentriert, dürfte einige der leckersten Schweizer Schokoladenprodukte verpassen. Zu den besten Confiserien gehören kleine Familienbetriebe mit nur ein oder zwei Geschäften, die ihre erlesenen Kreationen täglich frisch von Hand herstellen. Hier geht Probieren über Studieren!

Eine Führung durch die Schokoladenfabrik Cailler *(Maison Cailler, Rue Jules Bellet 7, Broc, Tel. 026/921 59 60, €€€)* gibt Einblick in den Herstellungsprozess. Besucher können das Aroma verschiedener Kakaobohnen kosten und die Verfahrensschritte bis zur fertigen Schokoladentafel miterleben. Die Führung endet im Verkostungsraum. Broc ist von Lausanne und Montreux mit dem Auto oder mit dem Zug erreichbar.

ERLEBNIS:
Schokolade machen

Der Meister-Chocolatier Dan Durig von der **Chocolaterie Durig** *(Avenue d'Ouchy 15, Lausanne, Tel. 021/601 24 35, www.durig. ch, €€€€€)* bietet eine Verkostung (30 Minuten) und einen Schokoladen-Workshop (90 Minuten) an. Hier können Sie eigene Pralinen kreieren und ausgefallene Leckereien wie Schokoladenessig, Kakao mit mexikanischen Gewürzen und Schokolade mit Alpenblumen probieren. Die **Chocolaterie Rapp** *(Rue des Alpes 6, Prangins, Tel. 022/361 79 14, €€€€€)* auf halbem Weg zwischen Genf und Lausanne veranstaltet fünfstündige Tageskurse. In Broc, 24 Kilometer nordöstlich von Montreux, bietet die **Schokoladenfabrik Cailler** *(Maison Cailler, Rue Jules Bellet 7, Broc, Tel. 026/921 59 60, €€€€€)* eine zweistündige Einführung in die Kunst der Pralinenherstellung an.

Alimentarium

✉ Quai Perdonnet, Vevey

☎ 021/924 11 11

🕐 Mo geschl.

💲 €€€

🚌 Bus: 1 (Court-au-Chantre)

⛴ Fähre (Vevey Marché)

www.alimentarium. ch

Musée Historique du Vieux Vevey

✉ Rue du Château 2, Vevey

☎ 021/921 07 22

🕐 Mo geschl.

🚌 Bus: 1 (Ste-Claire)

⛴ Fähre (Vevey-La Tour)

Die Weinberge des Lavaux sind für ihre Chasselas-Reben (Gutedel) bekannt, die einen fruchtig-frischen Weißwein liefern

Vevey waren der französische Maler Gustave Courbet (1819–77), der russische Autor Fjodor Dostojewski (1821–81), der geniale Konstrukteur des Eiffelturms, Gustave Eiffel (1832–1923), und der englische Autor Graham Greene (1904–91). Der deutsche Apotheker Henri Nestlé (1814–90) kam 1839 nach Vevey und erfand hier 1867 das Milchpulver. Die Zentrale des von ihm gegründeten Weltkonzerns liegt am Seeufer westlich der Stadt. Das **Alimentarium** (Museum zur Ernährung) gibt auf lebendige, unterhaltsame Weise, mit vielen interaktiven Angeboten für Kinder, Einblick in die verschiedenen Aspekte von Ernährung.

Das **Musée Historique du Vieux Vevey** (Geschichtsmuseum des alten Vevey) in einer schönen Villa aus dem 16. Jahrhundert dokumentiert die buntbewegte Vergangenheit der Region und widmet sich der berühmten Fête des Vignerons (Winzerfest), die hier alle 25 Jahre stattfindet, zuletzt 1999. Ein klassizistischer Prunkbau in Bahnhofsnähe beherbergt das erstklassige **Musée Jenisch** mit wechselnden Ausstellungen zur schweizerischen Kunst. Zu den Schätzen seiner Dauerausstellung gehören Werke von Dürer, Rembrandt, Corot, Picasso und Le Corbusier. Die Stiftung Oskar Kokoschka hütet die größte Sammlung an Werken des österreichischen Expressionisten, der die letzten 26 Jahre seines Lebens im nahen **Villeneuve** verbrachte.

Im Osten geht Vevey nahtlos in den hübschen Hafenort La Tour-de-Peilz über. Im Château am Seeufer ermuntert das **Musée Suisse du Jeu** (Schweizer Spielemuseum) Besucher zum Mitspielen.

Die Weinberge von Lavaux

Der Genfer See spiegelt die Farbwechsel der Weinberge an seinen Steilhängen, vom Winterbraun über satte Grüntöne im Frühjahr und Sommer bis zum rotbraunen Herbstlaub. Dazwischen laden schmucke historische Winzerdörfer zu Panoramaspaziergängen und Weinverkostungen in ihren *caveaux des vignerons* (Weinkellern).

Der Weinanbau im Waadtland begann schon in der Römerzeit. Heute ist es die zweitgrößte Weinbauregion der Schweiz. Das berühmteste der sechs Hauptgebiete ist das Lavaux (*www.lavaux.com*).

Seit 2007 ist es als Unesco-Welterbe registriert. Seine Weinterrassen säumen das Nordufer des Genfer Sees zwischen **Lutry** (*www.lutry.ch*) und dem mondänen Montreux. Angebaut werden rote Sorten wie Pinot Noir (Spätburgunder) und die fruchtige Gamay, hauptsächlich aber die weißen Chasselas-Reben (Gutedel). Sie werden rund um die Orte Féchy, Epesses, Dézaley, Mont-sur-Rolle und Saint-Saphorin hochgezogen. Die Weine verdanken ihr typisches Aroma dem hohen

INSIDERTIPP

Die Weinberge des Lavaux gehören zu den steilsten Europas. Achten Sie auf die bei der Weinlese eingesetzten Einschienenbahnen und Flaschenzüge.

VINCENT COLLETTI
Walliser Weinexperte

Mineralgehalt der Böden und dem günstigen Klima der Region, die von „drei Sonnen" gewärmt wird: von der direkten Sonneneinstrahlung, der vom See reflektierten Sonnenwärme und von der Wärme, die von den insgesamt 400 Kilometer langen Mauern in den Weinterrassen tagsüber gespeichert und in der Nacht wieder abgeben wird.

Musée Jenisch

✉ Avenue de la Gare 2, Vevey
☎ 021/921 29 50
🕐 Mo geschl.
🚌 Bus: 1 (Hôtel-de-Ville)
⛴ Fähre (Vevey)

Musée Suisse du Jeu

✉ Au Château, 1814 La Tour-de-Peilz
☎ 021/977 23 00
🕐 Mo geschl.
💲 €€
🚌 Bus: 1 (La Tour-de-Peilz)
⛴ Fähre (Vevey–La Tour)
www.museedujeu.com

Villeneuve
🗺 Karte S. 59 C2

Lutry
🗺 Karte S. 59 B2

Pully

 Karte S. 59 B2

Zahlreiche Wander- und Radwege erschließen die Region; für weniger Sportliche fahren Züge und Bimmelbahnen. Der 32 Kilometer lange Lavaux-Weinwanderweg vom Olympiamuseum in Lausanne (siehe S. 75) bis verstreut liegen. Wer Zeit hat, sollte die malerischen Dörfer Saint-Saphorin, Rivaz und Epesses besuchen. Vielerorts werden die Weine der Region in *caveaux des vignerons*, Winzerkellern, angeboten, die von Ostern bis Oktober

Billy Idol beim Montreux Jazz Festival 2010

Vinorama

✉ Route du Lac 2, Rivaz

☎ 021/946 31 31

🕐 Mo, Di geschl.

www.lavaux-vino rama.ch

Montreux

🗺 Karte S. 59 C2

Besucherinformation

✉ Montreux Tourisme, Place de l'Eurovision

☎ 084/886 84 84

www.montreux-vevey.com/de

zum Château de Chillon lässt sich gut in kürzere Etappen unterteilen. Sehr beliebt ist die dreistündige Wanderung von Saint-Saphorin ins mittelalterliche Lutry am Seeufer, nicht weit von Lausanne. Auch ein Ausflug in das benachbarte **Pully** *(www.pully.ch)* mit hübschen Sträßchen, einem kleinen Hafen und einer römischen Villa lohnt sich.

Die gesamte Umgebung ist von Weinbergen geprägt, zwischen denen hübsche Weiler wie Le Châtelard und Savuit

geöffnet sind. Eine Liste der Weinkeller des Lavaux findet sich unter *www.lavaux.ch*. Bei der Tourplanung sollte man beachten, dass die meisten erst um 16 oder 17 Uhr öffnen. Im **Vinorama** in Rivaz werden sämtliche Appellationen des Lavaux vorgestellt. Von den rund 200 Weinen ist eine wechselnde Auswahl zu verkosten.

Der **Train des Vignes** (Rebenzug, *www.vins-vaudois.com*) verkehrt stündlich zwischen Vevey und Puidoux und hält

An Sommerabenden in Montreux ist es besonders schön, auf der Promenade Fleuri im Schatten der Bäume zu sitzen und den Segelbooten auf dem See zuzusehen.

BEN HOLLINGUM
National Geographic-Autor

auch in Chexbres, von wo im Sommer eine **Bimmelbahn** (*www.lavaux-panoramic.ch*) durch Rivaz, Saint-Saphorin und Chardonne fährt. Eine weitere, der **Lavaux Express** (*www.lavauxexpress.ch*), zuckelt von Lutry bis Grandvaux und von Cully nach Riex und Epesses durch die Weinberge. Eine Reservierung ist ratsam.

Montreux

Durch das mediterrane Mikroklima und die spektakuläre Lage wurde Montreux im späten 19. Jahrhundert zu einem schicken Kurort. Berühmt ist die Stadt für das **Montreux Jazz Festival** (siehe Kasten) im Juli, das schon Jazzlegenden und andere Musikgrößen wie Miles Davis, B. B. King, Herbie Hancock, James Brown, Eric Clapton und David Bowie hergelockt hat. An berühmte Besucher und Bewohner von Montreux, von Jean-Jacques Rousseau über Ernest Hemingway

und Igor Strawinsky bis zu Freddie Mercury, erinnert der **Spaziergang der Dichter** (siehe S. 77) zwischen Montreux und Vevey. Das liebevoll gestaltete **Musée du Vieux Montreux**, das sich über mehrere Gebäude aus dem 17. Jahrhundert erstreckt, erzählt die Geschichte der Region.

Über die palmengesäumte Uferpromenade ist es nur ein 45-minütiger Bummel Richtung Osten zum berühmten **Château de Chillon**, einer der meistbesuchten Sehenswürdigkeiten der Schweiz. Unzählige Maler und Schriftsteller verewigten die malerische mittelalterliche Burg auf einer Felszunge im See in ihren Werken. ∎

Musée du Vieux Montreux

- ✉ Rue de la Gare 40, Montreux
- ☎ 021/963 13 53
- 🕐 Nov.–März geschl.
- 💲 €
- 🚌 Bus: 4, 5, 6 (Rue de la Gare)

www.musee montreux.ch

Château de Chillon

- ✉ Avenue de Chillon, Veytaux
- ☎ 021/966 89 10
- 💲 €€€
- 🚌 Zug (Veytaux–Chillon); Bus: 1 (Chillon)

www.chillon.ch/de

ERLEBNIS:
Jazz in Montreux

Jedes Jahr im Juli wird Montreux zum Mekka für Musikfreunde. Zum Montreux Jazz Festival strömen über 220 000 Jazzfans in das Auditorium Strawinsky und die Miles Davis Hall des Musik- und Kongresszentrums, wo 16 Tage lang Musik von Weltklasse dargeboten wird.

Karten gibt es unter *www.montreuxjazz. com*. Wer kein Ticket mehr ergattert, kann Liveübertragungen des Konzertprogramms in den Bars, an Straßenecken und Festivalbühnen überall in der Stadt kostenlos genießen. Poster und DVDs gibt es bei *www.montreuxjazzshop.com*, Bazar Suisse (Grand Rue 24, Montreux, Tel. 021/963 32 74) oder der Montreux Jazz Boutique (Avenue de Chillon 70, Territet).

Traditionelle Käsereien, Schokoladenfabriken und alte Uhrmacher-
werkstätten in hügeliger Landschaft mit mittelalterlichen Städtchen

Basel &
Nordwest-
schweiz

Der Fasnachtsbrunnen von Jean Tinguely in Basel

Basel & Nordwestschweiz

Charakteristisch für die Nordwestschweiz ist eine sanfte Landschaft mit vielen Seen, Wäldern und alten Dörfern. Sie erstreckt sich vom Jura, wo die Wiege der Schweizer Uhrmacherkunst steht, bis zu den grünen Hügeln der Käseregion Pays du Gruyère oder Greyerzerland. In der Nordwestschweiz mischen sich französische und deutsche Kultur. Sie ist reich an Museen und spannender Architektur. Das Zentrum bildet die Stadt Basel.

Kunstvoll bemalte Hausfassade in Basel

für die Frachtschifffahrt und als Erholungsgebiet mitten in der Stadt.

Basel pflegt gute Beziehungen zum benachbarten Elsass (Frankreich) und hat den Schwarzwald praktisch vor der Haustür. Die Lage am Dreiländereck macht die Stadt zum Schmelztiegel der Kulturen und Küchen und verleiht ihr ein erfrischendes, kosmopolitisches Flair.

Rund um Basel gibt es eine abwechslungsreiche Landschaft zu erkunden. Sportinteressierte werden sich im Jura,

Vielen ist Basel ist wegen des traditionsreichen Weihnachtsmarktes und der Fasnacht (siehe S. 53f) ein Begriff, die die Basler als *die drey scheenschte Dääg* (die drei schönsten Tage) im Jahr bezeichnen. Zugleich ist die Stadt eine Kulturmetropole mit angesehenen Museen und einem internationalen Kunstbetrieb sowie hochkarätiger zeitgenössischer Architektur.

Als bedeutendster Flusshafen der Schweiz ist Basel aber auch ein Wirtschaftsmotor. Der Rhein ist die Lebensader der Stadt; er dient als Hauptverkehrsweg

der sich an der nordwestlichen Grenze zu Frankreich entlangzieht, wohlfühlen. Die Berge sind ein lohnenswertes Ziel für Wanderer, Skilangläufer und Naturfreunde.

Das hübsche Neuchâtel (Neuenburg) in malerischer Lage zwischen den Weinbergen am Nordufer des Lac de Neuchâtel (Neuenburger See) ist ein idealer Stützpunkt, von dem aus man die vielen Uhrmachermuseen in der Region, die Naturschönheiten des Jura und die historischen Städte und Dörfer des Drei-Seen-Landes erkunden kann.

Weiter südlich lockt Fribourg (Freiburg) mit Kunstschätzen, einer mittelalterlichen Altstadt und der anregenden Atmosphäre einer Universitätsstadt. Die Region Fribourg liegt im Herzen der Voralpen, einem Bilderbuchidyll mit Berghütten und Almwiesen voller Weidevieh. Diese urtypische Schweizer Landschaft ist bestens zum Wandern und Radeln geeignet. Hier produziert das hübsche Städtchen Gruyères seinen berühmten Käse und nahebei die Maison Cailler erlesene Köstlichkeiten aus Schokolade. ■

Basel

Die drittgrößte Stadt der Schweiz liegt am Ufer des Rheins, genau dort, wo sich die Schweiz, Frankreich und Deutschland berühren. Ihr Flusshafen sicherte ihr schon im Mittelalter große wirtschaftliche Bedeutung und beachtlichen Reichtum. Ihren heutigen Wohlstand verdankt sie vor allem der ansässigen Pharmaindustrie. Für viele ist Basel die kulturelle Haupstadt der Schweiz.

Die Mittlere Brücke in Basel ist eine der ältesten Rheinbrücken, die es gibt

Basel

⚐ Karte S. 87 C4

**Besucher-
information**

✉ Basel Tourismus,
   Stadt-Casino,
   Barfüsserplatz,
   Steinenberg 14

☎ 061/268 68 68

🚊 Tram: 3, 6,
   8, 11, 14, 16
   (Barfüsserplatz)

www.basel.com

Basel gehört zu den großen Kunststädten der Welt. Auf knapp 166 000 Einwohner kommen über 30 Weltklasse-museen wie die hoch ge-priesene Fondation Beyeler (siehe S. 90). Das Mäzena-tentum hat Tradition in der Stadt, die auf eine glanzvolle Vergangenheit blickt.

Basel damals

Ursprünglich wurde die Gegend um Basel von Kelten bewohnt. Um 40 v. Chr. kamen die Römer und grün-deten hier eine befestigte Stadt, die später von den Alemannen besiedelt wurde. 917 zerstörten die Magyaren die Stadt. Im Mittelalter gewann Basel an Bedeutung, wozu auch der Bau der ersten Rheinbrücke 1225 beitrug. Kurz nach der ver-heerenden Pestepidemie von 1349, die rund 14 000 Ein-wohner dahinraffte, wurden die Siedlungen zu beiden Seiten des Rheins (Gross- und Kleinbasel) zu einer Stadt vereint. Seine Glanzzeit erlebte Basel im 15. Jahrhundert. Fürstbischöfe und Könige residierten in der Stadt. 1439/40 wurde Gegenpapst Felix V. in Basel gewählt und gekrönt. Gelehrte und Kaufleute ließen sich in Basel nieder und die Bevölkerung wuchs rasant. 1460 wurde die Universität Basel gegründet, die erste in der Schweiz. Die Stadt wurde zu einem Zentrum des humanistischen Denkens und verbunden damit auch der Papierherstellung und des Buchdrucks. Zu den großen Geistern, die es hierherzog, gehörten der Humanist Erasmus von Rotterdam (1466–1536), der deutsche Maler Hans Holbein der Jüngere (ca. 1497–1543) und später der deutsche Philosoph Friedrich Nietzsche (1844–1900).

Der Flusshafen sicherte der Stadt wirtschaftliche Bedeutung und Wohlstand.

Basel heute

Nach wie vor gilt Basel als Bildungstadt, Standort der Druckindustrie und als Finanzplatz. Darüber hinaus ist es internationaler Treffpunkt des Kunst- und Antiquitätenhandels. Die Basler sind stolz auf ihre Geschichte, aber auch aufgeschlossen für Neues. So stehen perfekt restaurierte mittelalterliche

Häuser Seite an Seite mit modernen Schöpfungen berühmter Architekten – eine Mischung, die das Stadtbild besonders attraktiv macht.

Vor allem aber ist Basel durch seine Lage am Rhein geprägt, der hier seine Richtung ändert und nach Norden abknickt. Der Fluss ist die einzige Verbindung der Schweiz zum Meer und ihr Tor nach Nordeuropa. Das Alltagsleben der Stadt kreist um den breiten Strom, vom Angeln bis zum Rudern, von Wassertaxis bis zu Frachtschiffen, von schwimmenden Konzertbühnen bis zu Wasserkraftwerken.

Richtung Stadtzentrum werden die Kaianlagen und Lagerhäuser von einladenden Uferparks abgelöst. Im Sommer kann man hier unter freiem Himmel in Cafés und Uferrestaurants sitzen und

ERLEBNIS:
Besuch am Dreiländereck

Das Dreiländereck ist der Punkt, an dem die Grenzen der Schweiz, Deutschlands und Frankreichs mitten im Rhein aufeinandertreffen. Zu erreichen ist es mit einem Schiff der **Basler Personenschifffahrt** (siehe S. 90) oder mit der Tramlinie 8. Von der Station Kleinhüningen aus sind es 15 Minuten Fußweg: Erst geht es am Nordufer des Flusses Wiese entlang bis zum Rhein. Biegen Sie dann rechts ab und folgen Sie dem Rhein stromabwärts, am Rheinhafen Kleinhüningen entlang bis zum Dreiländereck, das durch eine stromlinienförmige Skulptur des Basler Architekten Wilhelm Münger (geb. 1923) markiert ist.

Museum Tinguely

- ✉ Paul Sacher-Anlage 1
- ☎ 061/681 93 20
- 🕐 Mo geschl.
- 💲 €€€€
- 🚌 Bus: 31, 36, 38 (Tinguely-Museum)

www.tinguely.ch

Fondation Beyeler

- ✉ Baselstrasse 101, Riehen bei Basel
- ☎ 061/645 97 00
- 💲 €€€€€
- 🚃 Tram: 6 (Fondation Beyeler)

www.fondation beyeler.ch

den Schiffen zusehen, die so gerade eben unter den Brücken hindurchpassen. Im August macht gegenüber vom Hotel Krafft (siehe S. 282) das „Kulturfloss" fest, auf dem allabendlich interessante Konzerte stattfinden.

Nördlich des Rheins: Der Rhein teilt die Altstadt in Klein- und Grossbasel. Am Nordufer liegt Kleinbasel, mit prachtvollen alten Patrizierhäusern. Der multikulturelle Stadtteil mit vielen kleinen Restaurants, Cafés und Geschäften ist eine beliebte Wohngegend. Er ist weniger vornehm als Grossbasel am Südufer und bietet weniger Sehenswürdigkeiten, eignet sich aber dennoch gut als Startpunkt für einen Stadtrundgang. Die von Linden beschattete Uferpromenade eröffnet nämlich einen herrlichen Blick auf Grossbasel und das Münster (siehe S. 92), das die Stadtansicht am Ufer gegenüber dominiert. Die Promenade führt westwärts

zum Dreiländereck (siehe Kasten S. 89; 1 Std. Fußweg) und ostwärts zum **Museum Tinguely**. Das Museumsgebäude aus rosa Sandstein, von dem bekannten Tessiner Architekten Mario Botta (siehe S. 260f) erbaut, bildet den perfekten Rahmen für die bunten, scheppernden Skulpturen, die der Schweizer Künstler Jean Tinguely (1925–91) aus Altmetall und anderen Fundstücken fertigte. Wer Gefallen an seinem Werk findet, der sollte sich unbedingt auch die Wasser spritzenden, quietschenden Metallplastiken von Tinguelys **Fasnachtsbrunnen** ansehen, der südlich des Rheins bei der Kunsthalle steht.

Weiter nordöstlich befindet sich die **Fondation Beyeler**, das führende Kunstmuseum von Basel. Allein der Bau, ein Entwurf des italienischen Stararchitekten Renzo Piano (geb. 1937) lohnt die zehnminütige Tramfahrt vom Stadtzentrum in den Vorort Riehen. Die eindrucksvolle Konstruktion aus

Rheinfahrten

Eine Schiffstour auf dem Rhein gewährt einen ungewohnten, aufregenden Blick auf das schöne Basler Altstadtpanorama. Die Basler Personenschifffahrt *(Westquaistrasse 62, Basel, Tel. 061/639 95 00, www. bpg.ch)* bietet von Mitte April bis Mitte Oktober verschiedene Flussfahrten an. Das Programm reicht von Stadt- und Hafenrundfahrten bis zu Erlebnisfahrten inklusive Mahlzeit; von Kurzfahrten zum Museum Tinguely (siehe oben), zum Dreiländereck (siehe S. 89) oder nach Weil am Rhein bis zu längeren Ausflügen wie der Schleusenfahrt entlang der deutsch-schweizerischen Grenze bis nach Rheinfelden und zurück (ca. 4 Std.). Die Angelegestelle befindet sich an der Schifflände im Stadtzentrum.

Glas und rotem Porphyr fügt sich perfekt in den umliegenden Skulpturenpark und die landschaftliche Umgebung ein. Der lichtdurchströmte Kunsttempel zeigt die kleine, aber erlesene Sammlung des Basler Galeristen und Kunstliebhabers Ernst Beyeler (1921–2010). Sie umfasst Werke der berühmtesten Künstler des 20. Jahrhunderts wie Matisse, Monet, Miró, Klee, Rodin und Picasso. Beyeler war auch der Organisator der ersten Art Basel (siehe S. 47) im Jahr 1970, die sich seitdem zur wichtigsten Kunstmesse der Welt entwickelt hat.

Südlich des Rheins: Die meisten Hauptsehenswürdigkeiten liegen am Südufer des Rheins. Es ist von Kleinbasel über drei Brücken zu erreichen. Die älteste ist die **Mittlere Brücke** aus dem 13. Jahrhundert. Eine hübsche Alternative sind die vier **Seilfähren** *(www.faehri.ch),* die seit Mitte des 19. Jahrhunderts in Betrieb sind. Die kleinen Holzboote haben keinen Antrieb, sondern hängen an einem über den Rhein gespannten Stahlseil und nutzen die Strömung zur Fortbewegung. Um eine „Fähri" zu rufen, betätigt man die Glocke am Ufer, winkt dem Fährmann und springt an Bord.

Am anderen Ufer harrt Grossbasel der Erkundung. Hier gibt es schöne mittelalterliche Gebäude, bunt bemalte

Blick vom Turm des Basler Münsters auf den Rhein

(Trinkwasser-)Brunnen und urige Gässchen mit ausgefallenen Geschäften (die hügelaufwärts immer teurer werden). Auf dem **Marktplatz** werden täglich Alpenkräuter und -honig, regionale Käsesorten, Kirschen (eine Basler Spezialität), Weine und vieles mehr feilgeboten. Am Markt steht das freskengeschmückte **Rathaus** aus dem 16. Jahrhundert. Vom Markt starten auch fünf beschilderte Altstadtrundgänge. Jeder dreht sich um eine historische Gestalt wie

Kunstmuseum

- ✉ St. Alban-Graben 16
- ☎ 061 / 206 62 62
- 🕐 Mo geschl.
- 💲 €€€€ (inkl. Museum für Gegenwartskunst)
- 🚋 Tram: 2, 15 (Kunstmuseum)

www.kunstmuseum basel.ch

Barfüsserkirche & Historisches Museum Basel

- ✉ Steinenberg 4
- ☎ 061 / 205 86 00
- 🕐 Mo geschl.
- 💲 €€
- 🚋 Tram: 3, 6, 8, 11, 14, 16 (Barfüsserplatz)

Hans Holbein oder Erasmus von Rotterdam (*mehr Infos und die dazugehörige Broschüre gibt es bei der Touristeninformation*).

Einige hundert Meter südöstlich vom Rathaus thront das imposante **Münster** aus rotem Sandstein. Das bunte Dach der ehemaligen Bischofskirche ist von weitem sichtbar. Sie hat eine gotische Fassade, aber einen romanischem Innenraum und einen stillen Kreuzgang. Von einer Aussichtsterrasse hinter dem Münster blickt man weit hinaus über Basel und den Rhein.

Viele Museen sind von hier leicht zu Fuß erreichbar. Wer mehrere besuchen will, erwirbt am besten bei der Touristeninformation eine 24 Stunden gültige Basel Card.

Sie umfasst freien Eintritt zu allen städtischen Museen, eine Stadtführung und einige Ermäßigungen. Ein paar der interessantesten Museen liegen südlich des Münsters dicht beieinander. Das **Kunstmuseum** hütet die größte Sammlung der Welt von Werken der Familie Holbein und Gemälde aus dem 19. und 20. Jahrhundert, etwa von Cézanne, van Gogh und Picasso.

In der nahen **Barfüsserkirche** sind das **Historische Museum Basel** und der **Münsterschatz** untergebracht. Ein kleines Stück weiter widmet sich das **Antikenmuseum** (*St. Alban-Graben 5, Tel. 061/201 12 12, Mo geschl., www.antikenmuseumbasel.ch, €€*) den antiken Kulturen

Sinnende Betrachtung im Kunstmuseum von Basel

ERLEBNIS: Bier brauen

Die **Brauerei Unser Bier** (Gundelginger-strasse 287, Tel. 061/338 83 83, So geschl., www.unser-bier.ch) wurde 1998 von einer Gruppe von Heimbrauern gegründet. Alles begann mit einer Schau zum Thema Heimbierbrauen im Rahmen einer Verbrauchermesse. Die Resonanz war so stark, dass sie bald ihre eigene Brauerei gründeten. Die beliebten Biere sind in der hauseigenen **Braustube** (Dornacher-strasse 192, Di und Fr 17–20 Uhr) und in vielen Gaststätten der Stadt zu bekommen. Unser Bier veranstaltet auch „Brauerlebnisse" (Voranmeldung erforderlich), bei denen Gruppen von 12–20 Personen lernen, ihr eigenes Bier zu brauen.

des Mittelmeerraums.

Das kleine **Schweizerische Architekturmuseum** (SAM) beleuchtet diverse Aspekte der modernen Schweizer Baukunst und veranstaltet Führungen zu versteckten Architekturschmuckstücken.

Die Basler Chemieindustrie entwickelte sich im späten 18. Jahrhundert als Ableger der florierenden Textilindustrie. Später verlegte sie sich auf Pharmazeutikaproduktion. Heute gehört Basel zu den führenden Standorten der Branche. Das **Pharmazie-Historische Museum** (Totengässlein 3, Tel. 061/264 91 11, www.pharmaziemuseum.ch, So und Mo geschl., €€) in einem verwinkelten Haus am Westrand der Altstadt erzählt die Geschichte der Pharmazie.

St. Johann & St. Alban:

Der Stadtteil St. Johann, nordwestlich der Altstadt, ist für innovative Bauprojekte bekannt, an denen international renommierte Architekten mitgewirkt haben. Im Mittelpunkt steht das ehemalige Werkareal des Pharmakonzerns Novartis, das derzeit zum Forschungszentrum umgebaut wird.

Das Viertel St. Alban östlich der Altstadt, mit schmucken Fachwerkhäusern, schmalen Gassen und Kanälen, hat romantisch-dörflichen Charakter. Es ist ein Zentrum des Kunsthandwerks und Standort der **Basler Papiermühle**. In dem Museum in einer mittelalterlichen Wassermühle können die Besucher Papier selbst schöpfen und bedrucken. Sehenswert ist auch das **Museum für Gegenwartskunst**. Weiter südlich hat das Basler Architektenduo Herzog & de Meuron mit dem **Schaulager** (Ruchfeldstrasse 19, Münchenstein bei Basel, Tel. 061/335 32 32, nur bei Veranstaltungen zugänglich, www.schaulager.org) ein völlig neues Konzept zur Aufbewahrung von Werken bildender Kunst verwirklicht: In dem offenen Lagerhaus ist jedes Werk der Sammlung der Emanuel-Hoffmann-Stiftung, das gerade nicht in einer Ausstellung gezeigt wird, sicher verwahrt und zugleich sichtbar. ■

Schweizerisches Architektur-museum (SAM)

✉ Steinenberg 7
☎ 061/261 14 13
🕐 Mo geschl.
💲 €€€
🚋 Tram: 3, 8, 10, 11, 14 (Bankverein)

www.sam-basel.org

Basler Papiermühle

✉ St. Alban-Tal 37
☎ 061/225 90 90
🕐 Mo geschl.
💲 €€€
🚋 Tram: 2, 15 (Kunstmuseum)

www.papiermuseum. ch/de/museum

Museum für Gegenwartskunst

✉ St. Alban-Rheinweg 60
☎ 061/272 81 83
🕐 Mo geschl.
💲 €€€€ (inkl. Kunstmuseum)
🚋 Tram: 2, 15 (Kunstmuseum)

www.kunstmuseum basel.ch

Nordwestschweiz

Südwestlich von Basel ziehen sich die sanften Hänge und dichten, dunklen Wälder des Jura an der französischen Grenze entlang. Hier liegt das historische Zentrum der Uhrmacherei, die in La Chaux-de-Fonds und Le Locle bis heute floriert. Neuchâtel am gleichnamigen See ist die größte Stadt der Region. Weiter südlich liegen die mittelalterlichen Städtchen Fribourg und Gruyères.

Die futuristische „Arteplage Neuchâtel" wurde für die Expo.02 direkt aufs Wasser gebaut

Neuchâtel

⛰ Karte S. 87 B2

Besucher-information

✉ Tourisme Neuchâtelois, Hôtel des Postes

☎ 032/889 68 90

🕐 Sept.–Juni So geschl.

www.neuchatel tourisme.ch/de

Neuchâtel

Knapp 80 Kilometer südwestlich von Basel liegt Neuchâtel, die Hauptstadt des gleichnamigen Kantons. Das Universitätsstädtchen erstreckt sich am Nordwestufer des Lac de Neuchâtel, zu Füßen des Jura.

Der französische Schriftsteller Alexandre Dumas (1802–70) schrieb, die mittelalterliche Stadt wirke wie «aus Butter geschnitzt» und meinte damit die alten Handwerkerhäuser aus gelblichem Kalkstein, die autofreien Straßen und brun-

nengeschmückten Plätze im Zentrum säumen. Architektur und Kultur sind unverkennbar französisch beeinflusst. Lange war Neuchâtel ein Zentrum der Uhrmacherkunst und Feinmechanik. Dazu kam im 16. Jahrhundert durch hugenottische Flüchtlinge aus Frankreich das Textilgewerbe.

Die Altstadt ist leicht zu Fuß zu erkunden, auch wenn einige Straßen steil sind. Dabei helfen acht ausgeschilderte *promenades touristiques* (Besucherspaziergänge), die in einer Broschüre der Touristeninformation beschrieben sind.

Der Stadtkern: Hoch über der Stadt thronen die beiden Wahrzeichen, das **Château** im Renaissancestil, einst Residenz der Grafen von Neuenburg und heute Sitz der Kantonsregierung, und die gotische **Église Collégiale** (Stiftskirche). Ihr Innenraum beeindruckt mit einer als leuchtender Sternenhimmel bemalten Gewölbedecke und einem mittelalterlichen Kenotaph für den Grafen von Neuenburg (links vom Hauptaltar) mit 15 bemalten Steinfiguren von Rittern und Damen. Auf dem Weg vom Kirchplatz bergab passiert man zur Rechten den mittelalterlichen **Gefängnisturm** (*April–Sept. geöffnet*), der einen weiten Blick über die Dächer auf den See bietet.

Neuchâtel ist von Weinbergen umgeben. In den **Caves de Neuchâtel** (Weinkellern) im Stadtzentrum, neben dem hochherrschaftlichen Hôtel Dupeyrou aus dem 19. Jahrhundert, kann man montags bis freitags Erzeugnisse aus der Umgebung probieren. Noch weiter bergab steht die kunstvoll bemalte **Fontaine du Griffon** (Greifenbrunnen). Auf der **Place des Halles** in der Nähe des Seeufers findet dienstags, donnerstags und samstags ein Bauernmarkt statt. In der türmchenverzierten **Maison des Halles** (Markthalle) aus dem 16. Jahrhundert ist heute ein Restaurant (*Rue de Trésor 4, Tel. 032/724 31 41*) untergebracht.

Neuchâtel hat ein paar bemerkenswerte Museen, darunter das **Musée d'Art et d'Histoire** (Museum für Kunst und Geschichte) beim Hafen. Neben Keramik, Uhren und Gemälden von Albert Anker, Ferdinand Hodler und weiteren Schweizer Künstlern zeigt es eine faszinierende Sammlung „menschlicher Automaten" aus dem 18. Jahrhundert, konstruiert von dem Uhrmacher Pierre Jaquet-Droz. Jeden ersten Sonntag im (Fortsetzung auf S. 98)

Neuchâtel Château

☎ 032/889 40 03

🕐 April–Sept. tägl. mehrsprachige Führungen

Caves de Neuchâtel

✉ Avenue du Peyrou 5

☎ 032/717 76 95

🕐 Sa, So geschl.

Musée d'Art et d'Histoire

✉ Esplanade Léopold-Robert 1

☎ 032/717 79 20

🕐 Mo geschl.

💲 €€ (Mi frei)

www.mahn.ch

Drei-Seen-Schifffahrt

Die Region um Neuchâtel und südlich des Jura ist das Pays de Trois-Lacs oder Drei-Seen-Land. Der Lac de Neuchâtel ist über zwei Kanäle mit dem Lac de Morat und dem Bieler See verbunden. Auf den Seen verkehren Schiffe, die auch als schwimmende Restaurants dienen. Von Ende Mai bis Ende September gibt es täglich Rundfahrten über alle drei Seen (*Mitte April–Ende Mai und Ende Sept.–Mitte Okt. am Wochenende; Nov.–März So*).

Sie steuern verschiedene Städte und Dörfer an, etwa das gut erhaltene mittelalterliche Städtchen Murten/Morat, Biel/Bienne (siehe S. 125), die malerischen Winzerdörfer Ligerz und Twann sowie das Naturschutzgebiet der St. Petersinsel/Île Saint-Pierre (*Navigation Lacs de Neuchâtel et Morat, Port de Neuchâtel, Tel. 032/729 96 00, www.navig. ch; Bielersee Schifffahrtsgesellschaft, Tel. 032/329 88 11, www.bielersee.ch*).

Rundfahrt: Lac de Neuchâtel & der Jura

Die Fahrt führt einmal rund um den Lac de Neuchâtel, den größten rein schweizerischen See, und streift den Lac de Morat. Vor der Gebirgskulisse des Jura gibt es Märchenschlösser, mittelalterliche Städte, Weinberge und Winzerdörfer zu entdecken. Wohlverdiente Ruhe und Erholung winken im Heilbad in Yverdon-les-Bains.

Die Altstadt von Yverdon-les-Bains

Folgen Sie von **Neuchâtel** den Wegweisern nach Lausanne und Yverdon-les-Bains Richtung Südwesten. Die Route führt durch Auvernier, wo Pfahlbausiedlungen aus der Stein- und Bronzezeit ausgegraben wurden, nach **Colombier** ❶. Das **Château de Colombier** (*Rue du Château, Colombier, Tel. 032/889 54 99, Mo geschl., www.chateau-de-colombier-ne.ch/ger, € für manche Ausstellungen*) aus dem 12. bis 16. Jahrhundert beherbergt ein Militärmuseum mit einer Waffen- und Uniformensammlung, das Chintz-Museum und das Polizeimuseum.

Die A5 führt am See nach Südwesten. Ein kurzer Abstecher bringt Sie in das pittoreske Marktstädtchen **Boudry** ❷, den Geburtsort des Schokoladefabrikanten Philippe Suchard (1797–1884). Im mittelalterlichen **Château de Boudry** (*Clos du Château, Boudry, Tel. 032/842 10 98*) stellt ein Museum 2000 Jahre Geschichte des Weinbaus in der Region vor.

Weitere Châteaux säumen die A5, so das Barockschloss von Bevaix und das mittelalterliche **Château de Vaumarcus** ❸. Es wurde im 15. Jahrhundert fast vollkommen zerstört und erst in den 1980er Jahren restauriert. Das wuchtige **Château de Grandson** ❹ (*Grandson, Tel. 024/445 29 26, Ende Dez. geschl.*) aus dem 13. Jahr-

Jules Verne

In dem ein wenig schrägen **Maison d'Ailleurs** (Haus des Anderswo; *Place Pestalozzi 14, Tel. 024/425 64 38, Mo und Di geschl., www.ailleurs.ch*) in Yverdon-les-Bains dreht sich alles um Science-Fiction und Übersinnliches. Das Museum zeigt ein Sammelsurium von bis zu 100 Jahre alten Science-Fiction-Comics, Spielzeug, Modellen und Kunstobjekten. Unlängst wurde das Museum erweitert, um eine umfangreiche Sammlung zum Thema Jules Verne aufzunehmen. Zu den neuen Exponaten gehören Werbeplakate aus dem 19. Jahrhundert für Verne-Klassiker wie „20 000 Meilen unter dem Meer" und „Reise zum Mittelpunkt der Erde".

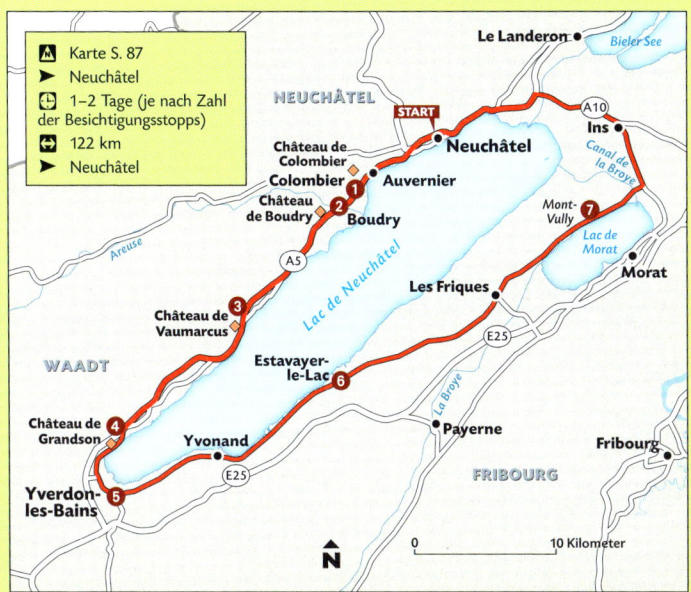

▲	Karte S. 87
►	Neuchâtel
⏱	1–2 Tage (je nach Zahl der Besichtigungsstopps)
⬚	122 km
►	Neuchâtel

Le Landeron • — Bieler See

NEUCHÂTEL — A10 — Ins

START — Neuchâtel

Château de Colombier — Canal de la Broye

Colombier ❶ — Auvernier

Château de Boudry ❷ — Boudry — Mont-Vully ❼

A5 — Lac de Morat — Morat

Areuse — Lac de Neuchâtel

Château de Vaumarcus ❸ — Les Friques

WAADT — E25 — Estavayer-le-Lac ❻

Château de Grandson ❹ — Yvonand — La Broye

Yverdon-les-Bains ❺ — E25 — Payerne — Fribourg •

FRIBOURG

0 — 10 Kilometer
N

NICHT VERSÄUMEN:

Château de Colombier • Weinmuseum im Château de Boudry • Centre Thermal

---

hundert ist im savoyischen Stil gebaut, mit Rundtürmen, Torhaus und Wehrgang. In der Schlacht bei Grandson (1476) vertrieb das eidgenössische Heer die burgundischen Besatzer der Burg. Die Waffen, die sie auf ihrer hastigen Flucht zurückließen, sind noch zu besichtigen.

Die Rückfahrt

Am Südufer des Sees liegt **Yverdon-les-Bains** ❺. Die Römer nannten den Ort Eburodunum und bauten an seinen schwefelhaltigen Quellen eine Therme. Heute suchen Kurgäste Erholung im Thermalbad **Centre Thermal** (Ave. des

Bains 22, Yverdon-les-Bains, Tel. 024/423 02 32, www.cty.ch, €€€€€). Im **Musée d'Yverdon et Région** (Le Château, Yverdon-les-Bains, Tel. 024/425 93 10, Mo geschl., www.musee-yverdon-region.ch, €€) im Schloss von Yverdon-les-Bains sind Objekte zu rund 600 Jahren Regionalgeschichte ausgestellt, so im Gewölbekeller zwei gallorömische Boote.

Am Seeufer entlang geht es weiter nach **Estavayer-le-Lac** ❻ mit einer gut erhaltenen mittelalterlichen Altstadt. Fahren Sie dann zum Nordufer des **Lac de Morat** (Murtensee) hinüber. Am Ufer gegenüber liegt das mittelalterliche Städtchen Morat (Murten) mit Ringmauer und Laubengängen. **Themenwanderwege** ❼ durch die Weinberge von Mont-Vully (Infos bei Vully Tourisme, Route Principale 69, Sugiez, Tel. 026/673 18 72, www.levully.ch) versprechen herrliche Aussichten über das Drei-Seen-Land. Kehren Sie über **Ins** auf der A10 zurück nach Neuchâtel.

Ein Seidenschwanz auf einem Hagebuttenzweig im Schweizer Jura

Centre Dürrenmatt
✉ Chemin du Pertuis-du-Sault 74
☎ 032/720 20 60
🕐 Mo, Di geschl.
💲 €€
🚌 Bus: 9, 9b (Ermitage)

Laténium
✉ Espace Paul Vouga, Hauterive
☎ 032/889 69 17
🕐 Mo geschl.
💲 €€€
🚌 Bus: 1 (Musée d'Archéologie)
⛴ Fähre (Hauterive)
www.latenium.ch

Monat werden sie um 14, 15 und 16 Uhr in Gang gesetzt. Das ins Auge fallende **Centre Dürrenmatt** am Nordrand der Stadt wurde 2000 nach einem Entwurf von Mario Botta (siehe S. 260f) gebaut. In den Bau integriert ist das ehemalige Wohnhaus des Schriftstellers und Dramatikers Friedrich Dürrenmatt (1921–90), dessen Werk es bewahren und vermitteln soll.

Ein Höhepunkt im Jahreskalender von Neuchâtel ist die Fête des Vendanges (Weinlesefest, *www.fete-des-vendanges.ch*) am letzten Septemberwochenende.

Die Vororte: Im östlichen Vorort Hauterive erweckt das **Laténium**, ein archäologisches Museum mit Entdeckungspark, 50 000 Jahre Regionalgeschichte

zum Leben. Sehenswert ist der 20 Meter lange gallo-römische **Lastkahn von Bevaix**, der aus dem Lac de Neuchâtel geborgen wurde.

Der Jura

Der Jura ist ein Geheimtipp abseits der üblichen Touristenrouten. Mit einer Mischung aus spektakulären geologischen Formationen und sanfteren Landschaften lädt das Gebirge dazu ein, es im Sommer zu Fuß oder mit dem Fahrrad und im Winter auf Langlaufskiern zu erkunden. Die Region, in der eine gemächliche Lebensweise vorherrscht, ist außerdem für ihr Kunsthandwerk, vor allem für Uhren und Spieluhren bekannt.

Die Schweizer teilen sich den Jura mit den Franzosen. Das Gebirge entstand in der

Jurazeit (vor 200–145 Millionen Jahren) und erstreckt sich über die Kantone Neuchâtel und Jura sowie Teile der Kantone Waadt und Bern. Der Kanton Jura ist der jüngste der 26 Schweizer Kantone. Er wurde 1979 gegründet; seine Hauptstadt ist das winzige Städtchen **Delémont**.

Die Landschaft des Jura ist viel zahmer als die der schroffen Hochalpen. Zu den höchsten Erhebungen im schweizerischen Teil gehört Le Chasseral (1607 m) im Regionalpark Chasseral oberhalb des Bieler Sees. Die bewaldete Berglandschaft ist mit grünen Wiesen, klaren Seen und verschlafenen Dörfern in stillen Tälern durchsetzt. Mit dem weitgespannten Netz der gelben Postbusse und roten Schmalspurbahnen sind selbst die abgelegensten Ortschaften gut erreichbar.

Sainte-Croix: Einer dieser versteckten Orte ist Sainte-Croix im Waadtländer Jura. Seit über einem Jahrhundert ist das Dorf weltbekannt für seine Spieluhren, die eine Handvoll kleiner Fabriken hier immer noch produziert. Das **Musée Cima** im Ortszentrum dokumentiert Geschichte und Kunst der Spieluhrenherstellung. Seine Sammlung umfasst frühe Spieluhren, Musikautomaten und Phonographen, die in der Umgebung angefertigt wurden. Sie ist ausschließlich im Rahmen einer gut einstündigen Führung (auf Französisch, nach Vereinbarung auch auf Deutsch) zu besichtigen.

Etwas weiter westlich liegt in dem Dörfchen L'Auberson, das per Bus erreichbar ist, das **Musée Baud** (*Grand Rue 23, L'Auberson bei La Chaux-de-Fonds, Tel. 024/454 24 84, Okt.–Juni Mo–Fr geschl., Juli–Sept. tägl. geöffnet, www.museebaud.ch*). Der Familienbetrieb zeigt eine traumhafte Sammlung von Spieldosen, Uhren, Musikautomaten und Grammophonen. Die Führung dauert etwa eine Stunde.

Das gesamte Tal ist ein bekanntes Wanderrevier. Vom Gipfel des Chasseron (1607 m; etwa 2 Std. von Sainte-Croix) blickt man auf die Alpen. Im Winter wird hier Skisport

(Fortsetzung auf S. 102)

Jura

🅰 Karte S. 87 B3

Besucherinformation

✉ Jura Tourisme, Place de la Gare 9, Delémont
☎ 032/420 47 71
🕐 So geschl.

www.juratourisme. ch/de

✉ Tourisme Neuchâtelois-Montagnes, Espacité 1, La Chaux-de-Fonds
☎ 032/889 68 95

www.neuchatel tourisme.ch/de

Musée Cima
✉ Rue de l'Industrie 2, Sainte-Croix
☎ 024/454 44 77
🕐 Mo geschl.
💲 €€€€

www.musees.ch

Le Corbusier

La Chaux-de-Fonds ist der Geburtsort des legendären Schweizer Architekten Le Corbusier (1887–1965). 1912 baute er **La Maison Blanche** (*Das weiße Haus; Chemin de Pouillerel 12, La Chaux-de-Fonds, Tel. 032/910 90 30, Mo–Do geschl., www. villa-blanche.ch*) für seine Eltern, die aber nach wenigen Jahren wieder auszogen, weil das Haus für sie wenig praktisch war. Erst 1979 wurde es unter Denkmalschutz gestellt. Heute ist es eine von zehn Stationen des Le-Corbusier-Rundgangs (*mehr Infos dazu bei der Touristeninformation von La Chaux-de-Fonds*), ebenso wie die mediterrane **Villa Turque** (*Rue du Doubs 167, La Chaux-de-Fonds, Tel. 032/912 31 23, am 1. und 3. Sa des Monats geöffnet*) von 1917, heute Sitz des Luxusuhrenherstellers Ebel.

Eine kurze Geschichte der Schweizer Zeitmesser

Das Uhrmacherhandwerk hat in der Schweiz eine jahrhundertealte Tradition. Heute sind die Schweizer unangefochtene Weltmeister der präzisen Zeitmessung und – das ist wohl die logische Folge der Beschäftigung mit Uhrwerken aller Art – der Pünktlichkeit.

Ein Uhrmacher in La Chaux-de-Fonds bei seiner kniffligen Arbeit

Die ersten Uhrmacher waren Deutsche, Franzosen und Engländer. Wichtige Zentren des Uhrmacherhandwerks lagen damals in Blois und Paris, Augsburg und Nürnberg und London.

Die Schweizer Uhrenproduktion begann Mitte des 16. Jahrhunderts in Genf. Seit Beginn der Reformation war die öffentliche Zurschaustellung von Reichtum verpönt. Johannes Calvin verbot das Tragen von Schmuck, doch niemand bezweifelte die Nützlichkeit von Taschenuhren. Deshalb verlegten sich die Goldschmiede und Juweliere von Genf darauf, Uhren herzustellen, wobei sie sich zunächst an französischen und englischen Modellen orientierten.

Zur Welthauptstadt der Luxusuhrenherstellung wurde Genf nach den Ereignissen der Bartholomäusnacht (1572) im Nachbarland Frankreich. König Karl IX. ließ Tausende Hugenotten ermorden, woraufhin ihre Glaubensgenossen ins Ausland flohen. Viele suchten Zuflucht in der calvinistischen Hochburg Genf, darunter auch fähige und tüchtige Uhrmacher, die die Stadt zu einem neuen Zentrum der Uhrmacherei machten.

Nach und nach verbreitete sich das Handwerk auch in der Umgebung. Zu Beginn des 18. Jahrhunderts erreichte es den Jura. Bis zu diesem Zeitpunkt waren jedoch nur extrem kostspielige Uhren in kleiner Stückzahl produziert worden. 1709 brachte ein englischer Reisender seine Taschenuhr zur Reparatur in die Schmiede von Daniel Jean-Richard in Le Locle (siehe S. 102). Jean-Richard setzte die Uhr instand, fertigte eine Zeichnung des Uhrwerks an, baute es nach und gründete eine Manufaktur, die zuverlässige und erschwingliche Taschenuhren herstellte.

Bald gab es im Jura eine Fülle kleinster Werkstätten, wobei sich Orte wie Le Locle, La Chaux-de-Fonds (siehe S. 102), Saint-Imier und Biel besonders hervortaten. Die Abgeschiedenheit und die langen, schneereichen Winter hatte schon vorher die Beschäftigung mit zeitaufwendigen, filigranen Handarbeiten wie der Spitzenklöppelei begünstigt.

Designeruhren in einem Geschäft in Zürich

INSIDERTIPP

Das Musée International de l'Horlogerie [siehe S. 102] gewährt tiefe Einblicke in das Innenleben von Schweizer Uhren und macht deren Komplexität erst wirklich deutlich.

SALLY McFALL
National Geographic-Autorin

Neuentwicklungen & Export

Traditionell bauten die Männer die Uhren, während die Frauen die Unruh einstellten und die ehrenvolle Aufgabe hatten, jede Uhr das erste Mal in Gang zu setzen. 1770 erfand Abraham Louis Perrelet in Le Locle die Taschenuhr mit Automatikaufzug. 1801 entwickelte der Uhrmacher Abraham Louis Breguet aus Neuchâtel das Tourbillon zum Ausgleich von Gangungenauigkeiten durch Schwerkrafteinfluss. Ab dem 19. Jahrhundert wurden Schweizer Uhren auch ins Ausland exportiert. Um diese Zeit stellte die Genfer Manufaktur Patek Philippe die ersten Armbanduhren her. Die erste Quarzuhr wurde 1967 in Neuchâtel entwickelt.

Die Schweizer Uhrenindustrie ist nach wie vor gut im Geschäft. Markennamen wie Swatch, Rolex und Omega kennt heute jedes Kind. Und Hersteller wie Tissot, TAG Heuer, Jaeger-LeCoultre (mit der berühmten „Reverso", deren Gehäuse man umdrehen kann, um das Uhrglas vor Beschädigung zu schützen) und Patek Philippe sind Vorreiter der technischen Innovation. Ab 1983 führte Swatch die traditionsverhaftete Uhrenindustrie des Landes mit bunten modischen Modellen für den Massenmarkt ins 21. Jahrhundert. Sechs Jahre später kreierte die Luxusuhrenmanufaktur Patek Philippe die „Calibre 89", die aus unglaublichen 1728 Bauteilen zusammengesetzt ist. Zu den jüngsten Leistungen der Schweizer Uhrmacherkunst gehören Atomuhren aus Neuchâtel, die auf eine Millionstelsekunde genau gehen.

Le Locle

🅰 Karte S. 87 A2

Besucher-information

✉ Le Col 23, Le Locle

☎ 032/889 68 92

**www.neuchatel
tourisme.ch/de**

Musée de l'Horlogerie

✉ Château des Monts, Route des Monts 65, Le Locle

☎ 032/931 16 80

🕐 Mo geschl.

💲 €€

🚆 Zug bis Le Locle, dann Bus 1 (Monts)

www.mhl-monts.ch

Moulins Souterrains

✉ Le Col 23, Le Locle

☎ 032/931 89 89

🕐 Nov.–April Mo geschl.

💲 €€€€ (nur mit Führung)

🚆 Zug (Le Locle-Col-des-Roches)

La Chaux-de-Fonds

🅰 Karte S. 87 A3

Musée International d'Horlogerie

✉ Rue des Musées 29, La Chaux-de-Fonds

☎ 032/967 68 61

🕐 Mo geschl.

💲 €€

🚆 Zug (La Chaux-de-Fonds)

betrieben. Die nicht zu steilen Pisten sind bei Familien und Anfängern beliebt und die Loipen sind Teil eines großen Langlaufgebiets. Informationen über Zentren und Routen wie die 163 Kilometer lange Traversée du Jura Suisse gibt es bei Romandie Ski de Fond (www.skidefond.ch).

INSIDERTIPP

Meine Lieblingswanderung im Jura führt in den Creux du Van. Ich bin jedes Mal wieder überwältigt von den Felsformationen und der Aussicht.

TOM JACKSON
National Geographic-Autor

Le Locle: Hier nahm im frühen 18. Jahrhundert die berühmte schweizerische Uhrmacherei ihren Anfang (siehe S. 100f). Hoch über der Stadt erzählt das **Musée de l'Horlogerie** (Uhrenmuseum) im eleganten Château des Monts aus dem 18. Jahrhundert die Geschichte der Zeitmessung und -bestimmung und präsentiert Uhren und Automaten schweizerischer und französischer Herkunft. In Le Locle sind immer noch mehrere Uhrenhersteller ansässig, darunter Tissot. Das **Musée des Beaux-Arts** (Marie-Anne-Calame 6, Le Locle, Tel. 032/931 13 33,

Mo geschl., www.mbal.ch, €€) im Ortszentrum veranstaltet Wechselausstellungen zur zeitgenössischen Kunst. Ganz in der Nähe von Le Locle befindet sich das faszinierende Industriemuseum der **Moulins Souterrains**: Die unterirdischen Mühlen am Col des Roches wurden im 18. Jahrhundert mit der Wasserkraft des Bied betrieben.

La Chaux-de-Fonds: Die höchstgelegene Stadt des Landes (1000 m) ist mit ihren 48 000 Einwohnern die drittgrößte der Romandie. Nach einem verheerenden Brand 1794 wurde sie in rechtwinkligem Straßenraster neu angelegt. Sie ist der Geburtsort von Le Corbusier, einem Wegbereiter der modernen Architektur (siehe Kasten S. 99), und ein Zentrum der Schweizer Uhrenindustrie. Das überaus sehenswerte **Musée International d'Horlogerie** ist der Technik der Zeitmessung von der Sonnenuhr bis heute gewidmet. Unter den ausgestellten Uhren und astronomischen Instrumenten sind einmalige Exponate. Nebenan hütet das **Musée des Beaux-Arts** (Rue des Musées 33, La Chaux-de-Fonds, Tel. 032/967 60 77, Mo geschl., €€) Werke von Schweizer Künstlern des 19. und 20. Jahrhunderts sowie Originalmöbel und Gemälde von Le Corbusier.

ERLEBNIS: Die geologischen Wunder des Jura

Die bewaldeten Berge des Jura locken mit zahlreichen Naturattraktionen und aufregenden Outdoor-Aktivitäten. Im Laufe der Jahrtausende haben die reißenden Gewässer der Region eine einzigartige Landschaft dramatischer Wasserfälle, gewundener Flüsse und schier endloser Höhlensysteme in den Untergrund aus weichem Kalkstein gegraben.

Der hübsche Städtchen Vallorbe am Südende des Schweizer Jura ist die ideale Ausgangsbasis für die Erkundung der Region.

Von Vallorbe verzweigen sich viele Wanderwege in die abwechslungsreiche Landschaft der Umgebung. Informationen und detaillierte Karten zu den Wanderrouten hat die **Touristeninformation** (Grandes-Forges 11, Vallorbe, 021/843 25 83, www.vallorbe-tourisme.ch).

Stalaktiten hängen vom Höhlendach der Grottes de Vallorbe

Täler & Gipfel

Eine schöne Wanderung ist der elf Kilometer lange Weg auf den 1482 Meter hohen Dent du Vaulion, von dem man bis zum Lac de Neuchâtel und zum Mont Blanc sehen kann. Ein weniger anstrengender Spaziergang führt am Ufer der Orbe entlang bis zu der Stelle, an der das Flüsschen unvermittelt aus einer hohen Felswand austritt.

Höhlen & Wasserfälle

Zwischen dem Punkt, an dem die Orbe bei Vallorbe aus dem Fels schießt, und ihrer Quelle im Lac de Joux (1009 m, rund drei Kilometer südöstlich) fließt sie durch ein weitläufiges Höhlensystem, die **Grottes de Vallorbe** (Tel. 021/843 25 83, www.grottesdevallorbe.ch).

Die im späten 19. Jahrhundert erstmals erforschten Höhlen wurden erst 1974 für Touristen geöffnet. Wagemutige Höhlenforscher entdecken immer wieder neue Passagen und Kammern tief unter der Erde. Besucher können sich ansehen, wie der Fluss durch sein unterirdisches Bett braust, und den 30 Meter hohen „Kathedralensaal" bewundern.

In der Nähe von **Le Locle** (ungefähr eine Autostunde nordöstlich) durchströmt der Doubs zwischen dem Lac des Brenets und dem spektakulären, 27 Meter hohen Wasserfall **Saut-du-Doubs** eine ähnlich dramatische Landschaft.

Wälder und Wiesen

Wer sich unter vielen tausend Tonnen Kalkstein nicht so wohlfühlt, kann die Wanderung stattdessen weiter südlich mit der Tour du Mont d'Orzeires fortsetzen. Eine abwechslungsreiche Strecke, die zwölf Kilometer südwärts zum Naturschutzgebiet **Juraparc** (Le Pont-Vallorbe, Tel. 021/843 17 35, www.juraparc.ch) führt. In den riesigen Wald- und Wiesengehegen leben verschiedene Tiere, die in ferner Vergangenheit in der Region heimisch waren, von Büffeln und Wildpferden bis zu Wölfen und Braunbären, und die hier fast wie in freier Wildbahn beobachtet werden können.

Fribourg

Karte S. 87 B2

**Besucher-
information**

Fribourg
Tourisme,
Avenue de la
Gare 1

026/350 11 11

**www.fribourg
tourisme.ch**

Fribourg

Fribourg liegt abseits der Haupttouristenrouten, doch die malerische Altstadt zählt zu den schönsten Beispielen mittelalterlicher Architektur in Europa. Die verschlafene Atmosphäre verleiht den kopfsteingepflasterten Plät-

zen, den Brunnen, Brücken und Straßencafés einen ganz eigenen, unbekümmerten Charme. Gleichzeitig ist Fribourg ein zukunftsorientiertes Städtchen, das von zahlreichen Studenten bevölkert wird, die die moderne Kunstszene nicht weniger schätzen als die althergebrachten Bräuche und Feste der Region.

Fribourg ist offiziell französischsprachig, in der Praxis jedoch zweisprachig. Die Stadt liegt auf einem bewaldeten Felssporn in einer Flussbiegung der Sarine (Saane), die gewissermaßen eine Sprachgrenze darstellt. Die Bewohner des Westufers (etwa 70 Prozent der Bevölkerung) sprechen vorwiegend Französisch, die des Ostufers (die übrigen 30 Prozent) hauptsächlich Deutsch. Viele Straßen haben zwei Namen und der Radiosender der Stadt hat zwei Kanäle. Manche der Älteren sprechen noch den alten *Bolze*-Dialekt, einen Mix aus Französisch und Deutsch.

Die Universität Fribourg gehört zu den renommiertesten der Schweiz und ist die einzige zweisprachige Universität des Landes. Sie zieht Studenten von nah und fern an, was zum kosmopolitischen Flair der Stadt beiträgt.

Fribourg liegt 34 Kilometer südwestlich von Bern und wurde 1157 durch Berthold IV. von Zähringen gegründet,

Die abwasserbetriebene Standseilbahn von Fribourg

den Vater des Stadtgründers von Bern. Die hügelige Stadt verlangt Besuchern ein gewisses Maß an Fitness ab. Aber vom Hauptbahnhof fahren Busse in alle Richtungen und die hilfreiche Touristeninformation neben dem Bahnhof hält Stadt- und Streckenpläne bereit. Während einer entspannten Stadtrundfahrt mit der Touristen-Bimmelbahn *(ab Place Georges-Python, Mai– Sept. Di–So, im Okt. nur am Wochenende)* kann man auch entlegenere Ecken erleben und einige schöne Ansichten an sich vorbeiziehen lassen.

Altstadt: Die kopfsteingepflasterte Altstadt mit mittelalterlichen Häusern und eleganten Renaissancebrunnen lässt sich am besten zu Fuß erkunden. Sie ist bemerkenswert gut erhalten, samt großen Teilen der zwei Kilometer langen Stadtmauer mit 14 Wachtürmen.

Vom Bahnhof geht es die Avenue de la Gare hinunter. Sie geht in die gepflasterte Rue de Lausanne über, die von interessanten Läden und gemütlichen Cafés gesäumt wird und in den Stadtteil **Bourg** im Herzen der Altstadt führt. Am Ende der Straße thront an einem weitläufigen Platz, auf dem samstagvormittags ein gut besuchter Markt stattfindet, das spätgotische **Hôtel de Ville** (Rathaus; *Place de l'Hôtel de Ville, nicht zu besichtigen*). Der schöne **Brunnen** aus der Renaissance zeigt den

Die Standseilbahn

Zu den Kuriositäten von Fribourg gehört der **Funiculaire** *(Rue de la Sarine, Fribourg, Tel. 026/351 02 00, €)*. Die 1899 in Betrieb genommene und heute denkmalgeschützte Standseilbahn verbindet Ober- und Unterstadt. Sie wird durch ein raffiniertes System mit Ballastwassertanks angetrieben, das wegen der Verwendung von Abwasser besonders umweltfreundlich ist. Die Bahn verkehrt täglich (je nach Bedarf) alle sechs Minuten und gewährt eindrucksvolle Ausblicke über die Stadt.

hl. Georg als Drachentöter. Die Linde soll 1476 zur Feier des Sieges der Eidgenossenschaft über Karl den Kühnen in der Schlacht bei Morat gepflanzt worden sein. Von der Südseite des Platzes hat man einen wunderbaren Blick auf die Unterstadt.

Kirchen & Museen: Noch etwas weiter bergab stößt man auf die Hauptsehenswürdigkeit von Bourg, die **Cathédrale Saint-Nicolas**. Sie wurde ab 1283 an der Stelle einer älteren Kirche errichtet, aber erst 1490 vollendet. Das konservative Fribourg blieb während der Reformation dem katholischen Glauben treu und wurde zum Zufluchtsort der aus Genf und Lausanne vertriebenen Bischöfe. Die 1889 gegründete Universität war die erste in einem katholischen Kanton. Der reich mit Statuen und Reliefs ausgeschmückte Innenraum der Kathedrale ist ein schönes

Cathédrale Saint-Nicolas

- ✉ Rue des Chanoines
- ☎ 026/347 10 40
- 🕐 Turm Okt.– Mitte Juni geschl.
- 💲 € (nur für Turmbesteigung)
- 🚌 Bus: 1, 2, 6 (Tilleul)

Église des Cordeliers

- ✉ Rue de Morat 6
- ☎ 026/347 11 60
- 🚌 Bus: 1, 2, 6 (Tilleul)

Espace Jean Tinguely & Niki de Saint Phalle

- ✉ Rue de Morat 2
- ☎ 026/305 51 40
- ⏰ Mo, Di geschl.
- 💲 €€
- 🚌 Bus: 1, 2, 6 (Tilleul)

Musée d'Art et d'Histoire

- ✉ Rue de Morat 12
- ☎ 026/305 51 40
- ⏰ Mo geschl.
- 💲 €€
- 🚌 Bus: 1, 2, 6 (Tilleul)

Beispiel der Schweizer Gotik. Besonders sehenswert sind das kunstvolle Chorgestühl aus dem 15. Jahrhundert und die Jugendstil-Kirchenfenster. Der 73 Meter hohe Kirchturm im Flamboyantstil bietet den besten Blick über die Stadt.

Die **Église des Cordeliers** gleich oberhalb der Kathedrale gehört zu einem 1256 gegründeten und im 18. Jahrhundert umgebauten Franziskanerkloster. Ihre mittelalterliche Innenausstattung blieb erhalten, so etwa das Chorgestühl von 1280, eines der ältesten in der Schweiz, und ein herrliches Hochaltarbild aus dem 15. Jahrhundert, auf dem die Anbetung der Könige und die Kreuzigung dargestellt sind.

In einem ehemaligen Tramdepot nebenan widmet sich die ultramoderne Galerie **Espace Jean Tinguely & Niki de Saint Phalle** (die zum **Musée d'Art et d'Histoire** gehört) dem Künstlerpaar und seinen Skulpturen. Ein **Skulpturenweg**, der an über 40 Werken des in Fribourg geborenen Tinguely (1925–91) sowie von de Saint Phalle (1930–2002) und anderen bekannten Künstlern vorbeiführt, ist eine anregende Anleitung zu einem Bummel durchs Stadtzentrum *(die kostenlose Broschüre gibt es bei der Touristeninformation)*. Ein Wasserspiel von Jean Tinguely, die **Fontaine Jo Siffert** (zum Andenken an den Freiburger Rennfahrer, der 1971 tödlich verunglückte), ist in der Grünanlage Grand-Places in Bahnhofsnähe zu bewundern.

Weiter die Straße hinauf gibt das **Musée d'Art et d'Histoire** (Museum für Kunst und Geschichte) im Ratzehof einen Überblick über Kunst-, Militär-, Sozial- und Religionsgeschichte im Kanton Fribourg vom Mittelalter bis heute. Das Palais wurde im 16. Jahrhundert für einen Kommandanten der Schweizer Garde errichtet. Zum Museum gehört auch ein ehemaliger Schlachthof, in dem Gemälde von Hodler, Courbet und Delacroix ausgestellt sind.

Von der Place de l'Hôtel de Ville führen steile Gässchen

ERLEBNIS:
Bierverkostung

Fribourg hat sich in den letzten Jahren einen Ruf als Heimat guter Biere aus Kleinbrauereien erworben.

Dazu gehören die **Freiburger Biermanufaktur** *(Rue de Morat 8, Fribourg, Tel. 076/241 81 25, www.freiburger-biermanufaktur.ch, Führungen Sa vormittags)* in einem alten Kloster, die extravagante **Brasserie Artisanale de Fribourg** *(Rue de la Samaritaine 19, Fribourg, Tel. 026/322 80 88)*, die ihr hoch gepriesenes Biersortiment in einem einzigen, kleinen Raum braut, und die **Brasserie du Chauve** *(Chemin des Roches 1, Fribourg, Tel. 079/737 36 78, www.labrasserieduchauve.ch, Führungen Do und Fr nachmittags, Sa vormittags)*. Wer nicht an einer Brauereiführung teilnehmen will, bekommt im **Café l'Ancienne Gare** *(Gare 3, Fribourg, Tel. 026/322 57 72, www.cafeanciennegare.ch)* eine gute Auswahl heimischer Flaschenbiere zu kosten.

Obst- und Gemüsestand auf dem Markt von Fribourg

mit schmiedeeisernen Laternen, Brunnen und kunstvollen Kneipenschildern hinunter in das Unterstadt-Viertel **Neuveville**. Durch die Grand-Rue (neben der Kathedrale) mit Häuserzeilen aus dem 17. und 18. Jahrhundert gelangt man an die Flussbiegung und in den ältesten Teil der Stadt, **Auge**, mit mittelalterlichen Handwerkerhäusern.

Sechs Brücken queren die Sarine, von modernen Stahlkonstruktionen bis zur überdachten hölzernen **Bernbrücke** aus dem 12. Jahrhundert. Jenseits der Bernbrücke stehen fünf der Türme, die einst zur Bewachung der Stadt dienten. In Auge findet sich das bezaubernde **Musée Suisse de la Marionette** mit Theaterpuppen aus aller Welt, einem Café und einem Marionettentheater (Vorstellungen Okt.–April). Kuriose Museen sind das **Musée de la Bière Cardinal** (Biermuseum, *Passage du Cardinal, Tel. 058/123 42 58, Di und Do 14–20 Uhr, €€*), das **Musée Suisse de la Machine à Coudre** (Schweizer Nähmaschinenmuseum) und, am Stadtrand, die **Chemins de Fer du Kaeserberg** *(Impasse des Ecureuils 9, Granges Paccot, Tel. 026/467 70 40, www.kaeserberg.ch, €€€€)*, eine faszinierende Modelleisenbahnanlage. **Fri-Art** *(Petites-Rames 22, Tel. 026/323 23 51, Mo und Di geschl., www.fri-art.ch, €€)* in Neuveville veranstaltet Wechselausstellungen zu verschiedenen avantgardistischen Kunstformen. Von hier ist es nur ein Katzensprung zur Talstation der Standseilbahn (siehe Kasten S. 105), die ihre Passagiere in zwei Minuten ins Stadtzentrum hinaufbringt.

Musée Suisse de la Marionnette

- ✉ Derrière-les-Jardins 2
- ☎ 026/322 85 13
- 🕐 Mo, Di geschl.
- 💲 €€
- 🚌 Bus: 4 (Place du Petit-Saint-Jean)

Musée Suisse de la Machine à Coudre

- ✉ Grand-Rue 58
- ☎ 026/475 24 33
- 🕐 Telefonisch erfragen
- 💲 €€ (Führung)
- 🚌 Bus: 1, 2, 6 (Tilleul)

ERLEBNIS: Käserei-Wanderung

Aus der idyllischen Hügellandschaft des Pays de Gruyère, auf dessen saftigen Wiesen die Kühe beim Grasen mit ihren Glocken läuten, kommt der berühmte Gruyère (Greyerzer). Ihm huldigt der 3,2 Kilometer lange **Sentier des Fromageries** (Weg der Käsereien), der von einer modernen Schaukäserei in Pringy (La Maison du Gruyère; siehe S. 110) bis zur urigen Almhütte der

Fromagerie d'Alpage *(Place de l'aigle, Moléson-sur-Gruyères, Tel. 026/921 10 44, Okt.–März geschl., Reservierung ratsam)* führt, wo die Käsemasse noch auf traditionelle Weise in einem riesigen Kessel über einem Holzfeuer angerührt wird. Es gibt zwei Routen, auf denen man je etwa zwei Stunden geht. Wanderkarten halten die Touristeninformationen in Gruyères und Moléson bereit.

Gruyères

⚠ Karte S. 87 B1

Besucher-information

✉ La Gruyère Tourisme, Place des Alpes 26

☎ 084/842 44 24

www.la-gruyere.ch

Gruyères & Umgebung

Auf einer Anhöhe inmitten grüner Wiesen liegt das mittelalterliche Bilderbuchstädtchen Gruyères (Greyerz), das von einer trutzigen Burg überragt wird. Der Ort wurde zum Namensgeber einer ganzen Region, des Pays de Gruyère (Greyerzerland),

INSIDERTIPP

Das schönste Foto-motiv in Gruyères ist der Blick durch das Stadttor La Chavonne hinauf zur Burg vor der imposanten Bergkulisse mit dem Dent-du-Broc.

CLIVE CARPENTER
NATIONAL GEOGRAPHIC-Autor

und des hier erzeugten köstlichen Hartkäses. Seit der Neueröffnung der zu Nestlé gehörenden Schokoladen-manufaktur Maison Cailler (siehe S. 110f) 2010 im

nahen Broc zieht die Region allerdings auch Schokoladen-fans magisch an.

In der Hauptsaison ist Gruyères so überlaufen, dass man besser einen Bogen darum macht. Glücklicherwei-se ist die Stadt autofrei; es gibt mehrere Parkplätze außerhalb der Stadtmauer. Vom Bahnhof sind es etwa zehn Minuten Fußweg bergauf. Wer es sich leisten kann, übernachtet in einem der (teuren) Hotels von Gruyère, um die Atmosphäre zu genießen, wenn die meisten Besucher die Stadt am Abend wieder verlassen haben. Sie wurde im 11. Jahrhundert von Peter II. von Savoyen gegründet und ist innerhalb der Stadtmauer aus dem 15. Jahrhundert nahezu vollständig erhalten. Es gibt nur eine Hauptstraße, die kopfsteingepflasterte **Rue du Marché**, die von denkmalgeschützten Häusern im Gotik- und Renaissancestil gesäumt wird. Einige beher-bergen Hotels, Restaurants und Kunsthandwerksläden.

Château de Gruyères: Die Rue du Marché führt durch ein wuchtiges Torhaus zum imposanten Château hinauf. Im savoyischen Stil errichtet, hat es einen quadratischen Grundriss und bis zu 3,6 Meter dicke Schutzmauern mit Schießscharten und Wachtürmen. Eine 18-minütige Multimediashow informiert über die Geschichte der Burg und der Grafen von Greyerz. Von ihrem Wappentier, einem weißen Kranich (auf Französisch *grue*), leitet sich der Name Gruyères ab. Der Rundgang durch die Burg führt durch acht Jahrhunderte Geschichte, Architektur und Kultur. Im **Burgundersaal** (Saal 5) sind bei der Schlacht von Morat (1476) erbeutete Waffen, Rüstungen, Chormäntel und Banner ausgestellt. Die Wandtäfelung des **Furet-Saals** (Saal 13) zieren Vögel, Blumen und anderen Naturmotive, die um 1900 von Francis Furet (1842–1919) und Jules Crosnier (1843–1917) gemalt wurden. Ein Wandgemälde im **Rittersaal** (Saal 16) zeigt den Grafen von Greyerz mit einem Kranich, der überall als Emblem auftaucht, z. B. auf Wandbehängen und wappenverzierten Buntglasfenstern. Der Wehrgang der Burg bietet einen Blick über die barocke Gartenanalge auf den Lac de la Gruyère.

Das unterhalb gelegene Château Saint-Germain be-

Château de Gruyères

- ✉ Gruyères
- ☎ 026/921 21 02
- 💲 €€€ (Kombiticket für das Château & das HR Giger Museum)
- 🚌 Zug (Gruyères)

www.chateau-gruyeres.ch/d

Die saftigen Weiden rund um Gruyères tragen das Ihre zum weltberühmten Käse der Region bei

HR Giger Museum

- ✉ Château Saint-Germain, Gruyères
- ☎ 026/921 22 00
- 💲 €€€ (Kombiticket für das Museum & das Château de Gruyères)
- 🕐 Nov.–März Mo geschl.
- 🚌 Bus (Gruyères)

La Maison du Gruyère

- 🗺 Karte S. 87 B1
- ✉ Pringy-Gruyères
- ☎ 026/921 84 00
- 💲 €€
- 🚆 Zug (Gruyères)

**www.lamaison
dugruyere.ch**

Broc

- 🗺 Karte S. 87 B1

La Maison Cailler

- ✉ Rue Jules Bellet 7, Broc
- ☎ (026) 921 59 60
- 💲 €€
- 🚆 Zug (Broc-Fabrique)

www.cailler.ch

heimatet das **HR Giger Museum** mit einer faszinierenden Sammlung surrealistischer Werke des Schweizer Künstlers Hans Rudolf Giger (geb. 1940). Giger entwarf das Monster in Ridley Scotts Science-Fiction-Horrorfilm „Alien" von 1979. Für die Spezialeffekte wurde er mit einem

den berühmten Greyerzer (Le Gruyère AOC). In ihren Kellern finden 7000 Käselaibe Platz. Je nach Jahreszeit können Besucher zwischen 9 und 14.30 Uhr drei- bis viermal täglich durch große Glasfenster bei Vorführungen zusehen. Das Restaurant der Käserei tischt verschiedene

Eine Kirche bei Gruyères

Oscar ausgezeichnet. Auch in der 2003 eröffneten **Giger Museum Bar** *(Mo geschl.)* sind wandhohe Gruselkunstwerke zu bewundern, von denen viele, so Giger selbst, von Albträumen des Künstlers inspiriert sind.

Im 1,5 Kilometer entfernten Dorf Pringy produziert die Käserei **La Maison du Gruyère** mit modernster Technik

Käsegerichte auf und eine multisensorische Ausstellung (mit mehrsprachigem Audioführer) vermittelt einen Eindruck von der Komplexität der Käseherstellung sowie von Duft und Geschmack in den verschiedenen Reifestadien.

Maison Cailler: Eine andere Hauptsehenswürdigkeit der Region und ein Mekka für Schleckermäuler ist die Maison Cailler *(Rue Jules Bellet 7, Broc, Tel. 026/921 59 60, www.cailler.ch, €€€)* bei Broc. François-Louis Cailler war ein Pionier der Schokoladenherstellung (siehe S. 78f). Das moderne Museum in der Schokoladenfabrik zeichnet auf einem audiovisuellen Rundgang die Erfolgsgeschichte der Schokolade von den geheimen Kakaozeremonien der Azteken bis zur Gründung des Standorts 1898 und bis heute nach. Eine interaktive Abteilung widmet sich der Schokoladenherstellung von der Kakaobohne bis zur erlesenen Praline. Im Anschluss dürfen Besucher im Verkostungsraum nach Herzenslust zugreifen. Ein angeschlossenes Kino zeigt Filme rund um das Thema Schokolade (auf Französisch) und im „Schoggi-Atelier" können Sie sich selbst in der Pralinenherstellung versuchen (nur nach Voranmeldung).

Bei Anreise mit dem GoldenPass-Schokoladenzug *(Rail Center GoldenPass, CP 1426, Montreux, 090/024 52 45, Reservierung erforderlich, www.goldenpass.ch/golden-pass_schokoladenzug)* sind ein Besuch in der Schaukäserei, im Château de Gruyères und in der Maison Cailler im Fahrpreis enthalten. ■

Moléson-sur-Gruyères

 Karte S. 87 B1

Besucherinformation

✉ Moléson Tourisme, Place de l'Aigle 6, Moléson-sur-Gruyères

☎ 026/921 85 00

www.moleson.ch

Aktivurlaub in Moléson-sur-Gruyères

Für Naturfreunde und Sportfans liegt es nahe, den Besuch in Gruyères mit einem Aufenthalt in Moléson-sur-Gruyères zu verbinden. Der Moléson (2002 m) ist der höchste Gipfel der Freiburger Voralpen und ein beliebtes Ziel für Bergwanderer. Er ist vom Dorf aus aber auch per Seilbahn zu erreichen. Schwindelfreie Kletterer können von der Mittelstation (Plan-Francey; 1520 m) die Nordwand über einen Klettersteig mit Drahtseilen und Eisensprossen (400 Höhenmeter) erklimmen. Oben bietet sich vom Observatorium ein weiter Rundblick auf die Alpen, den Jura und das Mittelland. Die Nachtsicht ist grandios und das Observatorium veranstaltet hin und wieder Sterngucker-Abende *(Reservierung unter Tel. 026/921 29 96)*.

Zu den zahlreichen, gut markierten Wanderwegen gehört ein einfacher, 1½-stündiger Botanikpfad am Osthang, auf dem Wanderer mithilfe der detaillierten Beschilderung eine erstaunliche Vielzahl von Voralpenpflanzen identifizieren können. Auch Moléson-sur-Gruyères selbst bietet eine große Auswahl an Aktivitäten, darunter eine Sommerrodelbahn *(Mai und Nov. am Wochenende, Juni–Okt. tägl. geöffnet, nur bei trockenem Wetter)*. Außerdem kann man hier Go-Kart fahren, auf „Grasrollern" mit dicken Gummireifen die Hänge hinuntersausen *(Juni–Sept.)* sowie Minigolf, Basketball, Volleyball und Badminton spielen.

Im Winter ist Moléson der bedeutendste Skiort im Kanton Fribourg, mit 35 Kilometer Abfahrtpisten, einem Schneepark und einer Snowboardcross-Strecke. Für alle, denen das noch nicht genügt, gibt es über 50 Kilometer ausgeschilderte Schneeschuh-Strecken und eine vier Kilometer lange Schlittenpiste von Plan-Francey zum Dorf hinunter.

Regierungssitz und kulturelles Zentrum der Schweiz,
Käsespezialitäten und fantastische Bergsportmöglichkeiten

Bern &
Berner
Oberland

Schützenbrunnen und Zytglogge (Zeitglockenturm) in Bern

Bern &
Berner Oberland

«Sie ist die schönste, die wir gesehen haben», schrieb Johann Wolfgang von Goethe während seines Aufenthaltes in Bern 1779 in einem Brief. Und tatsächlich: Nur wenige Hauptstädte sind so malerisch wie Bern. Von der Aare umschlungen und von bewaldeten Hügeln umgeben, verströmt sie ein eher kleinstädtisches Flair. Mit 130 000 Einwohnern ist Bern jedoch die viertgrößte Stadt der Schweiz und seit 1848 Regierungssitz.

Bern verfügt über hervorragende Verkehrsverbindungen in die gesamte übrige Schweiz und in die Nachbarländer. Es ist die einzige europäische Hauptstadt, die in drei Hochgeschwindigkeits-Bahnnetze eingebunden ist: Man erreicht sie mit dem französischen TGV, dem deutschen ICE und dem italienischen Cisalpino. Der internationale

Flughafen Bern-Belp wird von zahlreichen Städten in Europa aus angeflogen. Somit ist Bern eine gute Basis für die Erkundung auch anderer Teile des Landes wie Luzern und der Vierwaldstätter See, Montreux am Genfer See und sogar das Wallis. Zürich liegt eine Zugstunde entfernt, Genf weniger als zwei Stunden.

Bern selbst ist für eine europäische Hauptstadt eher klein. Der Stadtkern hat sich in den letzten Jahrhunderten kaum verändert. Trotzdem wartet die Stadt mit all dem Trubel und der Lebendigkeit einer Metropole auf.

Mittelland & Oberland

Bern liegt im gleichnamigen zweisprachigen Kanton, dem zweitgrößten der Schweiz, sowohl hinsichtlich der Einwohnerzahl als auch der Ausdehnung. Der Kanton umspannt zwei unterschiedliche Naturräume: das fruchtbare Berner Mittelland, in dem die Stadt selbst liegt, und weiter südlich das majestätische Oberland.

Das Berner Mittelland ist eine typische Schweizer Landschaft mit üppigen Wiesen und malerischen Dörfern, die sich von den Hügeln des Emmentals bis zum Drei-Seen-Land und zum Jura zieht.

Die meisten Besucher lockt es jedoch schon seit dem frühen 19. Jahrhundert eher in die atemberaubende Bergwelt des Berner Oberlands mit einigen der erhabensten Gipfel des Landes. Endlose Wanderwege und Biketrails, klare Bergseen, eisige Gletscherschluchten und dramatische Wasserfälle sowie Weltklasse-Wintersportorte wie Wengen, Mürren und Gstaad machen die Region zu einem beliebten Urlaubsziel.

Außerdem lockt die Gebirgslandschaft zahlreiche Bergsteiger – auch Profis – an, die einen der berühmten Gipfel erklettern wollen. Das Berner Oberland beeindruckt mit einem dichten Netz an Seilbahnen, Zahnradbahnen und anderen Bergbahnen, darunter die fantastische Zahnradbahn hinauf zum Jungfraujoch; Endstation ist auf 3454 Meter Höhe der höchstgelegene Bahnhof Europas. ∎

Kartenbeschriftungen

SOLOTHURN
Solothurn
Aare
E25

ZÜRICH & ZÜRICHSEE
S. 187

Willisau

Emmentaler Schaukäserei

Burgdorf

LUZERN

E27
Münchenbuchsee

Napf 1408 m

Wohlensee

BERN
Lüderenalp
Langnau
Emme

Belp   A6

BERN

Schwarzenburg

Schallenberg

Aare

Alphornmacherei

Brienzer Rothorn 2350 m
Schweizerisches Freilichtmuseum Ballenberg
Brienz

Schloss Thun
Thun

Schloss Oberhofen
Niederhorn 1950 m

Brünigpass   Meiringen
Sustenpass
Aareschlucht

Schloss Hünegg

Thuner See
St. Beatus-Höhlen

Brienzer See

A8
Reichenbachfall
Triftbrücke

Schloss Spiez
Interlaken
Bönigen

A8
Wilderswil
Schynige Platte
First
Bort
Grindelwald

Gelmer

Haslital

Tropenhaus Frutigen

Wengen
Pfingstegg

Lauterbrunnen
Kandertal

Piz Gloria

Trümmelbachfälle
Eiger
Grimselsee

Zweisimmen

Schilthorn
Mürren
Mönch
Stechelberg
Jungfrau

Grimselpass
D

Adelboden
Kandersteg

Oschinensee

Lenk

N

C

WAADTLÄNDER ALPEN & WALLIS
S. 143

B   0   20 Kilometer

Bern

Zur Orientierung

Bern & Umgebung

Im Herzen der Stadt liegt auf einer schmalen Halbinsel in einer Schleife der Aare die Altstadt von Bern. Hier findet man Kopfsteinpflasterstraßen und jene tadellos erhaltenen Laubenhäuser, denen die Altstadt die Aufnahme in die Liste der Unesco-Welterbestätten im Jahr 1983 verdankt. Dank moderner Architektur, exzellenter Museen und einer lebendigen und vielfältigen Kulturszene ist Bern jedoch keineswegs museal, sondern sehr lebendig.

Das Bundeshaus dominiert den Bundesplatz, den Mittelpunkt Berns

Bern

🅰 Karte S. 115 B3

Besucher-information

✉ Bern Tourismus (am Bahnhof), Bahnhofplatz

☎ 031/328 12 12

www.bern.com

Herzog Berchtold V. von Zähringen gründete Bern um 1191 an einem befestigten Übergang über die Aare. Der Felsrücken in der Aareschleife bildete eine natürliche Festung: Er ist auf drei Seiten vom Fluss geschützt und von steilen bewaldeten Hügeln umgeben. Nur auf der Westseite musste die Stadt durch Verteidigungsanlagen gesichert werden. Der Überlieferung zufolge nannte der Herzog seine Neugründung

Bern, nachdem er bei der Jagd in den umliegenden Wäldern einen Bären getötet hatte. Noch heute ziert ein Schwarzbär als Emblem der Stadt Flaggen, Wappen und unzählige Souvenirs und seit Jahrhunderten werden in der Stadt Bären gehalten.

Seine Glanzzeit erlebte Bern im Mittelalter, als es der größte und mächtigste Stadtstaat nördlich der Alpen war. Sein Einfluss reichte im Osten bis nach Österreich, im

INSIDERTIPP

Einkaufen ist in Bern ein großes Vergnügen. Es gibt so viele schöne kleine Geschäfte, und selbst wenn es regnet, bleibt man unter den Arkaden trocken.

DANIELA ZEHR
Touristeninformation Bern

Süden bis nach Mailand und im Westen bis ins frankophone Waadtland. 1353 schloss sich Bern der Schweizerischen Eidgenossenschaft an (siehe S. 35). 1405 wurde die Stadt durch ein Feuer zerstört. Die alten Holzhäuser wurden innerhalb kürzester Zeit ersetzt, zunächst durch Fachwerkbauten, später durch die schmucken Sandsteinhäuser, die die Altstadt heute noch prägen.

Bundesplatz & Umgebung

Das 19. Jahrhundert war für Bern eine Zeit großer Umbrüche. 1848 wurde es Bundeshauptstadt und Regierungssitz. Als die Stadt sich immer weiter ausdehnte, wurden die längst überflüssigen Befestigungsanlagen abgerissen und neue öffentliche Gebäude veränderten das Gesicht der Stadt. Um das Zentrum mit den Wohnvierteln auf der anderen Seite der Aare zu verbinden, wurden hohe Brücken gebaut.

Sitz des Schweizer Parlaments ist das palastartige **Bundeshaus** von 1902, ein gewaltiger Gebäudekomplex im Stil der Neorenaissance, leicht erkennbar an den markanten Kupferkuppeln. Die Kuppelhalle im Innern ist mit Buntglas, einem riesigen Kronleuchter und verschiedenen Symbolen der Stadt Bern geschmückt. In den Parlamentsferien werden Führungen angeboten. Zu den Sitzungen ist eine Besuchergalerie geöffnet.

Vor dem Bundeshaus liegt der große **Bundesplatz** mit einem originellen Wasserspiel, dessen 26 Wasserspeier für die 26 Kantone stehen. Von April bis Oktober schießen zwischen 11 und 23 Uhr jede halbe Stunde Fontänen aus den im Boden eingelassenen Düsen *(Di & Sa 14 Uhr)*. Dienstags und samstags *(8–12 Uhr)* findet auf dem Platz ein Bauernmarkt statt.

Bundeshaus

✉ Bundesplatz 3
☎ 031/322 85 22
🕐 Führungen Mo– Mi, Fr, Sa 9, 10, 14, 15, 16 Uhr
🚌 Bus: 10, 19 (Bundesplatz)

www.parlament.ch

ERLEBNIS:
Im Zeichen der Zwiebel

Zu einem der ältesten Märkte des Landes sollte man zu früher Stunde auf dem Bundesplatz erscheinen. Schon ab 4 Uhr beginnt der Handel auf dem Zibelemärit (Zwiebelmarkt), der jedes Jahr am vierten Montag im November stattfindet. An 600 reich verzierten Ständen werden Zwiebelzöpfe, Zwiebelkränze und Zwiebelfiguren sowie Köstlichkeiten wie Zwiebelkuchen, Zwiebelsuppe und Zwiebelwurst verkauft. Abschluss und Höhepunkt ist die große Konfettischlacht um 16 Uhr.

Zytglogge

✉ Kramgasse

🕐 Führungen
Mai–Okt.
14.30 &
15.15 Uhr

💲 €€€

🚌 Bus: 3, 5, 9,
10, 12, 19
(Zytglogge)

Die Altstadt

Der pompöse Bundesplatz des 19. Jahrhunderts ist umgeben von hübschen Gebäuden. Ein Stückchen östlich vom Bundesplatz steht der **Zytglogge** (Zeitglockenturm), ein Berner Wahrzeichen. Er wurde im 13. Jahrhundert als erstes Stadttor auf der Westseite gebaut und diente zeitweise als Gefängnis.

Die astronomische Uhr, ein Meisterwerk mittelalterlicher Uhrmacherkunst, wurde bereits 1405 zusammen mit der Stundenglocke angebracht. Bei dem Spielwerk zeigen sich jeweils vier Minuten vor der vollen Stunde mehrere Figuren: ein krähender Hahn, Bären, ein Glöcklein schlagender Narr und Chronos, der griechische Gott der Zeit.

Es stammt, wie das heutige Uhrwerk, von 1530. Zwischen 1690 und 1712 wurde eine 149 Kilogramm schwere Mörserkugel als Pendel eingebaut. Das immer noch voll funktionstüchtige alte Uhrwerk muss jeden Tag 20 Minuten von Hand aufgezogen werden.

Bern besitzt die längste überdachte Einkaufspromenade Europas: sechs Kilometer an blumen- und flaggengeschmückten Laubengängen. Unter den Arkaden verbergen sich Dutzende gemütlicher Kneipen, Cafés und Restaurants sowie zahlreiche Geschäfte. Weitere Verkaufsräume befinden sich in den Kellergewölben der alten Sandsteinhäuser. Dank der Lauben ist das Einkaufen in Bern bei jedem Wetter ein Vergnügen. Die Hauptein-

Eine Braunbärmutter weist ihrem Nachwuchs im BärenPark den Weg

kaufsstraßen, die **Marktgasse,** die **Kramgasse** und die **Gerechtigkeitsgasse**, verlaufen in Ost-West-Richtung. Donnerstags sind viele Geschäfte bis 21 Uhr geöffnet.

Trotzdem sollte man die vielen schönen Renaissancebrunnen in der Altstadt nicht übersehen, die meisten sind prachtvoll verziert und bunt bemalt (siehe Rundgang:

Turm, von dem sich ein umwerfender Ausblick auf Bern und die Alpen bietet. Auf dem **Münsterplatz** vor der Kirche findet im Mai der *Graniummärit* (Geranienmarkt) statt.

Das Flussufer

Vom Münster führt die stille Junkerngasse zur Nydeggbrücke und am anderen Ufer der Aare schließlich zu einer

Berner Münster

- ✉ Münsterplatz 1
- ☎ 031/312 04 62
- 💲 € (nur Turm)
- 🚌 Bus: 12, 30 (Rathaus)

Wo Märchen lebendig werden

Das **Berner Puppentheater** ist in einem ehemaligen Weinkeller im Herzen der Altstadt untergebracht. Wenn in dem winzigen Gewölbe der Vorhang aufgeht, erwartet die Zuschauer ein Stück aus einem großen Repertoire von „Die Schöne und das Tier" bis zur „Carmina Burana" und dem „Urfaust". Die Aufführungen sind ein einzigartiges Theatererlebnis für Kinder und Erwachsene, auch wenn man kein Schweizerdeutsch versteht. Beim Spiel mit Marionetten, Stabpuppen, Schattenfiguren und Masken ist Sprache nicht das Wichtigste *(Gerechtigkeitsgasse 31, Tel. 031/311 95 85, Mitte Okt.–Ende April geschl., www.berner-puppentheater.ch).*

Kirchen und Brunnen der Altstadt, S. 120f).

Das **Berner Münster** St. Vincenz erhebt sich ein Stück östlich vom Zeitglockenturm. Der dreischiffige Bau mit seinem 101 Meter hohen Turm ist das höchste sakrale Bauwerk der Schweiz und ein wunderbares Beispiel spätgotischer Architektur. Mit dem Bau wurde 1421 begonnen; der Turm, wie er sich heute zeigt, wurde jedoch erst 1893 fertiggestellt. Am Hauptportal befindet sich eine Darstellung des Jüngsten Gerichts mit 234 fein gearbeiteten und bemalten Figuren. Gleich hinter dem Eingang führt im Innern eine enge Wendeltreppe auf den

der Hauptattraktionen der Stadt, dem **BärenPark**. Die Tradition, einige Exemplare des Berner Wappentiers zu halten, geht auf die Gründungslegende der Stadt zurück. Im Verlauf der Jahrhunderte waren die Bären in verschiedenen Gehegen im Stadtgebiet untergebracht. Ihr derzeitiges Zuhause am Ufer der Aare erhielten sie im Oktober 2009. Im Park leben zwei erwachsene Bären, Björk und Finn, und ihr Zwillingsnachwuchs, Berna und Urs. Ganz in der Nähe bietet sich vom **Rosengarten** eine wundervolle Aussicht auf die Altstadt.

(Fortsetzung auf S. 122)

BärenPark

- ✉ Grosser Muristalden
- ☎ 031/357 15 25
- 🚌 Bus: 12 (Bärengraben)

www.baerenpark-bern.ch

Rosengarten

- ✉ Alter Aargauerstalden 31b
- ☎ 031/331 32 06 (Restaurant)
- 🕐 Restaurant Dez.–Feb. geschl.
- 🚌 Bus: 10 (Rosengarten)

Rundgang: Kirchen *&* Brunnen der Altstadt

Die stimmungsvolle Altstadt von Bern zählt zu den am besten erhaltenen historischen Stadtkernen in Europa und ist bequem zu Fuß zu erkunden. Die Kopfsteinpflasterstraßen, die Kirchen und Laubenhäuser sowie rund 250 kunstvolle Brunnen haben sich seit Jahrhunderten kaum verändert.

Wasserspeier am Mosesbrunnen

Am Ausgangspunkt, dem Bahnhofplatz, bildet die imposante Fassade der **Heiliggeistkirche** ❶ (*Spitalgasse 44, Tel. 031/300 33 40, www.heiliggeistkirche. ch*) einen schönen Kontrast zu der modernen Glasarchitektur am Platz. Die Kirche gilt als eine der schönsten der reformierten Kirchen der Schweiz.

Von der Kirche aus geht es die Spitalgasse hinunter Richtung Osten. Der erste bemerkenswerte Brunnen ist der **Pfeiferbrunnen** ❷ mit einem in Rot und Blau gekleideten Dudelsackspieler.

Ein Stückchen weiter wird der Bärenplatz vom massigen **Käfigturm** aus dem 13. Jahrhundert dominiert, der bis 1897 als Gefängnis diente. Durch den Turm

hindurch kommt man in die Marktgasse, die Haupteinkaufsstraße der Altstadt. Der **Anna-Seiler-Brunnen** ❸ ist der Gründerin des ersten Krankenhauses (1354) in Bern gewidmet. Sie ist in einem blauen Kleid dargestellt und gießt Wasser aus einem Krug in eine Schale. Vorbei am mit einer Rüstung bewehrten Schützen des **Schützenbrunnens** ❹, führt der Weg zum Kornhausplatz, benannt nach dem ehemaligen städtischen Kornspeicher. Der Bau aus dem 18. Jahrhundert ist ein Juwel des Spätbarocks. Heute befindet sich im **Kornhaus** das exklusive Restaurant Kornhauskeller (siehe S. 285). Davor steht der groteske **Kindlifresserbrunnen** ❺ aus dem 16. Jahrhundert. Die sitzende Gestalt, bei der es sich um eine lokale Fastnachtsfigur handelt, verschlingt ein nacktes Kind; weitere Opfer stecken in einem Sack zu ihrer Seite. Man vermutet, dass die Brunnenfigur Kinder vom Stadtgraben fernhalten sollte, der hier verlief. Am Kornhausplatz steht auch ein Berner Wahrzeichen, der **Zytglogge** (siehe S. 118). Durch den Turm hindurch geht es in die malerische **Kramgasse**, von wo man die astronomische Uhr an der Ostfassade des Turmes bewundern kann.

Beim Bummel durch die Kramgasse Richtung Osten sollte man ein Auge auf die schönen Erkerfenster, Spitzen und Türmchen der alten Häuser haben. Der **Zähringerbrunnen** ❻ erinnert an den Stadtgründer, Herzog Berchtold V. von Zähringen, und zeigt einen gerüsteten

NICHT VERSÄUMEN

Kindlifresserbrunnen • Zytglogge • Zähringerbrunnen • Gerechtigkeitsbrunnen • Berner Münster

„Berner Bären" sowie das Wappen der Zähringer. Weiter die Straße entlang steht das **Einsteinhaus** *(Kramgasse 49, Tel. 031/312 00 91, www.einstein-bern.ch)*; hier hatte Albert Einstein 1903 bis 1905 eine Wohnung bezogen, in der er an seiner Relativitätstheorie arbeitete. Die Wohnung des späteren Nobelpreisträgers im zweiten Stock sieht noch fast genauso aus wie vor hundert Jahren. Ein Stück weiter, beim Konservatorium für Musik, stellt der **Simsonbrunnen** ❼ die biblische Geschichte vom Kampf Samsons mit einem Löwen dar.

In der sich anschließenden Gerechtigkeitsgasse mit vielen Geschäften und Restaurants steht der berühmte **Gerechtigkeitsbrunnen** ❽ von 1543. Er zeigt Justitia mit Waage und Richtschwert.

Am Ende der Straße liegt, links vor der Brücke, die **Nydeggkirche** ❾ *(Nydegghof 2, Tel. 031/352 58 29)*, die einen Besuch wert ist. Herzog Berchtold V. von Zähringen ließ an dieser Stelle die Burg Nydegg anlegen. 1268 wurde sie geschleift und Mitte des 14. Jahrhunderts wurde die Kirche errichtet.

Von hier ist es nicht mehr weit über die Nydeggbrücke zum **BärenPark** ❿ (siehe S. 119). Oder man geht die Junkerngasse entlang zurück zum **Berner Münster** (siehe S. 119) ⓫ und schaut sich noch einen letzten Brunnen an, den **Mosesbrunnen** aus dem 16. Jahrhundert. Die Brunnenfigur zeigt Moses mit den Gesetzestafeln.

Zentrum Paul Klee

✉ Monument im Fruchtland 3

☎ 031/359 01 01

🕐 Mo geschl.

💲 €€€€€

🚌 Bus: 12 (Zentrum Paul Klee)

www.zpk.org

Kunstmuseum

✉ Hodlerstrasse 8–12

☎ 031/328 09 44

🕐 Mo geschl.

💲 €€

🚌 Bus: 11, 20, 21 (Bollwerk)

www.kunstmuseum bern.ch

Bernisches Historisches Museum/ Einstein Museum

✉ Helvetiaplatz 5

☎ 031/350 77 11

🕐 Mo geschl.

💲 €€€€

🚌 Tram: 3, 5 (Helvetiaplatz)

www.bhm.ch

Wieder zurück in der Altstadt, liegt südlich **Matte** (www.matte.ch), früher das Handwerkerviertel der Stadt. Auch heute noch zweigt hier ein kleiner Stichkanal vom Fluss ab. Jahrhundertelang sprachen Handwerker und Hafenarbeiter einen eigenen Dialekt, das sogenannte Mattenenglisch. Obwohl viele der alten Lagerhäuser inzwischen in trendige Bürogebäude umgewandelt wurden, findet man hier noch zahlreiche stimmungsvolle Fachwerkhäuser und urige Kneipen.

Wer weiter am Fluss entlang und unter der hohen **Kirchenfeldbrücke** hindurchgeht, gelangt nach Marzili, einer ruhigen Wohngegend mit einer besonderen Attraktion: In dem im Sommer geöffneten **Marzilibad** (Marzilistrasse 29, Tel. 031/311 00 46, www.aaremarzili.ch) haben Badegäste die Möglichkeit,

in die auch im Hochsommer eiskalte Aare zu steigen und sich von der Strömung ein Stück treiben zu lassen. Vom Marzilibad aus hat man auch einen schönen Blick auf die Silhouette der höhergelegenen Altstadt mit Bundeshaus und Münster. Wer nicht zu Fuß zurück möchte, kann unweit der Marzilistrasse die Mini-Drahtseilbahn hinauf zur Bundesterrasse nehmen. Die **Drahtseilbahn Marzili-Stadt Bern** (www.marzilibahn.ch) ist die kürzeste öffentliche Standseilbahn der Schweiz; sie überwindet nicht mehr als 31 Höhenmeter und in zwei Minuten ist man oben angekommen.

Berner Museen

Bern hat eine Reihe guter Museen vorzuweisen. Die bedeutendste und beliebteste dieser Einrichtungen ist das **Zentrum Paul Klee**, ein futuristischer Gebäudekomplex am Stadtrand. Das von dem italienischen

---

Der Gurten

Kleiner Ausflug gefällig? In weniger als einer halben Stunde kann man von der Stadtmitte (mit der Tramlinie 9 zur Gurtenbahn, dann mit der Seilbahn zum Gurten-Kulm) auf den Berner Hausberg, den Gurten, kommen und oben über Blumenwiesen spazieren oder den Sonnenuntergang genießen. Im Winter gibt es hier Ski- und Rodelpisten, ansonsten Minigolf, eine Kleineisenbahn und Spielplätze sowie mehrere Einkehrmöglichkeiten. An einem klaren Tag reicht der Rundblick über die Dächer der Stadt bis zum Jura, ins Emmental und zu den Schneegipfeln der Hochalpen (www.gurtenpark.ch).

Stararchitekten Renzo Piano (geb. 1937, siehe S. 260f) entworfene, 2005 eröffnete Museum umfasst eine unvergleichliche Sammlung von Werken des berühmten Berner Künstlers, darunter 4000 von Privatsammlern gestiftete Gemälde und Zeichnungen.

Der als Sohn eines deutschen Vaters und einer Schweizer Mutter in Münchenbuchsee nördlich von Bern geborene Paul Klee (1879–1940) wuchs in Bern auf und spielte im städtischen Orchester Geige. Seine Bilder wurden erstmals 1910 in einer Berner Galerie ausgestellt. Die im Zentrum Paul Klee zusammengetragenen Werke zeigen Klees vielfältige Ansätze, für die er sich bei Kunstrichtungen wie dem Expressionismus, Kubismus und Surrealismus bediente.

Kunstfreunde sollten sich auch das **Kunstmuseum** im Nordwesten der Altstadt nicht entgehen lassen. Die Sammlung des Museums umspannt acht Jahrhunderte, der Schwerpunkt liegt jedoch auf Kunst der letzten 150 Jahre.

Umgebung des Helvetiaplatzes: Viele der Museen liegen am Helvetiaplatz auf der anderen Seite der Kirchenfeldbrücke. Das **Bernische Historische Museum** in einem türmchenbewehrten neugotischen Gebäude erzählt die faszinierende Geschichte der Schweiz und

Die futuristischen Wellen des Zentrums Paul Klee am Stadtrand von Bern

der Stadt Bern. Hier befindet sich auch der grandiose Millefleurs-Teppich aus dem Besitz Karls des Kühnen, Herzog von Burgund im 15. Jahrhundert.

Auch das **Einstein Museum** im selben Gebäude lohnt einen Besuch. Hier wird das Leben des berühmten Wissenschaftlers Albert Einstein (1879–1955) beleuchtet, der auch in der Schweiz gelebt hat. Während seiner Tätigkeit im Berner Patentamt entwickelte er viele seiner revolutionären Ideen.

Weitere Museen am oder beim Helvetiaplatz sind das **Museum für Kommunikation**, das **Schweizerische Alpine Museum**, das sich mit allen Aspekten des Lebens in den Schweizer Bergen befasst, und das **Naturhistorische Museum** mit einer schönen Gesteinssammlung.

Museum für Kommunikation

- ✉ Helvetiastrasse 16
- ☎ 031 / 357 55 55
- 🕐 Mo geschl.
- 💲 €€€
- 🚋 Tram: 3, 5 (Helvetiaplatz)

www.mfk.ch

Schweizerisches Alpines Museum

- ✉ Helvetiaplatz 4
- ☎ 031 / 350 04 40
- 💲 €€€
- 🚋 Tram: 3, 5 (Helvetiaplatz)

www.alpines museum.ch

Naturhistorisches Museum der Burgergemeinde Bern

- ✉ Bernastrasse 18
- ☎ 031 / 350 71 11
- 💲 €€
- 🚋 Tram: 3, 5 (Helvetiaplatz)

www.nmbe.ch

**Emmentaler
Schaukäserei**

🗺 Karte S. 115 B4

✉ Schaukäserei-
strasse 6,
Affoltern

☎ 034/435 16 11

Berner Mittelland

Bern ist von einer typisch schweizerischen Landschaft umgeben, mit grünen Hügeln, verschlafenen Dörfern und schimmernden Seen. Das Emmental östlich der Stadt ist vor allem für den gleichnamigen Käse bekannt, bietet aber auch einen Einblick in das traditionsreiche Landleben.

Vielen gelten die Bewohner des Emmentals als die schweizerischsten aller Schweizer – zuverlässig, konservativ und patriotisch. Mit ihrem entspannten Lebensrhythmus, der idyllischen Landschaft und der einzigartigen Architektur scheint die Region geradezu zeitlos. Viele Bauernhäuser schmücken nach wie vor die typischen geschnitzten Balkone und große Walmdächer. Die berühmte Emmentaler Küche verarbeitet vor allem Sahne und Käse. Viele Restaurants servieren ein *Ämmitaler Ruschtig Menü* mit regionalen Köstlichkeiten. Eine gute Auswahl an Spezialitäten gibt es in der **Emmentaler Schaukäserei** in Affoltern.

Die Bewohner des Emmentals haben viele Gebräuche und alte Handwerkskünste bewahrt, darunter Sportspiele wie *Hornussen* und *Platzgen* oder das Schwingfest (siehe S. 228). Die **Alphornmacherei** *(Familie Bachmann, Knubel, Eggiwil, Tel. 034/491 20 23, www.alphornmacherei.ch)* im stillen Weiler **Knubel** ist die älteste Alphornwerkstatt der Schweiz. Die Besitzerfamilie bietet Führungen an, die über den Alphornbau und das Alphornblasen informieren. Ein schöner Wanderweg ist die 15 Kilometer lange Etappe 15 des **Alpenpanorama-Wegs** von der Lüderenalp hinauf zum Napf, mit 1408 Metern die höchste Erhebung in der Region mit großartigem Panorama.

Mountainbiker auf einem Teilstück der „Herzroute", die mitten durch das Emmental führt

Biel & Solothurn: Die malerische Stadt Biel (Bienne) liegt am nordöstlichen Ende des schönen Bieler Sees. Biel liegt direkt am „Röstigraben", der deutsch-französischen Sprachgrenze (siehe S. 19). Die Bewohner pflegen die Zweisprachigkeit in ausgeprägter Form: Selbst mitten in einem Gespräch wechseln sie von einer Sprache in die andere. Biel ist die Wiege der schweizerischen Uhrmacherkunst. Unternehmen wie Rolex, Swatch, Tissot und Omega sind hier ansässig. Die winzige Altstadt zieht sich um einen **Ring** genannten Platz. Die Vergangenheit der Stadt kann man im **Musée Schwab** *(Faubourg du Lac 50, Tel. 032/322 76 03, Mo geschl., €€)* erkunden.

Im Norden des Berner Mittellands liegt der kleine Kanton Solothurn. Die gleichnamige Hauptstadt ist ein malerisches altes Städtchen 30 Kilometer nordöstlich von Biel. Bekannt ist Solothurn für seine gut erhaltene barocke Altstadt. Das Goldene Zeitalter der Stadt waren die Jahre zwischen 1530 und 1792, als sie wegen ihrer überwiegend katholischen Bewohnerschaft die Residenz der mächtigen französischen Botschafter in der Schweiz war. Auch heute noch wird Solothurn deshalb mitunter als „Ambassadorenstadt" bezeichnet.

Solothurn trat als elfter Kanton der Eidgenossenschaft bei, und diese Zahl findet sich vielerorts in der Stadt wieder: Die Stadtmauer hat elf Türme und umfasst eine Altstadt mit elf Brunnen und elf Kirchen. Die schönsten davon sind die barocke **Jesuitenkirche** *(Hauptgasse)* und die **Kathedrale St. Ursen** mit elf Glocken, elf Uhren und elf Altären.

Das **Alte Zeughaus** beherbergt die beste Rüstungs- und Waffensammlung der Schweiz. Im **Kunstmuseum** sind Gemälde von Künstlern aus der Schweiz und aus Frankreich ausgestellt. ∎

Biel
▲ Karte S. 114 A4

Solothurn
▲ Karte S. 115 B4
Besucherinformation
✉ Region Solothurn Tourismus, Hauptgasse 69, Solothurn
☎ 032/626 46 46
🕐 So geschl.
www.solothurn-city.ch

Kathedrale St. Ursen
✉ Hauptgasse, Solothurn
☎ 032/622 87 71

Altes Zeughaus
✉ Zeughausplatz 1, Solothurn
☎ 032/627 60 70
🕐 Mo geschl.
💲 €€

Kunstmuseum
✉ Werkhofstrasse 30, Solothurn
☎ 032/624 40 00
🕐 Mo geschl.
💲 €€€

ERLEBNIS: Eine Tour mit dem E-Bike

Der neueste Trend in der Schweiz sind E-Bikes. Die Fahrräder mit kleinem Hilfsmotor können über **Rent-a-bike** *(www.rent-a-bike.ch)* in der gesamten Region gemietet werden. Sie sind für alle, die sich nicht völlig verausgaben möchten, das ideale Fortbewegungsmittel für Touren durch die extrem hügelige Landschaft. Ein großes Vergnügen ist die „Herzroute". Sie ist in vier gut ausgeschilderte Etappen untergliedert; zu jeder gibt es in den örtlichen Touristeninformationen kostenlose Broschüren mit Vorschlägen zu Sehenswertem, Restaurants und Unterkünften. Die vier Abschnitte sind: von Laupen nach Thun (64 km), von Thun nach Langnau (72 km), durch das Herz des Emmentals von Langnau nach Burgdorf (45 km) und von Burgdorf nach Willisau (63 km). Die letzte Etappe ist eine der beliebtesten E-Bike-Routen der Schweiz überhaupt mit wunderbaren Fernblicken.

Interlaken &
Berner Oberland

Die Stadt Interlaken liegt zwischen den üppigen Wiesen des Mittellands und den schneebedeckten Bergen des Oberlands. Die umliegende Region mit dem Thuner und dem Brienzer See zählt zu den schönsten im ganzen Land und ist eine optimale Ausgangsbasis für eine eingehende Erkundung des Berner Oberlands.

Die märchenhaften Türme von Schloss Oberhofen am Ufer des Thuner Sees

Das Berner Oberland tief im Herzen der Schweiz ist dank seiner grandiosen Bergkulisse ein ganzjährig beliebtes Reiseziel.

Ein gut ausgebautes Netz an Verbindungen per Schiff, Seil- und Zahnradbahn verschafft Zugang zu Hunderten von Kilometern abwechslungsreicher Wanderwege.

Das Tor zum Oberland
Thuner und Brienzer See markieren den Übergang zwischen der Wiesenlandschaft der Zentralschweiz und der Alpenkette im Süden. Die Sehenswürdigkeiten an den Seen erreicht man am besten per Schiff. Regelmäßige Verbindungen bietet von April bis Mitte Oktober die **Schiffahrt Berner Oberland** (*www.bls.ch/schiff*). Die Schifffahrtsgesellschaft hat auch verschiedene Sonderfahrten im Programm, von sonntäglichen Brunchausflügen auf dem Thuner See bis zu Dinnerfahrten auf dem Brienzer See.

Das öffentliche Verkehrsnetz (vorwiegend Bergbahnen und Postbusse) ist dicht und zuverlässig. Vom Bahnhof Interlaken Ost befördern die Bahnen Skifahrer, Snowboarder, Wanderer und Ausflügler hinauf in die berühmten Wintersportorte der Jungfrau-Region wie Grindelwald, Mürren und Wengen (siehe S. 134f). Von allen drei Orten bietet sich ein herrliches Panorama mit Drei- und Viertausendern. Es gibt 200 Kilometer Skipisten sowie knapp 100 Kilometer Winterwanderwege und Rodelstrecken.

Wenn Sie die Region ausführlich erkunden möchten, lohnt sich der Kauf eines Regionalpasses *(www.regio pass-berneroberland.ch)*. Er ist sieben bzw. 15 Tage gültig und in Touristeninformationen, Bahnhöfen und an Schiffsanlegestellen erhältlich. Der Pass deckt auch die etwas abgelegeneren Täler des östlichen und westlichen Berner Oberlands ab; man kommt mit ihm z. B. auch zu den tosenden Wasserfällen im Haslital (siehe S. 138f), in die schicken Wintersportorte Adelboden und Gstaad (siehe S. 140f) und zu den beeindruckenden Gletschern und Bergriesen an den Schweizer Pässen.

Thun & Thuner See

Rund um den Thuner See liegen mehrere Burgen und Schlösser. Sie sind auch mit dem Auto zu erreichen, schöner ist es aber mit der Interlaken Lake & Castle Cruise *(Schiffsanleger Interlaken West, Interlaken, Tel. 058/327 48 10, www.interlaken.ch/erlebnisse/ sommer/kultur/interlaken-lake-castle-cruise.html, €€€€€)*, die von April bis Oktober täglich zweimal in Interlaken startet. Im Preis für den Tagesausflug inbegriffen sind ein Tagespass für die Schiffe auf dem See sowie freier Eintritt zu zwei der vier prächtigen Schlösser am See.

Das erste Schloss auf der Rundfahrt ist **Schloss Spiez**, ein Adelssitz aus dem 17. Jahrhundert in einer umgebauten

INSIDERTIPP

Im Turm von Schloss Spiez scheinen die Stufen kein Ende zu nehmen. Oben werden die Mühen mit einem wunderbaren Blick auf Weinberge und den Thuner See belohnt.

CLIVE CARPENTER
NATIONAL GEOGRAPHIC-Autor

mittelalterlichen Festung. Etwa 25 Minuten dauert danach die Fahrt hinüber zu **Schloss Oberhofen** mit dem **Wohnmuseum**. Nächster Halt ist Hilterfingen, von wo es nur ein kurzer Spaziergang zu **Schloss Hünegg** ist. Das exzentrisch wirkende Gebäude mit Neorenaissance-Fassade
(Fortsetzung auf S. 130)

Schloss Oberhofen

✉ Oberhofen
☎ 033/243 12 35
🕐 Mitte Okt.–Anfang Mai geschl.
💲 €€€

www.schloss oberhofen.ch

Schloss Spiez

✉ Schloss-Museum, Schlossstrasse 16, Spiez
☎ 033/654 15 06
🕐 Mitte Okt.–März geschl.
💲 €€

Schloss Hünegg

✉ Staatsstrasse 52, Hilterfingen
☎ 033/243 19 82
🕐 Okt.–Mai geschl.
💲 €€

Käse & Käsegerichte

Vom köstlichen Bergziegenkäse bis zum löchrigen Emmentaler – Schweizer Käse ist Weltspitze und zusammen mit der Schokolade, den Bergen und der Eisenbahn der Stolz der Nation. Die mehr als 450 verschiedenen Käsesorten, darunter so bekannte wie Gruyère, Emmentaler, Vacherin und Tilsiter, gehören auch zur Schweizer Küche.

Probenahme in der Emmentaler-Käserei östlich von Bern

Traditionelle Käsesorten

Der bekannteste Schweizer Käse ist vielleicht der Gruyère (Greyerzer). Er wird nach einem uralten Rezept hergestellt, das von Generation zu Generation weitergereicht wird. Es gibt ihn in verschiedenen Reifestufen: Fünf Monate braucht es für den Gruyère AOC *doux* (mild), acht Monate für *mi-salé* (leicht pikant, die beliebteste Variante), etwa zehn Monate für *salé* (pikant) und über zwölf Monate für *surchoix* (erste Wahl). In der Käserei **La Maison du Gruyère** (siehe S. 110) in Pringy bei Gruyères kann man sich die rund 45 Kilogramm schweren Käseräder anschauen.

INSIDERTIPP

Damit sich seine feinen Aromen entfalten können, sollte ein Tête de Moine mit einem speziellen Käsehobel, einer *girolle,* zu kleinen Röschen geschabt werden, die Pfifferlingen *(girolles)* ähneln.

ERIC DORTHE
Käser, Massonens

Einer der berühmtesten Käse überhaupt ist der milde Emmentaler *(www.emmentaler.ch).* Mit seinen großen Löchern ist er der Schweizer Käse schlechthin. Bei der Fermentierung kommen verschiedene Bakterienarten zum Einsatz, von denen eine *(Propionibacterium freudenreichii)* in der noch weichen Käsemasse Kohlendioxidblasen bildet. Mehr über den gesamten Herstellungsprozess erfährt man in der **Emmentaler Schaukäserei** (siehe S. 124) in Affoltern im Emmental östlich von Bern.

Obwohl der meiste Käse das ganze Jahr über im Tal produziert wird, werden einige Bergkäse nach wie vor nur im Sommer, direkt auf den Almen liebevoll von Hand hergestellt. Diesen Käse aus frischer unbehandelter Kuh- oder Ziegenmilch, die über kleinen Holzfeuern schonend verkäst wird, sollten Sie unbedingt probieren. Die Vielfalt der auf den Alpweiden wachsenden, würzigen Kräuter verleiht jedem ein eigenes Aroma und einen eigenen Geschmack.

Nicht so verbreitet wie Gruyère und Emmentaler ist der extraharte Sbrinz *(www.sbrinz.ch).* Der parmesanähnliche Käse zählt zu den ältesten Käsesorten Europas; vielleicht handelt es sich bei ihm sogar um den von den Römern erwähnten *caseus helveticus.*

Beliebte Käsesorten sind der halbharte, cremige Tilsiter *(www.tilsiter.ch)* aus der Bodenseeregion, der würzige, grüne Schabziger *(www.schabziger.ch)* aus dem Kanton Glarus, der Tête de Moine („Mönchskopf"), der zuerst im 12. Jahrhundert im Kloster Bellelay im Jura hergestellt wurde, und der pikante Appenzeller *(www.appenzeller.ch)* mit hohem Fettgehalt und intensivem Aroma.

Raclette & Fondue

Käsegerichte bilden einen wichtigen Bestandteil der Schweizer Küche. Die beiden Klassiker sind das Walliser Raclette *(www.raclette-suisse.ch)* und das Fondue. Ein Raclette (vom französischen Verb *racler,* „schaben") ist eine vergnügliche Mahlzeit, bei der ein pikanter Käse langsam zum Schmelzen gebracht wird. Früher diente ein Holzfeuer als Hitzequelle, heute ein kleiner Tischofen. Der geschmolzene Käse wird auf den Teller geschabt, dazu werden Pellkartoffeln, Gurken und Essigzwiebeln gereicht.

Fondue (vom französischen *fondre,* „schmelzen") ist ein Schweizer Nationalgericht. Bei Fribourg (siehe S. 104) verkehrt zwischen Bulle und Montbovon der Nostalgie-Zug „La Gruyère" *(Transports Publics Fribourgeois, Gare de Bulle, Tel. 026/ 913 05 12, Nov.–April, Fr & Sa abends, Sa & So mittags; Reservierung erforderlich, www.tpf. ch/de, €€€€€).* Auf der Fahrt wird Fondue serviert, gefolgt von Meringen (Baisers) mit Doppelrahm, ebenfalls ein Klassiker.

Die Zubereitung der Käsemischung variiert, eine Hauptzutat ist der Gruyère *(www.gruyere.com).* Die häufigste Mischung ist je zur Hälfte Gruyère und Vacherin Fribourgeois. Regionale Varianten sind das Freiburger (nur Vacherin), das Neuenburger (Gruyère, Vacherin und Emmentaler), das Walliser (Raclettekäse und Pflaumenbrand) sowie das Appenzeller Fondue (Appenzeller, Cidre und Apfelbrand).

Paragliding und andere Nervenkitzel erfreuen sich im Sommer in Interlaken großer Beliebtheit

Schloss Thun

✉ Schlossberg 1, Thun

☎ 033/223 20 01

🕐 Nov.–Jan. & So geschl.

💲 €€

www.schlossthun.ch

St. Beatus-Höhlen

✉ Beatushöhlen-Genossenschaft, Sundlauenen bei Interlaken

☎ 033/841 16 43

🕐 Ende Okt.–März & Mo geschl.

💲 €€€€

www.beatus hoehlen.ch

und Jugendstil-Ausstattung wurde im 19. Jahrhundet im Auftrag eines deutschen Barons erbaut. Letzter Halt ist **Schloss Thun**, eine massige mittelalterliche Burg der Herzöge von Zähringen oberhalb der Stadt.

Eine weitere Sehenswürdigkeit der Gegend sind die **St. Beatus-Höhlen** ein Stück hinter Unterseen am Ostufer des Thuner Sees. Der Legende nach besiegte der hl. Beatus in den Höhlen einen Drachen und zog sich anschließend dorthin zurück. Die Gänge und Kammern mit schönen Tropfsteinformationen können nur bei einer Führung besich-

tigt werden. Dabei muss man etwa zwei Kilometer zu Fuß gehen und sollte sich warm anziehen, da das Thermometer in den Höhlen selten über 9 Grad Celsius klettert.

Interlaken

Die auf einem schmalen Streifen Land zwischen dem Thuner und dem Brienzer See gelegene hübsche Stadt Interlaken – „zwischen den Seen" – ist schon seit über 300 Jahren ein beliebtes Reiseziel. Eine exzellente Verkehrsanbindung macht sie zur idealen Ausgangsbasis für die Erkundung des Berner Oberlands.

Für Abenteuersportler ist Interlaken eine Topadresse: In den umliegenden Bergen kann man vom Eisklettern bis Zorbing (siehe Kasten unten) alles ausprobieren. Ruhiger als in der Stadt geht es in den malerischen Orten an den Seeufern zu.

Für einen Ort seiner Größe bietet Interlaken überraschend gute Einkaufsmöglichkeiten sowie exklusive Unterkünfte, was wohl an seiner Vergangenheit als Tummelplatz des Jetsets liegt. Im Sommer finden Open-Air-Darbietungen in traditionellen Schweizer Künsten wie Jodeln, Alphornspielen und Flaggenschwingen statt. Im Winter hat man von hier leichten Zugang zum riesigen Skigebiet der Jungfrau-Region. Die Kulisse mit den mächtigen Viertausendern, darunter das Dreigestirn Eiger, Mönch und Jungfrau, ist jedoch zu jeder Jahreszeit atemberaubend. Zahlreiche Touren z. B. auf das Jungfraujoch mit der höchsten Eisenbahnstation Europas (siehe S. 136) starten in der Stadt. Interlaken selbst kann man zu Fuß, in der Kutsche oder auf einer Rundfahrt mit der Kleinbahn *(Haltestelle vor dem Hotel Victoria-Jungfrau, Höheweg 14)* erkunden.

Interlaken

Karte S. 115 C2

Besucherinformation

✉ Interlaken Tourismus, Höheweg 37, Interlaken

☎ (033) 826 53 00

🕐 Mitte Sept.–April Sa nachmittags & So geschl.

www.interlaken.ch

ERLEBNIS: Extremsport in den Bergen

Die Seen und Berge um Interlaken sind als Abenteuerspielplatz weltbekannt. Zu den spannendsten Angeboten zählen:

Bungeejumping: Outdoor Interlaken *(Hauptstrasse 15, Interlaken, Tel. 033/826 77 19, www.outdoor-interlaken.ch)* organisiert Bungeesprünge aus der Gondel einer Drahtseilbahn beim Titlis.

Canyoning & Flussrafting: Alpin Raft *(Hauptstrasse 7, Matten/Interlaken, Tel. 033/823 41 00, www.alpinraft.com)* hat mit das beste Rafting- und Canyoning-Angebot der Region; Outdoor Interlaken (siehe oben) veranstaltet auf dem längsten Fluss der Schweiz, der Aare, die „Bootsfahrt Aare" von Thun nach Bern.

Eisklettern & Gletscherwandern: Für die eintägigen Schnupperkurse der Swiss Alpine Guides *(Bergsportschule Interlaken, Matten/Interlaken, Tel. 033/822 60 00, www.swissalpineguides.ch)* im Fels- und Eisklettern *(Mai–Nov.)* sowie Ausflüge zu den *Vie Ferrate* sind keine Vorkenntnisse nötig. Ebenfalls im Angebot sind tägliche Gletschertouren (Mai–Nov.) und Bergexpeditionen für erfahrene Kletterer, z. B. auf Mönch, Jungfrau und Eiger.

Kitesurfen: Das Hang Loose Wassersportcenter *(Seestrasse, Neuhaus, Interlaken, Tel. 079/233 52 28)* bietet Wassersport von Wasserski und Wakeboarden bis zu Wind- und Kitesurfen auf dem Thuner See.

Paragliding & Fallschirmspringen: Skywings *(Infostand vor dem Hotel Metropole, Interlaken, Tel. 079/266 82 28, www.skywings.ch)* bietet Tandem-Paragliding-flüge mit Landung mitten in Interlaken und Tandem-Fallschirmsprünge in Reichenbach und Lauterbrunnen.

Zorbing: Zu den Aktivitäten, die das Alpin Center *(neben dem Bahnhof, Wilderswil, Tel. 033/823 55 23, www.alpincenter.ch)* in den Bergen hoch über Interlaken vermittelt, gehört Zorbing. Dabei rollt man in einer durchsichtigen, luftgepolsterten Plastikkugel mit furchterregender Geschwindigkeit einen Abhang hinunter.

Touristik-Museum der Jungfrau-Region

✉ Obere Gasse 28, Interlaken

☎ 033/822 98 39

🕐 Mitte Okt.– Ende April & Mo geschl.

💲 €€

www.touristik museum.ch

Schloss Interlaken/ Zinnfiguren-Ausstellung

✉ Propstei, Schloss 9, Interlaken

☎ 033/823 13 32

🕐 Mitte Okt.– Ende April & Mo geschl.

💲 €€€

www.zinnworld.ch

Von Reisenden entdeckt wurde die Bergwelt um Interlaken, seitdem Markgraf Albrecht Friedrich von Brandenburg 1690 das Jungfrau-Massiv besuchte. Illustre Männer wie Johann Wolfgang von Goethe, Felix Mendelssohn Bartholdy und Richard Wagner taten es ihm nach. In größerem Umfang setzte der Fremdenverkehr im frühen 19. Jahrhundert ein. Die Geschichte des Tourismus im Berner Oberland von den Reisen einsamer Abenteurer bis zu den Glanzzeiten der Belle Époque erzählt das **Touristik-Museum der Jungfrau-Region** in Unterseen, auf der anderen Seite der Aare. Die nahe Gemeindekirche mit einem spätgotischen Turm vor dem Bergpanorama mit Jungfrau und Mönch ist ein pittoreskes Fotomotiv.

Etwas abseits vom Höheweg, der Hauptstraße von Interlaken, steht das im 12. Jahrhundert ursprünglich als Kloster gegründete **Schloss Interlaken**. In den restaurierten Sälen ist unter anderem eine **Zinnfiguren-Ausstellung** untergebracht. Mit über 50 000 Zinnfiguren sind Alltagsszenen aus dem Leben in der Schweiz nachgestellt; in anderen Abteilungen Märchen und Ereignisse aus der frühen Geschichte der Schweiz, von Hannibals Alpenüberquerung bis zur Geschichte von Wilhelm Tell (siehe S. 182f).

In den Sommermonaten ist bei den **Tell-Freilichtspielen** in Matten bei Interlaken Friedrich Schillers Bearbeitung des Tell-Stoffes zu sehen. Das Drama wird mit einem Ensemble aus mehr als 200 Darstellern aufgeführt; Pferde, Kühe und Ziegen sind auch dabei. Karten gibt es bei der Touristeninformation Interlaken oder im Internet unter *www.tellspiele.ch*.

Empfehlenswert ist die zehnminütige Drahtseilbahnfahrt auf den Hausberg der Stadt, den Harder Kulm mit dem schönen **Bergrestaurant Harder Kulm** *(Postfach 627, Interlaken, Tel. 033/828 73 11, www.harderkulm.ch).* Die Talstation liegt neben dem Bahnhof Interlaken Ost. Der zweistündige Rundwanderweg am Gipfel eröffnet grandiose Ausblicke auf Seen und Berge. Die Wanderung hinunter nach Interlaken Ost dauert etwa zweieinhalb Stunden.

ERLEBNIS:

Kühe schnitzen

Die Viehzucht gehört zur traditionellen Lebensweise in diesem Teil der Schweiz. Ein ungewöhnlicher Beweis für die besondere Verbundenheit zwischen den Menschen und ihrem Haustier findet sich im friedvollen Seedorf Bönigen bei Interlaken. Hier kann man im Juli und August mittwochs einen netten Nachmittag damit verbringen, unter der fachkundigen Anleitung durch einen einheimischen Holzschnitzer seine eigene kleine Schweizer Holzkuh zu schnitzen. Kinder unter zehn Jahren dürfen ihre Kuh auch bemalen. Reservierung über Bönigen Tourismus *(Seestrasse 6, Bönigen, Tel. 033/822 29 58).*

INSIDERTIPP

In der Jungfrau-Region ist die nächste Seil- oder Bergbahn nie weit. Selbst die abgelegensten Orte sind leicht zugänglich.

TIM HARRIS
NATIONAL GEOGRAPHIC-*Autor*

Häuser in Brienz

Brienz & Brienzer See

Den Brienzer See säumen mehrere malerische Ortschaften, darunter das Fischerdorf Iseltwald und das urige Brienz. Wie am reich verzierten Gebälk der Häuser abzulesen, ist Brienz ein Zentrum der Holzschnitzkunst. Das 2009 auf dem Gelände der Spieldosenfabrik Jobin eröffnete **Schweizer Holzbildhauerei Museum** (*Hauptstrasse 111, Brienz, Tel. 033/952 13 17*) zeigt alte und moderne Skulpturen sowie Arbeiten aus der bekannten Schule für Holzbildhauerei am Ort. Werke ihrer Schüler säumen auch den vier Kilometer langen Skulpturenweg oberhalb von Schwanden (*www. schwander-lebensweg.ch*), ganz in der Nähe. Interessierte fahren vom Bahnhof Brienz mit dem Postbus bis zum Derfliplatz in Schwanden.

Brienz-Besucher dürfen auf keinen Fall eine Fahrt mit der **Brienz Rothorn Bahn** (*Tel. 033/952 22 22, www. brienz-rothorn-bahn.ch*), der

ältesten Dampfzahnradbahn der Schweiz, auslassen. Der weite Blick vom Brienzer Rothorn (2350 m) über den See und die Berner Alpen ist den Ticketpreis allemal wert. Wer will, kann zu Fuß zurück hinunter nach Brienz gehen, was etwa vier Stunden dauert.

Östlich von Brienz werden im **Schweizerischen Freilichtmuseum Ballenberg** mehr als hundert alte Gebäude aus der ganzen Schweiz mit viel Liebe erhalten. Über 250 Bauernhoftiere – darunter das seltene Rätische Grauvieh – leben auf dem Areal und alte Handwerke und Gewerbe werden vorgeführt. Insgesamt ergibt sich ein anschauliches Bild vom Leben auf dem Land in vergangener Zeit.

Brienz

🅰 Karte S. 115 C3

Besucherinformation

✉ Brienz Tourismus, Hauptstrasse 143, Brienz

☎ 033/952 80 80

🕐 Sa & So geschl.

Schweizerisches Freilichtmuseum Ballenberg

✉ Museum Ballenberg, Museumsstrasse 131, Hofstetten bei Brienz

☎ 033/952 10 30

🕐 Nov.–April geschl.

💲 €€€€€

ballenberg.ch

Grindelwald

Karte S. 115 C2

**Besucher-
information**

Grindelwald
Tourismus,
Sportzentrum,
Grindelwald

☎ 033/854 12 12

www.grindelwald.ch

Wilderswil

Karte S. 115 C2

Grindelwald & Jungfrau

Im Angesicht des eindrucksvollen Dreigestirns Eiger,
Mönch und Jungfrau ist es
leicht nachzuvollziehen, warum die Jungfrau-Region die
Geburtsstätte des modernen
Tourismus in der Schweiz ist.
Keine anderer Gebirgszug
bietet so viele Naturwunder:
smaragdgrüne Seen, üppige
Täler, schroffe Schluchten,
tosende Wasserfälle und
gewaltige Gipfel.

Zwei Täler südlich von
Interlaken beheimaten die
hauptsächlichen Attraktionen
in der Umgebung: das Lauter-
brunnen- und das Lütschental.

Am Ende des Lütschentals,
18 Kilometer südöstlich von
Interlaken, liegt im Schatten der weißen Gipfel von
Wetterhorn, Schreckhorn und
Eiger der Familienurlaubsort
Grindelwald. Grindelwald ist
ganzjährig ein beliebtes Ziel
für Wanderer, Bergsteiger, Eis-
kletterer, Skifahrer und Rodler,
die hier die längste Rodelbahn
Europas vorfinden.

**Wandern in der Jungfrau-
Region:** Wanderer brau-
chen gutes Schuhwerk und
eine einigermaßen gute
Kondition. Eine leichte
Wanderung stellt die Tour
von der Bergstation der
Pfingsteggbahn zum **Oberen
Grindelwaldgletscher** und
hinunter nach Grindelwald
dar. Anspruchsvoller ist der
etwa dreistündige **Eiger Trail**
von der Station Alpiglen
der Wengernalpbahn hoch
zum Eigergletscher. Die
Route führt direkt am Fuß
der atemberaubenden
Eigernordwand entlang.

Die schönste Wanderung
ist der **Höhenweg Schynige
Platte–First**, der vom Berg-
plateau Schynige Platte zum
Gipfel des First bei Grindelwald führt. Geübte Wanderer
brauchen für den Weg, der bis
auf 2680 Meter Höhe steigt,
etwa sechs Stunden. Zum
Startort fährt von **Wilders-**

Skifahrer bei einem Bergrestaurant am Wetterhorn

wil, südlich von Interlaken, eine Zahnradbahn, die dafür 50 Minuten braucht. Der **Alpengarten** auf der Schynige Platte umfasst etwa 600 Arten Bergblumen.

Das Lauterbrunnental

Das benachbarte enge Lauterbrunnental ist berühmt für seine 72 Wasserfälle. Sehenswerte Naturschauspiele sind der **Staubbachfall**, der sich 300 Meter in die Tiefe ergießt, und die **Trümmelbachfälle**, eine Gruppe von zehn Gletscherfällen im Berginnern, beleuchtet und durch einen Tunnellift zugänglich. Der Trümmelbach entwässert allein die riesigen Gletscher an Eiger, Mönch und Jungfrau; pro Sekunde ergießen sich bis zu 20 000 Liter Wasser über die Fälle. Sie sind die einzigen zugänglichen Gletscherfälle in einem Berg in Europa und gehören zum einzigen Unesco-Weltnaturerbe in den Alpen.

Auf sonnigen Ebenen hoch über dem Tal liegen die autofreien Dörfer Wengen und Mürren. **Wengen** (1274 m) ist von Lauterbrunnen aus per Zahnradbahn zu erreichen. Schon seit über hundert Jahren kommen Feriengäste und Bergsteiger hierher, um die erstklassigen Ski- und Wandermöglichkeiten in den umliegenden Gebieten Männlichen-Kleine Scheidegg und Eigergletscher zu nutzen. Ganz in der Nähe findet seit

1905 das berühmte Lauberhornrennen statt, eines der schnellsten und längsten Abfahrtsrennen der Welt.

Auf der anderen Seite des Tals liegt auf 1650 Meter Höhe **Mürren**, ein hübsches Bergdorf mit Holzhäusern und gemütlichen Restaurants. Der am höchsten gelegene Wintersportort im Berner Oberland ist am besten mit der Luftseilbahn von Stechelberg zu erreichen. Wanderer und Skifahrer werden die Fahrt bis zum Gipfel des Schilthorns (2970 m) fortsetzen wollen. Im solarbetriebenen Drehrestaurant **Piz Gloria** *(Tel. 033/826 00 07, www.schilthorn. ch)* genießt man einen Rundumblick über 200 Berggipfel. Hier und an den Hängen des Schilthorns wurde 1969 für den James-Bond-Film „Im Geheimdienst Ihrer Majestät" gedreht; Filmausschnitte sind im **Touristorama** zu sehen. Selbstverständlich gibt es auch eine Bond-Bar.

(Fortsetzung auf S. 138)

ERLEBNIS:
Mondscheinwanderung

Gibt es etwas Romantischeres als eine Mondscheinwanderung in den Alpen? Die geführten Wanderungen von der Schynige Platte zum First finden in ausgewählten Sommernächten statt *(Informationen unter Tel. 033/828 73 51).* **Etwas Besonderes sind auch eine Candlelight-Dinnerfahrt mit der Pfingsteggbahn** *(Tel. 033/853 26 26)* **oder ein Blumen- und Heilkräuterspaziergang** *(Tel. 033/828 77 11).*

Alpengarten Schynige Platte

🗺 Karte S. 115 C2

☎ 033/822 28 35

🕑 Sept.–Mai geschl.

www.alpengarten.ch

Trümmelbachfälle

🗺 Karte S. 115 C2

☎ 033/855 32 32

🕑 Okt.–März geschl.

www.truemmel bach.ch

Wengen

🗺 Karte S. 115 C2

Besucherinformation

✉ Wengen Tourismus, Dorfstrasse, Wengen

☎ 033/855 14 14

www.mywengen.ch

Mürren

🗺 Karte S. 115 C2

Besucherinformation

☎ 033/856 86 86

www.mymuerren.ch

Jungfraujoch-Tour

Auch wer nur wenig Zeit hat, die Schweiz kennenzulernen, sollte eines auf jeden Fall machen: eine Fahrt aufs Jungfraujoch. Das Erlebnis, auf dem Perron des höchstgelegenen Bahnhofs Europas zu stehen, lohnt allein schon die Reise. Obendrein gewähren Aussichtsplattformen und Restaurationsbetriebe am Berg wunderbare Blicke auf den längsten Gletscherstrom der Alpen.

Die Jungfraubahn auf dem Weg zum Eigergletscher mit Eiger und Mönch im Hintergrund

In **Interlaken** ❶ steigt man von den Fernzügen, die aus Bern und Luzern kommen, auf die Schmalspurbahn ins Berner Oberland um. Bis zum Jungfraujoch sind es noch gut zwei Stunden.

Ab Interlaken geht es zunächst durch Flachland und dann hinauf durch das enge Tal der Lütschine. In Wilderswil kann, wer Zeit genug hat, die Zahnradbahn hoch zur **Schynige Platte** ❷ (siehe S. 134) nehmen, um von dort auf den Thuner und den Brienzer See hinabzublicken. In Zweilütschinen teilt sich der Zug; der hintere Teil fährt Richtung Osten, nach Grindelwald, der vordere Richtung Süden und Jungfraujoch nach Lauterbrunnen. Das Tal ist hier so tief eingeschnitten und

die Hänge sind so steil, dass nur selten Sonnenlicht auf den Zug fällt.

Der Streckenabschnitt zwischen Lauterbrunnen und der Kleinen Scheidegg hat eine andere Spurbreite als die restliche Strecke – ein in der Schweiz seltener Planungsfehler. Daher muss man in beiden Orten kurz umsteigen. Hinter Lauterbrunnen windet sich der Zug die sonnigen Hänge hinauf nach **Wengen** ❸ (siehe S. 135). Dort eröffnet sich ein grandioser Ausblick auf das Lauterbrunnental mit 72 Wasserfällen, darunter der berühmte Staubbachfall, der wie Zuckerwatte aussieht, wenn er sich Hunderte von Metern in die Tiefe stürzt. Hinter dem beschaulichen Ferienort erklimmt die Bahn den

NICHT VERSÄUMEN:

Lauterbrunnen • Staubbachfall • Sphinx-Observatorium • Eispalast

Sattel der Kleinen Scheidegg. Mit jeder Kurve liegt ein neues atemberaubendes Bergpanorama vor einem.

Die **Kleine Scheidegg** ❹ ist der richtige Ort für eine Pause, um dann mit einem späteren Zug weiterzufahren. Gönnen Sie sich auf der Caféterrasse einen Drink mit Blick auf Eiger, Mönch und Jungfrau. Danach ist es nicht mehr weit bis hinauf zum **Bahnhof Eigergletscher** ❺, wo sich viele Jahre lang die Zwinger der Grönlandhunde befanden, mit denen Schlittenfahrten zum Gipfel unternommen wurden. Die Husky-ähnlichen Tiere stammten von sechs Hunden ab, die 1913 mit der Unterstützung des Polarforschers Roald Amundsen aus Grönland importiert worden waren. Gleich dahinter liegt die Einfahrt in jenen sieben Kilometer

langen, größtenteils in den nackten Fels geschlagenen Tunnel, der durch Eiger und Mönch führt und im Felsinneren der **Jungfrau** ❻ endet. Die Bauarbeiten bis zur Eröffnung 1912 dauerten 16 Jahre.

Von der nackten Felshöhle, in der die Zugfahrt endet, führt ein Aufzug auf den Gipfel mit dem **Sphinx-Observatorium**. Die verglaste Aussichtshalle und die umlaufende Terrasse bieten einen großartigen Ausblick auf den 22 Kilometer langen Aletschgletscher. Eine einmalige Attraktion ist der **Eispalast**, eine gewaltige Halle, die 1934 von zwei einheimischen Bergführern aus dem Eis geschnitten wurde und seither immer neu nachgehauen wird. Schließlich geht es auf demselben Weg wieder zurück nach Interlaken.

🗺	Karte S. 115
▶	Bahnhof Interlaken
🕐	2 Std. 20 Min.
↔	32 km
▶	Bahnhof Interlaken

Region Meiringen-Haslital

📍 Karte S. 115 D2

Besucher-information

✉ Haslital Tourismus, Bahnhofplatz 12, Meiringen

☎ 033/972 50 50

www.meiringen-hasliberg.ch

Reichenbachfall

📍 Karte S. 115 D2

Haslital & östliches Berner Oberland

Das östliche Berner Oberland erstreckt sich östlich vom Brienzer See. Sein Kernstück ist die eher unbekannte Region Haslital mit 316 Berggipfeln, 19 Wasserfällen, 37 Gletschern, 158 Seen und nur rund 8000 Einwohnern. Sie ist nicht nur eines der bestgehüteten Geheimnisse der Schweiz, sondern eignet sich dank der Lage zwischen Interlaken und Luzern auch hervorragend als Ausgangs-basis für Ausflüge.

Die Statue von Arthur Conan Doyles berühmtem Detektiv Sherlock Holmes vor der Englischen Kirche in Meiringen

Zum Haslital (*www.haslital. ch*) gehören einige am und um den Hasliberg verstreut lie-gende Dörfer. Die Hauptorte sind die Gemeinde Hasliberg, auf einem Sonnenplateau oberhalb des Tals, und das Städtchen Meiringen.

Meiringen: Der kleine Ort ist für zwei Dinge be-kannt. Zum einen ist er der Namensgeber der Meringe, die hier im 18. Jahrhundert von einem italienischen Bä-cker erfunden worden sein soll. Das köstliche Schaum-gebäck wird in den vielen Konditoreien und Cafés im Ort verkauft. 1985 stellte Meiringen einen Weltre-kord auf: Aus 2500 Eiern und 120 Kilogramm Zucker wurde damals die größte Meringe der Welt gebacken. Bei **Frutal** (*Bahnhofstrasse 18, Meiringen, Tel. 033/971 10 62, www.frutal.ch*) kann man hausgemachte Meringen probieren.

Zum anderen ist Meiringen berühmt als Schauplatz eines Ereignisses, das nie stattfand. Zehn Fußminuten vom Ort entfernt führt in Willigen eine Standseilbahn zum **Reichen-bachfall** (*Reichenbach-Willigen, Meiringen, Tel. 033/972 90 10, geöffnet Mitte Mai–Sept., www. reichenbachfall.ch*). Der Wasser-fall beeindruckte einen häufi-gen Besucher, den britischen Schriftsteller Sir Arthur Conan Doyle (1859–1930), so sehr, dass er hier die Szene spielen ließ, in der sein berühmter

Detektiv Sherlock Holmes die letzte (vermeintlich tödliche) Begegnung mit seinem Widersacher Professor Moriarty hat. Darauf verweist eine Gedenktafel bei der Standseilbahn. In Meiringen selbst gibt es bei der Englischen Kirche ein kleines **Sherlock Holmes Museum**. An jedem 4. Mai kommen Holmes-Fans von überall her, um hier den „Todestag" ihres Idols zu begehen.

Das Grimselmassiv: Meiringen ist ein idealer Ausgangspunkt für Erkundungstouren ins zerklüftete obere Tal der Aare. In dieser Region gibt es inzwischen 300 Kilometer markierte Wanderwege und ein dichtes Netz an Seilbahnen. Wem der Sinn nach Nervenkitzel steht, der kann in der Grimselregion die **Triftbrücke** begehen, eine 170 Meter lange, schmale Hängeseilbrücke, die in schwindelerregenden 100 Meter Höhe den See des gleichnamigen Gletschers überspannt.

Alternativ kann man die sich an den Fels schmiegenden Pfade und rauen Tunnel der zerklüfteten **Aareschlucht** erkunden oder eine Fahrt mit der **Gelmerbahn** wagen, die mit 106 Prozent Steigung die steilste Standseilbahn Europas ist. Während der Fahrt in den offenen Wagen genießt man einen Blick auf die Gipfel des Grimselmassivs.

Meiringen liegt genau zwischen den drei Alpenpässen Grimsel, Brünig und Susten. Jeden August ist der Ort Startpunkt des **Radrennens Alpenbrevet**, bei dem die Teilnehmer selbst entscheiden, ob sie – an einem einzigen Tag – drei, vier oder fünf Alpenpässe in Angriff nehmen wollen. Die Silber-Tour ist „nur" 131 Kilometer lang mit drei Pässen, die Platin-Tour 276 Kilometer mit fünf Pässen. Die meisten Besucher ziehen es allerdings vor, die spektakulären Passstrecken vom Postbus aus zu genießen.

In den Wintermonaten kommen Skifahrer und Snowboarder nach Meiringen. Es ist nicht so glamourös wie Wengen und Mürren, dafür aber erheblich günstiger. Mit rund 60 Kilometern an vorwiegend blauen und roten Pisten ist das Skigebiet Meiringen-Hasliberg gut geeignet für Fortgeschrittene und für Familien. Schlittenfahren, Skilanglauf und Schlittschuhlaufen sind ebenfalls möglich.

Sherlock Holmes Museum

- ✉ Bahnhofstrasse 26, Meiringen
- ☎ 033/972 18 80
- 🕐 Mai–Sept. Mo, Okt.–April Mo, Di, Do & Sa geschl.
- 💲 €€

Triftbrücke

- 🗺 Karte S. 115 D2

Aareschlucht

- 🗺 Karte S. 115 D2
- ✉ Aareschlucht, Meiringen
- ☎ 033/971 40 48
- 🕐 Nov.–Feb. geschl.
- 💲 €€
- www.aareschlucht.ch

Gelmerbahn

- ✉ Grimselwelt, Innertkirchen
- ☎ 033/982 26 26
- 🕐 Im Winter geschl.
- 💲 €€€€
- www.grimselwelt.ch

Die Zwerge des Haslitals

Das Haslital ist für Volksmärchen über gute Geister und freundliche Zwerge bekannt. Der älteste der Haslizwerge ist der Muggestutz. In seine Welt und die seiner Freunde können Kinder auf dem fünf Kilometer langen Weg (ca. 2 Std.) **Abenteuer auf dem Zwergenweg** *(geöffnet Mitte Juni–Okt.)* eintauchen. Er führt von der Bergstation der Mägisalp-Bahn über Alpenwiesen, Moore und durch Tannenwald hinunter nach Bidmi. Unterwegs finden sich Zwergenhäuser, eine Kristallhöhle, eine Seilbrücke und ein Labyrinth sowie Grillplätze.

Spiez
🗺 Karte S. 115 B2

Tropenhaus Frutigen
✉ Tropenhausweg 1, Frutigen
☎ 033/672 11 44
💲 €€€€€
🚆 Bahn (Frutigen)
www.tropenhaus-frutigen.ch

Adelboden
🗺 Karte S. 115 B1
Besucher-information
✉ Adelboden Tourismus, Dorfstrasse 23, Adelboden
☎ 033/673 80 80
www.adelboden.ch

Kandersteg
🗺 Karte S. 115 B1
Besucher-information
✉ Kandersteg Tourismus, Hauptstrasse, Kandersteg
☎ 033/675 80 80
www.kandertal.travel

Westliches Berner Oberland

Die Haupttäler des westlichen Berner Oberlands sind das Simmental und das Kandertal. Die meisten Urlauber zieht es in die Orte Kandersteg, Adelboden, Lenk und Gstaad. Reisende auf dem Weg ins Wallis können in dieser Region eine Abkürzung nehmen, den Lötschberg-Basistunnel. Der 34,6 Kilometer lange Eisenbahntunnel ist der längste Landtunnel der Welt.

Simmen- und Kandertal führen vom Ort **Spiez** am Südufer des Thuner Sees nach Süden. Im Gegensatz zum nahen Lauterbrunnental ist das Kandertal breit und üppig. In Frutigen teilt sich die Straße: Links geht es nach Kandersteg, rechts durch das Englistal nach Adelboden.

An der Verzweigung liegt das **Tropenhaus Frutigen**, das ein faszinierendes Beispiel für alternative Energieproduktion gibt. Die Treibhäuser werden mit geothermischer Energie beheizt, die aus dem warmen Bergwasser gewonnen wird, von dem jede Minute fast 6000 Liter aus dem Lötschberg-Basistunnel fließen.

Adelboden: Das Bauerndorf Adelboden (1350 m) vor einer Kulisse aus schneebedeckten Bergen, Gletschern und kristallklaren Seen ist ein Paradies für Naturfreunde. Im Sommer laden 160 Kilometer Wege zum Wandern

und Mountainbiken ein, in der kalten Jahreszeit ist Adelboden ein beliebter Wintersportort mit einer freundlichen Atmosphäre.

Kandersteg: Am Ende des Kandertals liegt der idyllische Ort Kandersteg (1200 m), eine Ansammlung hübscher alter Holzhäuser und reizender Hotels. Von seiner spektakulärsten Seite zeigt sich das Dorf im Frühjahr: Dann ist es von üppigen Blumenwiesen umgeben. Als Wintersportort ist Kandersteg für erstklassige Langlaufloipen und Abfahrten bekannt.

INSIDERTIPP

Zwischen Frutigen und Kandersteg, nur wenig von der Straße entfernt, liegt im Wald versteckt der kleine, kristallklare Blausee – ein traumhaftes Plätzchen für ein Picknick.

SALLY McFALL
National Geographic-Autorin

Im Sommer bietet es viele Möglichkeiten, aktiv zu sein oder sich zu erholen, z. B. einen Ausflug zum glasklaren Oeschinensee inmitten schneebedeckter Berge. Der See ist mit der Gondelbahn Kandersteg–Oeschinensee erreichbar. Direkt an der Berg-

station beginnt eine Sommer-
rodelbahn. Viele Besucher
gehen zu Fuß nach Kandersteg
zurück; die Wanderung dauert
nur eine Stunde, der Weg ist
aber stellenweise sehr steil,
weshalb entsprechendes
Schuhwerk Voraussetzung ist.

Kandersteg liegt im Stre-
ckennetz der Bern-Lötschberg-
Simplon-Bahn (BLS), die durch
den Lötschberg-Basistunnel
eine schnelle Verbindung ins
Rhonetal und ins Wallis bietet.
Der Autoreisezug ab Kandersteg fährt jede halbe Stunde, in
Stoßzeiten öfter, und braucht
nicht vorgebucht zu werden.
Auf der Fahrt durch den Tunnel bleibt man im Auto sitzen
und kommt 15 Minuten später
in Goppenstein wieder an die
frische Luft. Reizvoller ist die
Fahrt mit dem **Lötschberger
RegioExpress** *(www.bls.ch/d/
bahn/linie-express.php),* der
stündlich zwischen Spiez und
Brig verkehrt.

Die Engstligenfälle bei Adelboden

Urlaubsorte in den Bergen:

Weiter westlich kommt man
von Spiez durch das Sim-
mental nach **Zweisimmen,
Gstaad** und **Lenk** *(Informationen bei Lenk-Simmental
Tourismus, Rawilstrasse 3, Lenk,
Tel. 033/736 35 35).* Mit
exklusiven Hotels, schicken
Boutiquen und eleganten
Restaurants gehören sie zu
den nobelsten Bergurlaubs-
orten in Europa; im Winter
findet sich hier die Schickeria
zu Schneegolf, Schnee-
schuhwandern und Curling
zusammen.

Abseits von Glamour und
Höchstpreisen hat sich Gstaad
jedoch den Reiz eines einfa-
chen Bauerndorfs bewahrt.
Außerdem ist dies das einzige
Gletscherskigebiet (Mitte
Okt.–Anfang Mai) im Berner
Oberland und eines der besten
Langlaufgebiete der Schweiz.
Jeden Sommer findet zwei
Monate lang das **Menuhin
Festival Gstaad** *(www.menuhin
festivalgstaad.ch)* statt, das zu
den wichtigsten Veranstaltun-
gen mit klassischer Musik in
der Schweiz zählt. ∎

Zweisimmen

🗺 Karte S. 115 A2

Gstaad

🗺 Karte S. 115 A1

**Besucher-
information**

✉ Gstaad
Saanenland
Tourismus,
Haus des Gastes,
Promenade 41,
Gstaad

☎ 033/748 81 81

www.gstaad.ch

Lenk

🗺 Karte S. 115 B1

Schroffe Gipfel, Bergsport, Heißluftballons und spektakuläre Panoramarestaurants

Waadtländer Alpen & Wallis

Herbstfarben an den oberen Hängen des Rhonetals

Waadtländer Alpen & Wallis

Von den welligen Hügeln der Waadtländer Alpen bis zur grandiosen Gebirgslandschaft des Wallis mit funkelnden Gletschern, duftenden Wäldern und dem bekanntesten Berg des Landes, dem Matterhorn – der Südwesten der Schweiz ist ein Paradies für Skifahrer, Wanderer und Naturliebhaber.

Iglu-Dorf beim Matterhorn im Wallis

Waadtländer Alpen

Nordöstlich der Rhone liegen, umgeben von Weinbergen und imposanten Gipfeln, die Dörfer der Waadtländer Alpen *(www.alpes.ch/de)*. Mit gemütlichen Holzhäusern, freundlichen Gastronomiebetrieben und guten Kunstgewerbeläden sind sie Welten entfernt von den künstlichen Wintersportzentren, die Ende des letzten Jahrhunderts überall dort, wo in Europa Skifahren möglich war, aus dem Boden schossen. Hier harmonieren Tourismus und Sport mit den ländlichen Traditionen und dem sanften Lebensrhythmus. Die vier wichtigsten Ferienorte – Leysin, Château-d'Œx, Les Diablerets und Villars – wurden für ihre Aktivitäten-Programme, familienfreundlichen Unterkünfte und ausgezeichneten Freizeiteinrichtungen allesamt mit dem Gütesiegel „Familien willkommen" des Schweizer Tourismus-Verbandes ausgezeichnet.

Wallis

Das Wallis *(www.valais.ch/de)* ist nach den Walsern benannt, einem alemannischen Volksstamm, der sich im Mittelalter in der höchstgelegenen bewohnbaren Alpenregion niederließ. Rund ein Drittel aller Viertausender der Alpen ragen hier in den

Himmel, mittendrin das Matterhorn (4478 m). Die Lebensader des Kantons Wallis bildet die Rhone; die schönen Orte in ihrem weiten fruchtbaren Tal sind reich an Kunst und Geschichte.

Mit durchschnittlich 300 Sonnentagen im Jahr ist das Wallis eines der sonnenreichsten Gebiete der Schweiz. In idyllischen Seitentälern, in denen die Zeit stehen geblieben zu sein scheint, liegen kleine Dörfer, kaum größer als eine Handvoll wettergegerbter Holzhäuser und -scheunen. Das andere Extrem sind exklusive Bergorte wie Verbier, Zermatt und Crans-Montana mit Hotels und Restaurants, die zu den schicksten der Welt zählen, und entsprechendem Rahmenprogramm. Das Wallis ist die abwechslungsreichste Wintersportregion der Schweiz. Sobald der erste Schnee fällt, strömen die Gäste aus ganz Europa in die legendären Urlaubsorte. ■

NICHT VERSÄUMEN

Wandern in Berglandschaften, die zu den schönsten der Schweiz zählen 146

Abendessen bei Sonnenuntergang mit spektakulärem Blick aufs Matterhorn 147

Einen Viehumzug anlässlich des Alpabtriebs 147

Après-Ski im trendigen Verbier 153

Weinproben in Sierre 155

Eine Autotour durchs malerische Val d'Anniviers 156–157

Eine Nacht im überraschend gemütlichen Iglu-Dorf bei Zermatt 159

Waadtländer Alpen

Die pittoresken Dörfer in den Waadtländer Alpen an der schönen Strecke von Montreux nach Gstaad haben Urlaubern einiges zu bieten. Man kann das ganze Jahr über Outdoor-Aktivitäten betreiben, guten Wein und Käse probieren, Feste wie den traditionellen Viehumzug beim Alpabtrieb miterleben oder die Schönheit der Region von einem Heißluftballon aus genießen.

Um Montreux

Das Tor zu den Waadtländer Alpen ist Aigle südlich von Montreux. Aigle ist ein uralter Ort mit einer mittelalterlichen Burg auf einem von Weinbergen umgebenen Felsrücken. Die Geschichte der Burg erzählt das **Musée du Château** *(place du Château 1, Tel. 024/466 21 30, Mo geschl., www.museeduvin.ch, €€€)*, die Geschichte des hiesigen Weinbaus das **Musée de la Vigne et du Vin** (Reben- und Weinmuseum). Die Weine aus dem Chablais besitzen einen ausgeprägten Charakter und gehören zu den besten der Schweiz.

Oberhalb von Aigle, auf einem Sonnenplateau mit wundervollem Ausblick auf das Rhonetal liegt der Urlaubsort **Leysin**. Im Sommer bietet Leysin Möglichkeiten zum Canyoning, Rafting und Felsklettern, außerdem eine *Via ferrata* (Klettersteig) sowie, im Naturschutzgebiet La Pierreuse, 300 Kilometer Wanderwege. Im Winter können sich Besucher mit Schlittschuhlaufen, Eisstockschießen und Icekarting sowie bis auf 3000 Meter Höhe auf 250 Kilometern Skipisten ver-

Beim jährlichen Internationalen Ballonfestival erhebt sich ein Heißluftballon über die Häuser von Château-d'Œx

gnügen. Leysin ist eine in der Schweiz bekannte Snowboard-Hochburg und in Sachen neuer Wintersporttrends immer am Puls der Zeit. Im **Tobogganing Park** können Wagemutige in prall aufgepumpten Reifenschläuchen mit rasanter Geschwindigkeit in vereisten Schneekanälen den Hang hinuntersausen: Snowtubing nennt sich dieses Vergnügen. Eine Gondelbahn bringt Sie auf den Gipfel von La Berneuse (2048 m), wo sich das Drehrestaurant **Le Kuklos** (siehe S. 289) befindet. Der futuristische Glaszylinder dreht sich in etwa 90 Minuten einmal um die eigene Achse und bietet einen stets wechselnden, spektakulären Ausblick auf den Mont Blanc, das Matterhorn und die Gipfel des Berner Oberlands.

Der Nachbarort von Leysin, **Les Mosses** *(www. lesmosses.ch),* ist ein weltbekanntes Langlaufzentrum mit 42 Kilometer Loipen, darunter eine 800-Meter-Strecke unter Flutlicht *(www.espacenordique. ch).* Der Ort ist außerdem für das jährliche Hundeschlitten-

rennen bekannt, zu dem rund 700 Hunde mit ihren Mushers (Hundeschlittenführer) anreisen; dabei geht es über eine 136 Kilometer lange Strecke durch die Waadtländer Alpen.

L'Etivaz: Auf dem Weg nach Château-d'Œx lohnt sich ein Zwischenstopp in **L'Etivaz**. Das Dorf ist für den gleichnamigen köstlichen Käse bekannt. In der **Maison de l'Etivaz** können Interessierte etwas über die Herstellung des aromatischen Hartkäses lernen, einen Blick in die Käsekeller werfen und natürlich das fertige Produkt probieren. Ein Ereignis, für das Schaulustige aus der ganzen Umgebung nach L'Etivaz kommen, ist der **Alpabtrieb** Anfang Oktober. Einen ganzen Tag lang führen die Hirten ihre Kühe, Ziegen und Schweine durch den Ort, die zum Teil mit Blumengirlanden und großen Zierglocken geschmückt sind. Dazu gibt es einen großen Kunstgewerbemarkt und traditionelle Unterhaltungsveranstaltungen.

Aigle

🅐 Karte S. 144 A2

Besucherinformation

✉ Office du Tourisme d'Aigle, Rue Colomb 5, Aigle

☎ 024/466 30 00

www.aigle-tourisme. ch

Leysin

🅐 Karte S. 145 A2

Besucherinformation

✉ Office du Tourisme, Place Large, Leysin

☎ 024/493 33 00

www.leysin.ch/de

Leysin Tobogganing Park

✉ Place des Feuilles, Leysin

☎ 024/494 28 88

💲 €€€€

www.tobogganing.ch

La Maison de l'Etivaz

✉ L'Evitaz

☎ 026/924 70 60

💲 €€€

www.etivaz.ch

Dem Himmel entgegen in Château-d'Œx

Château-d'Œx ist ein Mekka der Heißluftballonfahrer. Von hier startete 1999 Bertrand Piccard mit dem *Breitling Orbiter III* zur ersten Nonstop-Ballonfahrt rund um die Erde. Beim **Festival International de Ballons** (Internationales Ballonfestival; *La Place, Château-d'Œx, Tel. 026/924 25 33, www.ballonchateaudoex.ch*) treffen sich im Januar eine Woche lang Ballonfahrtexperten und -enthusiasten aus der ganzen Welt. Es werden Flugshows, Ballonfahrten und Wettbewerbe veranstaltet. Wenn die etwa 80 bunten Heißluftballons aufsteigen und anmutig über die Dächer schweben, ist das ein unvergesslicher Anblick.

Château-d'Œx

Karte S. 145 A3

Besucher-information

✉ Office du Tourisme, La Place 6, Château-d'Œx

☎ 026/924 25 25

🚆 Bahn (Château-d'Œx)

www.chateau-doex.ch/de

Rougemont

Karte S. 145 B3

Besucher-information

✉ Office du Tourisme, Bâtiment communal, Rougemont

☎ 026/925 11 66

🕐 außer in der Skisaison So geschl.

🚆 Bahn (Rougemont)

www.chateau-doex.ch/de/rougemont_de

Les Diablerets

Karte S. 145 A2

Besucher-information

✉ Office du Tourisme, Rue de la Gare, Les Diablerets

☎ 024/492 00 10

🚆 Bahn (Les Diablerets)

www.diablerets.ch

Das Saanetal: Hauptort der Region ist das europäische Heißluftballonmekka (siehe S. 147) **Château-d'Œx**. Der idyllisch gelegene Ort ist nach einer Burg benannt, die im 19. Jahrhundert einem Brand zum Opfer fiel. Ganz in der Nähe liegen das familienfreundliche Skigebiet La Braye, auch für Anfänger geeignet, und der Highland Park, in dem Snowboard Freestyler auf ihre Kosten kommen.

Mit den angrenzenden Skigebieten von Rougement und Gstaad wächst La Braye zu einem riesigen Skiparadies zusammen, mit 250 Kilometern Pisten, die durch Busse, Eisen- und Seilbahnen verbunden sind. Im Sommer ist die Region ein beliebtes Ziel für Mountainbiker.

Das friedvolle Dorf **Rougemont** wuchs um ein Kluniazenserkloster aus dem 11. Jahrhundert, das während der Reformation zerstört wurde. Vom Kloster ist allein die romanische Kirche Saint-Nicolas erhalten. Heute ist Rougemont ein eleganter Ferienort, in dem viel Wert auf die Pflege ländlicher Bräuche gelegt wird, obwohl er nur einen Katzensprung vom mondänen Gstaad entfernt ist. Besonders schön sind die Häuser aus dem 18. Jahrhundert mit ihren verzierten und bemalten Holzfassaden. Bekannt ist Rougemont auch für seinen Weichkäse, den *Tomme Fleurette*.

Les Diablerets: Von Gstaad (siehe S. 141) führt die Bergstraße Richtung Süden nach Gsteig und über den Col du Pillon nach **Les Diablerets**, einem der größten Skigebiete in den Waadtländer Alpen. Der gleichnamige Ort schafft es, traditionelles Dorfleben und modernen Ferienort zu vereinen, und verströmt somit eine einladendere Atmosphäre als einige Nachbarorte. Über dem Ort thront die

INSIDERTIPP

Die Grand Tour *(www.legrandtour.ch)* **ist eine Fernwanderroute durch die Waadtländer Alpen. Jede der zehn Teilstrecken kann an einem Tag bewältigt werden.**

AGNÈS BERTSCHY
NATIONAL GEOGRAPHIC-Autorin

Gebirgsgruppe Les Diablerets, die ihren Namen einer lokalen Legende verdankt, nach der zwischen den zerklüfteten Gipfeln einst der Teufel *(le diable)* gelebt haben soll. Hier findet man die höchsten Pisten der Waadtländer Alpen und mit das schwierigste Terrain für Freerider. Langläufern stehen 45 Kilometer Loipen zur Verfügung, die abends zum Teil beleuchtet sind.

Die Gipfel der Tour d'Aï und der Tour de Mayen bei den Skipisten von Leysin

Oben auf dem Les-Diablerets-Gletscher vereint das Restaurant **Botta 3000** (siehe S. 289) beste Kochkunst mit atemberaubenden Fernblicken auf Mont Blanc, Jungfrau und Matterhorn. Das Gebäude ist ein Meisterwerk moderner alpiner Architektur des Schweizer Architekten Mario Botta (siehe S. 260f). Noch am Gletscher startet der spannende **Alpine Coaster**, die höchstgelegene Sommer-rodelbahn der Welt *(geöffnet April–Nov.)*. Ansonsten kann man hier wandern, Mountainbike fahren, klettern und bergsteigen und im Winter Hundeschlittenfahrten und Touren mit dem Schneebus, einem Raupenfahrzeug mit 17 Sitzplätzen, unternehmen.

Ein interessantes Skigebiet im Skipassverbund mit Les Diablerets bieten auch **Villars** und **Gryon**. Die beiden Dörfer sind ländlich, aber trendig und bestens geeignet für Familien mit Kindern. Aufgrund der Südlage ist das Skigebiet sehr sonnig, mit tollem Ausblick auf die Dents du Midi, den Mont Blanc und das Rhonetal. Im Sommer sind hier 300 Kilometer Wanderwege und 150 Kilometer Mountainbiketrails ausgeschildert. Der **Golf Club Villars** *(Route de Col-de-la-Croix, Tel. 024/495 42 14, www.golf-villars. ch)* ist einer der höchstgelegenen der Schweiz (1800 m).

Der kleine Kurort **Bex** in der Nähe ist berühmt für seine **Mines de Sel**. In der Saline wird immer noch Salz abgebaut – ein riesiges Labyrinth aus engen Tunneln und großen Kammern. ∎

Villars-Gryon

🏔 Karte S. 145 A2

Besucher-information

✉ Office du Tourisme, Rue Centrale, Villars

☎ 024/495 32 32

🚌 Bus oder BVB-Bahn (Villars)

www.villars.ch/de

Mines de Sel de Bex

✉ Route des Mines de Sel 55, Bex

☎ 024/463 03 30

🕐 Jan.–März & Nov.–Dez. wochentags geschl.; April–Juni & Sept.–Okt. Mo geschl.

💲 €€€€ (Buchung erforderlich)

www.mines.ch

Großer St. Bernhard

Der Große St. Bernhard ist der älteste Bergpass der Alpen; er wird mindestens schon seit römischer Zeit genutzt. Der 2469 Meter hohe Pass zwischen den Waadtländer Alpen in der Schweiz und dem italienischen Aostatal ist einer der höchsten Alpenübergänge überhaupt. Die Passstraße ist nur von Juni bis September geöffnet, sodass der meiste Verkehr durch den Straßentunnel fließt, der 554 Meter unterhalb der Passhöhe durch die Berge getrieben wurde.

Erinnerung an die Überschreitung des Großen St. Bernhards durch Napoleon

Jahrhundertelang war der Große St. Bernhard (Col du Grand Saint-Bernard) die wichtigste Alpenüberquerung und die kürzeste Verbindung zwischen Italien und Nordeuropa. Der Verkehrsweg soll schon in der Bronzezeit (um 800 v. Chr.) genutzt worden sein. 218 v. Chr führte der karthagische Feldherr Hannibal (247–183 v. Chr.) 25 000 Soldaten, Hunderte von Lasttieren und Elefanten über die Alpen – ob über den Großen St. Bernhard ist ungewiss. Nur 37 Elefanten überlebten das Abenteuer.

Julius Caesar (100–44 v. Chr.) zog 57 v. Chr. über dieselbe Route, allerdings in entgegengesetzter Richtung, in den Gallischen Krieg. Unter seinem Nachfolger Augustus (63 v. Chr.–14 n. Chr.) kam der Pass unter römische Kontrolle. Augustus ließ eine Straße über den Pass bauen und in Gipfelnähe einen Tempel errichten, der dem Gott Jupiter-Poeninus geweiht wurde.

Das Hospiz

Das nächste wichtige Kapitel in der Geschichte des Passes wurde 962 aufgeschlagen. Damals entschied der Erzdiakon von Aosta, Bernhard von Menthon (923–1008), anstelle des alten römischen Tempels auf der einsamen Höhe ein Hospiz für Reisende zu errichten. Je mehr Bedeutung der Pass im Lauf der Jahrhunderte gewann, desto wichtiger und größer wurde die Zufluchtsstätte.

INSIDERTIPP

Die alte Passstraße über den Großen St. Bernhard hat nichts von ihrem landschaftlichen Reiz eingebüßt – den Tunnel sollte man daher den Eiligen überlassen.

PASCAL COLLAUD
National Geographic-Autor

Im Jahr 1800 führte Napoleon Bonaparte (1769–1821) seine Armee über den Pass nach Italien und ließ die Truppen im Hospiz ausruhen (siehe Kasten unten). Überwiegend wurde der Pass jedoch von Zivilisten genutzt: 1817 überquerten bereits 20 000 Reisende die Passhöhe. Zwar ist das Hospiz heute von erheblich geringerer Bedeutung für den Passverkehr, doch bietet es nach wie vor eine Möglichkeit zum Verschnaufen, mit Schlafsälen und Gemeinschaftsspeisung sowie einer schönen Kapelle und einem kleinen Museum (geöffnet Juni–Sept.). Bernhard von Menthon wurde 1923 von Papst Pius XI. zum Schutzheiligen der Alpen erhoben.

Die Bernhardiner

Im frühen 18. Jahrhundert wurden aus den Jagd- und Hirtenhunden der Bauern der Umgebung die sogenannten Bernhardiner gezüchtet. Die Tiere, die groß und kräftig genug sind, um sich auch in tiefem Schnee fortzubewegen, wurden von den Mönchen als Rettungshunde trainiert. Wenn am Pass Schneestürme tobten, wurden die Hunde zu zweit oder zu dritt losgeschickt, um verirrte Reisende aufzuspüren. Nachdem sie die vermisste Person aus dem Schnee gegraben hatten, legte sich einer der Hunde auf sie, um sie zu wärmen, während der andere zum Hospiz zurücklief, um die Mönche zu benachrichtigen. Entgegen der weitverbreiteten Ansicht trugen die Hunde an ihren Halsbändern nie kleine Fässchen mit Schnaps. Der berühmteste dieser sanften Riesen war Barry (1800–14). Er rettete zwischen 40 und 100 Menschen das Leben und steht heute ausgestopft im Naturhistorischen Museum in Bern (siehe S. 123). Der schwerste Hund, der je am Pass lebte, war Benedictine, die über 160 Kilogramm auf die Waage brachte.

Einige Bernhardiner werden heute in Zwingern beim **Musée et Chiens du Saint-Bernard** (Bernhardiner-Museum; siehe S. 152) in Martigny gehalten. Das Museum erinnert an den Hl. Bernhard, sein Hospiz und die legendären Suchhunde. Besucher können bei der Fütterung und Pflege zuschauen. Die nahe gelegene **Fondation Barry** *(www. fondation-barry.ch)* sichert den Fortbestand der Zucht. Im Sommer werden einige Hunde auf die Passhöhe gebracht, wo Reisende mit ihnen spazieren gehen können.

Napoleons Schulden

Als Napoleon im Mai 1800 den Großen St. Bernhard mit 40 000 Soldaten Richtung Italien überquerte, müssen die Dorfbewohner in den Tälern nicht schlecht gestaunt haben. Weniger beeindruckt waren sie gewiss von den gewaltigen Schulden, die der Kaiser hinterließ. Die Rechnung für den Aufenthalt seiner Truppen im Hospiz belief sich auf 40 000 Franken – doch Napoleon prellte die Zeche. 50 Jahre später erhielten die Mönche eine Abschlagszahlung von 18 000 Franken. Die restlichen Schulden wurden erst im Mai 1984 unter dem französischen Präsidenten François Mitterrand beglichen.

Wallis

Die Westhälfte des Kantons Wallis ist überwiegend französischsprachig. Die tiefen Täler sind reich an Kultur und Geschichte und warten mit ausgezeichneten Skigebieten auf. Im Sommer präsentiert sich das Wallis als Bilderbuchlandschaft mit üppigen Blumenwiesen, duftenden Wäldern und gewaltigen Bergriesen.

Die abstrakte Bronzeskulptur „Le Grand Double" in der Fondation Pierre Gianadda in Martigny

Martigny

Karte S. 145 A1

Besucherinformation

Office du Tourisme, Avenue de la Gare 6

027/720 49 49

www.martigny.com

Martigny

Aus Richtung Genfer See ist die erste größere Stadt im Wallis Martigny an der Rhone. Auf den ersten Blick ist die Ansiedlung, die vom **Château de la Bâtiaz** (*www. batiaz.ch*) beherrscht wird, keine sonderlich beeindruckende Stadt. Ihrer Lage in der Nähe der Grenzen zu Frankreich und Italien verdankt sie jedoch ein faszinierendes historisches Erbe.

Die bedeutendste Kultureinrichtung ist die **Fondation Pierre Gianadda** (*Rue du Forum 18, Tel. 027/722 39 78, www.gianadda.ch, €€€€*), ein ganzer Komplex von Museen und Galerien am südlichen Stadtrand. Den Mittelpunkt bildet das um die freigelegten Überreste eines alten Tempels erbaute **Musée Gallo-Romain**. In einem Nachbargebäude befindet sich das **Musée de l'Automobile**, das größte Automobilmuseum der Schweiz. Ebenfalls zum Areal der Fondation Gianadda gehören der **Parc de Sculptures** mit Arbeiten von Constantin Brancusi, Alexander Calder, Henry Moore, Auguste Rodin und anderen sowie die **Cour Chagall** (Chagall-Hof) mit einem Mosaik des russisch-französischen Künstlers Marc Chagall (1887–1985).

In Martigny ist auch das **Musée et Chiens du Saint-Bernard** (Bernhardiner-Museum; *Rue du Levant 34, 027/720 49 20, www.musee saintbernard.ch, €€€*) ansässig, das die Geschichte des

Großen St. Bernhards (siehe S. 150f) und der berühmten Suchhunde erzählt.

Von Martigny führen zwei Hauptstrecken Richtung Süden. Eine führt über den Col des Montets Richtung Chamonix und Mont Blanc, die andere über den Großen St. Bernhard ins italienische Aostatal.

Verbier

Die Straße Richtung Großer St. Bernhard teilt sich in Sembrancher. Rechts geht es hoch zum Pass, links steil hinauf durch das Val de Bagnes nach Verbier.

Zusammen mit den Nachbarorten Thyon, Veysonnaz, Nendaz und La Tzoumaz bildet Verbier eines der größten und renommiertesten Skigebiete der Schweiz. **Les Quatre Vallées** (Die vier Täler) verfügt über eine hypermoderne Infrastruktur mit Stand- und Schwebeseilbahnen, die schnellen Zugang zu 410 Kilometern Piste ermöglichen. Bessere Möglichkeiten zum Skifahren abseits der Pisten, mit Liftanbindung, findet man in ganz Europa nicht.

Verbier ist jedoch nicht nur für anspruchsvolle Skihänge, sondern auch für eine muntere Partyszene bekannt. Zahllose Restaurants, Bars und Clubs sind bis zum Morgen geöffnet, darunter Après-Ski-Institutionen wie der **Mont Fort Pub** und **The Farm Club**. Im Sommer kann man am selben Ort Sportarten wie

Klettern, Mountainbiken und Paragliding frönen.

Les Portes du Soleil

Westlich von Martigny liegt an der französischen Grenze ein weiteres großes Skigebiet: **Les Portes du Soleil** (Tore zur Sonne). Das erste Netz aus Skiliften und Pisten wurde in den 1960er Jahren von einer Gruppe von Freunden aus 14 Dörfern der Gegend (sieben in Frankreich und sieben in der Schweiz) angelegt. Ihrer Meinung nach sollte es möglich sein, ungeachtet der Staatsgrenzen auf Skiern von einem Tal ins nächste zu gelangen.

Mittlerweile verfügt das im Schatten der Dents du Midi und der Dents Blanches gelegene Skigebiet über 650 Kilometer an markierten Abfahrten und ist das größte grenzüberschreitende Skigebiet der Welt. Es gibt Pisten

---

Die besten Skigebiete

Unter den Skigebieten im Wallis *(www.valais.ch/de)* hat man die Qual der Wahl. Für Familienurlaube eignen sich besonders gut Les Portes du Soleil, Grimentz *(grimentz-lesalpes.co.uk)*, Nendaz *(www.nendaz.ch)* und Anzère *(www.anzere.ch)*. Bei Snowboardern und Freeridern besonders beliebt ist Thyon *(www.thyon-region.ch)*. Eingefleischte Freeridefreaks sollten die Buckelpisten des Pas de Chavanette in Portes du Soleil, die Abfahrten Montfort und Chassoure bei Verbier oder die berüchtigt steilen Schluchten und Schneefelder am Tortin und am Mont Gélé, ebenfalls bei Verbier, ansteuern.

Verbier & Les Quatre Vallées

Karte S. 145 B1

Besucherinformation

✉ Office du Tourisme, Place Centrale, Verbier

☎ 027/775 38 38

🚆 Bahn (Le Châble), dann Bus (Verbier)

www2.verbier.ch

Les Portes du Soleil

Karte S. 145 A2

de.portesdusoleil.com/winter.html

Lac Souterrain de St-Léonard

✉ Rue du Lac, St-Léonard

☎ 027/203 22 66

🕐 Nov.–Mitte März geschl.

💲 €€€

www.lac-souterrain.com/index_de.html

Sion

🗺 Karte S. 145 B2

Besucher-information

✉ Office duTourisme, Place de la Planta, Sion

☎ 027/327 77 27

🚆 Bahn (Sion)

www.siontourisme.ch

Musée d'Histoire

✉ Château de Valère, Sion

☎ 027/606 47 15

🕐 Okt.–Mai Mo geschl.

💲 €€

Musée d'Art

✉ Place de la Majorie 15, Sion

☎ 027/606 46 90

🕐 Mo geschl.

💲 €€

Sierre

🗺 Karte S. 145 B2

Besucher-information

✉ Office duTourisme, Place de la Gare 10, Sierre

☎ 027/455 85 35

🚆 Bahn (Sierre)

www.sierre-salgesch.ch/de/Orte

für jedes Leistungsniveau und endlose Möglichkeiten zum Fahren abseits der Pisten. Erfahrene Skifahrer können an einem Tag eine vollständige Rundtour absolvieren, mit nur einer kurzen Unterbrechung zwischen Linga und den Liften von Super-Châtel, die per Bus zurückgelegt wird.

Die sieben Schweizer Gründungsdörfer Champéry, Planachaux, Les Crosets, Champoussin, Val d'Illiez, Morgins und Torgon sind heute blühende Wintersport-orte. Trotz des Fremden-verkehrs haben sie mit traditioneller Bausubstanz und großer Gastfreundlichkeit ihren Charme bewahrt. Im Sommer kann man gleit-schirmfliegen, reiten, bergstei-gen und Mountainbike fahren, im Winter stehen Hunde-schlittenfahrten, Schneeschuh-wanderungen, Eislaufen und -tauchen auf dem Programm.

Das Rhonetal

Die beiden Hauptorte des Unterwallis sind Sion und Sierre im breitenTal der Rhone. Sie sind ideale Ausgangspunkte für die Erkundung der malerischen Täler, die sich von der Rhone Richtung Süden in die Berge schneiden. Das Wallis ist das größte Weinbaugebiet der Schweiz und Sion und Sierre sind alte Weinstädte. Das Bild der Hügellandschaft um die Orte herum prägen gepflegte Weinberge und kleine Winzereien. Nordöst-

lich von Sion liegt der **Lac Souterrain St-Léonard**, der größte unterirdische See in Europa, der für die Öffentlichkeit zugänglich ist. Zur Führung gehört eine Bootsfahrt durch die schön ausgeleuchtete Höhle.

Sion (Sitten) ist das kulturelle Zentrum der Gegend, die Hauptstadt des Kantons und möglicherweise die älteste Stadt der Schweiz. Es liegt im Schatten zweier markanter Hügel, des Valère und des Tourbillon. Auf dem Tourbillon stehen die Ruinen einer

INSIDERTIPP

Im Rathaus von Sion ist die älteste Inschrift christlichen Inhalts der Schweiz zu lesen. Sie wurde auf das Jahr 377 datiert.

CLIVE CARPENTER
National Geographic-Autor

mittelalterlichen Bischofsburg, des 1788 durch ein Feuer zer-störten Château de Tourbillon. Auf dem gegenüberliegenden Valère steht die mittelalterliche Burgkirche **Notre-Dame-de-Valère** mit einer der ältesten noch spielbaren Orgeln der Welt (gebaut 1435). In der restaurierten Anlage ist das **Musée d'Histoire** unterge-bracht, das die Geschichte der Stadt und des Kantons von prähistorischen Siedlungs-spuren bis heute erzählt.

In der gut erhaltenen mittelalterlichen Altstadt am Fuß des Hügels zeigt das **Musée d'Art** regionale und nationale Kunst vom 17. Jahrhundert bis zur Gegenwart. Von Mai bis September fährt eine Minibahn, der **P'tit Sédunois**, durch die engen Straßen des Stadtkerns. Weitere Sehenswürdigkeiten in Sion sind die spätgotische Kathedrale und der freitägliche Wochenmarkt, auf dem Wein und anderen Erzeugnisse aus der Region verkauft werden.

Sierre (Siders) ist die Hauptstadt des Weinbaus im Wallis. Im Château de Villa kann man die regionalen Weine verkosten und kaufen (vorwiegend Fendant und Dôle). Das Schloss im Renaissancestil beherbergt außerdem das **Musée Valaisan de la Vigne et du Vin** (Walliser Reben- und Weinmuseum). Über eine ausgeschilderte Route durch die Weinberge, mit Informationstafeln zum Weinbau in der Gegend, ist es mit dem Zumofenhaus in Salgesch verbunden, wo es ein weiteres Weinmuseum *(www. museevalaisanduvin.ch)* gibt. Im September findet in Sierre die Weinmesse **Vinea** statt, die größte der Region. Ein Verzeichnis der Walliser Weinkellereien, die Verkostungen anbieten, findet sich auf *www. vinsduvalais.ch*.

Nördlich von Sierre lockt der noble Doppelort **Crans-Montana** betuchte Schweizer (Fortsetzung auf S. 158)

Château de Villa–Musée Valaisan de la Vigne et du Vin

- ✉ Rue Ste-Catherine 4, Sierre
- ☎ 027/456 35 25
- 🕐 Dez.–Feb. & Mo geschl.
- 🚆 Bahn (Sierre)

Crans-Montana

🅰 Karte S. 145 B2

Besucherinformation

- ✉ Crans-Montana Tourisme, Avenue de la Gare, Montana
- ☎ 027/485 04 04
- 🚌 Bus oder Standseilbahn (Crans-Montana)

www.tourismus-crans-montana.de

Ein Apfelgarten im Wallis

Autotour: Val d'Anniviers

Das Val d'Anniviers ist eines der schönsten Täler im Wallis und trotzdem vom Tourismus mehr oder weniger unberührt. Hier gibt es hübsche Dörfer, wunderbare Wanderwege und ruhige Skigebiete zu entdecken – die engen Bergstraßen sind allerdings nichts für ängstliche Naturen.

Der mittelalterliche Ort Saint-Jean im Val d'Anniviers

Von Sierre im Rhonetal windet sich die Straße vorbei an den Dörfern Niouc und Fang steil hinauf nach Vissoie mit einem mächtigen Wehrturm aus dem 14. Jahrhundert. Hier biegt man rechts ab und fährt wieder hinunter, durch das Dorf Mayoux, Richtung Saint-Jean und Grimentz. Die Chalets und wettergegerbten Holzscheunen von **Saint-Jean** ❶, umgeben von üppiger Landschaft, sind typisch für die Siedlungen im Tal.

Weiter geht es nach **Grimentz** ❷. Das Dorf ist so urig, dass man es für ein Freilichtmuseum halten könnte. Dunkle Holzhäuser, Scheunen und Getreidespeicher auf pilzförmigen Stümpfen (zur Abwehr

NICHT VERSÄUMEN

Grimentz • Barrage de Moiry • Gletscherblick von Zinal • Observatorium am Chemin des Planètes

von Nagern) säumen die Straßen. Der Ort war einst ein Zentrum der Roggenverarbeitung. Viele der Gebäude stammen aus dem 16. Jahrhundert. Interessant ist das **Bürgerhaus** aus dem 15. Jahrhundert im Dorfkern. Im Winter ist Grimentz ein familienfreundlicher Wintersportort.

INSIDERTIPP

Die Weine der Region können direkt in den Kellereien um Sierre gekauft werden. Wer Gelegenheit hat, sollte den Vin du Glacier probieren, einen in Lärche ausgebauten Weißwein.

JACKY MICHEL
National Geographic-Autorin

Von Grimentz weisen Schilder den Weg zur gewaltigen, 148 Meter hohen **Barrage de Moiry** (Staumauer) **3**. Eine schmale Straße, die im Winter häufig nicht passierbar ist, führt – je nach Jahreszeit durch satte Blumenwiesen – acht Kilometer das Val de Moiry hinauf. Vom azurblauen **Lac de Moiry** führt eine spektakuläre Wanderung (ca. 2½ Stunden) weiter hoch zur **Cabane de Moiry** (*Tel. 027/475 45 34, www.cabane-de-moiry.ch*) am Fuß des Moirygletschers. Nur wenige Gletscher in den Alpen sind so leicht zugänglich. Auf der modern ausgebauten Hütte kann man essen und übernachten.

Der Talschluss

Zurück in Grimentz, biegt man an der Gabelung nach rechts ab und fährt durch dichten Wald und an dem Dorf Mottec vorbei acht Kilometer nach **Zinal** **4**. Im Winter gehört Zinal zum Skigebiet Val d'Anniviers. Im Sommer führen wunderbare Wanderwege z. B. zum **Lac d'Arpitetaz** (3–4 Stunden) und zur **Cabane de Petit Mountet** (5 Stunden; *Tel. 027/476 13 80, www. petitmountet.ch*) hoch über dem Zinalgletscher. Beherrscht wird der Talschluss vom 4506 Meter hohen Weisshorn.

Zurück geht es 4,3 Kilometer hinter Mottec die scharf nach rechts abbiegende Straße mit der Ausschilderung Ayer und

Sierre entlang auf die östliche Talseite. Durch eine Reihe von Weilern mit typischen Holzhäusern wie **Cuimey** fährt man weiter Richtung Saint-Luc.

Hinter Vissoie windet sich der Weg in Kehren hoch nach **Saint-Luc** **5**, einem Dorf mit blumengeschmückten Chalets an einem Hang unterhalb des Bella Tola. Im Sommer kann man hier gut wandern, z. B. auf dem **Chemin des Planètes**, einem sechs Kilometer langen Themenpfad zu den Planeten unseres Sonnensystems. Das **Observatorium** (*www.ofxb.ch*) heißt Sternenbeobachter willkommen.

Die Straße klettert weiter hinauf ins idyllische **Chandolin** **6** (2000 m) mit weiten Ausblicken über Vercorin, das Rhonetal und Crans-Montana. Von hier geht es zurück nach Saint-Luc und Vissoie und wieder hinunter nach Sierre.

▲	Karte S. 145
►	Sierre
🕐	1 Tag
↔	60 km
►	Sierre

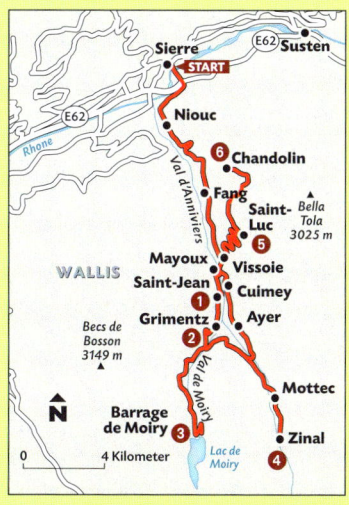

Baden in warmem Quellwasser im beliebten Thermalbad von Leukerbad

Leukerbad

🗺 Karte S. 145 B2

Besucher-information

✉ Leukerbad Tourismus, Rathaus, Leukerbad

☎ 027/472 71 71

www.leukerbad.ch

Leuk

🗺 Karte S. 145 C2

Besucher-information

✉ Leuk Tourismus, Bahnhof 5, Susten, Leuk

☎ 027/473 10 94

www.leuktourismus.ch

und Ausländer auf seine sonnenbeschienenen Südhänge. Crans-Montana liegt auf rund 1500 Meter Höhe auf einem Plateau mit herrlichem Blick ins Rhonetal und auf die höchsten Gipfel der Schweiz. Im 19. Jahrhundert wurde es wegen der sauberen Luft und dem gesunden Klima Kurort, heute ist es vor allem für eine exklusive Ski- und noble Après-Ski-Szene und für Weltklasse-Golfplätze bekannt.

Das Oberwallis

Im Oberwallis findet man die höchsten Berge, die längsten Gletscher und die höchstgelegenen Weinberge der Schweiz. Die atemberaubende Gebirgsszenerie beherrscht das alles überragende Matterhorn. Die Orte, vom glamourösen Zermatt und Saas-Fee bis zu den klei-

neren Flecken im Gomstal, ziehen das ganze Jahr über Gäste an.

Leukerbad: Leukerbad ist der höchstgelegene Kurort Europas (1411 m). Es liegt in einem eindrucksvollen offenen Bergkessel, der von Wildstrubel und Balmhorn gebildet wird. Leukerbads Heilbäder sind zur Wintersportsaison ganz besonders beliebt. Nach einem Tag auf der Piste gibt es nichts Besseres als ein entspannendes warmes Bad mit Blick auf die mondbeschienenen Berge. Die größten Anlagen sind das **Burgerbad** (Tel. 027/472 20 20, www.burgerbad.ch) und die **Lindner Alpentherme** (Tel. 027/472 10 10, www.lindner.de/de/MB).

Unten im Rhonetal liegt die Ortschaft **Leuk**, die schon zu Römerzeiten bewohnt wurde. Ihre ehemalige Bedeutung belegen Bauwerke aus verschiedenen Epochen wie das mittelalterliche **Bischofsschloss** (kürzlich vom Tessiner Architekten Mario Botta restauriert und zu einem Kulturzentrum umfunktioniert) und die **Ringackerkapelle**, eines der schönsten Barockbauwerke im Wallis.

Das Lötschental

In östlicher Richtung erstreckt sich zwischen Berner und Walliser Alpen das wilde Lötschental. Mit dem 34,6 Kilometer langen Lötschberg-Basistunnel (siehe S. 141) existiert seit 2007 eine schnelle Verbindung ins Berner Oberland. Zur Gemeinde **Visp** am östlichen Ende des Tals gehören die höchstgelegenen Weinberge (bis 1100 m) in Europa. Die trockenen, aromatischen Weine aus Vispterminen lohnen eine Verkostung.

Zermatt & Matterhorn

Das exklusive Zermatt unterhalb des markanten Matterhorns zählt zu den bekanntesten Ferienorten der Schweiz. Von Täsch ist es mit der Matterhorn Gotthard Bahn bequem in nur 15 Minuten zu erreichen. Zermatt ist autofrei; im Dorf sind Pferdekutschen und Elektrotaxis unterwegs. In den romantischen, von Chalets gesäumten Straßen reihen sich Bars, Restaurants, Galerien, Läden und Nachtclubs aneinander, die einer Großstadt würdig wären. Außerdem stehen hier einige der nobelsten Hotels der Alpen. Da Zermatt inzwischen ganzjährig von Besuchern überlaufen ist, hat es ein wenig von seinem früheren Charme eingebüßt. Es ist jedoch noch immer zu erkennen, warum es ein so beliebtes Reiseziel ist.

Seit der dramatischen Erstbesteigung des Matterhorns durch Edward Whymper (1840–1911) im Jahr 1865 ist Zermatt ein Mekka der Alpinisten. Neben dem 4478 Meter hohen Matterhorn gruppie-

ren sich fast ein Drittel aller Viertausender der Alpen um das Dorf. Das **Matterhorn Museum** neben der Dorfkirche ist dem berühmten Berg gewidmet, der zu einem Symbol für die Schweiz geworden ist. Beim Betrachten der Exponate und Dokumentationen begreift man, warum im Jahr mehr als 3000 Begeisterte das Matterhorn besteigen und weit mehr noch die anderen 37 Viertausender.

Ganzjährig Skifahren kann man auf dem Theodulgletscher, dem größten Sommerskigebiet in Europa. Die besten Abfahrten liegen an den Hängen des Gornergrats *(www.zermatt.ch/de/page. cfm/pp_gornergrat),* der mit einer spektakulären Zahnradbahn zu erreichen ist.

Zermatt

Karte S. 145 C1

Besucherinformation

✉ Zermatt Tourismus, Bahnhofplatz 5

☎ 027/966 81 00

🚆 Bahn (von Täsch)

www.zermatt.ch

Matterhorn Museum

✉ Kirchplatz, Zermatt

☎ 027/967 41 00

🕐 Nov.–Mitte Dez. geschl.

💲 €€€

🚆 Bahn (von Täsch)

ERLEBNIS:
Eine Nacht im Iglu

Was könnte anheimelnder sein als eine Nacht im **Iglu-Dorf** *(www.iglu-dorf.com)* direkt am Matterhorn in Zermatt? Das Gesamtpaket umfasst Glühwein, ein Käsefondue, einen abendlichen Schneeschuh-Spaziergang, die Nutzung des Whirlpools und einen Platz in der Eisbar für einen perfekten Abend unterm Sternenhimmel. Wem das zu kalt ist, der kann auf die **Whitepods** *(www.whitepod.com)* in Les Cerniers ausweichen: Die schneeweißen geodätischen Kuppeln – luxuriöse Unterkünfte in Harmonie mit der sie umgebenden Natur – sind mit Holzöfen ausgestattet. Der Aufenthalt im dazugehörigen Chalet mit Restaurant, Spa und Sauna rundet das unvergessliche Erlebnis ab.

ERLEBNIS: Tierbeobachtung in den Bergen

An einem sonnigen Sommermorgen in der kühlen, klaren Bergluft sitzen und darauf warten, dass sich ein Tier zeigt, kann eine sehr entspannende Beschäftigung sein. Wenn man ganz still ist, hört man vielleicht ein Tier auf Nahrungssuche in der Vegetation rascheln. Wer einen schrillen Vogelruf oder -gesang vernimmt, sollte innehalten und schauen, woher er kommt. Alle Tiere, die im Hochgebirge zu sehen sind, sind etwas Besonderes.

Säugetiere

Kaum eine andere Region der Schweiz bietet Wanderern so viel Naturschönheit wie das Wallis. 8000 Kilometer markierte Wanderwege winden sich durch einige der wildesten und nur dünn besiedelten Landstriche der Schweiz. Wer die Augen offen hält, kann Rotwild, Berghasen, Wiesel, Steinböcke und Gämsen erleben.

In einigen Gegenden sind spezielle Wanderwege mit Informationstafeln zur Tierbeobachtung ausgestattet (Näheres bei den Touristeninformationen). Besonders empfehlenswert sind der **Wolfspfad** von Eischoll nach Ergisch (bei Visp, 2 Stunden), der **Bärenpfad** von Unterems nach Oberems (bei Visp, 3 Stunden), der **Sentier des Marmottes** (Murmeltierpfad, 4 Stunden) bei Arolla im Val d'Hérens und der **Sentier des Bouquetins** (Steinbock-Höhenweg, 4 Stunden) im Val des Dix, der an der Krone der Staumauer Grand Dixence beginnt. Der **Sentier des Chamois** (Gämsenpfad; 5–6 Stunden) bei Verbier führt ins obere Val de Bagnes. Auf dem steilen, felsigen Terrain in einem der schönsten Naturschutzgebiete der Alpen – dem zweitgrößten der Schweiz – zeigen sich Steinböcke und Gämsen regelmäßig.

Vögel

Für Vogelfreunde besteht der Reiz der Alpen darin, Hochgebirgsarten zu erspähen. Dafür steuern sie im Frühjahr und Sommer Gebiete über 2200 Meter Höhe an. Auf den Bergpfaden um den **Gornergrat** (siehe S. 159) sieht man im Sommer Alpenschneehühner, Steinadler, Alpenbraunellen, Alpendohlen, Schneefinken, Steinrötel und Regenpfeifer, vielleicht auch den seltenen Mauerläufer. Der Gornergrat ist mit einer Zahnradbahn ab Zermatt (www.swisstravelsystem.com) zu erreichen. Im Winter sind einige dieser Arten auch weiter unten im Tal zu sehen, sogar in der Nähe von Zermatt selbst. An Waldrändern sollte man im Sommer Ausschau nach Rotschwänzchen halten.

Gämsen sind ziegenähnliche Tiere, die an den oberen Berghängen der Schweizer Alpen leben

Eine ganztägige Ski- oder Wandertour von Saas-Fee nach Zermatt mit einem Bergführer aus dem Dorf ist etwas Großartiges. Es gibt viele tolle Strecken, auf denen sonst keiner unterwegs ist.

NICK HARRISON
National Geographic-Autor

Das Saastal

Ein Tal weiter östlich, im Saastal, lebte Pfarrer Johann Imseng (1806–69), der 1849 auf Holzbrettern von Saas-Fee nach Saas-Grund gefahren sein soll und damit als Ski-Pionier der Gegend gilt. Der beliebteste Ferienort hier ist das autofreie Saas-Fee.

Die „Perle der Alpen" liegt, umgeben von den 13 Gipfeln der Mischabelgruppe, auf einem Hochplateau des Saastals. Zu den umliegenden Viertausendern zählt der Dom mit 4545 Metern. Saas-Fee bietet das ganze Jahr über ausgezeichnete Wintersportmöglichkeiten, darunter auch ungewöhnliche Aktivitäten wie Hundeschlittenfahrten.

Zu den zahlreichen guten Restaurants vor Ort gehört das höchste Drehrestaurant der Welt, das **Drehrestaurant Allalin** auf dem 3500 Meter hohen Mittelallalin. Auf dem Allalingletscher kann man in

eine eindrucksvolle Eisgrotte, den **Eispavillon** (*Tel. 027/957 35 60, www.eispavillon.ch, €€*), hinabsteigen.

Die alte Stadt **Brig** am Fuß des Simplonpasses war lange ein wichtiges Handelszentrum und ein bedeutender Eisenbahnknotenpunkt. Die 64 Kilometer lange Passstraße ist von Dezember bis Mai gesperrt; dann geht es mit dem Auto auf dem Autoreisezug durch den Simplontunnel.

Das Gomstal

Hinter Brig, am Ende des **Gomstals**, besteht über die eng gewundenen Serpentinen der Alpenpässe Grimsel (siehe S. 139), Furka (siehe S. 180) und Nufenen Verbindung zu den Kantonen Bern, Uri und Tessin. Im Gomstal liegen 23 größere und kleinere Ortschaften, darunter die Sportzentren **Fiesch** und **Niederwald**. In Niederwald wurde César Ritz (1850–1918), der „Hotelier der Könige und König der Hoteliers", geboren.

Am östlichsten Zipfel des Wallis liegt Gletsch, so benannt nach dem über dem Ort thronenden Rhonegletscher. Hauptattraktion der Gegend ist zweifelsohne der Aletschgletscher, der größte Gletscher der Alpen. Wie eine endlose Eisstraße fließt er über 24 Kilometer von der Jungfrau bis hinunter ins Tal. Er bildet das Kernstück des Unesco-Weltnaturerbes Jungfrau-Aletsch-Bietschhorn. ∎

Saas-Fee

🗺 Karte S. 145 C1

Besucherinformation

✉ Saas-Fee/
Saastal
Tourismus,
Postfach,
Saas-Fee

☎ 027/958 18 58

www.saas-fee.ch

Drehrestaurant Allalin

✉ Mittelallalin, bei
Saas-Fee

☎ 027/957 17 71

Die Gassen der Luzerner Altstadt, das glitzernde Wasser des
Vierwaldstätter Sees und die Heimat des legendären Wilhelm Tells

Luzern & Zentralschweiz

Sommerfreuden auf dem Vierwaldstätter See mit den Türmen der
Luzerner Hofkirche im Hintergrund

Luzern & Zentralschweiz

Dieser Teil der Schweiz ist von hohen Bergen und tiefen Schluchten geprägt – eine zerklüftete Landschaft, in der die Strecke zwischen zwei Orten nie eine gerade Linie bildet. Das Herz der Region tickt am verzweigten Vierwaldstätter See. Da die Berge ein einfaches Vorwärtskommen am Ufer verhindern, ist der See selbst seit langer Zeit ein wichtiger Handelsweg. Der Tatsache verdankt die Stadt Luzern ihre Bedeutung.

Luzern liegt nah an den grandiosen Alpenlandschaften und war eine der ersten Schweizer Städte, die von auswärtigen Reisenden „entdeckt" wurden. Unter diesen ersten Touristen in der Gegend waren im 19. Jahrhundert auch Dichter, Philosophen und Maler der Romantik. Sie erblickten in der Kombination aus atemberaubender Schönheit und tödlicher Gefahr den reinsten Ausdruck des „Erhabenen". In ihren Werken verewigten sie die Schweizer Alpen als eine Landschaft von unwirklicher Schönheit. Bildungsbürger in ganz Europa ließen sich davon anstecken und machten sich auf den Weg, um sich die Berge selbst anzuschauen: Sie wollten ein Mal den Sonnenaufgang vom Berg Rigi sehen.

Das erste kleine Hotel am Gipfel des Rigi eröffnete 1816. Schon 1875 verfügte das Hotel Schreiber über Unterkünfte für 300 Gäste, denn nicht zuletzt die Eröffnung einer Zahnradbahn zum Gipfel 1873 hatte noch einmal mehr Besucher angelockt. Die Atmosphäre auf dem Rigi während dieser Glanzzeit beschreibt Mark Twain (1835–1910) anschaulich in seinem Reisebericht „Bummel durch Europa" (1880).

Die Region hat heute weit mehr als Bergpanoramen zu bieten. Die Stadt Luzern mit ihrem mittelalterlichen Kern und der lebendigen Kulturszene ist eines der Highlights. Wie Zürich und Genf liegt Luzern am Ausfluss eines Sees, was ihr schon in alter Zeit Handelsverbindungen zu den Orten flussabwärts wie auch am See selbst einbrachte.

Verkehrsknotenpunkt

Heute ist der Vierwaldstätter See zwar kein wichtiger Handelsweg mehr, doch nach wie vor bildet er das

Herz der Region. Zahlreiche Schiffe verbinden die vielen kleinen Seeorte miteinander, von denen einige immer noch am einfachsten übers Wasser zu erreichen sind. Eine schönere Strecke als etwa von Weggis nach Luzern ist kaum vorstellbar: Man gleitet auf dem Schiff zwischen den Bergen hindurch, vor sich eine Tasse Kaffee. Auch die kleineren Seen weiter nördlich wie der Sempacher, Baldegger und Hallwiler See sind schön, jedoch fehlen ihnen

die majestätischen Berge des Vierwaldstätter Sees.

Mit den Straßen- und Eisenbahntunneln des Gotthards ist die Region auch heute noch eine wichtige Verkehrsroute zwischen Nord- und Südeuropa. Seit Jahren sorgen sich Umweltschützer allerdings wegen der Belastungen durch den pausenlosen Lkw-Verkehr. Ab 2017 soll der Eisenbahn-Güterverkehr durch die beiden 57 Kilometer langen Röhren des neuen Gotthard-Basistunnels fließen. ■

Luzern & Umgebung

Luzern liegt wunderschön an einem nördlichen Arm des Vierwaldstätter Sees sowie am Flüsschen Reuss, das hier aus dem See fließt. Namensgeber des Sees sind die vier „Waldstätten" (Kantone) Uri, Unterwalden, Schwyz und Luzern.

Ein Abendessen mit Blick auf den Wasserturm aus dem 14. Jahrhundert

Luzern

⚠ Karte S. 166 A3

Besucher-information

✉ Luzern Tourismus, Zentralstrasse 5

☎ 041 / 227 17 27

🕐 Im Winter So nachmittags geschl.

www.luzern.com

Luzern

Seit Langem zieht Luzern Besucher an, die die atemberaubenden Landschaften der Region erleben möchten. Der Vierwaldstätter See gilt vielen als schönster See der Schweiz. Grandios ist der Blick auf den See von einem der umliegenden Gipfel.

Luzern ist aber weit mehr als nur ein Tor zu den Alpen: Es ist eine reizende Stadt mit einer reichen Geschichte und interessanter Architektur. Meh-

rere Spitzenmuseen ziehen Besucher besonders an den nicht so seltenen Regentagen an, wenn die Berge hinter den Wolken verschwinden.

Die Ursprünge Luzerns liegen in der Gründung eines Benediktinerklosters um das Jahr 750. Die Siedlung erhielt 1178 Gemeindestatus, der eigentliche Katalysator für das Wachstum der Stadt war die Eröffnung der Gotthardstraße im frühen 13. Jahrhundert. Zwischen Flüelen am Südende

INSIDERTIPP

Die für einen, zwei oder drei Tage gültige Luzern Card, erhältlich bei Luzern Tourismus, gewährt unbeschränkte Nutzung der öffentlichen Verkehrsmittel und Preisermäßigungen in Museen.

NICOLE KAUFMANN
National Geographic-Autorin

des Sees und Luzern mussten Reisende und Waren auf dem Weg von Italien nach Nordeuropa jedoch oft auch per Schiff transportiert werden. Um 1450 gab es in Luzern schon mehr als 400 Gasthäuser.

Das Stadtzentrum: Wer mit der Eisenbahn in Luzern ankommt, muss nur ein kleines Stück Richtung Norden gehen und bekommt schon einen tollen Blick auf die Luzerner Altstadt präsentiert.

Das berühmteste Wahrzeichen der Stadt ist die überdachte Holzbrücke über die Reuss, die **Kapellbrücke** von etwa 1350. Neben der Brücke erhebt sich der noch ältere **Wasserturm** von etwa 1300. Im Lauf der Zeit diente der einsame Turm als Schatzkammer, Gefängnis oder Folterkammer.

Der größte Teil der heutigen Kapellbrücke ist neueren Datums und entstand nach dem verheerenden Brand im

Jahr 1993. Diesem fielen auch die meisten der 110 mittelalterlichen Bildtafeln unter dem Brückendach zum Opfer – nur 25 überstanden das Feuer. Die Gemälde zeigten Szenen aus der Geschichte Luzerns und der Schweiz und dem Leben der beiden Stadtheiligen Leodegar und Mauritius. Die vernichteten Bildtafeln wurden durch gute Reproduktionen ersetzt.

Die Brücke führt in den schönsten Teil Luzerns, die **Altstadt**. Das autofreie Gassenlabyrinth am Nordufer der Reuss beherbergt interessante kleine Geschäfte sowie zahlreiche Restaurants und Cafés. Beim Ende der Kapellbrücke steht die **St. Peterskapelle** aus dem 12. Jahrhundert, der die Brücke ihren Namen verdankt. Richtung Westen gelangt man am Flussufer entlang zum **Rathaus,** das im italienischen Renaissancestil erbaut worden ist. In den Arkaden des Gebäudes findet dienstag- und samstagvormittags ein Markt statt. Das zwischen 1602 und 1606 errichtete Rathaus verfügt am Kornmarkt über einen mittelalterlichen Turm sowie ein Walmdach im Stil eines Berner Bauernhauses.

Flussabwärts befindet sich nicht weit entfernt die 1408 erbaute **Spreuerbrücke**. Sie wurde 1635 mit Totentanzbildern geschmückt. Die in der mittelalterlichen Sakralkunst weit verbreitete grausige Darstellung bildet einen scharfen

St. Peterskapelle

✉ Kapellplatz 1, Luzern

☎ 041/410 57 00

Richard Wagner in Luzern

Der deutsche Komponist lebte ab April 1866 im Haus Tribschen bei Luzern, zusammen mit Cosima von Bülow, der Tochter Franz Liszts, die er 1870 in Luzern heiratete. In Tribschen beendete Wagner „Die Meistersinger von Nürnberg" und begann mit der Arbeit an der „Götterdämmerung" aus „Der Ring des Nibelungen". Hier fand auch die Uraufführung seines „Siegfried-Idylls" statt. Den Beginn des berühmten Lucerne Festivals markierte 1938 ein von Arturo Toscanini dirigiertes Konzert im Park des Hauses. Die Stadt Luzern erwarb 1931 das Anwesen und wandelte es in das **Richard Wagner Museum** *(Richard Wagner Weg 27, 041/360 23 70, Mo geschl., www. richard-wagner-museum.ch, €€)* um.

Gemälde. Beide waren enge Freunde von Pablo Picasso, der Angela Rosengart fünfmal malte. Aufgrund ihres Erfolgs als Kunsthändler konnten sie ihre Lieblingswerke für ihre private Sammlung behalten. Das 2002 eröffnete Museum residiert in einem raffiniert umgebauten ehemaligen Bankgebäude. Die Sammlung umfasst Arbeiten von Monet, Cézanne, Bonnard, Matisse, Braque, Miró und Chagall sowie mehrere Gemälde Picassos. Im Untergeschoss befinden sich 125 Aquarelle, Zeichnungen und Gemälde von Paul Klee.

Jesuitenkirche
✉ Bahnhofstrasse 11a
☎ 041/210 07 56

Historisches Museum
✉ Pfistergasse 24
☎ 041/228 54 24
🕐 Mo geschl.
💲 €€€
🚌 Bus: 2, 9, 12, 18 bis Kasernenplatz

www.historisches museum.lu.ch

Museum Sammlung Rosengart Luzern
✉ Pilatusstrasse 10
☎ 041/220 16 60
💲 €€€€
🚌 Bushaltestellen Bahnhof und Kantonalbank

www.rosengart.ch

Kontrast zur **Jesuitenkirche St. Franz Xaver** am Südufer der Reuss. Das unbemalte Fensterglas verleiht der Kirche eine freundliche Atmosphäre. Sie zeichnet sich auch durch eine besonders schöne Innenausstattung mit dezenten Stuckarbeiten und zarten Farben aus. Die Kirche wurde 1672 geweiht und steht für den Luzerner Katholizismus.

Über den Reusssteg am Ufer entlang gelangt man zum **Historischen Museum** mit einer beeindruckend vielfältigen Sammlung an Gegenständen zur Stadtgeschichte.

Ein Stück hinter dem Historischen Museum liegt die beste Kunstgalerie der Stadt, die wunderbare **Sammlung Rosengart Luzern**. Siegfried Rosengart (1894–1985) und seine Tochter Angela (geb. 1932) sammelten moderne

Außerhalb des Zentrums: Nordöstlich der Altstadt hat sich am Löwenplatz eines der ungewöhnlichsten Museen der Stadt niedergelassen: Das **Bourbaki Panorama** *(Löwenplatz 11, Tel. 041/412 30 30, www. panorama-luzern.ch, €€)* ist mit einer Fläche von 1100 Quadratmetern das größte Rundbild der Welt. Es zeigt einen Tiefpunkt der französischen Militärgeschichte: 1871 suchte die von den Preußen geschlagene französische Ostarmee unter General Bourbaki in der Schweiz Schutz. Sieben Maler brauchten zwei Jahre für die Fertigstellung des Gemäldes, das seit 1889 in Luzern ist. Am besten schaut man sich das Panoramabild früh am Morgen an, wenn noch nicht so viele Besucher da sind.

Weiter nördlich liegt das **Alpineum**. Die kuriose Einrichtung wurde 1900 von Ernst Hodel sen. und seinem Sohn Ernst Hodel jun. geschaffen. Drinnen erwarten Besucher mehrere 3D-Panoramen aus Modellbauten vor gemaltem Hintergrund, die den Ausblick von berühmten Schweizer Bergen darstellen. Dazu gibt es eine Ausstellung mit Stereofotografien.

Ganz in der Nähe befindet sich der **Gletschergarten**, wo mehrere Besuchermagnete versammelt sind, darunter vor allem das **Löwendenkmal**. Der sterbende Löwe wurde nach einem Entwurf des isländisch-dänischen Bildhauers Bertel Thorvaldsen aus der Wand eines Steinbruchs gemeißelt. Das Denkmal erinnert an die 796 Schweizergardisten, die zur Zeit der Französischen Revolution im Dienst der Königsfamilie standen und ihr Leben ließen, als 1792 der Tuilerienpalast in Paris vom Volk gestürmt wurde.

Im Park gibt es noch weitere einzigartige Sehenswürdigkeiten. Hier befindet sich etwa der größte je gefundene Gletschertopf mit einer Tiefe von neun Metern. Er enthält 20 Millionen Jahre alte versteinerte Palmblätter und Muscheln – Hinweise darauf, dass hier einmal eine subtropische Küste verlief. Der Gletschertopf wurde 1872 bei Ausgrabungen für einen Weinkeller entdeckt.

Alpineum

✉ Denkmalstrasse 11

☎ 041/410 62 66

💲 €€

🚌 Bus: 1 bis Löwenplatz, 2 bis Luzernerhof

www.alpineum.ch

Gletschergarten

✉ Denkmalstrasse 4

☎ 041/410 43 40

🕐 Nov.–März geschl.

💲 €€€

🚌 Bus: 1 bis Löwenplatz, 2 bis Luzernerhof

www.gletscher garten.ch

Das Löwendenkmal erinnert an Schweizer, die während der Französischen Revolution starben

Museggmauer

✉ Museggstrasse
🕐 Nov.–April geschl.

www.musegg mauer.ch

KKL Luzern & Kunstmuseum

✉ Europaplatz 1
☎ 041 / 226 78 00
🕐 Mo geschl.
💲 €€€€
🚌 Bus: bis Bahnhof

www.kunstmuseum luzern.ch

Zur Parkanlage gehört auch ein Labyrinth, das Groß und Klein seit 1896 Vergnügen bereitet: Es besteht vollständig aus Spiegeln. (Ein ähnliches Labyrinth, gänzlich aus Glas, gibt es in der Glasi Hergiswil; siehe Kasten gegenüber.) Weitere Sehenswürdigkeiten sind ein Modell der Stadt Luzern des Jahres 1792 und ein riesiges Relief der Berge südlich der Stadt.

Ein Stück westlich befindet sich an der Museggstrasse das östliche Ende der **Museggmauer**. Es handelt sich um die Überreste der Stadtbefestigung aus dem 15. Jahrhundert. An einem klaren Tag lohnt es sich, die abgenutzten Steinstufen eines der Museggtürme zu erklimmen. Es gibt noch neun solcher Türme, gewöhnlich sind jedoch nur der Schirmer-, Zyt- und Männliturm zugänglich. Am Zytturm (Zeitturm) prangt eine große

Uhr aus dem 16. Jahrhundert, deren Ziffernblatt so überdimensional ist, dass man es aus weiter Ferne lesen kann.

Das Seeufer: Im Stadtzentrum wird das südliche Seeufer beherrscht vom modernen Bau des **KKL Luzern** (Kultur- und Kongresszentrum Luzern) aus der Hand des französischen Architekten Jean Nouvel (geb. 1945). Hier residiert eine Kunstgalerie, leider ohne Dauerausstellung. Die Sammlung historischer Landschaftsmalerei ist daher nur bei entsprechend thematisierten Ausstellungen zu sehen.

Für Musikfreunde jedoch wartet das KKL mit einem der bedeutendsten Konzertsäle der Welt auf. Während des **Lucerne Festivals** finden zahlreiche Veranstaltungen statt. Beim Osterfestival steht sakrale Musik im Mittelpunkt, beim Sommerfestival von Mitte August bis Mitte September werden sowohl klassische als auch moderne Musik zu Gehör gebracht, beim Novemberfestival dreht sich alles ums Klavier.

Die Konzerthalle verfügt über eine außergewöhnliche Akustik. Das großartige Gebäude, in dessen hervorstehendem Dach sich das Wasser des Sees spiegelt, hat sich zu einem Luzerner Wahrzeichen entwickelt. Die neue Uferfront lässt sich von der gegenüberliegenden Seite

Ein Glasbläser bei der Arbeit in der Glasi Hergiswil

ERLEBNIS: Glasblasen in der Glasi Hergiswil

Haben Sie sich schon einmal im Glasblasen versucht? In der **Glasi Hergiswil** *(Seestrasse 12, Tel. 041/632 32 32, So geschl.)* können Besucher herausfinden, ob sie genug Puste haben, um aus einem Klumpen geschmolzenem Glas etwas Schönes zu fabrizieren. Mit ein bisschen Anstrengung lässt sich eine kleine runde Schale herstellen, die man mit nach Hause nehmen kann. Und das Ganze ist sogar kostenlos! Ein tolles Museum informiert über die Geschichte der Glasbläserei in Hergiswil. Die Glashütte ist so beliebt, dass die Direktverkäufe die Hälfte des Umsatzes der Firma ausmachen. Dazu gibt es noch ein wunderbares Glaslabyrinth und eine Sammlung an gläsernen Musikinstrumenten.

bei einem Bummel über den Schweizerhofquai und den Nationalquai in Augenschein nehmen. Die Uferpromenade entstand im späten 19. Jahrhundert. Hier stehen die großen Hotels der Stadt, in denen z.B. Tolstoi, Wagner oder der deutsche Kaiser Wilhelm II. abstiegen. Leider ging bei der Umgestaltung der Uferzone die mittelalterliche hölzerne Hofbrücke verloren, einst die Hauptverbindung zwischen Altstadt und Hofkirche.

Die **Hofkirche** ist die größte Kirche Luzerns. Die Türme aus dem 15. Jahrhundert überstanden den Brand von 1633, dem die romanische Kirche zum Opfer fiel. Das Hauptportal zeigt Darstellungen der Heiligen, denen die Kirche geweiht ist: St. Leodegar, ein französischer Bischof, und St. Mauritius, der im 4. Jahrhundert in der Schweiz den Märtyrertod starb. Im Inneren gibt es eine Kanzel und ein schmiedeeisernes Chorgitter, ein reich verziertes Chorgestühl und einen Hochaltar aus schwarzem Marmor.

Von der Hofkirche führt die baumgesäumte Seepromenade in Richtung Osten bis zum **Verkehrshaus der Schweiz**. Das größte Verkehrsmuseum Europas ist seit seiner Eröffnung 1959 durch neue Gebäude und ein Imax-Kino erweitert worden. Die Abteilungen für Eisenbahn und Schifffahrt sind fast ausschließlich auf die Schweiz bezogen, die anderen sind internationaler ausgerichtet. Die Sammlung umfasst rund 35 historische Flugzeuge sowie zahlreiche Rennwagen, die ältesten davon aus den 1920er Jahren. Dazu gibt es jede Menge interaktive Exponate. Per Simulator kann man etwa selbst einen Zug fahren oder an einer Schaufahrt mit einem Gotthard-Bauzug teilnehmen und die Gefahren des Tunnelbaus in den Alpen im Jahr 1875 hautnah erleben.

Nicht weit vom Verkehrshaus liegt das Luzerner Strandbad. Der **Lido** stellt seit 1929 ein beliebtes Sommervergnügen dar, mit Restaurant, Kinderspielplatz, Volleyballfeld und Schwimmbassin. ■

Hofkirche

- ✉ St. Leodegar-strasse
- ☎ 041/410 29 89
- 🕐 So, Mo geschl.
- 🚌 Bus: 6, 8 bis Kursaal

Verkehrshaus der Schweiz

- ✉ Lidostrasse 5
- ☎ 041/370 44 44
- 💲 €€€€€
- 🚌 Bahn: bis Bahnhof Verkehrshaus; Busse: 6, 8, 24 bis Verkehrshaus

www.verkehrshaus.ch

Lido

- ✉ Lidostrasse 6A
- ☎ 041/370 38 06
- 💲 €€

Rundfahrt Vierwaldstätter See

Zu einem Besuch in Luzern gehört in jedem Fall eine Rundfahrt auf dem wunderschönen Vierwaldstätter See. Die Seeflotte betreibt unter anderem fünf nostalgische Schaufelraddampfer, deren liebevoll gepflegte Dampfmaschinen von Beobachtungsgalerien aus bewundert werden können. Der Schiffsverkehr ist auch bedeutsam, weil er oft die schnellste Verbindung zwischen den Ortschaften an dem weit verzweigten See darstellt.

Eine kleine Flotte von Ausflugsschiffen und Fahrgastfähren verbindet Luzern mit 33 Schiffsanlegern rund um den See. Die Highlights unter den zahllosen Sehenswürdigkeiten in Seenähe sind die beiden berühmten Gipfel Pilatus und Rigi. Der Pilatus liegt südlich von Luzern hoch über dem Alpnacher See, der Rigi östlich des reizenden Orts Weggis. Beide sind von Luzern leicht per Schiff und Zahnradbahn zu erreichen.

Pilatus

Die Zahnradbahn auf den Pilatus *(www. pilatus.ch, €€€)* fährt in der Nähe des Schiffsanlegers von Alpnachstad ab. Die steilste Zahnradbahn der Welt überwindet Steigungen von bis zu 48 Prozent – die schwindelerregenden Abgründe an den oberen Streckenabschnitten sind nur etwas für starke Nerven. Vom 2132 Meter hohen Gipfel bieten sich mit die weitesten Aussichten der gesamten Zentralschweiz. Viele

Besucher unternehmen eine Rundtour, indem sie vom Gipfel mit der Luftseilbahn nach Fräkmüntegg hinunterfahren; Familien mit älteren Kindern steuern hier gern den **Seilpark Pilatus** zum Klettern an. Außerdem gibt es eine 1350 Meter lange Sommerrodelbahn, die **Fräkigaudi Rodelbahn** *(www.rodel bahn.ch, €€€€)*. Von Fräkmüntegg fährt anschließend eine weitere Gondelbahn hinunter nach Kriens, von wo Busse zurück nach Luzern fahren.

Weggis & Rigi

Für Mark Twain war Weggis der reizendste und geruhsamste Ort überhaupt und auch heute noch zieht es Reisende an, die Ruhe und Erholung suchen. Von Weggis bieten sich schöne Ausblicke auf die Berge im Süden und es gibt jede Menge gute Wanderwege. Einige davon führen auf den Rigi; zum größten Ort am Berg, Rigi-Kaltbad, fährt eine Gondelbahn. Von dem See-

---

Transport über und um den See herum

Die Fahrt über den Vierwaldstätter See und um ihn herum wird durch den **Tell-Pass** *(www.tell-pass.ch)* erleichtert. Der sieben Tage gültige Pass erlaubt die unbegrenzte Nutzung von Bahnen, Bussen und Schiffen an zwei Tagen und Fahrten zum halben Preis an den übrigen fünf Tagen, die 15 Tage gültige Karte fünf

Tage freies Fahren und zehn Tage Fahren zum halben Preis. Kinder unter 16 Jahren fahren in Begleitung Erwachsener umsonst. Der Tell-Pass ist an Bahn- und Schiffsstationen und in Touristeninformationen erhältlich. Er deckt die meisten Bergbahnen ab, für einige wie für die Titlis-Bahn ist jedoch ein Zuschlag fällig.

Der Raddampfer *Unterwalden* bei der Ankunft in Weggis

ort Vitznau geht eine Bergbahn hinauf auf den Rigi (siehe S. 175); außerdem gibt es hier zwei Fünf-Sterne-Hotels.

Andere Anlegestellen am See

Der bekannteste Fußweg am Vierwaldstätter See ist der **Felsenweg**, den man mit der Standseilbahn vom Anleger **Kehrsiten-Bürgenstock** erreicht. Wer bis zum Ende des Weges geht, wird mit einem der eindrucksvollsten Ausblicke in der Gegend belohnt. Ein langer Tunnel führt in den Berg hinein, wo sich in einer Kammer der Zugang zum **Hammetschwand-Lift** befindet. Das 1905 fertiggestellte Meisterwerk der Ingenieurskunst befördert Fahrgäste 165 Meter hoch aufs Bürgenstock-Plateau. Der erste Streckenabschnitt in die Höhe verläuft durch einen Schacht im Fels. Interessanter wird's beim zweiten Abschnitt: Der verläuft im Freien durch einen Gitterturm, an dessen Ende man über eine schlichte Brücke hinüber zur Felswand marschiert. Für den Weg hinunter bieten sich mehrere schöne Wanderwege an.

Der zweifellos schönste Schiffsanleger am See ist die idyllische Bucht in **Treib**, mit dem einsamen, 1658 erbauten Haus zur Treib. Neben dem Schiffsanleger liegt die Talstation der Standseilbahn nach **Seelisberg**, einem kleinen Ferienort; von dort gibt es einen Weg hinunter zum Beginn des „Wegs der Schweiz" in Rütli (siehe S. 38).

Wer vom oder ins Tessin unterwegs ist, kann den See auch vom **Wilhelm Tell Express** *(www.wilhelmtellexpress.ch)* aus genießen. Auf der Fahrt gen Süden wird auf einem der Raddampfer ein Mittagessen serviert; dann steigt man in Flüelen in einen Zug mit Panoramafenstern mit Ziel Lugano oder Locarno um.

Zentralschweiz

Die Kantone Schwyz, Unterwalden und Uri liegen geographisch im Zentrum der Schweiz und der Kanton Schwyz kann sich als das eigentliche Herz des Landes fühlen. Er gab dem Land nach dem Sieg der Eidgenossen über die Habsburger 1315 in der Schlacht am Morgarten (siehe S. 34) seinen Namen.

Mit dem Sessellift hinauf auf den Rigi

Kanton Schwyz

🅜 Karte S. 165 C3

Besucher-information

✉ Swiss Knife Valley Tourist Board, Rössligasse 2, Brunnen

☎ 041/820 60 10

www.swissknife valley.ch

Kanton Schwyz

Die historische Bedeutung des Kantons Schwyz erfasst man am besten beim Besuch des gleichnamigen Hauptorts Schwyz. Hier sind im **Bundesbriefmuseum** *(Bahnhofstrasse 20, Tel. 041/ 819 20 64, www.sz.ch, €€)* sämtliche Gründungsurkunden der Eidgenossenschaft von 1291 bis 1513 archiviert. Bezug auf die Schweizer

Geschichte nehmen auch die Fassadenbilder des 1643 bis 1645 erbauten **Rathauses**, das am **Hauptplatz** steht. Das Innere des Gebäudes kann im Rahmen einer Führung *(Mo–Fr 10–15 Uhr)* besichtigt werden. Südlich des Rathauses steht das älteste Gebäude des Orts, der **Archivturm** von etwa 1200.

Einen wundervollen Einblick in die sozioökonomische Geschichte der Stadt erhält man im **Ital Reding-Haus**. Die sich heute im Besitz einer Stiftung befindliche Hofstatt umfasst das Herrenhaus aus dem 17. Jahrhundert, einen Barockgarten mit Pavillons, das ehemalige Ökonomiegebäude sowie das hölzerne Bethlehem-Haus, das zum Teil von 1287 stammt.

Der meistbesuchte Urlaubsort im Kanton ist **Brunnen** talabwärts der Stadt Schwyz. Brunnen wartet mit schönen Blicken auf den Urner See und die Berge auf. Es hat zwar darüber hinaus selbst nicht viel zu bieten, eignet sich aber ideal als Basis für die Erkundung des Kantons.

Das beliebteste Ausflugsziel ab Brunnen und Schwyz ist bei vielen Besuchern das

INSIDERTIPP

Vom Berg Rigi eröffnet sich ein herrlicher Rundumblick über die Alpen. Karl Baedeker, der Reiseführerpionier, hielt den Rigi für den schönsten Berg der gesamten Schweiz.

ANDRES CALVO
NATIONAL GEOGRAPHIC-Autor

prächtige **Kloster Einsiedeln** *(Tel. 055/418 61 11, www. kloster-einsiedeln.ch).* Seit 867 ist hier eine Klostergemeinschaft ansässig, der heutige Abteikomplex stammt jedoch aus dem frühen 18. Jahrhundert. Die stattliche Barockfassade der Abteikirche hebt sich stark von der Schlichtheit der angrenzenden Gebäude ab. Im Inneren zeigt sich die Kirche noch prächtiger, mit üppigem Rokokoschmuck und jeder Menge Blattgold. Cherubim und Engel blicken von Giebeln und Bögen auf die Gemeinde herab und auf den Fresken sind zahllose biblische Figuren abgebildet.

Seit mehr als tausend Jahren ist die Abtei ein Wallfahrtsort; aus ganz Europa kommen Gläubige, um vor der wundertätigen Schwarzen Madonna zu beten. Im 16. Jahrhundert verweilte der Reformator Ulrich Zwingli (siehe S. 35) im Kloster; hier begann er, gegen die missbräuchliche Praxis der Wallfahrt zu predigen.

Rigi: Westlich von Schwyz und Brunnen liegt der Rigi (1797 m). Im 19. Jahrhundert gehörte es zum Standard einer Europareise, hier Station zu machen; 1861 stattete sogar die britische Königin Viktoria dem Berg einen Besuch ab. 1873 wurde die erste Zahnradbahn Europas zum Gipfel gebaut. Die **Rigi Bahn** *(www.rigi.ch, €€€€)* von Vitznau verkehrt heute noch, dazu eine Panorama-Luftseilbahn von Weggis nach Rigi-Kaltbad.

Nicht weit vom Gipfel vermietet das **Rigi Kulm Hotel** *(Goldau, Tel. 041/880 18 88, www.rigikulm.ch)* mehrere Zimmer mit umwerfender Aussicht. Nördlich des Rigi verkehrt von Arth-Goldau eine weitere Zahnradbahn zum Gipfel.

(Fortsetzung auf S. 178)

Ital Reding-Haus

✉ Rickenbachstrasse 24, Schwyz
☎ 041/811 45 05
🕐 Mo geschl.
💲 €€
www.irh.ch

Brunnen

🅰 Karte S. 165 B3

Einsiedeln

🅰 Karte S. 165 C3
Besucherinformation
✉ Einsiedeln Tourismus, Hauptstrasse 85, Einsiedeln
☎ 055/418 44 88
www.swissknife valley.ch

Schweizer Messer

Das Schweizer Armee- oder Offiziersmesser hat seine Ursprünge in Ibach-Schwyz, wo der Messerschmied Karl Elsener 1884 eine Firma gründete. Die Firma nannte er später Victorinox – nach seiner Mutter Victoria und dem französischen Wort *inoxydable* (rostfrei). 1891 lieferte das Unternehmen die ersten Messer an die Schweizer Armee. Seitdem gelten die Produkte der Firma als der Inbegriff kompakter Funktionalität und werden in mehr als hundert Länder exportiert. Eine Ausstellung bei **Victorinox** *(Schmiedgasse 57, Tel. 041/818 12 11, Sa & So geschl.)* erzählt die Geschichte des Schweizer Armeemessers. Der Fabrikladen hat das gesamte Messersortiment im Angebot.

Autotour: Seen der Zentralschweiz

Die Rundfahrt führt durch unterschiedlichste Landschaften sowie kleinere Städte und Bauerndörfer. Der erste Streckenabschnitt zwischen Brunnen und Weggis ist landschaftlich am schönsten. Er ist jedoch auch sehr kurvenreich und erfordert daher die volle Aufmerksamkeit am Steuer. Entspannter gestaltet sich die Tour mit dem Bus der Linie 2 von Schwyz nach Küssnacht und von dort mit dem Zug nach Luzern.

Der unübertreffliche Ausblick vom Rigi auf den Vierwaldstätter See mit dem Pilatus im Hintergrund

Von Schwyz-Zentrum führt die Hauptstrasse 2/8 nach **Brunnen ❶**, von dort geht die 2b Richtung Vitznau und Weggis. Bald eröffnen sich wundervolle Ausblicke auf das Südufer des Sees. Vielleicht kreuzt gerade ein Ausflugsdampfer über das im Sonnenlicht türkisfarben schillernde Wasser ...

Wer für die Rundreise einen ganzen Tag Zeit hat, kann ab Vitznau mit der Zahnradbahn auf den **Rigi ❷** (siehe S. 175) hinauffahren. Ein kleiner Abstecher von der Hauptstraße führt nach Weggis. Die Hauptattraktion des reizenden Seeorts ist seine Uferpromenade. In Küssnacht nimmt man dann die Straße 2 Richtung

Meggen und Luzern. An der langen, geraden Straße kommt man stadtauswärts an einem hübschen Garten mit einer winzigen Steinkapelle vorbei. Die **Astrid-Kapelle ❸** wurde im Gedenken an Königin Astrid von Belgien errichtet. Sie starb hier 1935 bei einem Autounfall. Parkplätze sind auf beiden Seiten der Straße vorhanden.

Beim **Verkehrshaus der Schweiz ❹** (siehe S. 171) erreicht man Luzern. Weiter geht es auf der Straße 2 Richtung Emmenbrücke und Basel (Achtung: nicht die Autobahn 2 nehmen, die in dieselbe Richtung führt). Die Straße windet sich über grüne Hügel vorbei an Viehweiden und Maisfeldern; riesige Scheunen zeugen von einer regen Landwirtschaft. Richtung Osten bieten sich Ausblicke auf den kleinen Sempacher See. Die Altstadt von **Sursee ❺** ist als „goldenes Dorf" bekannt und umfasst zwei mittelalterliche Türme, schöne Häuser aus dem 16. bis 18. Jahrhundert und ein prächtiges spätgotisches Rathaus von 1539–45. In der Stadt ist auch der Getränkehersteller Ramseier ansässig.

Dann geht es auf der Straße 23 weiter nach **Beromünster ❻**. Am oberen Ende der Dorfstraße steht die um 1030 errichtete Stiftskirche St. Michael. Der Turm wurde im 13. Jahrhundert errichtet; die Kirche ist Ende des 17. Jahrhunderts im Barockstil umgebaut worden, ein

NICHT VERSÄUMEN

Atemberaubende Seeblicke
• „Goldenes Dorf" Sursee •
Kirche St. Michael

---

weiteres Mal zwischen 1773 und 1775.
Die romanischen Wurzeln der Kirche sind
deutlich in der Krypta zu erkennen. Das
Kircheninnere fällt durch reichlich Stuck,
eine verzierte Kanzel und ein schönes
Chorgestühl auf. Bemerkenswert sind
auch die drei Orgelpfeifengruppen und
die dekorativen Türklinken. Westlich
schließt sich ein kleiner Kreuzgang an.

Die Kirche steht an einem Platz mit
hübschen Häusern aus dem 17. und
18. Jahrhundert; das ehemalige Stifts-
amtshaus mit Staffelgiebel, heute das
Hotel Hirschen, stammt von 1536.
Abseits der Hauptstraße befindet sich das
sogenannte Schloss, früher ein Wohn-

turm. Hier soll Helias Helye 1470 das
erste Buch der Schweiz gedruckt haben;
das „Schloss" ist heute ein Heimatmu-
seum mit rekonstruierter Druckerstube.

An der T-Kreuzung hinter Beromünster biegt man rechts ab Richtung
Hildisrieden, danach geht es an einem
Kreisverkehr links nach Hochdorf. Man
folgt der Bahnlinie nach Ballwil; links geht
es nach Ottenhausen und Sins – man
halte nach der **überdachten Brücke** ❼
über die Reuss Ausschau – sowie weiter
auf der Straße 25 am Nord- und Ostufer
des Zuger Sees entlang. Im Osten
erheben sich eindrucksvolle Berge. In
Goldau ❽ fährt man auf der Straße 2
zurück nach Schwyz.

🅰	Karte S. 165
➤	Schwyz
🕐	3–4 Std.
↔	150 km
➤	Schwyz

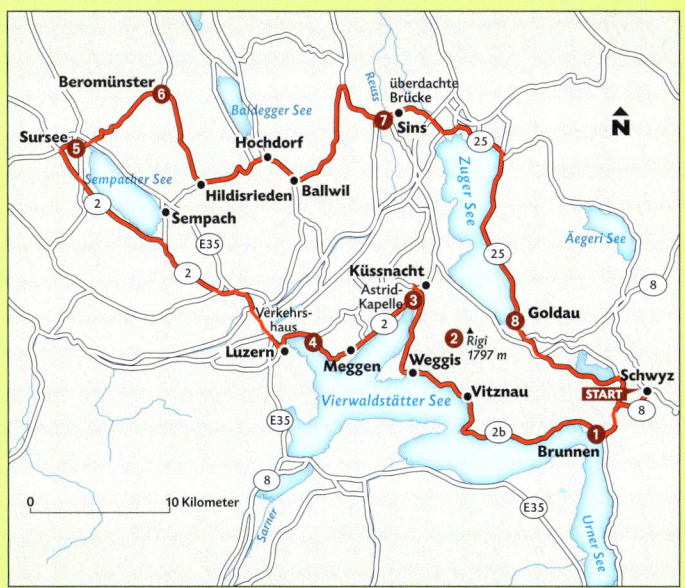

Im Benediktinerkloster Engelberg

Engelberg

🔺 Karte S. 165 B2

**Besucher-
information**

✉ Engelberg-Titlis
Tourismus,
Klosterstrasse 3,
Engelberg

☎ 041/639 77 77

www.engelberg.ch

**Benediktiner-
kloster
Engelberg**

✉ Klosterstrasse 3

☎ 041/639 61 61

🕐 So–Di geschl.

Kanton Unterwalden

Unterwalden ist einer der
Gründungskantone der
Schweiz und bildete zusammen mit Uri und Schwyz 1291
die Alte Eidgenossenschaft.
Im Kanton liegen die Berge
Pilatus und Titlis; er ist stark
bewaldet, sodass neben Landwirtschaft und Tourismus auch
die Forstwirtschaft zu den
Haupterwerbsquellen zählt.

Engelberg: Der Haupt-
urlaubsort im Halbkanton
Obwalden ist Engelberg. Der
Ort ist von Luzern mit der
Eisenbahn zu erreichen; an
der reizvollen Strecke kann
man an mehreren Stellen
per Seilbahn auf nahe
Berge fahren. Am meisten
frequentiert ist Engelberg im
Winter; im Sommer zieht es
Wanderer an.

Die besten Wege sind mit
Seilbahnen und Sesselliften
zu erreichen. Zehn Gehmi-
nuten vom Bahnhof entfernt
fährt eine Standseilbahn
hoch zur Gerschnialp.

Engelberg ist bekannt
für eines der schönsten
Klöster der Schweiz, das 1120
gegründete **Benediktinerkloster Engelberg**. Die
prächtigen weißen Gebäude,
die den oberen Teil des Tals
dominieren, stammen von
1730–45. Atemberaubend ist
das Innere der Klosterkirche,
wenn man durch das Portal
tritt: Vor einem eröffnen sich
zwei identische Seitenaltäre
mit feinen Marmorintarsien;
sieben Deckenfresken zeigen
Szenen aus dem Leben der
Jungfrau Maria. Sie leiten das
Auge direkt zum prächtigen
Hauptaltar.

INSIDERTIPP

Da Engelberg am Ende des Tals wie auch der Bahnlinie liegt, ist es hier wunderbar ruhig – perfekt für alle, die gern spazieren gehen und die Stille der Berge genießen.

JANINE HESS
Einwohnerin von Engelberg

Durch das Kloster werden Führungen angeboten. Außerdem gibt es eine kleine Käserei (*www.schaukaeserei-engelberg.ch*), die ebenfalls besucht werden kann, sowie einen Käseladen und ein Restaurant.

Titlis: Beliebtestes Ausflugsziel der Gegend ist der riesige **Titlis-Gletscherpark** an den oberen Hängen des Titlis (3238 m), des höchsten Bergs der Region. Teil des Reizes macht die Fahrt mit der Gipfelseilbahn aus: Diese dreht sich und ermöglicht den Fahrgästen somit einen Rundblick auf die Eislandschaft unter ihnen. Die Bergstation der Bahn liegt auf 3020 Meter Höhe; danach sind es noch 45 Minuten und rund 200 Höhenmeter bis zum Gipfel. Mutige können am Seil in eine Gletscherspalte hinabsteigen.

Im Sommer sorgen fünf unterschiedlich anspruchsvolle Klettersteige für Nervenkitzel.

Auch Mountainbiker sind gut mit Wegen versorgt. Weniger anstrengend ist eventuell eine Fahrt mit einem sogenannten Devil-Bike, deren dicke Reifen Erschütterungen abfedern, etwa vom Jochpass hinunter bis Trübsee, oder mit einem sanfteren Trotti-Bike – also einem Tretroller mit kleinen Rädern – von der Gerschnialp auf ruhigen Bergpfaden und -straßen hinab nach Engelberg.

Schön sind auch die Bergblumenlehrpfade Gerschnialp und Trübsee; der Nutzen der Pflanzen wird auf Tafeln erläutert. Am Fuß des Titlis können sich Besucher schließlich bei der **Alpkäserei Gerschnialp** (*Tel. 079/431 52 45*) ein entspannendes Molkebad gönnen.

Titlis Rotair & Gletscherpark

▲ Karte S. 165 B2
☎ 041/639 50 50
💲 €€€€

www.titlis.ch

ERLEBNIS:
Eisspaß im Titlis-Gletscherpark

Nervenkitzel bereitet im Gletscherpark vor allem das Snowtubing auf einer speziell präparierten Piste: Dabei rast man auf dicken Schläuchen mit haarsträubender Geschwindigkeit den Hang hinunter. Andere tolle Rutschgeräte sind Balancer, Snow-Scoot, Airboard und Snake Gliss. Zurück zum Startpunkt der Rutschbahn bringt einen ein Förderband. Von der Gletscherstation ist der Park am besten mit der Sesselbahn Ice Fyler zu erreichen; unterwegs bieten sich grandiose Ausblicke. Die Einrichtungen sind wetterabhängig von Mai bis Oktober geöffnet; bevor man sich hierher auf den Weg macht, sollte man also besser nachfragen.

Kanton Uri

▲ Karte S. 165 B2,
C2

**Besucher-
information**

✉ Tourist Info Uri,
Tellspielhaus,
Schützengasse
11, Altdorf

☎ 041 / 874 80 00

🕒 So, Mo geschl.

www.uri.info

Kanton Uri

Der Kanton Uri, einer der drei Urkantone der Schweiz, liegt direkt nördlich des Alpenhauptkamms. Als angeblicher Geburtsort Wilhelm Tells hat der Kanton keine Gelegenheit ausgelassen, aus der Legende Nutzen zu ziehen.

Der meistbesuchte Teil des Kantons ist der für seine Schönheit und seine Verbindung mit der Schweizer Geschichte bekannte Urner See. Viel los ist immer am Schiffsanleger von Flüelen; es ist die Endstation der Schiffe aus Luzern und Umsteigestation für Passagiere des Wilhelm Tell Express, die zwischen Schiff und Zug wechseln.

Eine Fahrt mit dem Postbus vom Bahnhof Flüelen durch Altdorf nach Isenthal und St. Jakob bietet großartige Ausblicke auf den See. Von St. Jakob fährt eine Gondelbahn hoch nach Gitschenen mit seinen markanten Gipfeln. Ein anderer Postbus, die Klausenpass-Linie *(www.* *postauto.ch)*, fährt über den Klausenpass nach Linthal.

Zum 700. Gründungsjubiläum der Schweiz 1991 entstand um den Südteil des Urner Sees der Weg der Schweiz (siehe S. 38). Das Gebiet wurde wegen einer Wiese ausgewählt, auf der sich am 1. August 1291 drei Männer getroffen und einen Eid geschworen haben sollen – das Ereignis gilt als Gründungsakt der Schweiz. Der 35 Kilometer lange Wanderweg beginnt auf der Rütliwiese und führt nach Brunnen, wo der Urner in den Vierwaldstätter See übergeht.

Zwar kann man den Weg in einem Tag gehen, jedoch übernachten viele Wanderer auf halber Strecke in Flüelen oder Altdorf. Da Rütli, Bauen, Isleten, Flüelen, Sisikon und Brunnen von Schiffen bzw. Flüelen, Sisikon und Brunnen von Zügen angefahren werden, lässt sich der Weg gut in Etappen absolvieren. Der reizvolle Pfad führt über Wiesen und durch Wälder,

ERLEBNIS: Mit Dampf über den Furkapass

Freunde von Dampfeisenbahnen begeistern sich für diese 18 Kilometer lange Schmalspurstrecke von Realp über den Furkapass nach Oberwald. Es war einst eine Hauptbahnstrecke, die aber im Winter immer wegen Schnees geschlossen werden musste. Inzwischen ist die alte Strecke von Freiwilligen instand gesetzt worden: Jetzt kann man wieder eine der spektakulärsten Eisenbahnfahrten Europas unternehmen. Acht liebevoll restaurierte Dampflokomotiven verkehren auf der Strecke, darunter zwei, die viele Jahre lang in den Bergen Vietnams eingesetzt waren. Aus den historischen Eisenbahnwagen hat man bei Gletsch einen imposanten Ausblick auf den Rhonegletscher.

Mit dem Raddampfer über den Urner See

birgt aber auch einige lange Anstiege, etwa von Rütli nach Bauen oder von Sisikon nach Brunnen.

Altdorf: Auf dem Hauptplatz von Altdorf steht seit 1895 eine große Statue von Wilhelm Tell und seinem Sohn. Ein gut anderthalb Kilometer langer Spaziergang führt Richtung Südosten zu seinem vermeintlichen Geburtsort Bürglen mit dem **Tell Museum**. Die Bürgerhäuser in Altdorf zeugen von dem Wohlstand, den der rege Handel über die Gotthardstraße den Orten entlang der Strecke einst bescherte. Altdorf liegt an der Fernwanderroute Via Alpina; Richtung Nordosten führen außerdem schöne Wege ins dicht bewaldete Muotathal.

Richtung St.-Gotthard-Pass: Bekannt ist Uri auch für den St.-Gotthard-Pass und die Gotthardbahn mit ihren Tunneln. Sie stellen die Verbindung zwischen Zürich, dem Tessin und Mailand her. Die 1882 eröffnete Bahnstrecke war eine ingenieurstechnische Meisterleistung und führt über zahlreiche Brücken und mehrere spiralförmige Tunnel hinauf zum 15 Kilometer langen Gotthardtunnel zwischen Göschenen und Airolo. Vor der Eröffnung der Tunnel brauchte man für die Fahrt zwischen den beiden Orten einen ganzen Tag; heute dauert sie kaum zehn Minuten. Die Landschaften beiderseits des Tunnels sind spektakulär; einige Züge haben Panoramawagen.

(Fortsetzung auf S. 184)

Tell Museum

✉ Postplatz
☎ 041/870 41 55
🕐 Mitte Okt.– Mitte Mai geschl.
💲 €€

www.tellmuseum.ch

Wilhelm Tell

Bittet man jemanden, einen berühmten Schweizer zu nennen, stehen die Chancen nicht schlecht, dass der Name Wilhelm Tell fällt. Jedoch ist überhaupt nicht erwiesen, dass diese heroische Gestalt je existiert hat. Wie auch bei der Geschichte von Robin Hood hat der Mangel an historischen Zeugnissen der anhaltenden Popularität der Legende aber in keinster Weise geschadet.

Die berühmte Statue von Wilhelm Tell im Zentrum von Altdorf

Die Geschichte vom Apfel, den Wilhelm Tell seinem Sohn vom Kopf schießt, hat ihre Ursprünge in den Ereignissen, die zu den ersten Bündnissen zwischen den Schweizer Kantonen führten. Als Rudolf von Habsburg 1273 zum römisch-deutschen König gekrönt wurde, machte er sich daran, sich durch Eroberung und Zwang Schweizer Territorium einzuverleiben. Vor Ort ließ er sich durch korrupte Landvögte vertreten. Einer der verhasstesten Landvögte war Hermann Gessler, der in Uri für die Eintreibung der Steuern zuständig war. Der Legende zufolge steckte er auf dem Marktplatz von Altdorf seinen Hut auf eine Stange und ordnete an, dass sich jeder davor verbeugen müsse. Als Wilhelm Tell die Anordnung ignorierte, wurde er verhaftet. Die folgende Auseinandersetzung zwischen Gessler und Tell führte zu dem berühmten Ultimatum: Tell solle seinem Sohn einen Apfel vom Kopf schießen oder der Sohn würde zusammen mit ihm selbst hingerichtet.

Tell traf den Apfel – und er und sein Sohn wurden von Gesslers Männern freigelassen. Bevor Tell gehen durfte, fragte ihn Gessler jedoch, warum er zwei Pfeile aus dem Köcher genommen habe. Tell antwortete, er habe den zweiten Pfeil für den Fall gebraucht, dass er seinen Sohn getroffen hätte – dann hätte er den zweiten Pfeil auf Gessler abgeschossen. Gessler ließ Tell daraufhin sofort fesseln und ihn mit dem Schiff zu seiner Burg in Küssnacht bringen.

Unterwegs kam ein Sturm auf und seine Wärter machten Tell los, damit er sie als Einheimischer sicher über den See steuern konnte. Südlich von Sisikon brachte Tell das Boot nah ans Ufer, griff sich seine Armbrust und flüchtete aus dem Boot in den Wald. An dieser Stelle wurde 1879 eine Kapelle errichtet und von Ernst Stückelberger aus Basel mit Wandgemälden der Gessler-Geschichte ausgeschmückt. Tell erschoss Gessler schließlich später aus einem Hinterhalt, als dieser die berühmte «hohle Gasse» entlangkam.

Wahrheit oder Legende?

All dies soll 1307 passiert sein und Tell soll dann 1315 in der Schlacht am Morgarten gekämpft haben, als die Eidgenossen eine habsburgische Armee besiegten. 1354 soll er bei dem Versuch, ein Kind vor dem Ertrinken im Schächenbach in Uri zu retten, umgekommen sein. Der erste schriftliche Bezug zur Geschichte von Wilhelm Tell erschien erst 1475 im berühmten „Weissen Buch von Sarnen". 1512 oder 1513 wurde möglicherweise ein Theaterstück über Tell in Altdorf aufgeführt. Die „Schweizer Chronik" (auch „Chronicon Helveticum", um 1535) des Historikers Aegidius Tschudi gilt als dasjenige Buch, in dem die verschiedenen Erzählungen zu der Geschichte zusammengeführt wurden, die wir heute kennen. Es hat die Sage weit verbreitet. Ein Schweizer Chronist vertrat 1607 jedoch die Ansicht, dass die gesamte Tell-Geschichte erfunden worden sei, um den Hass auf die Habsburger zu schüren. In jüngerer Zeit haben Historiker auf die auffallenden Ähnlichkeiten zwischen der Tell-Sage und viel älteren nordischen und germanischen Legenden hingewiesen.

Tells Nachleben

Ob wahr oder nicht – Aegidius Tschudis Darstellung bildete die Grundlage für die einflussreichste Bearbeitung des Stoffes: Friedrich Schillers Drama „Wilhelm Tell" von 1804. Die Anregung zu dem Stück erhielt Schiller von Goethe, nachdem dieser den Ort besucht hatte, an dem Gessler umgekommen sein soll. Schillers Drama wiederum bildete die Basis für das Libretto von Rossinis gleichnamiger Oper, die 1829 in Paris uraufgeführt wurde.

Die Schweizer haben zu Wilhelm Tell ein zwiespältiges Verhältnis: Laut einer Umfrage von 2004 glauben die meisten Schweizer, dass er wirklich gelebt hat, und für einige Nationalisten kommt die Leugnung seiner Existenz einem Hochverrat gleich. Jedoch erkennt eine beträchtliche Minderheit den Mangel an Beweisen für Tells Existenz an. Genauso wie die Legende des für Gerechtigkeit kämpfenden Robin Hoods die englische Kultur geprägt hat, ist die Idee von Wilhelm Tell untrennbar verbunden mit dem nationalen Selbstverständnis der Schweizer. Tell entwickelte sich sogar zu einem europäischen Symbol für den Widerstand gegen die Tyrannei.

In kommerzieller Hinsicht ist Wilhelm Tell gern gesehen. Zahllose Produkte tragen sein stolzes Abbild und seine Geschichte ist mehrmals verfilmt worden. Den ersten Film über die Legende drehte im Jahr 1900 der französische Regisseur Charles Pathé.

Schillers Stück ist seit Jahrzehnten jeden Sommer auf einer Freilichtbühne bei Interlaken (siehe S. 130ff) zu sehen. Die Stadt hat keine Verbindung zur Tell-Sage, dafür aber jede Menge Touristen, die sich von einheimischen Schauspielern und actionreichen Szenen unterhalten lassen, musikalisch untermalt von Rossinis aufwühlender Ouvertüre.

Andermatt

Karte S. 165 B1

**Besucher-
information**

Andermatt-
Gotthard
Tourismus,
Gotthardstrasse
2, Andermatt

☎ 041/888 71 00

www.andermatt.ch

Vom Bahnhof Göschenen an der nördlichen Tunnelzufahrt führt eine Zahnradbahn über die berüchtigte Schöllenenschlucht nach Andermatt. Unterwegs bietet sich ein toller Blick auf die einbogige **Teufelsbrücke**; sie war bis ins 20. Jahrhundert der einzige Weg über die tiefe Schlucht. Einer örtlichen Legende zufolge erklärte sich der Teufel bereit, beim Bau der Brücke zu helfen; dafür sollte er die erste Seele erhalten, die die Brücke passieren würde. Doch der teuflische Plan ging nicht auf: Als Erstes wurde eine Ziege hinübergeschickt!

Andermatt: Andermatt liegt in einem ungewöhnlich flachen weiten Tal. Der Hauptort des Urserentals besitzt ein schönes weißes **Rathaus** (erbaut 1767) und eine Hauptstraße mit hübschen Häusern und Hotels. Das Wahrzeichen des Ortes

ist wegen ihrer erhöhten Lage die barocke Wallfahrtskapelle Maria-Hilf. Von ihr bieten sich schöne Ausblicke. Ein Pfad führt von hier zu den Gurschenbachfällen. Außergewöhnliche Bergpanoramen eröffnen sich bei einer Seilbahnfahrt zum 2961 Meter hohen Gipfel des Gemsstocks: An klaren Tagen sind rund 600 Gipfel zu sehen.

Der St.-Gotthard-Pass

Im Landesmuseum in Zürich (siehe S. 205) sind goldene Armbänder und Halsketten aus dem 4. Jahrhundert v. Chr. zu sehen; sie wurden als Talisman für eine sichere Reise über die Alpen angefertigt. Manche Reisende hatten früher so viel Angst, dass sie sich die Augen verbinden ließen. Seit dem Bau der ersten Straße im 13. Jahrhundert ist die Gotthardroute jedoch eine der wichtigsten Verbindungen zwischen Nord- und Südeuropa. Das **Nationale St. Gotthard-Museum** (*Gotthardpass, Tel. 091/869 15 25, Juni–Okt. täglich geöffnet, www.museen-uri.ch*) verdeutlicht in mehreren Gebäuden auf der Passhöhe (2108 m) die Bedeutung des Passes. Die Gebäude dienten einst als Kapuzinerhospiz; ein Teil ist heute als Hotel umgenutzt. Einfache Zimmer sind in der Albergo San Gottardo (*Gotthardpass, Tel. 091/869 12 35*) zu finden. Am besten überquert man den Pass mit dem Postbus von Andermatt nach Airolo oder mit der historischen Pferdekutsche. Mit der Eröffnung der Eisenbahnlinie 1882 verlor die Straße zwar an Bedeutung, fasziniert jedoch bis heute durch ihre Geschichte.

Andermatt ist außerdem Ausgangspunkt für die vielleicht romantischste Fahrt über den Gotthard: Die **Gotthardpost** *(www.gotthardpost. ch)* betreibt nachgebaute Pferdepostkutschen des 19. Jahrhunderts, um Reisende wie anno dazumal zu befördern. Der kostümierte Kutscher hält unterwegs für Erfrischungen spurbahn über eine Reihe von Haarnadelkurven.

Der Bahnhof Andermatt ist Startpunkt einer der tollsten Postbusstrecken der Schweiz, die mit dem Romantic Route Express nach Meiringen führt. Die Fahrt beginnt mit einem kurvenreichen Anstieg zum Furkapass; dann geht es hinunter nach Gletsch

Eine historische fünfspännige Postkutsche auf dem Weg zum St.-Gotthard-Pass

an einem alten Gasthaus sowie beim Gipfelhospiz zum Mittagessen und Museumsbesuch. Die sehr ungewöhnliche Art zu Reisen endet schließlich in Airolo mit einem Imbiss.

Andermatt liegt auch an der Strecke des **Glacier Express** (siehe S. 240f) zwischen Zermatt und St. Moritz. Hinauf zur Oberalppasshöhe auf dem Scheitelpunkt der Matterhorn Gotthard Bahn klettern die Züge der Schmal- mit herrlichen Ausblicken auf den Rhonegletscher und die Dampfeisenbahn. Darauf erklimmt der Bus den Grimselpass – mit einer Kaffeepause auf der Passhöhe – und fährt anschließend hinunter nach Meiringen. Von dort fährt ein weiterer Postbus, und zwar über den Sustenpass, zurück nach Andermatt; zwischen Wassen und Göschenen blickt man auf die Gotthard-Bahnstrecke. ∎

Weltberühmte Geschäfte, ein vielfältiges Nachtleben und eine wunderschöne Lage am See – die spannendste Stadt der Schweiz

Zürich & Zürichsee

Café Sprüngli: toll für Kaffee, Kuchen und Schokolade

Zürich & Zürichsee

Zürich liegt mit Blick auf die Alpengipfel am gleichnamigen See. Es ist eine Stadt von einzigartiger Schönheit und großer Vitalität – beileibe nicht die graue Schaltzentrale der Banken und Geschäftsleute, die viele Besucher erwarten. Die netten Orte und Wälder im Umland sowie das Seeufer bieten viele Möglichkeiten für Tagesausflüge.

Die Stadt Zürich

Lange stand Zürich für das protestantische Arbeitsethos der Schweiz: nüchtern, fleißig, nur wenig Muße für die schönen Dinge des Lebens. Zürich war das erste Industriezentrum der Schweiz und seit dem vergangenen Jahrhundert zählt es neben New York, London und Tokio auch zu den bedeutendsten Finanzplätzen der Welt. In den letzten Jahrzehnten hat sich Zürich allerdings auch zum kulturellen Zentrum der deutschsprachigen Schweiz entwickelt.

Hier sind mehr als hundert Museen und Galerien ansässig, dazu zahlreiche edle Restaurants, eine Musikszene von Weltrang und das glamouröseste Einkaufsviertel der Schweiz. Kein Wunder, dass Zürich schon oft auf Platz 1 der begehrtesten Wohnorte der Welt stand.

Zürich ist die bei Weitem größte Stadt der Schweiz. Im eigentlichen Stadtgebiet leben etwa 370 000 Menschen, dazu kommen täglich rund eine Million Pendler. Der historische Kern, die Altstadt, liegt zu beiden Seiten des Flusses Limmat. Die Westhälfte, das Lindenhofquartier, präsentiert sich als Gassenlabyrinth zwischen Limmat und Bahnhofstrasse; Letztere verläuft dort, wo früher die Stadtmauer stand. Am anderen Limmatufer liegt das Rathausquartier, das sich von der Bahnhofbrücke bis zum See erstreckt.

Nordwestlich der Altstadt, hinter dem Hauptbahnhof, breitet sich das Szeneviertel Zürich-West aus. Hier hat sich eine verlassene Industriegegend in ein angesagtes Künstlerviertel mit buntem Nachtleben verwandelt.

Nicht weit vom Stadtzentrum entfernt befindet sich ein erholsamer Park, ein Ziergarten und ein Seeschwimmbad. Im Sommer versammeln sich die Züricher zu einem kühlen Bad im See oder lassen sich in der Limmat treiben.

Die verstreut liegenden Sehenswürdigkeiten sind dank eines dichten und wunderbar effizienten öffentlichen Nahverkehrsnetzes leicht zu erreichen. Es gibt zwar keine U-Bahn, aber viele Straßenbahnen und Busse. Die Zürich Card (gültig 24 oder 72 Stunden und erhältlich in Hotels, Verkehrsbüros und Touristeninformationen) gilt in allen öffentlichen Verkehrsmitteln und gewährt Zugang zu 39 Museen in der Stadt.

Außerhalb von Zürich

Nordöstlich von Zürich liegt Winterthur, die sechstgrößte Stadt der Schweiz. Die ehemalige Industriestadt ist genau wie ihre Nachbarin heute ein blühendes Bankenzentrum. Sie verfügt zwar nicht über die lebendige Atmosphäre Zürichs, lohnt aber wegen der hervorragenden Museen einen Abstecher.

Der lange, schmale Zürichsee, der viertgrößte See der Schweiz, zieht sich von der Stadtmitte Richtung Südosten bis zum Seedamm bei Rapperswil. Um den See herum bieten sich vielfältige Ausflugsziele an, u. a. die malerischen Dörfer am Ufer, die man auf einer Bootstour erreichen kann. Mit ihrer Hügellandschaft voller Wälder und Weinberge ist die Region ein echtes Wanderparadies. Weinfreunde sollten der Gemeinde Stäfa einen Besuch abstatten. ∎

Zur Orientierung

Zürich & Umgebung

Die idyllische Seelage und die vielen Grünflächen verleihen Zürich eine eher kleinstädtische Atmosphäre, kombiniert mit einem globalen Touch. Neben den schönen Häusern der Altstadt wartet Zürich mit einer zeitgenössischen Kunst- und Musikszene von Weltrang auf, den edelsten Shoppingmöglichkeiten der Schweiz und einem vielfältigen Nachtleben.

Im Jahr 15 v. Chr. entstand an den Ufern der Limmat etwa dort, wo sich heute das Lindenhofquartier befindet, die befestigte römische Siedlung Turicum. Dazu gehörten ein Hafen, Weingärten und öffentliche Bäder. Deren Überreste sind heute durch ein Metallgitter in der Thermengasse zu sehen. 401 n. Chr. machten die Römer Platz für Franken und Alemannen.

Im Mittelalter wurde Zürich von einem Rat regiert, dem die Äbtissin des Benediktinerrinnenklosters Fraumünster vorstand. 1336 übernahm eine Gruppe von Kaufleuten die Kontrolle über die Stadt. Sie traten der Schweizerischen Eidgenossenschaft bei und organisierten sich in 13 Zünften, welche die Geschicke der Stadt in den folgenden Jahrhunderten lenkten. Aus den Trümmern der Zürcher Burg entstand die Altstadt in ihrer heutigen Form.

Das Lindenhofquartier

Dieser Teil der Zürcher Altstadt verdankt seinen Namen dem Lindenhof-Hügel. In römischer Zeit befand sich dort ein Kastell, im Mittelalter eine große Burg. Heute wird die Erhebung von einem Platz gekrönt, von wo aus sich schöne Ausblicke auf Limmat und Rathausquartier eröffnen.

Eine der Hauptkirchen der Stadt: das Grossmünster

Das **Zürcher Spielzeug-museum** beim Lindenhof ist ein Muss für Familien mit Kindern. Die reizende Sammlung umfasst Puppen, Teddybären, Spielzeugeisenbahnen, Spielsachen und Bücher aus dem 18. bis 20. Jahrhundert.

Am Südhang des Lindenhof-Platzes befinden sich einige der ältesten Straßen und Kirchen der Stadt. Mit dem Hügel im Rücken, liegt links das winzige Viertel **Schipfe**; hier winden sich enge mittelalterliche Gassen hinunter zur Limmat. Die bunten Häuser aus dem 16. und 17. Jahrhundert zeichnen sich dank der unregelmäßig geformten Grundstücke, auf denen sie stehen, durch alle möglichen Formen und Größen aus.

Ein paar hundert Meter entfernt steht südwestlich des Lindenhof-Hügels eine der ältesten Kirchen der Stadt. Die schlichte, elegante **Augustinerkirche** *(Münzplatz, So geschl.)* wurde im 13. Jahrhundert von Augustinermön-

chen erbaut, während der Reformation aber aufgegeben. Mitte des 16. Jahrhunderts zog die städtische Münze in das Gebäude ein und erst 1841 wurde es wieder für den ursprünglichen Zweck genutzt.

Ein Stück weiter den Hügel hinab windet sich sanft die **Augustinergasse**. Die Häuser hier zeichnen sich durch ihre kleinen geschlossenen Balkone aus. Diese befinden sich meist leicht versetzt im ersten Stock, damit die Bewohner des Hauses sehen konnten, wer bei ihnen an die Tür klopfte. In der Straße ist auch die **Zürcher James Joyce Stiftung** ansässig, ein Literaturhaus mit einer umfassenden Sammlung von Büchern des irischen Autors. Joyce verbrachte den größten Teil seines Lebens auf Reisen durch Europa. In Zürich lebte er von 1915 bis 1920; er arbeitete hier an seinem weltberühmten Roman „Ulysses" (1922); kurz vor seinem Tod 1941 kam er noch einmal in die Stadt zurück. Die Stiftung

Zürich

🅰 Karte S. 189 A2

Besucherinformation

✉ Zürich Tourismus, Hauptbahnhof, Zürich

☎ 044/215 40 00

www.zuerich.com

Zürcher Spielzeugmuseum

✉ Sammlung Franz Carl Weber, Fortunagasse 15

☎ 044/211 93 05

🕐 So geschl.

🚋 Tram: 6, 7, 11, 13 (Rennweg)

Zürcher James Joyce Stiftung

✉ Augustinergasse 9

☎ 044/211 83 01

🕐 Sa, So geschl.

🚋 Tram: 6, 7, 11, 13 (Rennweg)

www.joyce foundation.ch

Shoppen bis zum Umfallen

In Sachen Einkaufen sucht die Bahnhofstrasse ihresgleichen. Die noblen Boutiquen, schicken Designerläden und edlen Juweliere und Uhrmacher verkörpern Wohlstand und Eleganz. Bekannte Schweizer Marken wie Rolex, Cartier und Breitling findet man bei **Bucherer** *(Bahnhofstrasse 50)* und **Beyer** *(Bahnhofstrasse 31)*. Erschwinglicher sind die Uhren im **Swatch**-Laden *(Bahnhof-*

strasse 94). Zu den größten Spielwarengeschäften Europas zählt **Franz Carl Weber** *(Bahnhofstrasse 62)*. **Bally Capitol** *(Bahnhofstrasse 66)* ist die weltweit größte Filiale dieses berühmten Schweizer Schuhfabrikanten. Am Ende des Einkaufsbummels steht ein Besuch in der traditionellen **Confiserie Sprüngli** *(Bahnhofstrasse 21)*, wo man mit dem besten Kuchen der Stadt verwöhnt wird.

Fraumünster
- ✉ Münsterhof 2
- ☎ 044/211 41 00
- 🕐 Während der Gottesdienste geschl.
- 🚊 Tram: 2, 6, 7, 8, 9, 11, 13 (Paradeplatz)

Zunfthaus zur Meisen
- ✉ Münsterhof 20
- ☎ 044/221 28 07
- 🕐 Mo geschl.
- 💲 €
- 🚊 Tram: 2, 6, 7, 8, 9, 11, 13 (Paradeplatz)

www.musee-suisse.ch/d/meisen/index.php

INSIDERTIPP

Beim Umzug der Zünfte während des beliebten Frühjahrsfestes Sechseläuten ziehen Tausende Menschen in historischen Kostümen durch die Stadt.

CATHERINE RICCUCCI
National Geographic-Autorin

organisiert Lesungen und Ausstellungen zu den Werken von Joyce und anderen modernen Schriftstellern.

Am Ende der Gasse steht die **St. Peterskirche** aus dem 16. Jahrhundert. Ausgrabungen haben Hinweise darauf zutage gefördert, dass hier schon im 8. Jahrhundert ein Gotteshaus stand. Die Kirche ist von überall in Zürich gut

zu sehen; den Turm schmückt das größte Ziffernblatt Europas: Es hat einen Durchmesser von 8,7 Metern.

Münsterhofplatz: Am Fuß des Hügels führen die engen Sträßchen des Lindenhofquartiers auf den mittelalterlichen Münsterhofplatz mit dem eleganten **Fraumünster**. Hier existierte einst eine Benediktinerinnenabtei; deren Krypta ist bis heute unter dem jetzigen Bauwerk aus dem 13. Jahrhundert erhalten. Die Kirche beeindruckt mit besonders schönen Buntglasfenstern des Schweizer Malers Augusto Giacometti (1877–1947), das Highlight sind jedoch die fünf Chorfenster des russisch-französischen Künstlers Marc Chagall (1887–1985) aus dem Jahr 1970.

Im Mittelalter war die Äbtissin des Fraumünsters de facto die Herrscherin über die Stadt und der Münsterhofplatz war die prestigeträchtigste Adresse Zürichs. Das war auch noch der Fall, nachdem die Zünfte das Regiment übernommen hatten: Viele der mächtigen Zünfte errichteten hier ihre Zunfthäuser. Die schönsten noch existierenden Exemplare sind das blassblaue **Zunfthaus zur Waag** mit einem beliebten Restaurant (siehe S. 296) und das **Zunfthaus zur Meisen**, das der Winzerzunft gehörte. In diesem ist heute

ERLEBNIS:
Kochkurs Schweizer Küche

Die von einem schweizerisch-amerikanischen Paar geführte Kochschule **Laughing Lemon** *(Tezet Quatierzentrum, Gubelstrasse 10, 8050 Zürich-Oerlikon, Tel. 044/312 40 25, www.laughinglemon.ch)* bietet Kurse an zu Themen wie handgemachte Pasta, Kürbis-Spezialitäten, Kochen mit Kartoffeln und Köstliches aus Schokolade. Im Mittelpunkt stehen sowohl alte Schweizer Rezepte als auch neue Trends, die sich in der regionalen Küche herausgebildet haben. Außerdem führt Laughing Lemon in die Welt der Schweizer Weine ein.

Die barfussbar mit dem angestrahlten Grossmünster im Hintergrund

die Porzellan- und Fayencen-Sammlung des Schweizerischen Landesmuseums (siehe S. 205) untergebracht. Das feine Geschirr und die bemalten Figurinen wurden zum großen Teil im 17. und 18. Jahrhundert in der Manufaktur Kilchberg-Schooren am Zürichsee gefertigt.

Gleich um die Ecke des Fraumünsters befindet sich die **Frauenbadi** *(Stadthausquai, Tel. 044/211 95 92, geöffnet Mai–Sept., €€),* das letzte der schwimmenden Bäder, die einst beide Limmatufer säumten. Hier werden Massagen, Wellnessbehandlungen und Yogakurse angeboten. Tagsüber ist das Bad tatsächlich nur für Frauen geöffnet, abends jedoch firmiert es als die entspannte **barfussbar** *(www.barfussbar.ch),* in der jeder(mann) barfuß herumgehen darf.

Bahnhofstrasse: Als 1865 mit dem Bau des Hauptbahnhofs, des größten Bahnhofs der Schweiz, begonnen wurde, fielen die alten Stadtmauern im Westen und der Mauergraben wurde aufgefüllt. So entstand Raum für einen breiten Boulevard: die Bahnhofstrasse. Heute gibt es kaum ein aussagekräftigeres Symbol für den Wohlstand der Stadt als diese Fußgängerzone. Alteingesessene Geschäfte konkurrieren mit den Filialen internationaler Ketten um Verkaufsflächen, die zu den teuersten der Welt zählen.

Die Bahnhofstrasse beginnt am Hauptbahnhof. Dieses prächtige Neorenaissance-Gebäude wurde zwischen 1865 und 1871 von dem Züricher Industriellen Alfred Escher (siehe S. 202) errichtet. Vor dem Haupteingang steht

Bahnhofstrasse

- Karte S. 197
- Bahnhofstrasse
- Tram: 6, 7, 11, 13 (Bahnhofstrasse); Tram: 2, 6, 7, 8, 9, 11, 13 (Paradeplatz); Tram: 2, 8, 9, 11 (Bürkliplatz)

www.bahnhofstrasse-zuerich.ch

Zürichs Hausberg, der Uetliberg

Der Uetliberg ist mit 871 Meter Höhe der höchste Punkt der Stadt. Nur 20 Minuten dauert es bis zur Panoramaterrasse des **Hotel-Restaurant Uto Kulm** *(www. utokulm.ch/de/hotel)* oben auf dem ruhigen Gipfel, weit entfernt vom Glamour der geschäftigen Straßen der Stadt. Vom Hauptbahnhof fährt jede halbe Stunde die S10 zum Bahnhof Uetliberg. Von hier führt eine gemächliche zweistündige Wanderung an einem bewaldeten Kamm entlang und über üppige Blumenwiesen nach Felsenegg mit weiten Ausblicken auf Zürich, den See und die schneebedeckten Berge im Hintergrund. Unterwegs finden sich am Weg Modelle der Planeten im Maßstab 1:1 Million, die besonders Kindern Spaß machen.

Von Felsenegg fährt eine Seilbahn hinunter nach Adliswil; von dort kann man mit der S4 wieder zum Hauptbahnhof zurückfahren und hat so eine schöne Rundtour vollendet.

seine Bronzestatue; er gilt gemeinhin als der Vater des modernen Zürich.

Etwa auf der Hälfte erweitert sich die Bahnhofstrasse zum **Paradeplatz**. Das geschäftige Straßenbahnkreuz war bis ins 19. Jahrhundert hinein ein Marktplatz; dann wurde es Hauptveranstaltungsort für Militärparaden. Heute ist der Platz mit gastronomischen Betrieben gesäumt, darunter der Hauptfiliale der **Confiserie Sprüngli** *(Bahnhofstrasse 21, So geschl., www.spruengli.ch).* Im Erdgeschoss der besten Konditorei der Stadt locken Auslagen mit Pralinen, Trüffeln, *Luxemburgerli* (winziges Schaumgebäck mit Sahnefüllung) und anderen Spezialitäten – alles wird täglich nach traditionellen Rezepten frisch von Hand hergestellt.

Bekannt ist der Paradeplatz vor allem als Herz des Schweizer Bankenwesens. Fast alle helvetischen Großbanken haben am Platz oder in seiner Nähe ihren Hauptsitz. Den Banken verdankt Zürich seinen Status als Wirtschaftszentrum der Schweiz; hier wird mehr als die Hälfte des Reichtums des Landes erwirtschaftet, unter anderem durch den internationalen Goldhandel. Unter dem Pflaster des Paradeplatzes und der Bahnhofstrasse liegen gewaltige Stahlgewölbe mit Hunderten Tonnen Barrengold.

Nicht weit vom Paradeplatz zeigt das winzige **Uhrenmuseum Beyer Zürich** im Untergeschoss des bekannten Uhrengeschäfts Beyer über 500 Exponate, darunter uralte Sonnenuhren und Uhren mit Holzwerk, traditionelle Kuckucksuhren und hypermoderne Zeitmesser.

Das Rathausquartier

Die Osthälfte der Altstadt auf der anderen Seite der Limmat ist etwas kleiner als die Westhälfte. Zu ihren Attraktionen gehören das namengebende Rathaus, das

Grossmünster und das Cabaret Voltaire. Mit seinen Kopfsteinpflastergassen, sonnigen Plätzen, urigen Geschäften und Straßencafés verströmt das Viertel einen dörflichen Charme – nicht umsonst nennen die Einheimischen es das „Dörfli".

Das soziale Zentrum des Viertels ist die **Niederdorfstrasse**. Die breite Fußgängerzone verläuft etwas oberhalb vom Rathaus; hier reihen sich zahlreiche Kneipen, Cafés und Restaurants aneinander.

Am Limmatquai: Der Limmatquai am Ostufer des Flusses ist seit Kurzem für Autos gesperrt. Dadurch hat er sich mit seinen eleganten Zunfthäusern und schicken Geschäften zu einer beliebten Flaniermeile gewandelt.

Die erste Sehenswürdigkeit auf dem Weg von der Bahnhofbrücke Richtung Süden ist das **Rathaus** aus dem 17. Jahrhundert. Das schöne Barockgebäude steht auf im Flussbett versenkten Pfeilern, sodass es teilweise zu schwimmen scheint. Hier residiert nach wie vor der Rat der Stadt. Daher ist das Gebäude nicht zugänglich.

Am Fluss befindet sich auch die spätgotische **Wasserkirche**. Sie soll an der Stelle stehen, wo die beiden Stadtpatrone Felix und Regula 286 n. Chr. den Märtyrertod starben. Das bestehende Gebäude stammt aus dem 15. Jahrhundert und wurde während der Reformation all seiner Schätze beraubt. Das benachbarte **Helmhaus**, früher Gerichtsgebäude und Markthalle, wird heute für Ausstellungen von Werken zeitgenössischer Schweizer Künstler genutzt.

Grossmünster & Umgebung: Vom Limmatquai führt eine Treppe hinauf zur Stadtkirche **Grossmünster**. Der örtlichen Überlieferung zufolge wurde die erste Kirche an dieser Stelle von Kaiser Karl dem Großen (ca. 747–814) erbaut: Durch ein (Fortsetzung auf S. 198)

Wasserkirche & Helmhaus
- ✉ Limmatquai 31
- ☎ 044/251 61 77
- 🕐 Mo geschl.
- 🚊 Tram: 4, 15 (Helmhaus)

www.helmhaus.org

Grossmünster
- ✉ Grossmünsterplatz
- ☎ 044/252 59 49
- 💲 Münster frei; Turm €€
- 🚊 Tram: 4, 15 (Helmhaus)

www.grossmuenster.ch

Süßwarenauslage bei Sprüngli

Rundgang: Züricher Altstadt

Hier zeigt sich Zürich von seiner besten Seite: der schöne See, die eleganten Geschäftszeilen, die stolzen Kirchtürme und das Gassenlabyrinth am Fluss. Den Weg säumen einige der schönsten Wahrzeichen der Stadt und es eröffnet sich Ausblicke auf die autofreie Altstadt und Niederdorf.

Aus den Züricher Brunnen strömt Trinkwasser

Die stille Züricher Altstadt ist der reizendste Teil der Stadt. Mit ihren alten Zunfthäusern, steilen Gassen und schattigen Plätzen lädt die Altstadt geradezu zu einem Bummel ein. Der Rundgang beginnt am westlichen Ende der **Rudolf-Brun-Brücke** ❶, einer der Limmatbrücken. Von hier geht es am Westufer des Flusses entlang Richtung Süden durch das **Schipfe** genannte Viertel. Dies ist der älteste Teil der Stadt. Im Mittelalter wurden hier die Boote für die Seefischer gebaut und im 16. und 17. Jahrhundert waren die Weber und Schneider in den Gassen ansässig. Heute ist die Schipfe für ihre winzigen Cafés, Kunstgewerbeläden und kleinen Boutiquen bekannt. Anschließend geht es die steile Wohllebgasse

NICHT VERSÄUMEN

Lindenhof • Ausblick vom Grossmünster • Zürichhorn

hinauf, dann rechts in die Pfalzgasse zum schattigen **Lindenhof** ❷ mit wunderschönen Ausblicken über die Dächer der Altstadt. Der friedliche Platz ist ein beliebter Ort für die Mittagspause und zum Schachspielen.

Der Rundgang führt die Pfalzgasse wieder hinab und bei der Kreuzung mit dem Rennweg geradeaus. Unterwegs passiert man die **St. Peterskirche** ❸ (siehe S. 192) mit ihrem auffallenden Uhrenturm. Neben der Kirche führt eine Treppe, die Thermengasse, hinunter zu einem kleinen Stück freigelegter römischer Bäder.

Ein paar hundert Meter weiter südlich erreicht man den **Münsterhofplatz** ❹, das stattliche Herz der Altstadt. Im Mittelalter fand hier der Schweinemarkt statt; heute ist der Platz von prächtigen barocken Zunfthäusern sowie dem eindrucksvollen **Fraumünster** ❺ (siehe S. 192) gesäumt.

Von der Münsterbrücke über die Limmat bietet sich ein Blick auf das beeindruckende **Helmhaus** und die **Wasserkirche** ❻ rechts. Vom Ende der Brücke ist es nicht mehr weit bis zum **Grossmünster** ❼ (siehe S. 195), von dessen Türmen sich der beste Blick über die Stadt bietet.

Danach geht es ein Stück weiter bergauf und dann links in die Münstergasse. Die Straße führt vorbei am **Cabaret**

Voltaire **8** (siehe S. 198) und in die **Niederdorfstrasse** **9** mit zahlreichen Cafés für eine Pause.

Durch eine der schmalen, steilen Gassen geht es zurück hinunter zum Fluss und Richtung Süden am Limmatquai entlang vorbei am barocken **Rathaus** **10** zum Utoquai mit der **Odeon Bar** **11** (Limmatquai 2, Tel. 044/251 16 50). Die 1911 eröffnete Jugendstilbar beeindruckt

mit ihrer Inneneinrichtung, den Spiegeln und Lüstern. Hier verkehrten Persönlichkeiten wie James Joyce, Arturo Toscanini, Wladimir Lenin und Leo Trotski. Heute ist sie eine beliebte Schwulenbar.

Von hier sind es 20 Minuten zu Fuß zum **Zürichhorn** **12**. Im Park gibt es Badebereiche und Cafés. Von der nahen Bellerivestrasse fahren Busse und Straßenbahnen zurück ins Zentrum.

Sommergastronomie in der Niederdorfstrasse

Cabaret Voltaire

✉ Spiegelgasse 1
☎ 043 / 268 57 20
🕑 Mo geschl.
🚋 Tram: 4, 15
(Rathaus)

**www.cabaret
voltaire.ch**

Kunsthaus Zürich

✉ Heimplatz 1
☎ 044 / 253 84 84
🕑 Mo geschl.
💲 €€€€€
🚋 Tram: 3, 5, 8, 9
(Kunsthaus)

www.kunsthaus.ch

göttliches Zeichen sei ihm zu verstehen gegeben worden, dass sich hier die Gräber von Felix und Regula befänden. Die heutige Kirche entstand zwischen 1170 und 1230. Von hier aus trieb Ulrich Zwingli (1484–1531) 1519 die Schweizer Reformation voran. Sein Motto „Bete und arbeite" sollte einen tiefgreifenden Einfluss auf die Züricher haben, die den nüchternen Protestantismus freudig aufnahmen – mit dem Ergebnis, dass Zürich im 19. Jahrhundert zum Wirtschafts- und Finanzzentrum des Landes aufstieg.

Im Einklang mit Zwinglis Glaubenssätzen ist das Innere des Grossmünsters recht schmucklos; im Chor gibt es jedoch einige sehr schöne Buntglasfenster des Schweizer Künstlers Augusto Giacometti (1877–1947). Die Türme der Kirche, von denen einer bestiegen werden kann, zählen zu den Wahrzeichen der Stadt.

Gleich nördlich vom Grossmünster befindet sich in der Spiegelgasse das **Cabaret Voltaire**. Im Ersten Weltkrieg zog dieses exzentrische Cabaretcafé ein buntes Volk aus Schriftstellern, Malern, Musikern und Intellektuellen an. Inmitten der politischen und moralischen Krise, von der Europa erschüttert wurde, formulierten sie eine schräge und rebellische Antikunstbewegung, den Dadaismus (siehe Kasten gegenüber).

Bald nach Ende des Kriegs kehrten die meisten Züricher Dadaisten in ihre Heimatländer zurück. Die Bewegung verlief sich und das Cabaret Voltaire verfiel. 2004 wurde das Haus als kleines Museum über die Geschichte des Dadaismus in Zürich mit Café und Kabarett wieder eröffnet.

Das bedeutendste Kunstmuseum der Schweiz, das **Kunsthaus Zürich**, liegt etwa fünf Gehminuten bergauf vom Grossmünster. Schweizer Künstler sind hier sehr gut vertreten; es gibt eine große Anzahl von Werken von Alberto Giacometti, Ferdinand Hodler (1853–1918) und Paul

Klee (1879–1940). Außerdem widmet sich eine kleine Abteilung dem Dadaismus. Hauptattraktion ist die Impressionisten-Sammlung mit Werken des späten 19. Jahrhunderts, darunter Arbeiten von Monet, Cézanne, van Gogh, Gauguin und Bonnard.

Das Seeufer

Im Lauf der Zeit ist Zürich so gewachsen, dass heute 6,4 Kilometer Seeufer im Stadtgebiet liegen. Die Viertel am See sind offener als die Altstadt, mit Parks und Promenaden und einem kühlen Lüftchen vom See. Hier sind einige Kultureinrichtungen in einer schönen ruhigen Lage zu finden. Hauptattraktion ist der Zürichsee selbst, ein wunderbares Naherholungsgebiet.

Das Westufer: Die Bahnhofstrasse endet am Bürkliplatz, der Hauptablegestelle für Schiffsrundfahrten auf dem See (siehe S. 208). Dienstag- und freitagvormittags findet ein Obst- und Gemüsemarkt

statt, außerdem jährlich die Weinmesse Expovina (siehe S. 210).

Vom Bürkliplatz ist es am See entlang nicht weit bis zum **Rieterpark** mit der Villa Wesendonck aus dem 19. Jahrhundert, heute Hauptgebäude des **Museums Rietberg**. Das 1952 vom Bankier und Kunstsammler Eduard von der Heydt (1882–1964) begründete Museum ist das einzige der Schweiz, das sich außereuropäischer Kunst und Kultur widmet.

Zum Museum gehören mehrere Gebäude im Park. Die Villa Wesendonck beherbergt neben buddhistischer Kunst Schätze aus Polynesien und Amerika. 2007 entstand der unterirdische Erweiterungsbau für chinesische und japanische Kunst sowie die faszinierenden Skulpturen,

Museum Rietberg

✉ Gablerstrasse 15
☎ 044/206 31 31
🕐 Mo geschl.
💲 €€€
🚋 Tram: 7 (Museum Rietberg)

www.rietberg.ch

Dadaismus

1916 begründete eine Gruppe Zürcher Intellektueller als Antwort auf die Zerstörungswut des Ersten Weltkriegs eine radikale Künstlerbewegung. Da Vernunft und Logik den Krieg nicht hatten verhindern können, suchten sie Zuflucht in Chaos und Irrsinn. Um die Menschen aus der Apathie zu erwecken, die den Krieg möglich gemacht hatte, schufen sie eine Kunst, die bewusst unsinnig, verwirrend und verstörend war.

Opernhaus

- ✉ Falkenstrasse 1
- ☎ 044/268 64 00; 044/268 66 66 (Kasse)
- 🕐 Theaterkasse So geschl.
- 🚊 Tram: 2, 4 (Opernhaus)

www.opernhaus.ch

Chinagarten

- ✉ Bellerivestrasse 144
- ☎ 044/380 31 51
- 🕐 Nov.–Feb. geschl.
- 💲 €€
- 🚌 Bus: 912, 916 (Chinagarten)

www.chinagarten.ch

Bronzen und Masken der Afrika-Sammlung. In der Park-Villa Rieter liegt der Schwerpunkt auf indischer und persischer Kunst sowie orientalischen Textilien.

Das Ostufer: Das Ostufer beginnt am weiten, schattigen Sechseläuten-Platz, auf der anderen Seite der Quaibrücke und am Ende des Utoquai. Entlang des Ufers gibt es Möglichkeiten zum Schwimmen. Im Frühjahr findet das Fest *Sechseläuten* statt; dann wird symbolisch für das Ende des Winters eine riesige Schneemannpuppe verbrannt. Auf der Südseite des Platzes steht das neobarocke **Opernhaus**, eine der führenden Opern- und Ballettbühnen Europas.

Am Seeufer liegen weitere Attraktionen, darunter zwei kleine Museen. Das in einer reizenden Barockvilla residierende **Johann Jacobs Museum** (*Seefeldquai 17, wegen Umbaus bis Mitte 2012 geschl., www.johann-jacobs-museum.ch*) ist der Geschichte des Kaffees gewidmet; das **Museum Bellerive** (*Höschgasse 3, Tel. 043/446 44 69, Mo geschl., www.museum-bellerive.ch, €€*) beherbergt wechselnde Ausstellungen mit angewandter Kunst.

Das minimalistische Gebäude aus Glas und Stahl des **Heidi-Weber-Haus— Centre Le Corbusier** (*Höschgasse 8, Tel. 044/383 64 70, www.centrelecorbusier.com, €€*), mit den außergewöhnlichen bunten Fassadenblöcken

„Formes circulaires" des französischen Künstlers Robert Delaunay im Kunsthaus Zürich

und dem „schwebenden" Dach, ist das letzte Werk des Schweizer Architekten Le Corbusier (1887–1965). Das als Gesamtkunstwerk konzipierte Gebäude stellt den Höhepunkt seines umfassenden Schaffens dar. Leider ist das Haus nur zu bestimmten Anlässen zugänglich. Der benachbarte **Chinagarten**, ein traditioneller südchinesischer Garten und Geschenk der chinesischen Partnerstadt Kunming, gleicht am Zürichhorn einer Oase.

Ein paar Gehminuten vom Zürichhorn entfernt liegt eine weitere, ganz andersartige Grünanlage, der **Botanische Garten der Universität Zürich**. Besonders schön sind der Wassergarten und der Teil mit den Nutzpflanzen.

Die nahe **Sammlung E. G. Bührle** in einer eleganten Villa des 19. Jahrhunderts wartet mit einer der bedeutendsten privaten Kunstsammlungen der Welt auf. Zusammengetragen hat sie der deutschstämmige Zürcher Industrielle Emil Georg Bührle (1890–1956). Sie umfasst diverse Gemälde europäischer Alter Meister, der Schwerpunkt liegt jedoch auf den Impressionisten. 2008 wurde das Museum Opfer des größten Kunstraubs der Schweizer Geschichte: Die Diebe machten sich mit Gemälden von Cézanne, Degas, van Gogh und Monet im Gesamtwert von 180 Millionen Franken davon. Seitdem sind die Öffnungszeiten stark

ERLEBNIS:
Das ungewöhnlichste Speiseerlebnis in Zürich

Die **blindekuh** (*Mühlebachstrasse 148, Tel. 044/421 50 50, www.blindekuh.ch, €€€€*), das erste Dunkelrestaurant der Welt, bietet Gästen die einzigartige Erfahrung, für die Dauer einer Mahlzeit auf das Sehvermögen zu verzichten. Im Speisebereich ist keinerlei Licht erlaubt – selbst Uhren und Handys werden für die Gäste verwahrt. Man wird von den blinden oder sehbehinderten Kellnern an der Hand zu seinem Platz geführt. In der Dunkelheit entwickelt der Geschmackssinn überraschend neue Tiefen. Eine Reservierung ist auf jeden Fall empfehlenswert.

eingeschränkt, sodass man am besten vor einem Besuch dort anruft.

Ein Stück weg vom See befindet sich der **Zoo Zürich** mit über 360 Tierarten. Der Zoo ist weltbekannt dafür, dass er sich um vom Aussterben bedrohte Arten und authentische Habitate für die jeweiligen Tiere bemüht.

Zürich-West

In den vergangenen 15 Jahren hat sich das ehemalige Industriegebiet Zürich-West radikal gewandelt, indem die alten Lagerhäuser und Fabrikgebäude einer neuen Nutzung zugeführt wurden. Das einst zwielichtige Viertel zwischen der Limmat und den Bahngleisen ist heute das Künstlerviertel der Stadt sowie eine begehrte Ausgehmeile.

Botanischer Garten der Universität Zürich

- ✉ Zollikerstrasse 107
- ☎ 044/634 84 61
- 🚌 Bus: 33 (Botanischer Garten)

Sammlung E. G. Bührle

- ✉ Zollikerstrasse 172
- ☎ 044/422 00 86
- 🕐 Geöffnet 1. So im Monat
- 💲 €€€€€
- 🚊 Tram: 2, 4 (Wildbachstrasse)

www.buehrle.ch

Zoo Zürich

- ✉ Zürichbergstrasse 221
- ☎ 044/254 2505
- 💲 €€€€€
- 🚊 Tram: 6 (Zoo)

Die Polybahn auf dem Weg vom Platz Central zur Universität in Zürich

Puls 5

✉ Giessereistrasse 18

☎ 043/444 48 88

Migros Museum für Gegenwartskunst

✉ Limmatstrasse 270

☎ 044/277 20 50

🕐 Mo geschl.

💲 €€€

🚋 Tram: 4, 13 (Dammweg)

www.migros museum.ch

In der zweiten Hälfte des 19. Jahrhunderts war Zürich das Industriezentrum des Landes und dessen wichtigster Eisenbahnknotenpunkt. Das verdanken die Züricher den Bemühungen des Politikers und Geschäftsmannes Alfred Escher (1819–82). Er versorgte die Stadt mit Gas und Strom aus Wasserkraft und machte es zum Zentrum des Schweizer Bahnnetzes. In Zürich-West baute seine Firma, Escher Wyss & Co., die größte Maschinenfabrik der Schweiz, in der alles von Schiffen bis zu Eisenbahnwaggons hergestellt wurde – die erste der zahlreichen Fabriken, die hier in den folgenden Jahrzehnten entstehen sollten.

In den 1980er Jahren begann der Niedergang der Schweizer Industrie und viele Fabriken in Zürich-West wurden aufgegeben. Nach und nach zogen in die leeren Gebäude kleine Firmen sowie Künstler ein und verwandelten sie in Clubs, Galerien und Veranstaltungsorte für Livemusik. Diese Kreativen teilen sich das Viertel heute mit den Megaprojekten, durch die die riesigen alten Fabriken am Fluss in den sogenannten Technopark verwandelt wurden. In eine ehemalige Gießerei zog ein privater Fernsehsender ein; ein anderes Gebäude beherbergt **Puls 5**, einen Komplex mit angesagten Geschäften, Restaurants und Wohnungen.

Trotz der umfassenden Neuerschließung hat sich Zürich-West das Raue seiner Industrievergangenheit bewahrt. Das Viertel ist nicht unbedingt schön, steht aber für Dynamik und Trends.

INSIDERTIPP

Mein Lieblingsladen ist Einzigart in der Josefstrasse 36. Hier zeigen Züricher Designer ihre neuesten originellen Spielereien und Werke.

EMMANUEL VERMOT
National Geographic-Autor

Ein innovatives Projekt folgt auf das nächste und ständig entstehen neue spannende Kultureinrichtungen, Geschäfte und Wohnraum.

Um die Hardbrücke herum:
Die Hardbrücke ist eine große Durchgangsstraße durch Zürich-West. Hier befanden sich einst die größten Fabrik- und Industriegebäude; sie waren zu groß für eine Neunutzung im kleineren Rahmen.

Die Wiedergeburt des Bezirks begann 1996, als in der alten Brauerei an der Limmatstrasse der Kulturkomplex **Löwenbräu Areal** eröffnet wurde. In die großen Backsteingebäude zogen zwei Museen für moderne Kunst sowie mehrere kleinere Galerien, ein Buchladen, eine Bar und ein Club.

Hauptattraktion ist heute das **Migros Museum für Gegenwartskunst**. Die ständige Sammlung umfasst rund 1300 Werke von 700 international bekannten Künstlern. Daneben werden auch Wechselausstellungen gezeigt. In einem Nachbargebäude befasst sich die **Kunsthalle Zürich** mit der Avantgarde der zeitgenössischen Kunstszene.

Das nächste größere Bauprojekt folgte im Jahr 2000: Eine Schiffswerft wurde in ein Kulturzentrum umgebaut und dem berühmten Schauspielhaus angegliedert. Der **Schiffbau Schauspielhaus** zieht heute internationale Stars an. Die riesige Halle, in der früher Schiffe gebaut wurden, beherbergt jetzt außerdem ein edles Restaurant, eine Bar und den gediegenen Jazzclub **Moods**. Die nahe **Brauerei Hürlimann** ist vor Kurzem

Kunsthalle Zürich
- ✉ Limmatstrasse 270
- ☎ 044/272 15 15
- 🕐 Mo geschl.
- 💲 €€€
- 🚋 Tram: 4, 13 (Dammweg)

www.kunsthalle
zurich.ch

Schiffbau Schauspielhaus
- ✉ Giessereistrasse 5
- ☎ 044/258 7777
- 🚋 Tram: 4, 13 (Escher-Wyss-Platz)

Moods
- ✉ Schiffbaustrasse 6
- ☎ 044/276 80 00
- 🚋 Tram: 4, 13 (Escher-Wyss-Platz)

www.moods.ch

Die „Classic Trolley"-Tour

Eine zweistündige Tour in einem altmodischen Trolleybus ist eine tolle Art, sich einen ersten Überblick zu verschaffen und etwas über die Geschichte und den Alltag der Züricher zu erfahren. Los geht es in Zürich-West, dann folgen die Altstadt, das Einkaufs- und Bankenviertel, der historische Limmatquai, das Universitätsviertel und die stattlichen Villen am Zürichberg. Der Kommentar läuft über Kopfhörer und unterwegs gibt es zwei Fotostopps. Die Rundfahrten finden täglich statt, Abfahrt ist am Busbahnhof *(Sihlquai, Tel. 044/215 40 00, www.zuerich.com/de/Besucher/touren/stadtrundfahrten.html, €€€€€)*.

Im Viadukt

✉ Viaduktstrasse

🕐 So geschl.

🚆 S-Bahn (Hardbrücke)

Sommerbad Oberer Letten

✉ Lettensteg

☎ 044/361 07 37

🕐 Mitte Sept.– April geschl.

🚆 Tram: 4, 13 (Limmatplatz)

www.pierwest.ch

Museum für Gestaltung Zürich

✉ Austellungsstrasse 60

☎ 043/446 67 67

🕐 Mo geschl.

💲 €€€

🚆 Tram: 4, 13 (Museum für Gestaltung)

www.museum-gestaltung.ch

umgebaut worden – in ein Boutiquehotel und Thermalbad, das die warmen Quellen unter der Stadt nutzt.

In der Nähe des Bahnhofs Hardbrücke befindet sich das neueste Wahrzeichen des Viertels, der **Prime Tower**, mit einer Höhe von 126 Metern höchstes Gebäude der Schweiz. Ganz oben hat sich ein Restaurant mit tollem Ausblick auf die Stadt eingenistet.

Ein paar Straßen entfernt steht ein weiterer bekannter, wenn auch weniger eleganter Turm: Er gehört zum kultigen **Freitag Shop** (Geroldstrasse 17, Tel. 044/366 95 20, So geschl., www.freitag.ch). Die Züricher Institution der Gegenkultur besteht aus 17 aufeinandergestapelten rostigen Schiffscontainern. Verkauft werden einzigartige Taschen und Ähnliches aus recycelten Materialien wie alten Wagenplanen, Sicherheitsgurten und Fahrradschläuchen.

Nicht weit entfernt residiert unter den Eisenbahnbögen aus dem 19. Jahrhundert das schicke Einkaufsviertel **Im Viadukt**.

Am Fluss: Näher Richtung Hauptbahnhof ist das **Sommerbad Oberer Letten**, eines der angesagtesten Bäder der Stadt, wo die Züricher im Kanal baden oder sich den Fluss hinuntertreiben lassen. Außerdem gibt es einen Skaterpark und Beachvolleyball-Felder. An Sommerabenden ist hier auch ein Freilichtkino (www.filmfluss.ch) und am Kanal läuft im Club Pierwest bis spät in die Nacht Musik.

Nicht weit vom Park entfernt ist das **Museum für Gestaltung Zürich**, das wechselnde Designausstellungen zeigt. Es beherbergt außerdem den **Plakatraum**, wo Exponate aus dem riesigen Archiv mit über 300 000 Plakaten ausgestellt werden.

Die heißesten Adressen des Züricher Nachtlebens

Zürich bietet die größte Dichte an Clubs und damit auch das munterste Nachtleben der Schweiz. Die kürzlich erfolgte Lockerung der Sperrstunde hat der Clubszene neue Energie eingehaucht: Derzeit sind rund 500 Kneipen und Clubs bis nach Mitternacht geöffnet, einige am Wochenende sogar bis 6 Uhr morgens oder noch später.

Hier ist alles vertreten, von der alternativen Szene in der **Roten Fabrik** (Seestrasse 295) und im **Exil** (Hardstrasse 245) über die Avantgarde-Beats im **Rohstofflager** (Josefstrasse 224) und **Oxa** (Andreasstrasse 70), den wichtigsten Läden für Techno und House, bis zu den besten 1980er-Sounds im **Mascotte** (Theaterstrasse 10), dem ältesten Club der Stadt. Funkige Discoklänge serviert das **X-tra** (Limmatstrasse 118), Salsa und Funk das **El Cubanito** (Bleicherweg 5).

Trotz der vielen Tanzschuppen in Zürich-West ist der legendäre **Kaufleuten Club** (Pelikanstrasse 18) in Altstadtnähe nach wie vor das angesagteste Züricher Partymekka.

In einem der beliebten Clubs in Zürich-West

Ganz in der Nähe befindet sich eingezwängt zwischen den Flüssen Limmat und Sihl der **Platzspitz**. In dem Park kann man gut entspannen oder picknicken. Von hier verkehren von der **Zürichsee-Schifffahrtsgesellschaft** (www.zsg.ch) betriebene Boote zum See; auf ihrer Fahrt über die Limmat passieren sie insgesamt sieben Brücken.

Auf derselben kleinen Landzunge befindet sich in einem gewaltigen neugotischen Gebäude neben dem Hauptbahnhof auch das **Schweizerische Landesmuseum**, eines der wichtigsten Museen der Schweiz. Es vermittelt einen faszinierenden Einblick in die Entstehung des Schweizer Nationalbewusstseins und in die Schweizer

Geschichte und Kultur von der Vorzeit bis heute. Am besten nimmt man sich kleine Bereiche vor, denn insgesamt gibt es hier viel zu viel zu sehen für einen einzigen Besuch. Ein guter Ausgangspunkt ist die 2009 eröffnete hypermoderne Ausstellung **Geschichte Schweiz**. In einem riesigen Modell ist z. B. mit über 6000 Zinnsoldaten die Schlacht am Morgarten (siehe S. 34) nachgestellt. Es gibt auch eine Sammlung von mittelalterlichen Reliquiaren, die während der Reformation aus den Kirchen der Stadt entfernt wurden. Zu den ständigen Ausstellungen gesellen sich immer wieder Sonderausstellungen mit Objekten und Dokumenten aus Regionalmuseen.

Schweizerisches Landesmuseum Zürich

✉ Museumstrasse 2

☎ 044/218 65 11

🕐 Mo geschl.

💲 €€€

🚋 Tram: 4, 11, 13, 14 (Bahnhofquai)

www.national museum.ch/d/ zuerich/index.php

Winterthur

Winterthur liegt 26 Kilometer nordöstlich von Zürich im Tösstal. Gegründet wurde die Stadt im 7. Jahrhundert n. Chr. als Bauernsiedlung, richtig zu wachsen begann

Das „Porträt Ottilia Giacometti" von Giovanni Giacometti im Museum Oskar Reinhart am Stadtgarten

Winterthur

🅰 Karte S. 189 B3

Besucher-information

✉ Winterthur Tourismus, im Hauptbahnhof

☎ 052/267 67 00

www.winterthur.ch

sie erst Ende des 12. Jahrhunderts, als Graf Ulrich von Kyburg den Ort zum Verwaltungssitz seiner Herrschaft bestimmte. In dieser Zeit nahm die Altstadt Form an. Die ersten Kirchen, darunter die Stadtkirche und St. Lau-

rentius, wurden errichtet. Unter den Habsburgern erhielt Winterthur 1264 schließlich das Stadtrecht. Diese verpfändeten die Stadt 1467 an Zürich, von wo sie die nächsten 331 Jahre regiert wurde. Ende des 19. Jahrhunderts bewirkte die industrielle Revolution ein massives Wachstum und Winterthur blieb bis in die 1970er Jahre ein wichtiger Industriestandort; dann verursachte der Zusammenbruch mehrerer Unternehmen einen vorübergehenden Niedergang.

Die Ereignisse haben jedoch in der 100000-Einwohner-Stadt kaum sichtbare Narben hinterlassen. Winterthur ist sowohl ein ferner Vorort von Zürich als auch ein eigener wichtiger Finanzplatz. Die hübsche Altstadt und die beeindruckenden Museen locken mittlerweile vermehrt Besucher an.

Museen: Die beliebteste Attraktion der Stadt ist die **Sammlung Oskar Reinhart „Am Römerholz"** (Haldenstrasse 95, Tel. 052/269 27 40, Mo geschl., www.roemerholz.ch, €€€). Die Kunstgalerie war das Lebenswerk des reichen Winterthurer Industriellen Oskar Reinhart (1885–1965). Bei seinem Tod vermachte er sein Haus, die Villa Römerholz, zusammen mit mehr als 200 Gemälden und Skulpturen dem Staat. Die Sammlung

INSIDERTIPP

Unterhalb von Schloss Kyburg gibt es am Fluss Töss Picknick-plätze. Vor der Burg können Sie auf Bänken unter Linden eine Pause einlegen.

MARIELAURE KÜTTEL
NATIONAL GEOGRAPHIC-*Autorin*

umfasst neben deutschen, spanischen und flämischen Alten Meistern eine groß-artige Sammlung französi-scher Impressionisten.

Der Stadt vermachte Rein-hart rund 600 Gemälde und Zeichnungen von Schweizer, deutschen und österreichi-schen Künstlern des 18. bis 20. Jahrhunderts; sie sind im **Museum Oskar Reinhart am Stadtgarten** (*Stadthaus-strasse 6, Tel. 052/267 51 72, Mo geschl., www.museumoskar reinhart.ch, €€€*) im Stadtzent-rum zu sehen. Wer nicht viel Zeit hat, sollte sich auf die Schweizer Landschaftsmalerei im ersten Stock konzentrieren.

Das **Kunstmuseum** auf der anderen Seite des Stadt-gartens beherbergt eine Sammlung mit Werken aller wichtigen Kunstströmungen des vergangenen Jahrhun-derts. Ein paar Fußminuten südöstlich finden sich weitere Museen: die **Villa Flora** (*Tösstalstrasse 44, Tel. 052/212 99 66, Mo geschl., www.villaflora. ch, €€€*) mit einer kleinen

Sammlung französischer Postimpressionisten und Fau-visten und das **Fotomuseum Winterthur** (*Grüzenstrasse 44, Tel. 052/233 60 86, Mo geschl., www.fotomuseum.ch, €€€*), das Arbeiten von einigen der bekanntesten Fotografen des 20. Jahrhunderts zeigt.

Das **Technorama** nord-östlich der Stadtmitte ist das einzige Wissenschaftsmuseum der Schweiz: ein vergnügliches und zugleich faszinierendes Museum mit über 500 inter-aktiven Exponaten.

Außerhalb der Stadt: Sechs Kilometer südlich der Stadt steht das **Schloss Kyburg**, die größte mittelalterliche Burg der östlichen Schweiz. Die imposante Festung beherbergt ein interessantes Museum, das Aufstieg und Niedergang der verschiede-nen Burgherren erzählt. ∎

Kunstmuseum

- ✉ Museumstrasse 52
- ☎ 052/267 51 62
- 🕐 Mo geschl.
- 💲 €€€€
- 🚌 Bus: 1, 3, 6 (Stadthaus)

www.kmw.ch

Technorama

- ✉ Technorama-strasse 1
- ☎ 052/243 05 05
- 🕐 Mo geschl.
- 💲 €€€€€
- 🚌 Bus: 5 (Technorama)

www.technorama.ch

Schloss Kyburg

- ✉ Kyburg
- ☎ 052/232 46 64
- 🕐 Mo geschl.
- 💲 €€€
- 🚌 Bahn nach Eff-retikon, dann Bus nach Kyburg

www.schlosskyburg. ch

Museumspass & Museumsbus

Am besten besucht man die 16 Museen in Winterthur mit dem **Museumspass**, erhältlich in den Museen und der Touris-teninformation. Damit hat man einen Tag (ausgenommen Technorama und Kyburg) oder zwei Tage (ausgenommen Kyburg) Zutritt zu den Museen. Im Pass enthalten ist die Nutzung des Museumsbusses. Dieser fährt von der Stadtbus-Haltestelle G am Bahnhof (*Di–So stündlich von 9.45 bis 16.45 Uhr*) zu folgenden Museen: Museum Oskar Reinhart am Stadtgarten, Kunst-museum, Sammlung Oskar Reinhart „Am Römerholz" und Naturmuseum, sonntags auch Fotomuseum und Villa Flora.

Zürichsee

Der 28 Kilometer lange Zürichsee erstreckt sich von Zürich Richtung Südosten und verschafft der Stadt die nötige Luft zum Atmen. Er ist überraschend klar und warm und im Sommer ist das Bad im See ein typisches Züricher Vergnügen. Ansonsten bieten die malerischen Orte und die reizenden Landschaften um den See herum jede Menge Möglichkeiten für Ausflüge.

Das hübsche Dorf Küsnacht am Ostufer des Zürichsees

Zürichsee

🗺 Karte S. 189
A1–2, B1, C1

**Besucher-
information**

✉ Zürichsee
Tourismus,
Hintergasse 16,
Rapperswil

☎ 084/881 15 00

www.zuerichsee.ch

Der Name Zürichsee bezieht sich eigentlich nur auf den Seebereich zwischen der Stadt Zürich und dem Seedamm bei Rapperswil; der Teil dahinter wird Obersee genannt. Zwischen Zürich und Rapperswil gibt es keine Brücken über den See und auch keine größeren Städte. Auf die andere Seite kommt man am schnellsten per Fähre (siehe S. 210).

Das Wasser für den Zürichsee trägt die zumeist kanalisierte Linth von den Bergen herab. Daher ist das Wasser des Sees so außergewöhnlich sauber und klar und lockt neben Schwimmern und Bootsfreunden alle möglichen Wassersportler an.

Das Gebiet um den See herum ist erstaunlich wenig besiedelt und daher mit markierten Wegen und Picknick- und Zeltplätzen ein Paradies für Wanderer und Radfahrer. Für Leute mit viel Energie gibt es den Zürichsee-Rundweg, ein 124 Kilometer langes Netz von Wanderwegen um den gesamten See herum. Der Weg ist in zehn Etappen

INSIDERTIPP

Eine abendliche Schiffstour mit Käsefondue ist ein unvergessliches Erlebnis (www.zsg.ch/de_chaes-fondue-schiff.html).

CLIVE CARPENTER
National Geographic-Mitarbeiter

unterteilt, die sich ideal als Tagestour eignen und die historische, ökologische und kulturelle Vielfalt der Region zur Schau stellen.

Das Nordostufer

Am Nordost- und Südwestufer des Zürichsees erstre-

cken sich die exklusivsten Vororte Zürichs. Besonders das Nordostufer ist eine der prestigeträchtigsten Adressen der Schweiz (und sogar der Welt). Seit mehreren Jahrzehnten bauen sich hier wohlhabende Schweizer und superreiche Ausländer ihre Traumdomizile. Bei den Einheimischen heißt dieser Uferabschnitt deswegen „Goldküste".

Im Herzen des exklusiven Gebiets liegt der Ort **Küsnacht**, vor allem bekannt für das Restaurant **Rico's Kunststuben** *(Seestrasse 160, Küsnacht, Tel. 044/910 07 15, Mo geschl., kunststuben.com/wp, Reservierung erforderlich, €€€€€)*, das Gourmets als eines der

Küsnacht

Karte S. 189 A2

ERLEBNIS: Baden im Zürichsee

Bei einem Besuch in Zürich sollte man die Badesachen nicht vergessen. Der Zürichsee ist außergewöhnlich sauber und im Sommer angenehm warm. Beliebt sind z. B. das **Seebad Rapperswil** *(Bühleralle, Rapperswil)* am Nordufer und das **Strandbad Seefeld** *(Seestrasse, Lachen)* am Südufer des Sees.

Ebenfalls am Südufer gibt es in Pfäffikon (siehe S. 215) das **Alpamare** *(Gwattstrasse 12, Pfäffikon, Tel. 055/415 15 15, www.alpamare.ch, €€€€)*, den größten Hallenwasserpark Europas mit tollen Rutschen und Pools drinnen wie draußen; wer lieber im Wasser entspannt statt herumzutoben, freut sich über die Thermalbecken, Whirlpools, Saunen und das 36 Grad warme Jodsolebecken.

Oder man besucht eines der Bäder in Zürich und Umgebung. Die Stadt bietet pro Kopf mehr Schwimmbäder als jede

andere Stadt der Welt: Es gibt 40 Bäder, davon 18 See- und Flussbäder. Einige sind mitten im Zentrum (siehe S. 193, 204), andere ein Stückchen außerhalb. Südlich des Zentrums liegt am Westufer des Sees das Schickimickibad **Seebad Enge** *(Mythenquai 9, beim Hafen Enge, Tel. 044/201 38 89, www.seebadenge.ch)*, in dem Körper und Seele mit Yoga und exotischen Massagen und im Winter mit einer Sauna am See verwöhnt werden.

Das familienfreundlichste Bad ist das Strandbad **Tiefenbrunnen** am Zürichhorn *(Bellerivestrasse 200, Tel. 044/422 32 00, www.badi-info.ch/Tiefenbrunnen. html)* am Ostufer des Sees. Mit dem sandigen Ufer, den Planschbecken, Pontons und Wasserrutschen sowie Restaurants, Grillstellen, Grasflächen zum Sonnenbaden und Spielplätzen bietet es jede Menge Spaß und Entspannung.

Stäfa

🗺 Karte S. 189 B1

🚉 S-Bahn: S7 (Stäfa)

besten der Schweiz gilt. Zu verdanken ist dies der kreativen und raffinierten Küche des Michelin-prämierten Küchenchefs Horst Petermann. Kalorien verbrennen kann man nachher auf der leichten Sieben-Kilometer-Wanderung durch das Küsnachter Tobel vom Schiffsanleger in Küsnacht zum Ort Forch.

Weiter das Nordufer des Sees hinunter liegt am Fuß des Pfannenstiels, des Hauptweinbaugebiets des Kantons, der Ort **Stäfa**, die größte Winzergemeinde der Region.

Seitdem die Römer die Reben mitgebracht haben, bildet der Weinbau einen wichtigen Bestandteil der regionalen Wirtschaft. Mit mehr als 600 Hektar Anbaufläche ist Zürich der produktivste Weinbaukanton der deutschsprachigen Schweiz. Hier werden 40 Weiß- und Rotweine gekeltert, darunter sind Räuschling, Schiterberger und Gamaret.

Rund um Stäfa finden sich jede Menge Kellereien, wo man Wein direkt beim Winzer kaufen kann. Wer die gesamte Bandbreite des Angebots erkunden möchte, besucht am besten die **Expovina** (*www. expovina.ch*), die größte öffentliche Weinmesse der Welt. Die Messe, auf der mehr als 4000 Weine aus 24 Ländern zur Verkostung bereitstehen, wird jedes Jahr im November auf zwölf Schiffen abgehalten,

---

Erkundung des Sees per Rad, S-Bahn & Schiff

Die Region um den Zürichsee ist leicht per Schiff, Bahn, zu Fuß oder auf zwei Rädern zu erkunden. Die Bedingungen für Radfahrer sind ideal: Sie können den See auf der Seestrasse umrunden oder einen Abschnitt der Seen-Route befahren, einer von neun Schweizer Fernradwanderwegen. Sie führt vom Genfer See quer durch die Schweiz bis zum Bodensee (*Näheres zur Strecke sowie Karten siehe www.schweizmobil.ch*). Fahrräder können am Züricher Hauptbahnhof und den Bahnhöfen Ziegelbrücke und Rapperswil (*Tel. 090/030 03 00, www.rentabike.ch*) gemietet werden.

Auf beiden Seiten des Sees verkehren S-Bahnen, die Tagesausflügler nach Küsnacht und Rapperswil bringen. Eventuell lohnt der Kauf eines 9-Uhr-Tagespasses, der wochentags ab 9 Uhr und samstags und sonntags ganztägig gültig ist.

Natürlich darf bei einem Zürichbesuch auch eine Bootsfahrt über den herrlichen See nicht fehlen. Zur Auswahl stehen dafür der alte Raddampfer *Stadt Zürich* oder hochmoderne futuristische Gefährte mit viel Glas wie die elegante MS *Panta Rhei*. Betreiber der Boote ist die **Zürichsee Schifffahrtsgesellschaft** (*Tel. 044/487 13 33, www.zsg.ch*). Die Schiffe fahren von der Anlegestelle am Bürkliplatz am Südende der Bahnhofstrasse ab; im Sommer legen sie an jedem Ort am See an. Dazu gibt es ganzjährig noch verschiedenste Rundfahrten von einer bis sieben Stunden Länge.

Auf dem Programm stehen außerdem zahlreiche Sonderfahrten wie Brunchoder Sonnenuntergangs-Grillfahrten sowie im Winter Fonduefahrten. Im Sommer kann man samstagabends auf dem Salsa-Schiff tanzen lernen.

Spaß haben mit den Elefanten im Knies Kinderzoo in Rapperswil

die am Züricher Bürkliplatz vor Anker liegen.

Stäfa ist Ausgangspunkt für zwei Wanderwege durch den Pfannenstiel. Der kürzere führt durch die Weinberge. Am Wegesrand sind Tafeln aufgestellt mit Informationen über den Weinanbau der Gegend. Der längere Weg ist der gut 27 Kilometer lange **Pfannenstiel Panoramaweg** von Zollikon nach Hombrechtikon. Unterwegs liegen verschiedene Aussichtspunkte mit Panoramablicken über den See bis zu den Alpen.

Pfäffiker See

Ein paar Kilometer nördlich von Stäfa erstreckt sich der schilfgesäumte Pfäffiker See. Die Stadt Pfäffikon am Nordufer ist von Zürich aus leicht mit der Bahn zu erreichen. Nicht weit vom See stößt man auf das

Kastell Irgenhausen, eine der wichtigsten römischen Stätten der Schweiz. Die ungewöhnlich gut erhaltene Grenzfestung beeindruckt mit 1,4 Meter dicken Mauern mit massigen Steintürmen an den Ecken. Erbaut wurde sie wahrscheinlich im 4. Jahrhundert n. Chr. Noch Ende des 19. Jahrhunderts glaubte man, es handele sich bei den Ruinen um eine mittelalterliche Burg. Als die Archäologen Beweise für das tatsächliche Alter der Anlage fanden, wurde sie unter Denkmalschutz gestellt.

Rapperswil

Der mittelalterliche Ort Rapperswil liegt auf einer Halbinsel am nordöstlichen Ende des Zürichsees. Im Mittelalter war die Stadt eine politische Rivalin Zürichs,

(Fortsetzung auf S. 214)

Kastell Irgenhausen

▲ Karte S. 189 B2

✉ Irgenhausen, Pfäffikon

Rapperswil

▲ Karte S. 189 B1

Besucher-
information

✉ Zürichsee Tourismus, Fischmarktplatz 1, Rapperswil

☎ 055/220 57 57

🚢 Stündlich Schiff vom Bürkliplatz (Dauer 2 Std.); S-Bahn: S5, S7 (Rapperswil)

www.zuerichsee.ch

Für Sportbegeisterte

Jedes Jahr zieht es Millionen von Sportenthusiasten in die Schweiz. Zwar kommen die meisten zum Skifahren, jedoch bieten die vielfältigen Landschaften auch Gelegenheiten zu zahlreichen anderen Aktivitäten. Die Region Zürich mit dem See, den Bergen im Süden und den Gewässern des reißenden Flusses Linth eröffnet Aktiven jede Menge Möglichkeiten zum Auszutoben.

Das Eisklettern entstand als Sport im 19. Jahrhundert in den Alpen. Gute Klettermöglichkeiten bieten sich eine Autostunde von Zürich entfernt

Bergsport

In den Sommermonaten sind die Alpen wie auch der Jura (siehe S. 98ff) beliebte Reviere zum Bergsteigen und Eisklettern. Für weniger abenteuerlustige Kletterer gibt es zahlreiche Klettersteige mit fest installierten Kabeln, Stahlleitern und Seilrutschen. Zwar erfordern sie nicht dieselbe Fitness wie andere Formen des Kletterns, jedoch können sie für Anfänger eine große Herausforderung darstellen.

Fast alle Teile des Landes, so auch die Region Zürich, eignen sich gut zum Wandern und Radfahren. In der Schweiz gibt es über 60 000 Kilometer Wanderwege,

je nach Schwierigkeitsgrad farbkodiert. Am einfachsten sind die gelb markierten „Wanderwege" in Tälern, an Seen und zwischen Orten. Etwas schwieriger sind die weiß-rot-weißen „Bergwanderwege", am schwierigsten schließlich die weiß-blau-weißen „Alpinwanderwege". Letztere eignen sich nur für erfahrene und gut ausgestattete Bergwanderer. Der Kanton Zürich wartet mit rund 2700 Kilometer Wanderwegen sowie mehreren Bergwanderwegen auf.

Dazu gibt es in den Alpen spektakuläre Fernrouten. Von Rapperswil, das besonders gut ins Wegnetz eingebunden ist, führen Fernwanderwege nach St. Gallen, Konstanz, Luzern und Altdorf. Informationen dazu gibt es bei SchweizMobil *(www.schweizmobil.ch)* und der Organisation Schweizer Wanderwege *(www.swisshiking.ch)*. Populär sind auch Nordic Walking und im Winter Schneeschuhwandern.

Am Schweizer Himmel sind öfter Paraglider zu sehen, eine beliebte Location ist in Schwammeg *(16 km nordöstlich von Rapperswil)*. Das Gebiet um **Atzmännig** (siehe Kasten unten) ist ein beliebtes Ski-, Rodel-, Schneeschuhwander- und Snowboarding-Revier.

Wassersport

Die Bergseen eignen sich perfekt zum Bootfahren, Angeln und Schwimmen, die schneller fließenden Flüsse fürs Raften und Canyoning. Die Linth, die bei **Uznach** in den Zürichsee fließt, ist toll zum Kanu-, Kajak- und Floßfahren. Eine Verleihstation ist **Kuster Sport** *(St. Gallerstrasse 72, Schmerikon, Tel. 055/ 286 13 73, www.kustersport.ch, €€€€€)*.

Auch der Zürichsee eignet sich wunderbar für den Wassersport. Die **Segelschule Thomas Zwick** *(Tödistrasse 30, Hombrechtikon, Tel. 079/630 84 78, www.segelschulezwick.ch, €€€€€)* bietet an den Bootshäfen Küsnacht, Kilchberg und Rapperswil ein- oder mehrtägigen Segelunterricht.

Am Nordufer des Zürichsees bietet **Ceccotorenas Stäfa** *(Bahnhofstrasse, 2A, Stäfa, Tel. 076/383 66 58, www.ceccotorenas. ch)* Unterricht und Ausrüstungsverleih für Wakeboarder. Wer es gemächlicher mag, kann ein buntes Tretboot ausleihen.

Schweizer Sportarten

Für eine Nation von Sportfanatikern ist es kein Wunder, dass die Schweizer eigene Sportarten erfunden haben. Dazu zählen Schneepolo, *Velogemel-* (Schneefahrrad-)Rennen und *Skijöring,* bei dem Skifahrer von Pferden gezogen werden. Das *Schwingen* ist das Schweizer Äquivalent des Sumo-Ringens, beim *Steinstossen* werden schwere Felsbrocken weit geworfen und beim *Hornussen* wirft ein Spieler einen *Hornuss* (Scheibe) in die Luft, während ein anderer versucht, diesen mit einem großen Holzschläger ins gegnerische Spielfeld zu schlagen. Die Spiele sind bei Dorffesten und jeden September beim **Unspunnen-Schwinget** *(www.unspunnen-schwinget.ch)* in Interlaken zu sehen.

Einige andere skurrile Schweizer „Sportarten" haben einen Bezug zu Tieren, darunter im Sommer das Kuhringen im Wallis, das *Chüefladefäscht* (Kuhfladenfest) auf der Riederalp im August und das Hotschrennen (Schweinerennen) am Neujahrstag in Klosters.

ERLEBNIS: Sportbahnen Atzmännig

Ein Ausflug zur Alp Atzmännig *(Atzmännig, nordöstlich von Rapperswil, Tel. 055/284 64 34, www.atzmaennig.ch)* ist auch im Sommer ein toller Familienspaß. Das Sportzentrum bietet eine der spannendsten Sommerrodelbahnen der Schweiz. Sie überwindet mit ihren halsbrecherischen Kurven und Tunneln 126 Höhenmeter. Außerdem gibt es einen See, einen Streichelzoo und einen Hochseilgarten mit mehreren Parcours und Seilrutschen. Im Winter sind die Pisten bei Skifahrern und Schneeschuhwanderern beliebt. Die Anfahrt von Zürich dauert mit dem Auto etwa eine Stunde. Ansonsten nimmt man die S-Bahn nach Rütli und dann den Bus nach Atzmännig Schutt.

INSIDERTIPP

Das Polenmuseum im Schloss Rapperswil richtet sich nur an eine kleine Schar Interessierter; vielleicht wird es bald ein neues Museum geben.

BEN HOLLINGUM
National Geographic-Autor

konnte dann aber mit dem industriellen Wachstum der Nachbarstadt nicht mithalten. Heute ist der malerische Ort ein beliebtes Ziel für Bootsausflüge von Zürich. Den Kern der Stadt bildet das Schloss Rapperswil, eine kompakte dreieckige Burg aus dem 13. Jahrhundert. In den 1870er Jahren wurde sie an den polnischen Adligen Wladyslaw Plater (1808–89) verpachtet. Seitdem beherbergt das Schloss ein kleines Museum zur Geschichte der Polen in der Schweiz.

Die **Stadtpfarrkirche St. Johann** aus dem 15. Jahrhundert wurde nach einem Feuer 1882 fast komplett neu erbaut; vom Originalgebäude sind noch die beiden Glockentürme erhalten. Vom Schlossberg führt eine Treppe zur **Hintergasse** mit alten Laubenhäusern.

Rapperswil ist wegen seiner vielen Rosengärten auch als „Rosenstadt" bekannt. Einer dieser Gärten wurde für Blinde konzipiert, mit hoch-

aromatischen Arten und Informationen in Blindenschrift. Ein weiterer Garten findet sich auf dem Gelände des hübschen Kapuzinerklosters aus dem 16. Jahrhundert am Fuß des Schlossbergs. Von ihrer prächtigsten Seite zeigen sich die Blumen im Juni und Juli.

Toll für Familien mit Kindern ist das **Circus Museum** *(Fischmarktplatz 1, Rapperswil, Tel. 055/220 57 57, €€)*; es gibt einen Einblick in die Geschichte der berühmten Rapperswiler Familie Knie und ihren 1919 hier gegründeten Schweizer National-Circus. Ausgestellt sind wundervolle alte Kostüme; gezeigt werden auch Archivfilme mit Vorstellungshighlights. Auf demselben Gelände befindet sich **Knies Kinderzoo**; hier können Kinder Tiere streicheln und füttern, auf Elefanten, Kamelen und Ponys reiten und die Vorstellung der Seelöwen bestaunen.

Am Südende der Rapperswiler Halbinsel erstreckt sich die längste Holzbrücke der Schweiz. Ursprünglich bauten Jakobspilger an der schmalsten Stelle des Sees zwischen Rapperswil und Hurden eine Brücke. Diese ist im Lauf der Zeit mehrere Male erneuert worden; die jetzige ist erst zehn Jahre alt. Auf dem niedrigen Steg hat man das Gefühl, über Wasser zu gehen.

Von Rapperswil und Zürich verkehren Boote zur winzigen Insel **Ufenau** *(www.ufenau.ch)*,

Eislaufen in Wädenswil am Südufer des Zürichsees

die sich im Besitz des Klosters Einsiedeln befindet. Sie ist Teil des Naturschutzgebietes Frauenwinkel. Man kann schön am Ufer spazieren gehen, die Kirche St. Peter und Paul mit ihrem gallo-römischen Tempel aus dem 2. Jahrhundert besuchen oder im Restaurant speisen. Auch für Vogelfreunde ist die Insel interessant; hier befindet sich die letzte Schweizer Brutstätte des Großen Brachvogels.

Das Südufer

Am Südufer des Zürich-sees liegt bei Hurden in einem weiteren Ort mit dem Namen Pfäffikon der **Wasserpark Alpamare** (siehe Kasten S. 209). Das benachbarte Wollerau ist bekannt für die niedrigsten Steuersätze der Schweiz. Es ist Wohnort des aus Basel stammenden Tennisstars Roger Federer (geb. 1981).

An der Strecke zurück nach Zürich liegen mehrere Museen. Das **Weinbaumu-seum** in Au-Wädenswil bietet neben einer Einführung in den Weinbau im Kanton Zürich auch Sonderausstellungen und Weinproben.

Weiter nördlich locken in Kilchberg die Düfte der riesi-gen Schokoladenfabrik **Lindt & Sprüngli**. Die Fabrik ist zwar für die Öffentlichkeit geschlos-sen, jedoch gibt es hier ein sehr verführerisches Geschäft. Kilchberg ist auch literaturge-schichtlich interessant: Hier lebte der Schweizer Schriftstel-ler Conrad Ferdinand Meyer (1825–98); Thomas Mann (1875–1955) verbrachte in Kilchberg die letzten Jahre seines Lebens und ist auf dem Dorffriedhof beigesetzt. ■

Die stillsten Regionen der Schweiz sind Bastionen der
Brauchtumspflege und des heimatlichen Handwerks

Nordostschweiz

Schöner Klaus beim *Silvesterklausen* in Appenzell

Nordostschweiz

Da der Nordostschweiz die Erhabenheit der Alpen fehlt, wird die Region von Reisenden auf dem Weg zu vermeintlich reizvolleren Zielen oft links liegen gelassen. Ihnen entgeht eine beschauliche Hügellandschaft mit hübschen Dörfern und wunderbaren Seen. Dazu kommt eine überraschende Vielfalt an historischen, kulturellen und kulinarischen Attraktionen.

Der Leuchtturm von Lindau im Bodensee

Die Nordostschweiz umfasst die Kantone Schaffhausen, Thurgau, St. Gallen, Appenzell und Glarus. Sie können alle im Rahmen von Tagesausflügen von Zürich aus besucht werden.

Den schönen Bodensee an der Nordostgrenze der Schweiz teilt sich das Land mit Österreich und Deutschland. Das Schweizer Ufer ist ein Paradies für Wassersportler und Naturliebhaber. Es gibt jede

Menge Fischrestaurants, in denen Delikatessen wie Blaufelchen serviert werden, ein Fisch, den es nur im Bodensee gibt.

Gespeist wird der Bodensee vom Rhein, der ihn auf dem Weg zum Schaffhauser Wasserfall am westlichen Ende wieder verlässt. Der Abschnitt zwischen See und Rheinfall zählt zu den schönsten Flusslandschaften der Schweiz. In der üppigen, sanften Landschaft liegen zahlreiche Dörfer sowie Burgen und Klöster, die von der historischen Bedeutung der Wasserstraße zeugen. Dank des milden Klimas ist die Gegend ein gutes Weinbaugebiet, vorzugsweise von Blauburgunder und Müller-Thurgau, die in Kellereien in der Region verkostet werden können.

Schaffhausen und Stein am Rhein sind zwei sehr gut erhaltene mittelalterliche Städte. Im Zweiten Weltkrieg wurde Schaffhausen als einzige Stadt in der Schweiz bombardiert. An drei Seiten von deutschem Gebiet umschlossen, hielten die alliierten Bomber sie versehentlich für Feindesland.

St. Gallen & Glarus

Zwischen dem Bodensee und dem hügeligen Appenzellerland liegt die wichtigste Stadt in der Nordostschweiz, St. Gallen. Sie ist bekannt für Bibliothek und Stiftskirche der Benediktinerabtei, die zum Unesco-Weltkulturerbe gehört, sowie als Zentrum der Textilindustrie. St. Galler Spitze machte die Stadt einst reich. Die modernen Außenbezirke ste-

hen in starkem Kontrast zur ländlichen Idylle im angrenzenden Appenzellerland. Die abgelegenen Bauern- und Handwerkergemeinden dort sind besonders stolz auf ihre tief verwurzelten ländlichen Traditionen.

In der Nordostschweiz verlaufen zwei Gebirgsketten: das Alpsteinmassiv am Südrand von Appenzell mit dem Säntis (2502 m) und die Glarner Alpen im wilden, schönen Kanton Glarus mit hübschen, wenig bekannten Ferienorten mitten in den Bergen. ∎

Schaffhausen & Bodensee

Die Städtchen und Dörfer des Kantons Schaffhausen sehen aus, als entstammten sie den Märchen von Hans Christian Andersen. Ihre Existenz verdanken sie dem Rheinfall. Er stellte im Mittelalter ein Hindernis für den Warenverkehr auf dem Fluss dar, wodurch die Umgebung zum Umschlagplatz wurde.

Schaffhausen

⛰ Karte S. 219 A4

Besucherinformation

✉ Schaffhauserland Tourismus, Herrenacker 15, Schaffhausen

☎ 052/632 40 20

www.schaffhauser land.ch

Stadt Schaffhausen

Am Nordufer des Rheins liegt nördlich des Rheinfalls die kleine Stadt Schaffhausen mit Kopfsteinpflastergassen, brunnengeschmückten Plätzen und hübschen Häuschen.

Die Stadt entstand im 11. Jahrhundert an der Stelle, wo die Handelsschiffe anlegen mussten, da der Rheinfall die Weiterfahrt verhinderte. Der Name Schaffhausen soll von den „Schiffshäusern" herrühren, in denen die Waren vor dem Weitertransport über Land gelagert wurden.

Schaffhausen lebte im Lauf der Jahrhunderte sehr gut vom Flusshandel. Viele der reich verzierten Fassaden entstanden während der Blütezeit der Stadt in der Renaissance. Die Kaufleute versahen ihre Häuser mit Malereien und dekorativen Erkern, daher der Beiname „Erkerstadt".

Im Süden erhebt sich die kreisrunde Festung **Munot** über die Stadt. Jahrhundertelang war der Turm auf der Südseite das Zuhause des Munotwächters, der für die Aufrechterhaltung der Ordnung in der Stadt verantwortlich war. Noch heute läutet der Amtsinhaber jeden Abend um 21 Uhr das Munotglöcklein, das früher den Wirten als Zeichen galt, ihre Kneipen zu schließen. Zum Veranstaltungsprogramm auf dem Munot gehören Open-Air-Konzerte und von den Wehrgängen hat man einen weiten Ausblick über die Stadt und die Weinberge.

Nah dran am tosenden Rheinfall

Weine aus der Umgebung können bei **Vinorama** *(Branchenverband Schaffhauser Wein, Herrenacker 15, Schaffhausen, Tel. 052/620 40 82, So geschl., Reservierung erforderlich, www. blauburgunderland.ch)* in der Altstadt verkostet werden.

Der Rheinfall: Rund drei Kilometer flussabwärts von Schaffhausen, bei Neuhausen, stürzen jede Minute rund 40 Millionen Liter Wasser in die Tiefe. Der Rheinfall ist der mächtigste Wasserfall Europas.

Zu Füßen des Naturschauspiels liegt **Schlössli Wörth** am Nordufer. Auf der anderen Seite liegt das größere **Schloss Laufen**. Von verschiedenen Parkplätzen führen Fußwege zum Rheinfall. Näher heran bringen einen kleine Boote, die im Wasserfallbecken kreuzen. Die beste Rundfahrt ist die **Felsenfahrt (Panorama-Sicht)** *(Abfahrt von der Anlegestelle bei Schlössli Wörth)* mit Zwischenstopp und Ausstieg am Felsen mitten in den brausenden Wassermassen.

Abenteuerlustige, denen das noch nicht Herausforderung genug ist, können im nahen **Adventure-Park** *(www. rheinfall.ch/Attraktionen/Adventure-Park)* verschiedene Seilparcours durch die Baumwipfel absolvieren. Besinnlicher ist eine Schifffahrt flussabwärts zur **Klosterinsel Rheinau**. Überaus sehenswert ist die barocke Innengestaltung der Kirche des Klosters.

ERLEBNIS:
Kuhtrekking

Die Landschaft des Kantons Schaffhausen kann man wunderbar auf dem Rücken einer gesattelten Kuh genießen. Eine etwa vierstündige Kuhtrekking-Tour inklusive Imbiss führt über die Wiesen in der Umgebung des Bolderhofs im Dorf Hemishofen bei Stein am Rhein. Auf dem Hof kann man auch selbst Käse herstellen und im Stroh übernachten *(Bolderhof 1, 8261 Hemishofen, Tel. 052/ 742 40 48, www.bolderhof.ch).*

Stein am Rhein

Das kleine Stein am Rhein, 20 Kilometer östlich von Schaffhausen, zählt zu den schönsten mittelalterlichen Städten der Schweiz. Bei einem Bummel durch die malerische Altstadt lassen sich Fachwerkhäuser mit schöner Fassadenmalerei bestaunen.

Das Benediktinerkloster der Stadt ist seit dem 15. Jahrhundert nahezu unverändert. Als das Kloster in den 1920er Jahren aufgegeben wurde, wurde daraus das **Klostermuseum St. Georgen** *(Fischmarkt, Stein am Rhein, Tel. 052/741 21 42, Nov.–März und Mo geschl., €€).* Andere historische Gebäude im Ort sind das **Museum Lindwurm**, das bürgerliche Wohnkultur des 19. Jahrhunderts präsentiert, und hoch über der Stadt die **Burg Hohenklingen** *(Hohenklingenstrasse 1, Stein am Rhein, Mo geschl.)* aus dem 13. Jahrhundert mit tollem Ausblick und hervorragendem Restaurant.

Munot

✉ Munotwächter, Munotstieg 17, Schaffhausen

☎ 052/625 42 25

🚆 Bahn (Schaffhausen)

Rheinfall

✉ Rheinfallstrasse, Neuhausen am Rheinfall

🚆 Bahn (Schloss Laufen am Rheinfall)

www.rheinfall.ch

Museum Lindwurm

✉ Unterstadt 18, Stein am Rhein

☎ 052/741 25 12

🕐 Nov.–Feb. & Di geschl.

💲 €€

🚆 Bahn (Stein am Rhein)

www.museum-lindwurm.ch

Kreuzlingen

▲ Karte S. 219 B4

**Besucher-
information**

✉ Kreuzlingen
Tourismus, Haus
zum Hammer,
Sonnenstrasse 4,
Kreuzlingen

☎ 071/672 38 40

🕐 Mai–Sept. Sa
nachmittags &
So, Okt.–April
Sa, So geschl.

Kirche St. Ulrich

✉ Hauptstrasse 96,
Kreuzlingen

☎ 071/672 22 18

Seemuseum

✉ Seeweg 3,
Kreuzlingen

☎ 071/688 52 42

🕐 Sommer Do &
Fr, Winter
Mo–Sa geschl.

💲 €€

www.seemuseum.ch

Der Bodensee

Der Bodensee ist nach dem Genfer See (siehe S. 70f) der zweitgrößte See der Schweiz. Ein Teppich aus grünen Wiesen und Weinbergen, dazwischen urige Orte, märchenhafte Schlösser und alte Klöster, umschließt den See. Am Ufer gibt es Sandstrände, Wassersportmöglichkeiten und Schiffsanleger, von wo aus Rundfahrten starten.

Der Hauptteil des Sees, der Obersee, bildet die natürliche Grenze zwischen der Schweiz (Südufer) und Deutschland (Nordufer). Ein Teil des insgesamt 261 Kilometer langen Ufers gehört zu Österreich (östliches Seeende). Im Westen teilt sich der See in zwei schmalere, weniger tiefe Teile, den Überlinger See und den Untersee. Letzterer zieht sich im Westen bis nach Stein am Rhein (siehe S. 221).

In den Sommermonaten verkehren auf dem See zahlreiche Schiffe, darunter einige nostalgische Raddampfer. Ganzjährig kreuzen Autofähren von Romanshorn hinüber nach Friedrichshafen sowie von Konstanz nach Meersburg. Die vergleichsweise flache Landschaft um den See herum ist ein Ausflugsziel für Wanderer und Radfahrer. Eine der gut ausgeschilderten Routen ist der 330 Kilometer lange **Bodensee-Radweg** (*www.bodensee-radweg.com*), den man mit den Fähren verkürzen kann.

Kreuzlingen

Die größte Stadt am Schweizer Bodenseeufer ist Kreuzlingen. Vom deutschen Konstanz ist es nur durch Parkanlagen und ein paar Grenzschilder getrennt.

In Kreuzlingen sind einige schöne Bauwerke zu sehen, darunter die Rokokokirche **St. Ulrich**, Teil eines ehemaligen **Klosters** aus dem 17. Jahrhundert. In einem Schloss aus dem 18. Jahrhundert ist das älteste Spielzeugmuseum der Schweiz untergebracht, das **Puppenmuseum** (*Schloss Girsberg, Kreuzlingen, Tel. 071/672 46 55, nur am 1. Sonntag des Monats geöffnet, www.schloss-girsberg.ch/puppen museum.html, €€€*). Sehenswert ist auch das **Seemuseum**.

Kreuzlingen bietet nicht nur viele Wassersportmöglichkeiten, es ist auch Startpunkt für Rundfahrten auf dem Un-

Bodensee-Erlebniskarte

Die Bodensee-Erlebniskarte (*www.bodensee-erlebniskarte.info, von April bis Oktober in den Touristeninformationen erhältlich*) bietet Reisenden am Bodensee und im Appenzellerland erhebliche Einsparnisse. Es gibt drei Varianten: Die Landrattenkarte (*€€€€€*) beinhaltet freien Eintritt zu über 180 Sehenswürdigkeiten (außer der Insel Mainau); die Sparfuchskarte (*€€€€€*) gewährt Eintritt zu über 170 Attraktionen (mit 30 Prozent Rabatt für die Mainau). Mit der Seebärenkarte (*€€€€€*) kann man alle See- und Rheinschiffe benutzen und hat freien Zutritt zur Mainau, zur St. Galler Klosterbibliothek, zur Säntis-Seilbahn und zahlreichen weiteren Sehenswürdigkeiten.

Darstellung des traditionellen Fischfangs im Seemuseum in Kreuzlingen

tersee, dem Rhein und zu den zu Deutschland gehörenden Inseln Mainau und Reichenau.

Der Untersee

Auf der durch einen Damm mit dem deutschen Festland verbundenen, nur anderthalb Kilometer vom Schweizer Ufer entfernten Insel Reichenau steht ein berühmtes Benediktinerkloster, das zum Unesco-Welterbe gehört. 724 gegründet, war es vom 9. bis zum 11. Jahrhundert das Zentrum der Kunst, Buchmalerei und Literatur in Südwestdeutschland.

Auf Schweizer Seite gegenüber liegen die Orte **Steckborn**, **Ermatingen** und **Gottlieben** mit mittelalterlichen Stadtkernen. Auf **Schloss Arenenberg** oberhalb von Ermatingen verbrachte der französische Kaiser Napoleon III. (1808–73) seine Jugend.

Daran erinnert das **Napoleonmuseum** im Schloss *(Schloss und Park Arenenberg, Salenstein, Tel. 071/663 32 60, Mo vormittags geschl., www. napoleonmuseum.ch, €€€).*

Der Obersee

Das Schweizer Ufer des Obersees ist von romantischen Orten wie Romanshorn, Arbon und Rorschach gesäumt. In allen findet man Uferpromenaden, Sandstrände und Schiffsanleger. Von Romanshorn ist es nur eine Stunde mit der Fähre hinüber nach Friedrichshafen. **Arbon** liegt auf einer kleinen Landzunge. Das besonders schöne **Rorschach** war einst der wichtigste Hafen am See, heute ist es ein erstklassiges Wassersportzentrum. Ein Highlight ist die in den See gebaute hölzerne Badehütte aus den 1920er Jahren. ■

Arbon

⬛ Karte S. 219 C3

Besucherinformation

✉ Schmiedgasse 5, Arbon

☎ 071/440 13 80

🕐 So geschl.

Rorschach

⬛ Karte S. 219 C3

Besucherinformation

✉ Hauptstrasse 56, Rorschach

☎ 071/841 70 34

🕐 Sept.–April Sa, So geschl.

Liechtenstein

Eingezwängt zwischen Österreich und der Schweiz liegt das winzige Fürstentum Liechtenstein. Es ist nicht größer als 160 Quadratkilometer, doch es ist ein unabhängiger Staat, dessen Staatsoberhaupt der Fürst von Liechtenstein ist. Da auch Liechtenstein kein Mitglied der EU ist, ist zur Einreise ein gültiger Personalausweis oder Reisepass erforderlich.

Zum Staatsfeiertag am 15. August können die Außenanlagen von Schloss Vaduz besichtigt werden

Liechtenstein ist der einzige Alpenstaat, der vollständig in den Hochalpen liegt. Der allergrößte Teil der 160 Quadratkilometer Bodenfläche wird von Bergen eingenommen. Die meisten Bewohner – es sind knapp 36 000 – leben in den Orten an der Westgrenze des Landes im fruchtbaren Rheintal.

Seine Existenz verdankt der Zwergstaat den Ambitionen eines österreichischen Adelsgeschlechts, den Fürsten von Liechtenstein. Ihren Aufstieg erlebte die Familie während der Renaissance; sie wurde bald zu einer der reichsten im Habsburgerreich. Doch auch wenn sie unglaublich wohlhabend war, besaß sie keine reichsunmittelbaren Ländereien, weshalb ihr die höchsten Ebenen politischer Macht verschlossen blieben. Anfang des 18. Jahrhunderts beschloss der Fürst von Liechtenstein, durch den Ankauf der Herrschaften Vaduz und Schellenberg Abhilfe zu schaffen und daraus das Fürstentum Liechtenstein entstehen zu lassen.

Die meiste Zeit seiner Geschichte existierte das Land nur auf dem Papier. Die Fürstenfamilie lebte nicht im Land und stattete ihm bis 1866 keinen Besuch ab. Erst nach dem Ersten Weltkrieg ließ sie sich dort nieder und machte schließlich das Fürstentum zu ihrem Hauptwohnsitz. In der Folgezeit wurde aus Liechtenstein jenes lukrative Steuerparadies, als das es heute vor allem bekannt ist.

INSIDERTIPP

Am besten erkundet man Liechtenstein auf einem Flyer-E-Bike. Leih- und Akkutausch-stationen findet man überall.

PATRIK SCHÄDLER
Tourismusbüro Liechtenstein

Liechtenstein hat keine Armee, lediglich eine kleine Landespolizei und ein Gefängnis mit Platz für 22 Häftlinge. Ab 1919 wurden enge Verbindungen zur Schweiz geknüpft, 1924 wurde die Schweizer Währung übernommen. Die Beziehungen zwischen beiden Ländern sind nach wie vor ausgezeichnet, auch wenn 2007 ein Trupp des Schweizer Militärs bei schlechter Sicht versehentlich einige Kilometer tief in das Hoheitsgebiet des Nachbarlandes vordrang.

Liechtenstein hat keinen Flughafen. Bahnverbindungen bestehen zu den Schweizer Orten Buchs und Sargans an der Westgrenze Liechtensteins; von dort fahren Busse nach Vaduz.

Vaduz

Vaduz, die Hauptstadt Liechtensteins, liegt am rechten Ufer des Rheins und hat 5000 Einwohner. Sie wird von einer mittelalterlichen Burg beherrscht, dem **Schloss Vaduz**. Es ist die Privatresidenz

der Fürstenfamilie und für Besucher nicht geöffnet. Man kann jedoch den Berg hinter dem Ort besteigen und von dort die Burg und die gepflegten Gärten in Augenschein nehmen.

Nicht nur von außen sehenswert ist das **Kunstmuseum Liechtenstein** (*Städtle 32, Vaduz, Tel. 235 03 00, Mo geschl., www.kunstmuseum.li, €€€€*). Es beherbergt zeitgenössische Kunst und einen großen Teil der Privatsammlung des Fürsten (der Rest ist am Familienstammsitz in Wien ausgestellt). Das nahe **Liechtensteinische Landesmuseum** (*Städtle 43, Vaduz, Tel. 239 68 20, Mo geschl., €€€*) informiert über die Geschichte der Region und zeigt eine naturkundliche Sammlung. Das winzige **Postmuseum des Fürstentums Liechtenstein** (*Städtle, Vaduz, Tel. 239 68 45, www.landesmuseum.li*) beeindruckt mit einer weltberühmten Briefmarkensammlung. Ein Spaziergang durch das alte Viertel **Mitteldorf** vermittelt einen Eindruck, wie Vaduz früher aussah. Zahlreiche Häuser stehen unter Denkmalschutz.

Der Osten

Die östlichen zwei Drittel des Landes bestehen aus den bewaldeten Vorbergen des Rhätikonmassivs. Hier liegen einige hübsche Dörfer. Einen Besuch lohnt **Triesenberg**, wo sich das kleine **Walsermuseum** (*Jonaboda 2, Dorfzentrum, Triesenberg, Tel. 262 19 26, So geschl., €*) den Walsern widmet, die im 13. Jahrhundert aus dem Wallis hierherkamen. **Malbun** (1600 m), der letzte Ort vor der österreichischen Grenze, ist ein winziger exklusiver Wintersportort, der neben der Liechtensteiner Fürsten- auch die britische Königsfamilie zu seinen Gästen zählt. Mit elf olympischen Medaillen – allesamt im alpinen Skisport erworben – kann Liechtenstein mehr Medaillengewinne pro Kopf verzeichnen als jedes andere Land der Welt.

St. Gallen

Das zwischen dem Bodensee und den Hügeln des Appenzellerlandes gelegene St. Gallen ist als Standort der Textilindustrie weltbekannt. Die Stiftskirche und die Stiftsbibliothek des Klosters St. Gallen machten die Stadt im Mittelalter zu einem religiösen und kulturellen Zentrum in Europa.

Der reich ausgeschmückte Innenraum der St. Galler Stiftskirche aus dem 18. Jahrhundert

**St. Gallen-
Bodensee**

⚑ Karte S. 219 C3

**Besucher-
information**

✉ Bahnhofplatz
1a, St. Gallen

☎ 071 / 227 37 37

🕑 Sa nachmittags
& So geschl.

🚉 Bahn (St. Gallen)

St. Gallen ist reich an Geschichte und schönen Bauwerken, vor allem in der autofreien **Altstadt**. Die schmalen Gassen verlaufen heute noch fast genauso, wie sie nach dem Großbrand von 1418 angelegt wurden. Viele Häuser sind mit bunt bemalten Erkern ausgestattet, mit denen die Kaufleute im 16. Jahrhundert ihren Reichtum zur Schau stellten. Durch die Altstadt geht es zu der monumentalen **Stiftskirche** des **Benediktinerklosters** sowie weiteren stattlichen Bauwerken, die sich alle um einen weitläufigen Platz, den **Klosterhof**, drängen. Dazu gehört auch die **Neue Pfalz**, der Sitz der Kantonsregierung. Der gesamte Stiftsbezirk wurde 1983 in die Liste der Unesco-Welterbestätten aufgenommen.

Stiftskirche: Die barocke Kirche wurde im 18. Jahrhundert erbaut. Der weite Innenraum ist hell und mit Gold und malachitgrünem Stuckwerk ausgeschmückt. Die Deckengemälde stellen unter anderem das Paradies dar; die Chorreliefs zeigen Szenen aus dem Leben des hl. Benedikt. In der Ostkrypta befinden sich das Grab des hl. Gallus und in einem Reliquiar ein Teil seines Schädels.

Stiftsbibliothek: An der Südseite des Klosterhofs liegt die grandiose Stiftsbibliothek. Sie ist ein architektonisches Meisterwerk, die kostbare Innenausstattung ein Feuerwerk des Rokoko. Vor der Erfindung des Buchdrucks wurden im St. Galler Kloster Bücher nicht nur gesammelt und aufbewahrt, sondern auch geschrieben und vervielfältigt. Im Mittelalter wurde es deshalb als die „Schreibstube Europas" bezeichnet. Die Bibliothek besitzt einen unbezahlbaren Schatz an handgeschriebenen Folianten, die zum Teil aus dem 8. Jahrhundert stammen. Nur 30 000 von insgesamt 160 000 Bänden sind ausgestellt, die schönsten in Glasvirtrinen.

Nordöstlich des Klosterkomplexes wurden während der Reformation katholische und protestantische Stadtteile durch eine Mauer voneinander getrennt. Die Mönche versuchten, Gläubige für den Katholizismus zurückzugewinnen, indem sie nach den Gottesdiensten in der benachbarten evangelischen **Kirche St. Laurenzen** Freibier ausschenkten.

Weitere Sehenswürdigkeiten: St. Galler Tuch war in ganz Europa geschätzt. Später waren es Stickereien und feinste Spitzen, die St. Gallen reich und bekannt machten. Um das Jahr 1910 wurde die Stickerei zum größten und wichtigsten Exportartikel der Schweiz und St. Gallen deckte mehr als die Hälfte der weltweiten Nachfrage. Im faszinierenden **Textilmuseum** sind mechanische Webstühle und alte Strickmaschinen, St. Galler Spitzen und neueste Stoffkreationen örtlicher Textilunternehmen ausgestellt.

Ganz in der Nähe, im Viertel Bleichele, befindet sich die St. Galler **Stadtlounge**, das „größte Wohnzimmer der Welt". Boden, Sitzbänke und sogar ein Auto sind mit einem roten Teppich überzogen. ■

Stiftskirche

- ✉ Klosterhof 6a, St. Gallen
- ☎ 071 / 227 34 16
- 🚆 Bahn (St. Gallen)

Stiftsbibliothek

- ✉ Klosterhof 6d, St. Gallen
- ☎ 071 / 227 34 16
- 💲 €€€
- 🚆 Bahn (St. Gallen)
- **www.stifts bibliothek.ch**

Textilmuseum

- ✉ Vadianstrasse 2, St. Gallen
- ☎ 071 / 222 17 44
- 🕐 Feb. & März geschl.
- 💲 €€€
- 🚆 Bahn (St. Gallen)

Die Legende von Sankt Gallus

St. Gallen verdankt Existenz und Namen dem irischen Wandermönch Gallus, der 612 ins wilde Steinachtal kam, während er nach einem geeigneten Platz für eine Einsiedlerklause suchte. Der Legende zufolge stolperte er und fiel in einen Dornenbusch. Kurz darauf hatte er eine gefährliche Begegnung mit einem Bären. Diese beiden Vorkommnisse deutete er als Zeichen Gottes und ließ sich an Ort und Stelle nieder. Der Bär wurde dazu verdonnert, beim Bau der Einsiedelei zu helfen, und gemeinsam legten sie den Grundstein für das berühmte Kloster.

Appenzellerland & Glarus

In keinem anderen Teil der Schweiz ist das kulturelle Erbe so tief verwurzelt wie im Appenzellerland, einer vorwiegend ländlichen Region zwischen dem Bodensee und den Hochgebirgszügen der Südostschweiz. Berge, üppige, weite Täler und nur wenige Orte machen das abgeschiedene Glarnerland aus.

Ringkampf beim Schwingfest in Frauenfeld

Appenzellerland

Ⓐ Karte S. 219 C3

**Besucher-
information**

✉ Appenzellerland
Tourismus,
Hauptgasse 4,
Appenzell

☎ 071 / 788 96 40

🚆 Bahn
(Appenzell)

Die kleinen, gemütlichen Dörfer des Appenzellerlands scheinen noch kaum im 21. Jahrhundert angekommen zu sein. Das Leben geht hier einen beneidenswert geruhsamen Gang und die wenigen Reisenden, die hierhinkommen, genießen die Natur und schätzen die ausgeprägte Brauchtumspflege. Land und Leute sind für eine konservative Grundhaltung und große Traditionsverbundenheit bekannt, von dem berühmten Käse, der hier produziert wird, einmal abgesehen.

Die Landschaft ist nicht so eindrucksvoll wie die der Alpen, sie hat eher etwas von einer Kinderzeichnung: Im Sommer sind die Weiden satt grün, der Himmel ist von einem makellosen Blau und überall sind Bauernhäuschen hingetüpfelt. Im Süden grenzt an diese liebliche Szenerie der Alpstein mit dem Säntis als höchstem Gipfel.

Mit 1200 Kilometern markierten Wegen ist die Region ein Paradies für Wanderer. Dazu kommen im Winter 140 Kilometer Langlaufloipen. Sie ist bequem mit dem Postbus (www.postauto.ch/ostschweiz) oder den Schmalspurzügen der Appenzeller Bahnen zu bereisen, die halbstündlich ab St. Gallen verkehren. Es gibt zwei Strecken: eine direkte über Gais (eine Stunde) und eine mit Umsteigen in Herisau; man kann also jeweils die andere Route zurückfahren.

Das Appenzellerland teilt sich in die Halbkantone Innerrhoden und Ausserrhoden mit den Städten Appenzell

INSIDERTIPP

Mein Tipp ist das Cordon bleu im Restaurant Schafräti *(Schützenstrasse 11)* **in Herisau.**

CLIVE CARPENTER
NATIONAL GEOGRAPHIC-Autor

und Herisau als Zentren. Beide Orte eignen sich als Ausgangsbasis.

Herisau & Appenzell

Die Ansicht des malerischen Herisau wird von der **Kirche St. Laurentius** aus dem 16. Jahrhundert dominiert. Das kleine **Museum Herisau** zeigt das Leben im Kanton im Verlauf der Jahrhunderte.

Den Mittelpunkt des urtümlichen Appenzell bildet der **Landsgemeindeplatz**, auf dem am letzten Sonntag im April die zu diesem Anlass in Trachten gekleideten Einheimischen zusammenkommen, um über kantonale Angelegenheiten abzustimmen. Um den Platz stehen historische Häuser, viele davon haben bemalte Fassaden.

Im sehenswerten **Museum Appenzell** erzählen prähistorische Funde, alte Musikinstrumente und eine eindrucksvolle Stickereien-Sammlung von Geschichte, Alltag und Traditionen der Region. Das Stickereihandwerk in Appenzell war früher eng mit der St. Galler Textilindustrie (siehe S. 227) verknüpft und wird hoch geschätzt. Bestes Beispiel für das regionale Kunsthandwerk sind die aufwendigen Gewänder, Masken und der Kopfputz der *Kläuse*, die zum Neujahr gruppenweise von Haus zu Haus ziehen und ein gutes neues Jahr wünschen.

Im gesamten Kanton findet man alte Handwerke, die anderswo längst ausgestorben sind wie Sennensattlereien, Schellenschmieden und Hackbrettwerkstätten. In den Berggasthöfen erklingt Appenzeller Volksmusik: traditionelle Streichmusik oder Jodeln, begleitet von *Talerschwingen* (Münzdrehen in einem Tonbecken) oder *Schölleschötte* (rhythmisches Läuten mit großen Schellen).

(Fortsetzung auf S. 232)

Museum Herisau

- ✉ Am Platz, Herisau
- ☎ 071/352 40 10
- 🕐 Jan.–April & Mo–Di geschl.
- 💲 €€
- 🚉 Bahn (Appenzell)

Museum Appenzell

- ✉ Hauptgasse 4, Appenzell
- ☎ 071/788 96 31
- 🕐 Mo geschl. (Nov.–März)
- 💲 €€
- 🚉 Bahn (Appenzell)

ERLEBNIS:

Barfuß durchs Appenzellerland

Auf dem Barfussweg in Gonten wird ohne Schuhe und Strümpfe gewandert. Los geht es am Parkplatz von Jakobsbad *(6 km westlich von Appenzell).* **Auf einem klar ausgeschilderten Weg läuft man auf verschiedenen Untergründen wie Holz, Borke, Mulch, Kiesel und Gras sowie durch Marsch und Sumpf – laut dem bayrischen Priester und Therapeuten Sebastian Kneipp (1821–97) eine sehr gesunde Beschäftigung. Für die fünf Kilometer nach Gontenbad braucht man etwa anderthalb Stunden; dort kann man sich beim Bahnhof die Füße waschen und mit dem Zug zurück nach Jakobsbad fahren.**

Autotour: Appenzellerland

Die Rundfahrt ist eine Möglichkeit, die idyllische Landschaft im Herzen von Appenzell mit ihren sanften Hügeln und historischen Marktflecken zu erkunden, einschließlich eines Abstechers zum Säntis. Mit 2502 Metern ist er für Schweizer Verhältnisse zwar nicht sonderlich hoch, jedoch der höchste Gipfel der Region. An klaren Tagen sieht man von oben in sechs verschiedene Länder.

Kuhglocken – Souvenirs aus Appenzell

NICHT VERSÄUMEN:

Natur-Moorbad • Kuhglocken im Brauchtumsmuseum • Alpenpanorama auf der Schwägalp

Startpunkt ist **Appenzell** ❶ mit bunt bemalten Häusern und netten Geschäften. Kultur, Brauchtum und Handwerk der Appenzeller lassen sich im **Museum Appenzell** (siehe S. 229) erkunden. Fährt man Richtung Westen, kommt man nach anderthalb Kilometern durch das kleine **Gontenbad** ❷, ein uraltes Heilbad. Wer Zeit für eine Unterbrechung hat, kann im **Natur-Moorbad** (*Gontenbad, Tel. 071/695 31 21, www. moorbad.ch, €€€€€*) in Moorwasser baden. Anschließend geht es weiter nach **Gonten** ❸. Im **Bären** (siehe Reiseinformationen, S. 298), dem berühmtesten Restaurant der Gegend, gibt es echte Appenzeller Küche zu genießen.

Durch **Jakobsbad** führt die Fahrt ins hübsche **Urnäsch** ❹ mit einem reizenden Dorfplatz. Im **Appenzeller Brauchtumsmuseum** (*Am Dorfplatz, Urnäsch, Tel. 071/364 23 22, Nov.–März So & nachmittags geschl., €€*) kann man sich im Kuhglockenläuten und *Talerschwingen* (Münzdrehen) versuchen und Masken anprobieren, wie sie beim *Silvesterklausen* getragen werden.

Von Urnäsch sind es elf Kilomter hinauf zur **Schwägalp** ❺ und zur Talstation der **Säntis-Schwebebahn** (*Schwägalp, Mitte Jan.–Mitte Feb. geschl., www.saentis bahn.ch*). Die schroffen Gipfel von Säntis, Kronberg und Hohem Kasten bilden einen scharfen Kontrast zu den sanften Hügeln zu ihren Füßen und bieten gute Möglichkeiten für einfache bis mittelschwere Wanderungen sowie im Winter zum Skifahren.

Zurück in Urnäsch, fährt man geradeaus, vorbei an einem Wasserfall (rechts), nach **Waldstatt** (Ausschilderung Herisau, siehe S. 229). Am Nordrand von Waldstatt gelangt man an eine T-Kreuzung. Hungrige sollten links Richtung Herisau abbiegen. Kurz vor dem Ortseingang geht es rechts (Ausschilderung Rechberg) eine kurvenreiche Straße hinauf zu einem gemütlichen Bergrestaurant, der **Wirtschaft** zum **Rechberg** ⑥. Andernfalls biegt man in Waldstatt rechts ab und fährt Richtung Osten nach **Hundwil** ⑦. Hinter Hundwil geht es links Richtung Stein, Teufen und St. Gallen. Nach gut drei Kilometern erreicht man Stein.

In **Stein** ⑧ lohnen das **Volkskundemuseum** *(Dorf, Stein, Tel. 071/368 50 56, Mo geschl., www.appenzeller-museum-stein.ch, €€€)* und die benachbarte **Appenzeller Schaukäserei** *(Dorf 711, Stein, Tel. 071/368 50 70)* einen Besuch. An der reizvollen Strecke von Stein zurück nach Appenzell liegt das verschlafene Dorf **Teufen** ⑨; hier informiert ein kleines **Museum** *(Hätschen, Teufen)* über die traditionelle Appenzeller Bauweise. Von Teufen sind es noch etwa acht Kilometer zurück nach Appenzell.

ERLEBNIS:
Biber & Bitter

Zu den Spezialitäten des Appenzellerlands zählen *Mostbröckli* (Trockenfleisch), *Chäshappech* (Käseteigspiralen) und *Häselbei-Zonne* (warme Heidelbeeren). Die berühmteste ist jedoch der *Biber*, eine Art Lebkuchen. Bei der Tour **Biber & Bitter aus Appenzell** *(Touristeninformation, Hauptgasse 4, Appenzell, Tel. 071/788 96 40)* stellen die Teilnehmer ihren eigenen *Biber* her und besuchen anschließend den Produzenten des einzigartigen Appenzeller Alpenbitters, eines gänzlich aus natürlichen Zutaten hergestellten Kräuterlikörs.

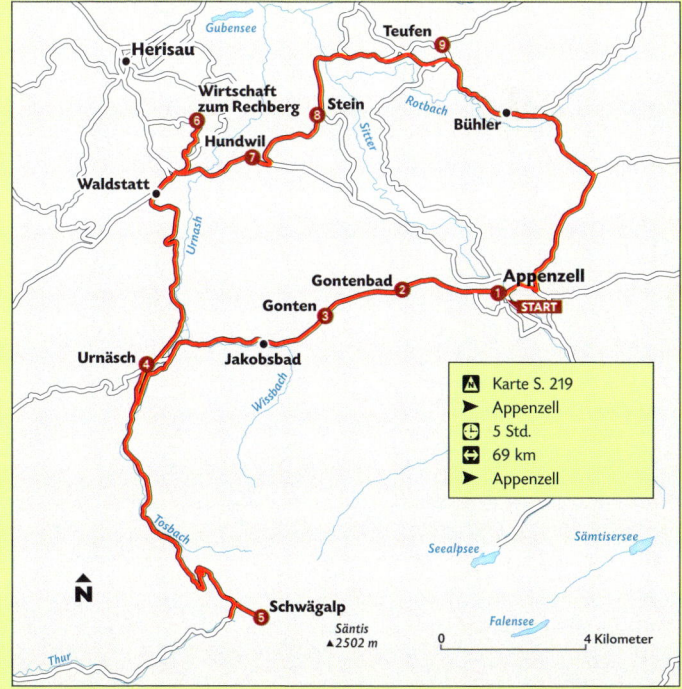

Glarnerland

▲ Karte S. 219 B2

**Besucher-
information**

✉ Glarner
Tourismus,
Raststätte A3,
Niederurnen

☎ 055/610 21 25

**www.glarusnet.ch/
tourismus**

Glarus

Der winzige Kanton Glarus ist eine der unbekanntesten und kaum besuchten Regionen der Schweiz. Das Glarnerland ist geprägt vom Kontrast zwischen den fruchtbaren Tälern im Tiefland und den eisigen Höhen der bis zu 3614 Meter hohen Glarner Alpen. Die meisten Besucher sind Wanderer und Skifahrer, die den Massentourismus und die hohen Preise in bekannteren Schweizer Urlaubsgebieten scheuen. Sein Ruf als Geheimtipp ist jedoch insofern überraschend, als es nur 70 Kilometer von Zürich entfernt liegt und leicht zu erreichen ist.

Glarus liegt südlich des lang gezogenen Walensees zwischen St. Gallen, Schwyz, Uri und Graubünden. Der Ort **Ziegelbrücke** an der Westspitze des Sees bildet den idealen Ausgangspunkt für Touren ins Herz des Kantons, der bereits seit 1352 Mitglied der Eidgenossenschaft ist.

Stadt Glarus

Die Kantonshauptstadt liegt mitten in der grandiosen Bergkulisse des Linthtals am Fuße des schroffen Glärnischmassivs. Mit dem Zug ist sie etwa eine Stunde von Zürich und anderthalb Stunden von St. Gallen entfernt.

Auf dem Hauptplatz der Stadt tritt am ersten Sonntag im Mai die *Landsgemeinde* zusammen, die unter freiem Himmel basisdemokratisch über Kantonsangelegenheiten abstimmt. Anschließend wird traditionell *Glarner Kalberwurst* (Kalbswürste) mit Kartoffel-

---

ERLEBNIS: Sport im Glarnerland

Auskunft über das große Angebot an Sportaktivitäten in der Region wie Ponytrekking, Mountainbiking und Klettern sowie ungewöhnlichere Aktivitäten wie Lamatrekking, Abseilen am Limmernstaudamm oder Seilrutschen über dem Diesbach-Wasserfall erteilt die regionale Touristeninformation (www.glarusnet.ch).

Im Norden kann man auf dem Walensee angeln, segeln und windsurfen oder darin baden. Weiter südlich bieten die Glarner Alpen in Elm, Braunwald, Weissenberge und Filzbach Möglichkeiten zum Skifahren, Snowboarden, Rodeln und Schneeschuhwandern. Es gibt mehr als 300 Kilometer markierte Wanderwege,

von einfachen Wanderungen über die Bergwiesen oberhalb von Braunwald, Elm, Kerenzerberg und Schwanden bis zu Hochgebirgstouren im Glärnisch und am Tödi, dem höchsten Berg der Region. Radfahrer können auf dem 40 Kilometer langen, so gut wie autofreien Radweg am Fluss entlang von Linthal nach Rapperswil am Zürichsee (siehe S. 211) radeln.

Auf der idyllischen Berglialp Matt (Tel. 055/642 14 92, www.molkenbad.ch) kann man sich mit einem Molke-, Honig- oder Bergkräuterbad im Lärchenholzzuber belohnen. Die Wanderung von der Bergstation Mettmenalp in Kies auf die Alp dauert etwa drei Stunden. Übernachten kann man dort oben im Heulager.

Frühlingspanorama in Braunwald: Blumenwiesen und schneebedeckte Berggipfel

püree gegessen. Andere Spezialitäten sind die *Glarner Pastete* mit Trockenpflaumen und Mandeln und *Schabziger*, ein Hartkäse mit Kräutern.

Außerhalb von Glarus

Richtung Westen kommt man von Glarus aus durch das enge Klöntal nach Richisau und zum fjordähnlichen Klöntaler See. Die Hauptstraße führt jedoch Richtung Süden nach Schwanden und **Linthal**. In Linthal fährt eine Standseilbahn 607 Meter hinauf zum autofreien Urlaubsort **Braunwald**. Von dem Sonnenplateau, auf dem er liegt, hat man einen wunderbaren Blick z. B. auf den Tödi (3614 m). Bergsport ist das ganze Jahr über möglich.

Hinter Linthal klettert die Straße in westlicher Richtung über den eindrucksvollen

Klausenpass (*geöffnet Juni bis Oktober*), der Glarus mit der Zentralschweiz verbindet. Die schmale, kurvenreiche Straße ist nichts für ängstliche Naturen. Der Blick auf den Urnerboden, die größte Alp der Schweiz, entschädigt aber für vieles. Bis ins 47 Kilometer entfernte Altdorf (siehe S. 181) im Kanton Uri braucht man gut anderthalb Stunden.

Südöstlich von Schwanden geht es durch das malerische Sernftal zu den abgeschiedenen Orten Engi, Matt und Elm. Die so bezeichnete **Tektonikarena Sardona** oder auch Glarner Hauptüberschiebung macht das Tal zu einer geologischen Attraktion: Hier haben – gut erkennbar – gewaltige tektonische Kräfte älteres, dunkleres Gestein über blassere, jüngere Gesteinsschichten geschoben. ∎

Braunwald

🗺 Karte S. 219 B1

Besucherinformation

✉ Braunwald-Klausenpass Tourismus, Braunwald

☎ 055/653 65 65

www.braunwald.ch

Tektonikarena Sardona

🗺 Karte S. 219 B1

Besucherinformation

✉ Östlich des Dorfes Matt

www.unesco-sardona.ch

Fantastische Schneeverhältnisse und eine der schönsten Bergeisenbahnfahrten der Welt

Graubünden

St. Moritz vor der Kulisse schneebedeckter Alpengipfel

Graubünden

Der größte Kanton der Schweiz ist zugleich der am dünnste besiedelte – und für viele der schönste. Das vor allem für den mondänen Urlaubsort St. Moritz bekannte Graubünden punktet mit einem sehr sonnigen Klima, klarer, guter Luft und einem großen Angebot an Outdoor-Aktivitäten.

Das Edelweiß, die Nationalblume der Schweiz, wächst an den Kalksteinhängen der Alpen

Graubünden, das „Land der 150 Täler und 615 Seen", bietet Tausende Kilometer an kartierten Routen zum Wandern, Radfahren, Mountainbiken und Raften. Die Unterkunftsangebote reichen vom luxuriösen Fünf-Sterne-Hotel bis zur Berghütte mit makelloser Umweltbilanz.

Die regionale Küche ist ausgezeichnet. Ein Kalbseintopf mit Polenta, in einem Bergrestaurant über dem offenem Feuer zubereitet, muss dabei nicht weniger delikat schmecken als die Haute Cuisine in einem der Spitzenrestaurants. Bekannte Spezialitäten sind luftgetrocknetes *Bündnerfleisch* und die *Bündner Nusstorte*. Eine

andere sind *Capuns,* Mangoldwickel mit herzhafter Fleischfüllung in Käsesoße.

Eisenbahnstrecken, zumeist von den knallroten Schmalspurzügen der Rhätischen Bahn befahren, verlaufen hier ausnahmslos durch spektakuläre Landschaften. Bautechnik und Trassenführung sind derartige Meisterleistungen, dass ein Großteil der Strecke zwischen Thusis und Tirano zum Unesco-Welterbe erklärt wurde. Einige klassische Postbus-Routen führen über Graubündens berühmte Gebirgspässe wie San Bernardino, Septimer, Flüela, Bernina, Julier und Maloja – einige auf von den Römern angelegten Straßen. Sie dringen auch tief in abgelegene Täler vor, z. B. zum Bergdorf Juf auf 2126 Meter Höhe. Die höchstgelegene Siedlung Europas ist seit fast 800 Jahren ohne Unterbrechung bewohnt.

Graubünden trat der Eidgenossenschaft 1803 bei. Etwa ein Siebtel der Bewohner spricht Rätoromanisch, das sich aus dem Lateinischen entwickelte. Bis in die 1860er Jahre hinein kamen die zumeist britischen Touristen nur im Sommer. Der gewiefte St. Moritzer Hotelier Johannes Badrutt schlug einer Gruppe von Stammgästen vor, einmal im Winter zu kommen, und versprach, die Reisekosten zu übernehmen, falls es ihnen nicht gefallen würde. Man war begeistert; Tausende folgten. Die Gegend beansprucht für sich, den alpinen Wintertourismus und die olympischen Wintersportarten hervorgebracht zu haben.

Erst 1925 ließ Graubünden als letzter Schweizer Kanton den Automobilverkehr zu. Der Tourismus der wichtigste Erwerbszweig; mehr als 30 Prozent der Bevölkerung leben davon. Besucher dürfen sich auf eine grandiose Landschaft und, dank vorbildlicher Denkmalpflege, gut erhaltene, ursprüngliche Dörfer freuen. ■

NICHT VERSÄUMEN

Den spektakulären Blick in die Rheinschlucht von der Aussichtsplattform „Il Spir" 239

Eine Fahrt mit dem Glacier Express 240–241

Den Gebirgspanoramablick im Heilbad Scuol 244

Ein Orgelkonzert im Schloss Tarasp 244

Die Stille des Benediktinerinnenklosters St. Johann in Müstair 244

Den Ausblick vom Piz Nair oder von der Diavolezza 248–249

Eine Wanderung durch die Via-Mala-Schlucht 251

Zur Orientierung

Chur & Umgebung

Im Norden von Graubünden liegen herrliche Skigebiete, einige davon Tummelpätze der Reichen und Schönen. Der bekannteste Skiort ist Klosters. Abgesehen von Davos, das als Veranstaltungsort für das Jahrestreffen des Weltwirtschaftsforums regelmäßig in den Schlagzeilen ist, widmen sich die meisten Orte vor allem dem Winter- und Sommervergnügen ihrer Feriengäste.

In der Kathedrale St. Mariä Himmelfahrt in Chur

Durch die gewerblich geprägten Außenbezirke von Chur kommt man in eine hübsche Altstadt. Mitten im autofreien Stadtkern liegt der **Martinsplatz**. Von hier

sind alle Sehenswürdigkeiten zu Fuß erreichbar, so auch die zwischen 1150 und 1272 erbaute, größtenteils gotische **Kathedrale St. Mariä Himmelfahrt**. Das **Rätische Museum**, das in einem Haus aus dem Jahr 1676 untergebracht ist, gewährt informative Einblicke in die Geschichte des Kantons. Einen Besuch lohnen auch das **Bündner Kunstmuseum** mit rund 8000 Werken aus der Zeit vom 18. Jahrhundert bis heute sowie das **Bündner Naturmuseum** mit Ausstellungen zu Flora, Fauna und Geologie. Eine Botaniksammlung präsentiert sämtliche etwa 2000 Pflanzenarten der Region.

Außerhalb der Stadt

Westlich von Chur liegt im schönen Vorderrheintal und an der Strecke des **Glacier Express** (siehe S. 240f) **Disentis**. Den Ort beherrscht eine riesige Benediktinerabtei. Das zwischen 1696 und 1712 errichtete Kloster gilt als der schönste Barockbau im Kanton.

Die Ferienorte **Flims**, **Laax** und **Falera** sind von Chur mit dem Bus zu erreichen. Im

Winter bilden sie ein Skigebiet von der Größe Liechtensteins, mit 220 Kilometern Pisten. Laax ist ein ideales Revier für Snowboarder. Im Sommer kann man überall hervorragend wandern. Seilbahnen und Sessellifte befördern die Wanderer hinauf in höhere Lagen. Flims ist auf Mountainbiker spezialisiert und war einer der ersten Orte mit E-Bike-Verleih. Mit dem E-Bike kommt man bequem zur **Aussichtsplattform „Il Spir"** mit einem tollen Blick in die Rheinschlucht bei Conn.

Eine schöne Bahnfahrt bringt Sie nach **Arosa**. Der bekannte Wintersportort zieht wegen seiner wunderbaren Lage in einem großen länglichen Talbecken auch Sommergäste zum Wandern und Mountainbiken an. Im Winter gibt es hier eine fast einen Kilometer lange Skijöring-Piste (siehe S. 250).

Der Ort **Lenzerheide** ist mit entsprechenden Hotels und einem großen Freizeitangebot für Kinder, darunter ein Piratenschiff an einem seichten See, auf Familien eingestellt. Ganz in der Nähe befindet sich die schienengeführte Rodelbahn Pradaschier; auf ihr geht es gut drei Kilometer rasant den Berg hinunter. Über 300 Kilometer Trails machen Lenzerheide zur Bikeregion, in der große Mountainbike-Events stattfinden.

Davos und **Klosters** liegen nah beieinander und betreiben ein gemeinsames Skigebiet. Davos zieht sich auf 1560 Metern Höhe über vier Kilometer durch das Landwassertal. Zu den Bergbahnen, die Wanderer zu den höhergelegenen der 450 Kilometer Wanderwege bringen, zählt die Parsennbahn zum **Weissfluhjoch** (2663 m). Von dort geht es mit einer Seilschwebebahn sogar noch weiter zum kahlen Gipfel des **Weissfluhs** (2844 m). Klosters ähnelt mehr einem Bergdorf und bietet ebenfalls gute Wandermöglichkeiten. ■

Chur

◪ Karte S. 237 C3

Besucherinformation

✉ Chur Tourismus, Bahnhof 3, Chur

☎ (081) 252 18 18

www.churtourismus.ch

Rätisches Museum

✉ Hofstrasse 1, Chur

☎ 081/251 16 40

🕐 Mo geschl.

💲 €€

Bündner Kunstmuseum

✉ Postplatz, Chur

☎ 081/257 28 68

🕐 Mo geschl.

💲 €€€€

Bündner Naturmuseum

✉ Masanserstrasse 31, Chur

☎ 081/257 28 41

🕐 Mo geschl.

💲 €€

ERLEBNIS: Heidi, deine Welt sind die Berge

Aufgrund der ungebrochenen Popularität der Romanfigur Heidi bemüht man sich vielerorts, eine Verbindung zum Werk von Johanna Spyri (1827–1901) herzustellen. Die Autorin wurde in Hirzel im Kanton Zürich geboren. Die Geschichte von Heidi, die 1880 erschien und in mehr als 50 Sprachen übersetzt wurde, spielt jedoch in Graubünden, im Steigwald auf einer Alp oberhalb von Maienfeld. Das Waisenkind Heidi kommt zu ihrem zurückgezogen lebenden Großvater, dem Alpöhi, auf die Alm und lernt dort, meist in Begleitung des gleichaltrigen Geissenpeters, die Berge und das einfache Leben in der Natur lieben.

Ein Dorf in der Nähe von Maienfeld wurde in **Heididorf** (www.heididorf.ch) umgetauft. Dort führt vom Heidihaus der Heidiweg hinauf zur Heidialp. Außerdem gibt es einen kleinen Streichelzoo und einen Souvenirladen.

Bahnfahrt: Der Glacier Express

Der Glacier Express ist die Erlebnisbahn Nummer eins in den Alpen. Er verbindet die beiden berühmten Ferienorte Zermatt und St. Moritz und verkehrt auf der vielleicht schönsten Bahnstrecke Europas.

Eine von 291 Brücken, die der Glacier Express zwischen Zermatt und St. Moritz überquert

Der **Glacier Express** *(Tel. 031/378 01 01, info@railtour.ch, www.glacierexpress.ch, €€€€€)* ist auch als der langsamste Schnellzug der Welt bekannt. Seine Durchschnittsgeschwindigkeit liegt bei 35 Stundenkilometern. Die 7½ Stunden Fahrzeit vergehen jedoch wie im Flug und man staunt nur, wie abwechslungsreich 290 Kilometer Alpenlandschaft sein können. Jede Kurve eröffnet ein neues Panorama, die Erhabenheit der Bergwelt ist atemberaubend. Alle Wagen verfügen über große Fenster und wissenswerte Informationen werden über Kopfhörer mitgeteilt.

Auch an das leibliche Wohl ist gedacht. Es ist eine Bar an Bord und im Speisewagen werden dreigängige Menüs serviert. Am Sitzplatz gibt es ein Tagesgericht (Vorbestellung erforderlich).

NICHT VERSÄUMEN

Speisen im Glacier Express
• Blick vom Gringiolsviadukt •
Spiralen bei Filisur

Der Express verlässt Zermatt (siehe S. 159), das von hoch aufragenden Gipfeln umgeben ist. In **St. Niklaus** ❶ fährt er direkt oberhalb des Flusses, bevor sich die Wassermassen in eine Schlucht ergießen und die Bahn auf einen Felsvorsprung zwingen. Wo die Strecke wie hier sehr steil ist, wird der Zug zur Zahnradbahn.

Hinter **Brig** ❷ folgt die Strecke der Rhone fast bis zu ihrer Quelle. Bei Morel wird die erste Spirale erreicht. Hinter dem Grengiolsviadukt fährt der Zug in einer engen Linkskurve in einen Kehrtunnel und kommt weit höher wieder heraus.

Durch Tannen-, Fichten- und Birkenwälder erreicht der Express das weite obere Gomstal. Schneebedeckte Berge signalisieren, dass er sich dem Furkapass nähert. Hinter **Andermatt** ❸ wird das Mittagessen serviert. Hier windet sich der Zug ohne Zahnradantrieb durch eine Reihe U-förmiger Schleifen. Die Bahntrasse gleicht einer Serpentinenstraße. Das Vorderrheintal ist ein besonders wildromantischer Abschnitt. In der Nähe des Scheitelpunkts der Strecke, an der **Oberalppasshöhe** ❹ auf 2033 Metern, ist der junge Rhein so schmal, dass man darüberspringen könnte.

Ein Meisterwerk des Bahnbaus

Hinter Ilanz bilden die bewaldeten Kalksteinfelsen über den Flussschleifen eine imposante Kulisse. Kurz vor **Reichenau-Tamins** ❺ überquert die Trasse den Vorderrhein nicht weit von seinem Zusammenfluss mit dem Hinterrhein – aus beiden wird der Alpenrhein.

Der Zug fährt am Hinterrhein entlang Richtung Süden ins Albulatal und zum Scheiteltunnel des Albulapasses. Der **Landwasserviadukt** ❻ ist in einem eleganten Bogen geschwungen.

Hinter Filisur beginnt eine der spektakulärsten und genialsten Bahnstrecken der Welt. 2008 wurde sie als Unesco-Welterbe ausgezeichnet. Um auf den Zahnradantrieb verzichten zu können, wurden drei Kehren und drei Spiralen angelegt, zum großen Teil in Tunneln. Vom langen **Albulatunnel** ❼ fährt der Zug hinab durch das Val Bever nach Samedan, wo drei Täler aufeinandertreffen. Unterhalb des Cresta Run (siehe Kasten S. 249) von Celerina klettert der Zug schließlich durch Fichten und Lärchen hinauf zur Endstation **St. Moritz**.

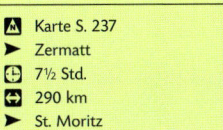

🗺	Karte S. 237
➤	Zermatt
⏱	7½ Std.
↔	290 km
➤	St. Moritz

Engadin

Das Unterengadin ist eines der schönsten Täler der Schweiz. In den Dörfern findet man Häuser, deren Fassaden mit der *sgraffito*-Technik verziert sind. Dabei werden aus noch feuchten, verschiedenfarbigen Kalkputzschichten Flächen und Linien herausgekratzt. Besser bekannt ist das Oberengadin, unter anderem wegen des berühmten Ferienorts St. Moritz.

Herbst im Schweizerischen Nationalpark, südlich von Zernez

Zernez
🅰 Karte S. 237 D2

**Nationalpark-
zentrum**
🅰 Karte S. 237 D2
✉ Zernez
☎ 081/851 41 41
🕐 Stark variierende
Öffnungszeiten;
siehe Website

www.nationalpark.ch

Unterengadin

Als Unterengadin wird das Inntal östlich von **Zernez** bezeichnet. Man kann die wunderschöne Landschaft vom Zug von St. Moritz nach Scuol aus genießen oder unterwegs auf der nahezu autofreien Radroute zwischen beiden Orten. Das Unterengadin beheimatet den einzigen Nationalpark der Schweiz sowie eine Unesco-Welterbestätte.

Zernez ist ein guter Ausgangspunkt für Erkundungen. Das markante Wahrzeichen des Dorfes ist **Schloss Wildenberg** *(nicht zugänglich)*, dessen Bausubstanz in Teilen bis ins Jahr 1280 zurückdatiert werden kann. Die barocke **Dorfkirche** hat einen romanischen Turm, der noch vom Vorgängerbau stammt. In Zernez liegt auch das Besucherzentrum des Schweizerischen Nationalparks.

Schweizerischer National-park: Der 1914 eröffnete Nationalpark bedeckt eine Fläche von 1700 Quadratkilometern. Früher wurden hier Eisenerz, Blei und Silber abgebaut sowie Holz für Schmelzöfen geschlagen. Das Schutzgebiet unterscheidet sich von vielen anderen darin, dass die Natur ungestört ihren Lauf nehmen kann. Eingriffe beschränken die Betreiber auf ein minimal erforderliches Ausmaß. Wenn ein Baum umfällt, bleibt er liegen, es sei denn, er blockiert einen Weg. Die Besuchervorschriften sind sehr streng. Das Mitführen von Hunden, auch an der Leine, ist ebenso verboten wie Zelten, Radfahren oder Langlaufen. Es darf nichts gepflückt oder mitgenommen werden, Tiere dürfen nicht gestört werden. Die Einhaltung der Regeln wird steng überwacht.

Das Resultat ist eine einzigartige Naturlandschaft und ein Paradies für Naturfreunde und Wildniswanderer. Dank vieler verschiedener Lebensräume und unterschiedlicher Höhen – von etwa 1400 bis zu 3174 Metern am Gipfel des **Piz Pisoc** – gibt es hier mehr als 600 Pflanzenarten. Die häufigsten Bäume sind Lärchen, Fichten, Berg-, Zwerg- und Zirbelkiefern sowie Bergerlen, dazwischen wachsen Alpenrosensträucher. Von Juni bis Anfang Juli blühen Spornveilchen, Enzian,

---

Lämmergeier im Schweizerischen Nationalpark

Lämmer- oder Bartgeier starben Ende des 19. Jahrhunderts in den Alpen als Brutvögel aus. Die Vögel wieder in der Region anzusiedeln galt lange als aussichtslos, da es sehr schwer war, sie in Gefangenschaft zu züchten. Nachdem das gelungen war, wurden seit 1991 Jungtiere ausgewildert. Heute bevölkern wieder mehr als hundert Lämmergeier die Alpen und 2007 schlüpfte zum ersten Mal seit über hundert Jahren im Schweizerischen Nationalpark wieder ein Junges in der Wildnis.

Aufgeblasenes Leimkraut, Steinbrech, Alpen-Hahnenfuß, Bergbutterblumen, Habichtskraut, Gelber Rhätischer Alpenmohn und Bärentraube.

Der Nationalpark bietet 80 Kilometer markierte Wanderwege, darunter eine dreistündige Wanderung von Zermez durch das Val Cluozza zur **Berghütte Chamanna Cluozza**. Das 1910 erbaute große Blockhaus liegt auf 1882 Meter Höhe und bietet Platz für etwa 70 Personen. Es ist von Ende Juni bis Anfang Oktober für Übernachtungen mit oder ohne Halbpension geöffnet. Die einzige Alternative ist das **Hotel Il Fuorn** (*Schweizerischer Nationalpark, Tel. 081/856 12 26, www.ilfuorn. ch, €€€€€*) an der Hauptstraße.

An diesem Hotel, das mit dem Postbus von Zernez aus zu erreichen ist, beginnen die beliebtesten Wanderrouten im Park. Ein Rundweg führt von der Straße in einen Zirbel- und Bergkiefernwald und an einem

Piz Pisoc
🅰 Karte S. 237 D2

Berghütte Chamanna Cluozza
✉ Schweizerischer Nationalpark
☎ 081/856 12 35 oder 081/856 16 89
💲 €€€€–€€€€€

www.nationalpark. ch/go/de/besuchen/ unterkunft

Kloster St. Johann

✉ Müstair
☎ 081/851 62 23
www.muestair.ch

Schloss Tarasp

✉ Bei Scuol
☎ 081/861 20 52
🕐 Mitte Okt.–Mitte Mai geschl.; Mai–Okt. Di & Do nachmittags für eine Führung geöffnet
💲 €€
www.schloss-tarasp.ch

Scuol

🅰 Seite S. 237 D3
Besucher-information
✉ Scuol Tourismus, Busbahnhof, Scuol
☎ 081/861 22 22
www.scuol.ch

Bach entlang durch das Val dal Botsch mit Wiesen voller Edelweiß und Stiefmütterchen. Er klettert hinauf zum Margunet, wo sich ein Rundumblick auf zahlreiche Gipfel eröffnet. Durch das wilde Val da Stabelchod geht es zurück zur Straße und zur Bushaltestelle. Diese Wanderung zählt zu den leichteren; auf fast allen erblickt man Murmeltiere, wahrscheinlich auch Steinböcke und Gämsen. Eine Abweichung vom Grundsatz des Nicht-Eingreifens stellt die Wiederansiedlung der Lämmer- oder Bartgeier in Zusammenarbeit mit dem Worldwide Fund for Nature (WWF) dar. Die ersten drei Geier wurden 1991 ausgesetzt (siehe Kasten S. 243).

Richtung Grenze: Von Zernez verkehrt eine Postbuslinie über den Ofenpass zum Grenzdorf **Müstair** im Südostzipfel der Schweiz. Seit Jahrhunderten bewohnen Benediktinerinnen das riesige **Kloster St. Johann**. Die größtenteils mittelalterlichen Gebäude mit karolingischen Wandmalereien und einer romanischen Statue Karls des Großen gehört zum Unesco-Weltkulturerbe.

Zwischen Zernez und Scuol liegen zwei typische Engadiner Dörfer, Guarda und Ardez, die beide unter Denkmalschutz gestellt sind. Bei der Anfahrt auf Scuol sieht man das mächtige **Schloss Tarasp** aus dem 11. Jahrhundert auf einem hohen Felsen oberhalb des Dorfes liegen. Die Burg kann im Rahmen von Führungen besichtigt werden.

Scuol: Scuol ist der größte Ort im Unterengadin. Mit mehr als 20 Mineralquellen

---

ERLEBNIS: Heilbäder in Graubünden

Graubünden ist mit natürlichen Quellen gesegnet, deren Heilsamkeit schon die Römer zu schätzen wussten. Einige zählen dank ihrer einzigartigen Bäderarchitektur und der Umgebung zu den schönsten Heilbädern der Welt. So ist die Lage des **Römisch-Irischen Bads in Scuol** (www.bad.scuol.ch) im Licht eines klaren Wintertags nur schwer zu übertreffen.

Obwohl die meisten Bäder zu einem Hotel gehören, sind in der Regel auch Tagesgäste willkommen. Das abgelegene Dorf Vals, das mit dem Postbus von Ilanz das Valser Tal hinauf zu erreichen ist, wartet mit dem preisgekrönten Bad und Hotel **Therme Vals** (www.therme-vals.ch) des Graubündener Architekten Peter Zumthor auf. Im Fünf-Sterne-Hotel **Tschuggen Grand Hotel** in Arosa (www.tschuggen.ch) hat der renommierte Schweizer Architekt Mario Botta einen nicht weniger faszinierenden Badetempel geschaffen. Große Glassegel lassen Tageslicht herein und gewähren einen freien Blick auf das Gebirgspanorama. Granit aus Domodossola verschönert die Bäderwelt. Verlockend edel sind auch die Anlagen im **Kempinski Grand Hôtel des Bains** in St. Moritz (www.kempinski.com/de/stmoritz) und die stilvolle **Tamina Therme** (www.taminatherme.ch) im Grand Resort Bad Ragaz.

Ein Murmeltier vor seiner Höhle im Schweizerischen Nationalpark

INSIDERTIPP

Die Zugfahrt von Samedan nach Scuol-Tarasp ist immer ein Erlebnis, vor allem aber im Herbst mit seiner üppigen Farbenpracht.

RETO ROSTETTER
National Geographic-Autor

hat es eine lange Geschichte als Heilbad. Besonders schön ist das Römisch-Irische Bad (siehe Kasten gegenüber). Scuol ist auch eine bekannte Gegend für Flussrafting *(www.swissraft.ch)*. Sehr reizvoll ist der alte Dorfkern mit Steinbauten, in deren dicke Mauern die Fenster trichterförmig eingelassen sind, und die mit Erkern und Sgraffiti verziert sind. Andere Häuser haben schmiedeeiserne Balkone, Wappenschmuck und kunstvoll geschnitzte Türen. Das **Museum d'Engiadina Bassa** (Museum des Unterengadins) in einem alten Haus mit Bogenloggia informiert über Geschichte und Kultur der Region.

Bei Scuol befindet sich im ehemaligen Verwaltungsgebäude der Blei- und Silberbergwerke S-charl das **Museum Schmelzra**. Gezeigt wird, wie hier 300 Jahre lang Eisenerz abgebaut wurde, um es im Tal zur Silber- und Bleigewinnung einzuschmelzen. Die Bergbauausstellung erstreckt sich über Keller- und Erdgeschoss, das Obergeschoss nutzt der Schweizerische Nationalpark.

(Fortsetzung auf S. 248)

Museum d'Engiadina Bassa

✉ Scuol Sot (Plaz)
☎ 081/864 19 63
🕐 Juni & Okt. Di & Fr 16–18 Uhr; Juli–Sept. Di, Mi, & Fr 15–20 Uhr
💲 €€

Museum Schmelzra

✉ Chasa du Parc, bei Scuol
☎ 081/861 22 22
🕐 Juni–Okt. Mi, Fr & So 14–17 Uhr
💲 €€

www.nationalpark. ch/go/de/besuchen/ museum-schmelzra

Die Geschichte des Skifahrens

In den Monaten Dezember, Januar und Februar schneit es in den Alpen gewöhnlich heftig und Wintersportfreunde auf der ganzen Welt machen sich auf den Weg in die Schweiz, das Wintersportmekka Europas. Mit vielen Viertausendern und einer sensationellen Bergkulisse bietet die Schweiz zweifellos optimale Rahmenbedingungen fürs Skifahren.

Skifahren in den Bündner Alpen

Skifahren in der Schweiz ist etwas Besonderes und am allerschönsten ist es in Graubünden. Vielleicht liegt das an so berühmten Namen wie St. Moritz oder an den erstklassigen Hotels mit langer Tradition. Vielleicht spielt die Après-Ski-Szene eine Rolle, von gemütlichen Fondue-Abenden im Chalet-Restaurant bis zu munteren, superschicken Bars und Clubs. Die Schweiz ist die Geburtsstätte des Winterurlaubs.

Noch vor 75 Jahren war das alpine Skifahren einer Elite vorbehalten, die den Sport in einer Handvoll Schweizer Bergorte ausübte. Seitdem ist daraus ein Massenphänomen geworden, wie es sich die Skipioniere selbst in ihren kühnsten Träumen wohl nicht vorgestellt haben: Jedes Jahr steuern über 40 Millionen Skifahrer Skigebiete auf der ganzen Welt an. Allein in der Schweiz stehen ihnen 7400 Kilometer Pisten zur Verfügung.

Die Wurzeln des Skisports freizulegen, ist schwer. Hinweise auf die Benutzung von Skiern als Fortbewegungsmittel geben bereits Felsritzungen aus der Steinzeit. Abfahrtsläufe wie wir sie kennen wurden im späten 19. Jahrhundert in Telemark in Norwegen praktiziert. Das Wort *ski* stammt vom altnordischen *skíð* (Holzstock). Als erster Skifahrer der Schweiz gilt Johann Imseng (1806–69), ein Pfarrer aus Saas-Fee, der in den 1850er Jahren seine Wege auf Holzplanken zurücklegte.

Skifahren als Wettkampfsport

1894 nahm Sherlock-Holmes-Schöpfer Sir Arthur Conan Doyle (siehe S. 138) an der ersten überlieferten Skitour in den Alpen teil, die zwischen Davos und Arosa stattfand. Der erste Skiunterricht wurde in der Schweiz 1902 in Zermatt erteilt. Im nächsten Jahr folgte der erste Ski-Pauschalurlaub in Adelboden. 1908 wurde der britische Alpine Ski Club gegründet, der drei Jahre später mit dem Kandahar Cup in Crans-Montana den ersten Abfahrtslauf (siehe S. 155) organisierte. Dieses Rennen gegen die Zeit, bei dem nur Start und Ziel gekennzeichnet waren, markiert den Übergang zum alpinen Abfahrtsrennen im heutigen Sinn. Nachfolger ist das Inferno-Rennen in Mürren (siehe S. 135), das längste Abfahrtsrennen der Welt mit rund 1800 Teilnehmern. In Mürren fanden 1931 auch die ersten Weltmeisterschaften mit Abfahrt und Slalom statt. Andere Orte veranstalteten ähnliche Wettkämpfe, z. B. Wengen (siehe S. 135) das berühmte Lauberhornrennen. 1936 hatten sich alpine Skiwettbewerbe so weit etabliert, dass sie ins Programm der vierten Olympischen Winterspiele in Garmisch-Partenkirchen aufgenommen wurden.

In der zweiten Hälfte des 20. Jahrhunderts erforderte der wachsende Skitourismus den verstärkten Bau von Liften und Seilbahnen. Berghotels blieben nun auch im Winter geöffnet. Die Skiausrüstung wurde weiterentwickelt. Die große Beliebtheit des Buckelpistenfahrens führte 1979 zur Anerkennung des Freestyle-Skiing durch den Weltskiverband FIS. Heute kann man die halsbrecherische Akrobatik beim jährlichen Verbier Ride (*www.verbierride.com*) miterleben. Das Snowboard zog in den 1980er Jahren eine neue Generation von Wintersportlern auf die Pisten. Snowboarding war Jugendkultur, Lebensgefühl und Kult.

Trotz neuer Entwicklungen im Skisport wurden alte Techniken wie das Telemarken und alte Disziplinen wie Langlauf nie aufgegeben. In der Schweiz erfreuen sich Abfahrtslauf und Langlauf ungebrochener Beliebtheit, besonders in Graubünden.

Henry Lunn, Missionar für den Skisport

Skifahren war in der Schweiz nicht immer so beliebt wie heute: Ein paar Minuten Spaß auf der Abfahrt waren den kräftezehrenden Aufstieg kaum wert. Das änderte sich mit den ersten Zahnrad- und Seilbahnen. Pioniere des Skifahrens in der Schweiz waren britische und deutsche Urlaubsgäste, die ab den 1860er Jahren aus gesundheitlichen Gründen auch im Winter in die Berge kamen. Unter ihnen war Henry Lunn (1859–1939), der als Arzt, Missionar und Reiseveranstalter tätig war. Seine Begeisterung für den Skisport und die Schweiz war von großer Bedeutung für die touristische Erschließung des Landes. 1922 organisierte Henry Lunns Sohn Arnold bei Mürren das erste moderne Slalomrennen.

Das Pferderennen White Turf St. Moritz ist ein tolles Spektakel

St. Moritz

▲ Karte S. 237 C2

**Besucher-
information**

✉ St. Moritz
Tourismus,
Via Maistra 1,
St. Moritz

☎ 081/837 33 33

🕐 Mitte April–
Mitte Juni *&*
Mitte Sept.–
Mitte Dez.
So geschl.

www.stmoritz.ch

**Segantini
Museum**

✉ Via Somplatz 30,
St. Moritz

☎ 081/833 44 54

🕐 Mo geschl.

💲 €€€

**www.segantini-
museum.ch**

Oberengadin

Das Oberengadin ist bekannter als die untere Hälfte des
Engadins. Dank durchschnittlich 322 Sonnentagen im
Jahr und der zunehmenden
Beliebtheit des Wintersports
wurde vor allem St. Moritz
zu einem der bekanntesten
Ferienorte der Schweiz.

St. Moritz: Das exklusive
St. Moritz ist unangefochten
das Zentrum des Ober-
engadins, doch auch im
benachbarten Pontresina
sind erstklassige Hotels zu
finden. Rundherum dreht
sich alles um Aktivitäten
an der frischen Luft und in
St. Moritz werden einige
recht ungewöhnliche praktiziert (siehe Kasten S. 250).
Verbreitet sind Wandern
und Mountainbiken, aber

man kann auch auf dem
St. Moritzer See segeln oder
auf dem Silvaplaner See
wind- und kitesurfen *(www.
engadinwind.com)*. Aufgrund
seines Mikroklimas ist der
See ein echter Surfspot.

Im Herzen von St. Moritz
liegt die Talstation der Standseilbahn auf die Corviglia.
Von dort fährt eine Gondelbahn hinauf zum **Piz Nair**
(3055 m). Der Ausblick vom
Gipfel ist unübertroffen;
und über den Survettapass
führt ein schöner Wander-
weg wieder hinunter nach
St. Moritz.

Ein berühmter Künstler
Graubündens war Giovanni
Segantini (1858–99); die
größte Sammlung seiner stimmungsvollen Landschaftsbilder
ist im **Segantini Museum** in
St. Moritz zu sehen.

INSIDERTIPP

Viele Leute, die Segantinis Bilder zum ersten Mal sehen, sind tief beeindruckt, wie gekonnt er das klare Licht Graubündens eingefangen hat.

GIERI SPESCHA
National Geographic-Autor

Celerina: Das trubelige Skigebiet mit zahlreichen Skiliften liegt zusammen mit Samedan am Rand einer großen Ebene, in der drei Täler zusammentreffen, und ist daher auch ein wunderbares Langlaufrevier. In vier Richtungen verlaufen herrliche Eisenbahnstrecken: Richtung Nordosten, auf der Strecke nach Zernez und Scuol, liegt **Zuoz**. Viele Häuser im Ort sind mit einer Bärentatze geschmückt. Sie ist das Wappenzeichen der Familie Planta, die im 13. Jahrhundert den dreistöckigen Turm beim Dorfplatz errichten ließ.

Südöstlich von Celerina liegt **Pontresina**, eine hervorragende Basis für Erkundungen Richtung Berninapass und in die verschiedenen Seitentäler. Als die Eisenbahnstrecke 1908 eröffnet wurde, befand sich der Morteratschgletscher südlich von Pontresina nicht weit vom Bahnhof Morteratsch, heute ist er eine halbstündige Wanderung entfernt.

Ein deutliches Beispiel für die Auswirkungen der Erderwärmung. Vom Bahnhof Bernina Diavolezza erreicht man mit der Seilbahn das **Berghaus Diavolezza 3000m** *(Pontresina, Tel. 081/839 39 00, www.diavolezza.ch, €€€€€).* Der Ausblick auf 2973 Meter Höhe ist so fantastisch, dass das Hotel von Gästen lebt, die hier oben einen Sonnenaufgang erleben möchten.

Val Poschiavo: Südlich des Morteratschgletschers fährt die Berninabahn von St. Moritz nach Tirano in Italien durch die italienischsprachige Enklave Val Poschiavo. Die Trasse klettert hinauf zur höchsten Bahntransversale der Alpen. Der

ERLEBNIS:
Eisbahn Cresta Run

Der Cresta Run verdankt seine Existenz gelangweilten britischen Gästen, die in St. Moritz eine halsbrecherische Rodelvariante erfanden. Im Winter 1884 veranlasste ein gewisser Major W. H. Bulpetts den Bau einer Schlittenbahn zwischen St. Moritz und Celerina. Drei Jahre später gründete er den St. Moritz Tobogganing Club (SMTC). Tobbogan ist ein indianisches Wort für Schlitten. Strecke und Club existieren noch heute. Die 1212 Meter lange Natureisbahn, die jedes Jahr neu aufgebaut wird, wird ausschließlich bäuchlings, mit dem Kopf voran befahren. Außenstehende können eine temporäre Mitgliedschaft im SMTC beantragen und an ausgewählten Tagen ihr Glück versuchen *(www.cresta-run.com/html/sl_membership.cfm, €€€€€).*

Palazzo Mengotti Museum

- Karte S. 237 D1
- Palazzo Mengotti, Poschiavo
- ☎ 081/839 03 22
- Juni–Okt. Di & Fr 14–17 Uhr
- €€

Lago di Poschiavo

- Karte S. 237 D1

Passhöhenbahnhof Ospizio Bernina liegt 2257 Meter hoch. Am Palügletscher vorbei, geht es hinunter ins Val Poschiavo. Der Ort **Poschiavo** ist ein Juwel mit Patrizierhäusern aus dem 17. und 18. Jahrhundert und einer schönen Piazza – einem tollen Plätzchen für einen Kaffee. Zum landeskundlichen **Museum** im Palazzo Mengotti gehört eine Handweberei, die auf

Strecke von nur 38 Kilometern 1827 Höhenmeter überwunden – von Gletschern zu Palmen.

Zurück im Oberengadin erstreckt sich südwestlich von St. Moritz das Tal bis nach **Silvaplana** am Silvaplaner See. Zwischen ihm und dem Silser See liegt der kleine Ort Sils-Maria. Dort sind im **Nietzsche-Haus**, in dem der Philosoph in den 1880er Jahren fast jeden Sommer

Ungewöhnliche Schneesportarten

Schneegolf kommt aus den USA. Das erste Engadiner Winter Golf Turnier fand 1979 auf dem zugefrorenen St. Moritzer See mit 87 Teilnehmern statt und war so erfolgreich, dass es zu einer festen Veranstaltung im Januar wurde. Seit 1996 wird es in Silvaplana augetragen, wenige Kilometer südwestlich von St. Moritz. Gespielt wird über neun Löcher von jeweils 120 bis 180 Metern Distanz. St. Moritz ist außerdem die Heimat des Schneepolos. Ebenfalls im Januar wird auf der Eisdecke des Sees beim St. Moritz

Polo World Cup on Snow um die begehrte Cartier Trophy gekämpft.

Das im Februar stattfindende internationale Pferderennen auf Schnee, White Turf St. Moritz, gibt es schon seit 1907. Vollblüter aus ganz Europa laufen um satte Preisgelder. Zum Rahmenprogramm gehören Konzerte, Ausstellungen und kulinarische Events.

Skijöring, bei dem sich die Skifahrer von Pferden oder Hunden ziehen lassen, kann man sowohl in Arosa als auch in St. Moritz miterleben.

Silvaplana

- Karte S. 237 C1

Besucherinformation

- Tourist Info Silvaplana, Via dal Farrer 2, Silvaplana
- ☎ 081/838 60 00

Nietzsche-Haus

- Sils-Maria bei Silvaplana
- ☎ 081/826 52 24
- Mo geschl.
- €€

www.nietzschehaus.ch

traditionelle Art Stoffe für den Verkauf herstellt.

Ein Stück südlich liegt der schöne **Lago di Poschiavo**. Felswände erheben sich steil aus dem Wasser hinauf zu den Gipfeln auf der Ostseite des Tals. Hinter **Brusio** folgt ein letzter Höhepunkt der Bahnreise, ein Kreisviadukt, der der Höhengewinnung dient. Kurz vor Tirano überqueren Schienen und Straßen die italienische Grenze. Bis hierher hat die Berninabahn auf einer

verbrachte, Dokumente und persönliche Gegenstände aus seinem Besitz zu sehen. Talaufwärts liegt, kurz vor dem Malojapass, der noch kleinere Ort Maloja. Hinter dem Pass windet sich die Straße durchs Val Bregaglia hinunter zur italienischen Grenze. Diese Route nimmt auch der Palm Express, die bekannteste Postbusstrecke der Schweiz, zwischen Lugano im Tessin und St. Moritz. Kurz vor der Grenze liegt **Soglio**. Das

Kitesurfen am Silvaplaner See zwischen St. Moritz und Maloja

Hotel **Palazzo Salis** *(Soglio, Tel. 081/822 12 08, www. palazzosalis.ch, €€€€€)* dessen Grundmauern aus dem Jahr 1630 stammen, verfügt über einen schönen Garten.

Außerhalb des Engadins:

In einem Zipfel von Graubünden zwischen dem Tessin und Italien liegt der **San-Bernardino-Pass**. Hier verkehrt auch der gleichnamige Route-Express-Postbus von Bellinzona im Tessin nach Chur. Am Ende des Val Mescolina führt die Straße in Haarnadelkurven hoch zum neuen Straßentunnel unterhalb der Passhöhe und anschließend hinab durch die berühmte **Via-Mala-Schlucht**. Wer die tief in die Kalksteinfelsen geschnittene Schlucht hautnah erleben möchte, sollte dies zu Fuß oder mit dem Rad von **Thusis** aus tun. Vor Thusis lohnt sich ein Besuch der **Kirche St. Martin** in **Zillis** mit einer einzigartigen Kirchendecke, bestehend aus 153 Bildtafeln aus dem 12. Jahrhundert. ■

San-Bernardino-Pass
🅰 Karte S. 237 B2

Thusis
🅰 Karte S. 237 B2

Kirche St. Martin
🅰 Karte S. 237 B2
✉ Zilllis
☎ 081/661 22 55

Eine wundervolle regionale Küche in einer Landschaft aus Seen und Bergen – gewürzt mit echt italienischem Flair

Tessin

In Gandria hoch über dem Luganer See

Tessin

Das Tessin gehört seit 1803 zur Eidgenossenschaft. Als einziger Schweizer Kanton liegt es komplett auf der Südseite der Alpen und ist rein italienischsprachig. Oft markiert das Gotthardmassiv einen Wetterwechsel, meist zum Vorteil des Tessins, das so auch zahlreiche Sonnengenießer anlockt.

Ein Küchenchef präsentiert seine frischen Pilze

Obwohl im Tessin (ital. Ticino) kein Mangel an schneebedeckten Gipfeln herrscht, verbringen die meisten Besucher oben in den Bergen nur wenig Zeit. Der Tourismus konzentriert sich genauso wie die Bevölkerung des Kantons im Süden um den schönen Luganer See und den Lago Maggiore. Hier können Besucher Bootsfahrten zu malerischen Seedörfern unternehmen, die alten Städte Locarno und Lugano erkunden oder eine Mahlzeit unter Kastanienbäumen genießen.

Das Tessin erfreut sich im Allgemeinen eines milden Klimas, das in Locarno schon recht mediterran anmutet. Man sollte jedoch nicht vergessen, dass das warme Mikroklima besonders im Frühjahr

zahlreiche spektakuläre Gewitter zur Folge hat. Die Landschaft um die Seen herum ist von dicht bewaldeten Bergen und grünen Flusstälern geprägt, es bieten sich tolle Möglichkeiten zum Wandern und Mountainbiken. Auch Radrennfahrer sind im Tessin häufig anzutreffen; hier finden oft Etappen der Tour de Suisse statt.

Italienische Einflüsse

Viele Reisende lockt die Kombination aus Schweizer Effizienz und italienischer Lebensart in den Kanton. Die Tessiner Küche ist bekannt für ihre Mischung aus italienischen und Schweizer Traditionen. Am besten lässt sich das Essen in einem typischen *grotto* genießen, einem rustikalen Tessiner Restaurant. Dabei handelt es sich oft um kleine

Familienbetriebe mit Plätzen im Freien und einer kleinen Auswahl an Gerichten aus wunderbar frischen Zutaten. Manche Gourmets nehmen zu den besten *grotti* weite Anfahrten in Kauf.

Tessiner Spezialitäten sind Schweinefleisch-Erzeugnisse wie Salami und Mortadella, Risotto, Minestrone, *vitello tonnato* (kaltes Kalbfleisch mit Thunfisch-Mayonnaise-Sauce), Polenta mit Rinderschmorfleisch, Kanincheneintopf, Waldpilze, Zabaglione und Pfirsiche in

Wein. Kastanien werden kandiert oder kommen bei Herbstgerichten mit Wild sowie in der Mehl-, Brot-, Kuchen- und Marmeladenherstellung zum Einsatz.

Am Luganer See gelangt man über verschiedene Weinstraßen zu den Winzern. An vielen Weinbergen der Region wachsen regionale Varianten der Merlot-Traube, die im frühen 20. Jahrhundert aus dem Bordelais importiert wurde. Bekannt ist das Tessin auch für seinen Grappa, die wichtigste Zutat des Walnusslikörs Nocino. ∎

Bellinzona & Lugano

Bellinzona ist eine reizende kleine Stadt, an der die Reisenden viel zu oft vorbeifahren. Die größtenteils autofreien und baumgesäumten Straßen und Plätze der Altstadt eignen sich wunderbar zum Bummeln; zahlreiche Cafés und Restaurants laden zur Einkehr ein. Und über allem thronen die drei Burgen: Ihre mächtigen Mauern zeugen von vergangenen Kämpfen um die Stadt.

Weinanbau an den Hängen des Castelgrande in Bellinzona

Bellinzona

Karte S. 255 C2

Besucherinformation

✉ Touristeninformation, Palazzo Civico, Bellinzona

☎ 091/825 21 31

🕐 So geschl.

www.bellinzona
turismo.ch

Castelgrande Museum

✉ Monte San Michele, Bellinzona

☎ 091/825 81 45

💲 €€ (alle Burgen)

Bellinzona

Dank seiner strategisch überaus wichtigen Lage an dem Zugang zu den Pässen St. Gotthard, Lukmanier und St. Bernhard war Bellinzona schon immer von großer Bedeutung. Viele Jahrhunderte lang war es im Besitz der Herzöge von Mailand, diese mussten die Stadt jedoch im frühen 16. Jahrhundert an Nidwalden, Schwyz und Uri abtreten. Die Kantone waren damals zwar Verbündete, sich aber ansonsten nicht sonderlich freundlich gesinnt. Als sie die Stadt übernahmen, wollte jeder Repräsentant der drei Kantone eine Burg. Sasso Corbaro wurde von Nidwalden übernommen, Montebello von Schwyz und Castelgrande von Uri.

Heute ist Bellinzona die Hauptstadt des Tessins und als Endstation vieler Bahn- und Postbusrouten über die Berge ein wichtiger Verkehrsknotenpunkt.

Bellinzonas Herz schlägt an der Piazza Nosetto, einem hübschen Platz am **Palazzo**

Civico (Rathaus). Das prächtige Gebäude, dessen Innenhof-Loggien Wandbilder von historischen Ereignissen zieren, wurde erst 1924 errichtet. Die nahe Piazza Collegiata beeindruckt mit eleganten Patrizierhäusern des 18. Jahrhunderts und der **Kirche SS. Pietro e Stefano**, die Renaissance- und Barockelemente in sich vereint.

Die schönste Kirche der Stadt ist **Santa Maria delle Grazie** aus dem 15. Jahrhundert ein paar Gehminuten vom Zentrum. Die Franziskanerkirche zeichnet sich durch die Fresken aus dem 16. Jahrhundert auf der Lettnerwand aus. Sie zeigen die Kreuzigung Christi und 15 Szenen aus seinem Leben. Ganz in der Nähe steht die noch ältere Kirche **San Biagio** aus dem 13. Jahrhundert. Sie ist im Innern mit Fresken ausgeschmückt, die aus dem 14. Jahrhundert stammen sollen.

Gegenüber von San Biagio befindet sich in der **Villa dei Cedri** *(Piazza S. Biagio, Bellinzona, Tel. 091/821 85 20, Mo geschl., www.villacedri.ch, €€€)* die städtische Galerie, die **Civica Galleria d'Arte**. Hier findet sich neben Gemälden aus dem 19. und 20. Jahrhundert auch eine kleine Sammlung zeitgenössischer Kunst.

Die Burgen: Die älteste und größte der drei Burgen der Stadt ist das **Castelgrande**. Die Festung geht auf die Römerzeit zurück, die ältesten erhaltenen Teile stammen aus dem 12. Jahrhundert. Der Zugang zur Burg erfolgt mit einem in den Burgberg hineingebauten Lift. Oben gibt es ein Restaurant und ein kleines archäologisches Museum.

Mit dem Bau des etwas jüngeren **Castello di Montebello** wurde gegen Ende des 13. Jahrhunderts begonnen. Später wurde es um zwei Wehrmauern und eine lange Mauer in die Stadt hinunter erweitert. Von den Wehrgängen ist an klaren Tagen der Lago Maggiore zu sehen. Das **Archäologische Museum** im Bergfried zeigt Fundstücke aus der Umgebung, zum Teil von etwa 1500 v. Chr. stammend.

Zum kürzlich restaurierten **Castello di Sasso Corbaro** gelangen Besucher über zwei funktionstüchtige Zugbrücken.

Civica Galleria d'Arte

- ✉ Villa dei Cedri, Piazza S. Biagio, Bellinzona
- ☎ 091/821 85 20
- 🕐 Mo geschl.
- 💲 €€€

www.villacedri.ch

Museum im Castello di Montebello

- ✉ Salita ai Castelli, Bellinzona
- ☎ 091/825 13 42
- 🕐 Im Sommer tägl. geöffnet
- 💲 €€ (alle Burgen)

Museum im Castello di Sasso Corbaro

- ✉ Bellinzona-Artore
- ☎ 091/825 59 06
- 🕐 Im Sommer tägl. geöffnet
- 💲 €€ (alle Burgen)

ERLEBNIS:
Regionale Spezialitäten auf dem Samstagsmarkt

Samstagvormittags findet auf der Piazza Nosetto, dem Hauptplatz Bellinzonas, ein bunter Markt statt. Seine Ursprünge gehen auf das Mittelalter zurück. Hier werden je nach Jahreszeit wechselnde regionale Erzeugnisse angeboten. Bei Bauern aus der Umgebung kann man wunderbar Obst und Gemüse, Brot und Käse sowie Fleisch und Wurst einkaufen. Dazu gibt es Kunstgewerbeartikel wie Töpferwaren und Stoffe sowie Haushaltswaren und Freizeitartikel. Am besten ist man kurz nach Öffnung des Markts (8 Uhr) hier – es wird sehr voll! An Markttagen bieten die Restaurants ein besonderes Tagesgericht an.

Lugano

A Karte S. 255 C2

Besucher-information

✉ Lugano Tourismo, Riva Albertoli, Palazzo Civico, Lugano

☎ 091/913 32 32

🕐 Nov.–März & So geschl.

www.luganoturismo. ch

Museo Cantonale d'Arte

✉ Via Canova 10, Lugano

☎ 091/910 47 80

🕐 Mo geschl.

💲 €€€

www.museo-cantonale-arte.ch

Museo Cantonale di Storia Naturale

✉ Viale C. Cattaneo 4, Lugano

☎ 091/815 47 61

🕐 So, Mo geschl.

Museo d'Arte

✉ Riva Caccia 5, Lugano

☎ 058/866 72 14

🕐 Mo geschl.

💲 €€€€

Die kompakte Burg wurde 1479 in nur sechs Monaten von der Familie Sforza erbaut und erhebt sich auf einem bewaldeten Felsen mit weitem Ausblick über die Umgebung. Das **Museum für Volkskunst** in der Burg umfasst unter anderem einen prächtigen Raum mit Walnusstäfelung aus dem 17. Jahrhundert.

Lugano

Die Stadt Lugano ist das gesellschaftliche, wirtschaftliche und kulturelle Zentrum des Tessins. Einige Schweizer Banken haben hier ihren Hauptsitz und zahlreiche weitere verfügen in der Stadt über Niederlassungen. Diese Institutionen verleihen Lugano ein Flair des Wohlstands und der Weltläufigkeit, das angesichts der geographischen und kulturellen Trennung der Stadt vom Rest der Schweiz überrascht.

Der historische Kern Luganos liegt an einem Hügel. Er steigt am Nordwestufer steil aus dem See auf. Westlich der Altstadt befindet sich der Hauptbahnhof, der mit ihr durch eine Standseilbahn verbunden ist.

Das Herz des Viertels bildet die Piazza della Riforma mit dem Renaissancebau des **Palazzo Civico**. An den meisten Tagen findet auf dem Platz ein bunter Markt statt *(Di–Fr 8–12, Sa 8–17 Uhr)*.

Nicht weit von der Nordostecke der Piazza befindet sich das **Museo Cantonale**

d'Arte. Das schöne Gebäude aus dem 15. Jahrhundert beherbergt eine beeindruckende Sammlung von Kunstwerken vorwiegend aus dem 19. und 20. Jahrhundert, besonders von Künstlern, die einen Bezug zum Tessin haben. Vertreten sind unter anderem Turner, Degas, Renoir, Pissarro, Hodler, Arp und Klee.

Ein paar Gehminuten weiter östlich steht in einem Park am See das **Museo Cantonale di Storia Naturale**. Anhand von Dioramen mit Pflanzen und Tieren, Fossilien und Mineralien wird die Naturgeschichte des Kantons erzählt. Eine große Ausstellung widmet sich den Waldpilzen, die einen wichtigen Bestandteil der Regionalküche ausmachen. Interessant im selben Park sind außerdem das **Museo d'Arte** mit Ausstellungen überwiegend moderner Kunst und der **Palazzo dei Congressi**. Auf dessen 1300 Plätze umfassenden Freilichtbühne finden

Feinkoststände auf einem Markt in Lugano

verschiedenste Konzerte statt. Westlich der Piazza della Riforma ist auf dem Hügel hinter dem Bahnhof der romanische Turm der **Cattedrale San Lorenzo** zu sehen. Hinter der reich geschmückten Renaissancefassade verbirgt sich ein Innenraum mit zahlreichen Fresken. Etwa zehn Fußminuten Richtung Süden die Via Nassa entlang steht die **Chiesa Santa Maria Degli Angioli**, die sich ebenfalls durch ihre üppige Innenausstattung auszeichnet. Hier ragt besonders ein Fresko des Leidenswegs und der Kreuzigung Christi heraus, 1529 geschaffen vom Leonardo-Schüler Bernardino Luini (1480–1532).

Die Standseilbahnen:

Viele Besucher von Lugano unternehmen einen Ausflug auf den **Monte Brè** oder den **Monte San Salvatore**. Ersterer ist der sonnigste Berg der Schweiz; die in zwei Abschnitten zum Gipfelrestaurant fahrende Bahn verkehrt das ganze Jahr. Die Talstation ist mit der Buslinie 1,

(Fortsetzung auf S. 262)

Kostenlose Führungen

Die Touristeninformation von Lugano bietet vier kostenlose Stadtführungen an. Die „Classic Tour" *(Ende März–Mitte Okt. Mo 10–12 Uhr)* stellt die wichtigsten Sehenswürdigkeiten vor. „Lugano, gestern und heute" *(Mitte Mai–Mitte Nov. Do 10–12 Uhr)* führt zu den Kirchen, öffentlichen Gebäuden und Plätzen der Stadt. Bei „Parkanlagen und Gärten von Lugano" *(Ende März–Mitte Juli, Mitte Aug.–Mitte Okt. So 10–12 Uhr)* stehen die Grünanlagen im Mittelpunkt und „Monte Brè–Lugano" *(Mitte Mai–Mitte Okt. Fr 14.30–18.30 Uhr)* umfasst eine Führung inklusive Seilbahnfahrt *(Tel. 091/913 32 32, www.luganoturismo.ch).*

Moderne Architektur

Es überrascht nicht, dass derjenige Teil der Schweiz, der an Italien grenzt, großartige Architekten hervorgebracht hat. Im 16. und 17. Jahrhundert stammten aus dem Tessin berühmte Baumeister wie Francesco Borromini, Carlo Maderna (der die Fassade des Petersdoms in Rom schuf) und Domenico Gilardi. Bis heute genießen Architekten aus der Region einen erstklassigen Ruf.

Eine der schönsten Arbeiten Mario Bottas: die Kirche San Giovanni Battista in Mogno

Das Tessin ist als Heimat avantgardistischer Künstler und Architekten bekannt, dazu zählen Aurelio Galfetti, Luigi Snozzi, Livio Vacchini und vor allem Mario Botta. Der Kanton zeichnet sich durch zahlreiche moderne Architekturjuwelen aus sowie einige „mutige"

– andere würden sagen „hässliche" – Gebäude, die in jedem Fall für Architekturfreunde interessant sind.

Ein wichtiges Gebäude des 20. Jahrhunderts war der Flachdach-Stahlbetonbau der **Biblioteca Cantonale** (*Via Cattaneo 4, Lugano*), 1941 nach einem

Entwurf von Rino Tami (geb. in Lisora im Tessin) fertiggestellt. Die umfangreichen Bautätigkeiten in und um Lugano im Zuge des Bevölkerungswachstums ermöglichten es Tessiner Architekten der Moderne, sich einen Namen zu machen. Viele der Gebäude sind kommerzielle oder öffentliche Einrichtungen wie Schulen, Bäder und Bibliotheken, doch wurden auch Wohnblocks und Privathäuser gebaut.

Das meistbesuchte moderne Gebäude in Lugano ist wohl die atemberaubende Kapelle **Santa Maria degli Angeli** von 1996 auf dem Monte Tamaro (siehe S. 269), erbaut von Mario Botta (geb. 1943 in Mendrisio im Tessin). Das Bauwerk wurde von dem Betreiber der Seilbahn Monte Tamaro im Gedenken an seine Frau in Auftrag gegeben. Die Kapelle aus Stein und Beton vereint Elemente einer Kirche, einer Brücke und eines Turms in sich. Ihre Wirkung verdankt die Kapelle auch der wunderbaren Lage auf einem 1500 Meter hohen Bergkamm südlich des Luganer Sees.

In Bellinzona haben Tessiner Architekten historischen Gebäuden neues Leben eingehaucht. Das **Castelgrande** (siehe S. 257) z. B. liegt von allen drei Burgen dem Zentrum am nächsten, spielte im Alltag der Stadt in den 1980er Jahren aber keine Rolle mehr. Als ein Spender 1986 fünf Millionen Franken für die Sanierung der Burg bot, entschied sich der ortsansässige Architekt Aurelio Galfetti (geb. 1936)

für eine Umnutzung des mittelalterlichen Wehrbaus in einen Komplex mit Restaurant, Tagungssaal und Museum. Besondere Aufmerksamkeit galt dem Zugang zur Burg, um sie wieder in das Stadtleben zu integrieren. Dazu wurde ein Aufzug von der Piazza del Sole zur Burg durch den Fels gebohrt.

Im Dorf Mogno steht ein weiteres Werk Mario Bottas, die Kirche **San Giovanni Battista** (*Mogno, Vallemaggia, www.vituvio.ch*). Die zwischen 1986 und 1995 errichtete Kirche ersetzte ein Gotteshaus aus dem 17. Jahrhundert, das von einer Lawine zerstört worden war.

Außerhalb des Tessins

Tessiner Architekten zeichnen auch für Bauwerke in anderen Kantonen verantwortlich wie etwa für das Centre Dürrenmatt bei Neuchâtel und das Museum Tinguely (siehe S. 90) in Basel, beide von Mario Botta. Große Schweizer Architekten kommen aber nicht nur aus dem Tessin: Die moderne Skyline der Stadt Basel ist in hohem Maße von dem Basler Büro Herzog & de Meuron erdacht. Zu ihren Arbeiten in der Stadt zählen das Stellwerk am Hauptbahnhof (1994) sowie prestigeträchtige Gebäude wie etwa das Schaulager (2003) in Münchenstein.

Der berühmteste Schweizer Architekt ist Le Corbusier, der Vater der Moderne. Zwar verbrachte er die meiste Zeit seiner Karriere im Ausland, doch finden sich alle seine frühen Arbeiten in der Gegend um seine Heimatstadt La-Chaux-de-Fonds im Kanton Neuchâtel. Viele der Gebäude sind eher einfach und verraten noch nichts von seiner späteren Tätigkeit; wer sich für die Geschichte der modernen Architektur interessiert, sollte sich seine erste verwirklichte Arbeit anschauen, die Maison Blanche (siehe S. 99), die er 1912 für seine Eltern entwarf.

Luganer See

🔺 Karte S. 255 B1, C1–2

Rancate

🔺 Karte S. 255 C1

Museo Doganale Svizzero

✉ Cantine di Gandria

☎ 091/910 48 11

🕐 Vormittags & Ende Okt.–Ende März geschl.

www.musee-suisse. ch/d/gandria/index. php

Haltestelle Cassarate-Monte Brè, zu erreichen. Spannender ist der Rückweg, wenn man sich an der Seilbahnstation ein Mountainbike leiht; es sind verschiedene Routen ausgeschildert *(www.monte bre.ch)*. Daneben gibt es Wanderwege, z. B. den **Weg der Kunst** (siehe S. 258).

Die Standseilbahn hoch zum Monte San Salvatore verkehrt von Mitte März bis Anfang November und ist ab Bahnhof Lugano-Paradiso und mit den Bussen 9 und 10 ab Lugano zu erreichen. Von der Terrasse des Gipfelrestaurants

erschließt sich die komplexe Topografie des Luganer Sees. Die Kapelle am Gipfel entstand 1705; die Baumaterialien wurden von Frauen aus Pazzallo und Carabbia den Berg hinaufgetragen.

Luganer See

Der verschlungene Luganer See liegt zu zwei Dritteln in der Schweiz, zu einem Drittel in Italien. 1848 wurde er durch den Bau eines Damms zwischen Melide und Bissone in zwei Teile geteilt; heute verläuft hier die Gotthard-Eisenbahnstrecke nach Mailand und die Autobahn A2.

Der See lässt sich am besten an Deck eines der Dampfer genießen, die zwischen den 14 Anlegestellen am See verkehren. Reizende Dörfer mit Seerestaurants und Cafés versprechen Erholung und Genuss und es gibt einige ungewöhnliche Museen.

Zu den schönsten Wanderungen am See zählt der schwierige Aufstieg zum Welterbe **Monte San Giorgio** (1097 m). Leichter ist es mit der Seilbahn vom Anleger Brusino Arsizio nach Serpiano, wo sich von der Restaurantterrasse ein Seeblick bietet.

Entspannend sind die drei **Mendrisiotto-Weinpfade**; die Rundwege geben einen Überblick über das Anbaugebiet, das 40 Prozent der Tessiner Trauben erzeugt. Ein Pfad verbindet das Dorf **Rancate** mit dem Monte San Giorgio

Eins der vielen Musikfestivals in Lugano

(ca. 4 Stunden). Ein weiterer Themenweg, der Olivenbaumpfad, führt von **Castagnola** (bei Lugano) durch Olivenhaine ins malerische Gandria; beide Dörfer sind per Schiff zu erreichen.

Gandria besteht aus einem Häuserwirrwarr mit verschlungenen Gassen. Oleander, Kaktusfeigen und Rosmarin zieren Balkone und Treppen. Unter den Häusern führen hier und da Gewölbepassagen hindurch und die Gassen sind

schattigen Promenade thront der Glockenturm der Kirche aus dem 14. Jahrhundert. Das **Museo del Manifesto Ticinese** (Tessiner Plakatmuseum) in der alten Casa della Torre zeigt mehr als hundert Originalwerbeplakate für den Kanton, einige von Anfang des 20. Jahrhunderts. Speziell ist der **Parco Scherrer** mit seinem pseudogriechischen Tempel, siamesischen Teehaus und ägyptischen Tempel.

Morcote
🗺 Karte S. 255 B1

Museo del Manifesto Ticinese
✉ Riveta de la Tor, Morcote
☎ 091/996 30 50
🕐 Nov.–Feb. & Sa, So geschl.
🚢 Boot zum Anleger Morcote

Parco Scherrer
✉ Morcote
☎ 091/996 21 25

ERLEBNIS: Musikfestivals im Tessin

Die Tessiner Musikfestivals zeichnen sich durch ihre Vielfalt und Qualität aus. Das gilt für die klassischen „Kamelienkonzerte" in Locarno im März oder April wie für das **Estival Jazz** in Mendrisio (www.estivaljazz.ch/home) im Juni oder Juli und **Blues to Bop** in Lugano (www.bluestobop.ch) im August. Die Verbindung des italienischen Opernkomponisten Ruggero

Leoncavallo mit Brissago wird jedes Jahr im Mai mit einem Festival gefeiert. Jazzklänge ertönen abends beim **JazzAscona** Ende Juni und Anfang Juli. Bei **Moon and Stars** im Juli treten auf der Piazza Grande von Locarno Pop- und Rockgrößen auf. Bei den **Musikwochen** (August–Oktober) erklingt in Kirchen in Ascona klassische Musik.

---

gerade breit genug für einen Esel mit Packtaschen.

Gegenüber von Gandria liegt der Bootsanleger des **Museo Doganale Svizzero** (Schweizerisches Zollmuseum), das nur per Schiff oder zu Fuß erreichbar ist. Die ehemalige Grenzwachtkaserne informiert über das Schmuggelwesen.

Morcote & Melide

Einer der schönsten Orte im Tessin ist Morcote am Ende der Ceresio-Halbinsel. Über den Villen am See und der

Auf den Monte Generoso (1704 m) fährt eine Zahnradbahn; von oben eröffnet sich ein toller Ausblick auf das Tessin und hinüber nach Italien. Über den Berg ziehen sich 51 Kilometer Wanderwege und 27 Kilometer Mountainbiketrails. Bei **Swissminiatur** in Melide ist „die gesamte Schweiz in einer Stunde" zu sehen. Die berühmtesten Gebäude des Landes sind mit viel Liebe im Maßstab 1:25 nachgebaut und durch eine Mini-Bahn miteinander verbunden. ∎

🕐 Nov.–Feb. geschl.
💲 €€
🚌 Bus nach Morcote

Swissminiatur
✉ Via Cantonale, Melide
☎ 091/640 10 60
🕐 Mitte Okt.–Mitte März geschl.
💲 €€€€€
🚉 Bahnhof Melide (200 m) oder Boot

www.swissminiatur.ch

Locarno & Lago Maggiore

Locarno ist ruhiger als Lugano und lebt in größerem Maße von Tourismus und Kultur als der Nachbar. Die Stadt stieß 1512 zur Eidgenossenschaft und wurde 1925 durch die Verträge von Locarno weltbekannt. Heute steht ihr Name für die Jazz- und Weltmusikfestivals sowie das Internationale Filmfestival im August, bei dem sich der Hauptplatz der Stadt in ein großes Freilichtkino verwandelt.

Radfahren auf der Uferpromenade von Ascona, mit den Tessiner Alpen im Hintergrund

Locarno

Locarno ist die sonnigste Stadt der Schweiz. Angesichts des mediterranen Klimas und der italienisch anmutenden Architektur fragt sich mancher Besucher, ob die Stadt wirklich zur Schweiz gehört. Dabei ist Locarno in keinster Weise vom Schweizer Kernland abgeschnitten: Vom Bahnhof gehen Direktverbindungen nach Zürich, Basel und Luzern ab.

Das Herz Locarnos bildet die fast gänzlich autofreie Altstadt mit der **Piazza Grande** und ihren eleganten Häusern. Auf der Nordseite des Platzes führen kleine Straßen in ein von hübschen alten Gebäuden und kleinen Geschäften gesäumtes Labyrinth aus Gassen. Sie führen zur reizenden **Piazza San Antonio** mit ihrer schönen Barockkirche. Hier befindet sich auch die **Pinacoteca Casa Rusca** *(Piazza San Antonio, Tel. 091/756 31 70, Mo geschl., €–€€)*, in der Gemälde, Holzschnitte und Stiche von Schweizer Künstlern ausgestellt sind.

Südöstlich der Piazza Grande steht das älteste und bedeutendste Gebäude Locar-

INSIDERTIPP

Die Centovalli-Bahn ist mit den tiefen Abgründen der Melezza-Schlucht, prächtigen Wäldern und malerischen Dörfern eine der tollsten Bahnfahrten der Welt.

OWEN HARDY
Autor, International
Railway Traveler

nos, das **Castello Visconteo**. Die ältesten Teile der Burg stammen aus dem 9. Jahrhundert, das meiste, was man heute sieht, wurde jedoch im 13. bis 15. Jahrhundert erbaut, als sich die Burg im Besitz der mächtigen Visconti befand. Drinnen gibt es enge Gänge, Wendeltreppen und düstere Kerker; die größeren Räume beherbergen Exponate eines historischen Museums.

Um Locarno herum: Am Nordrand der Stadt steht im Viertel Orselina die eindrucksvolle Kirche **Madonna del Sasso** aus dem 16. Jahrhundert. Am besten erreicht man sie mit der Standseilbahn von der Via alla Ramogna, zwei Fußminuten vom Hauptbahnhof entfernt. Die Treppe zur Kirche führt an mehreren lebensgroßen Terrakottabildnissen mit biblischen Szenen vorbei.

Von Orselina fährt eine **Seilbahn** auf den 945 Meter

hohen Gipfel des Colmanicchio mit wundervollen Ausblicken auf den See und Richtung Norden auf die Alpen. Eine Sesselbahn steigt weiter hinauf zum Cimetta (1670 m) – hier ist das Panorama noch umwerfender.

Für Vogelfreunde bietet sich eine Bootsfahrt nach **Magadino** (*Gestione Governativa Navigazione Laghi, Lago Maggiore, www.navlaghi.it*) an. Vom Dorf führt ein Pfad zu den Bolle di Magadino; in dem Feuchtgebiet sind über 300 Vogelarten gezählt worden. Die Überfahrt dauert etwa 20 Minuten. Ein längerer Schiffsausflug führt in drei Stunden von Muralto zum italienischen Stresa.

(*Fortsetzung auf S. 268*)

Locarno

🗺 Karte S. 255 B2

Besucherinformation

✉ Touristeninformation, Largo Zorzi 1, Locarno

☎ 091/791 00 91

🕐 Nov.–Feb. So geschl.

www.ascona-locarno.com

Museo Castello Visconteo

✉ Piazza Castello

☎ 091/756 31 80

🕐 April–Okt. Di–So

💲 €€

🚌 Busse: 10, 21, 22, 23, 31, 32

ERLEBNIS:
Die Centovalli-Bahn

Dies ist eine der schönsten Bahnstrecken der Schweiz. Die Schmalspurbahn verbindet Locarno mit dem italienischen Domodossola an der Hauptstrecke von Mailand nach Luzern und Bern. Das Centovalli-Tal verdankt seinen Namen den hundert Seitentälern, von denen viele mit Stein- oder Stahlgitterbrücken überspannt sind. Dank des dichten Waldes auf den Bergen an der Strecke ist die Bahnfahrt besonders im Herbst ein Genuss. Außerdem bieten sich spektakuläre Blicke in die Schlucht des Flusses Melezza, über den gelegentlich steinerne Bogenbrücken mit einem Schrein in der Mitte führen. Auskünfte über Fahrkarten erteilen **Ticino Turismo** (*Tel. 091/825 7056, www.ticino-tourism.ch*) und die **Ferrovie Autolinee Regionali Ticinesi** (*Tel. 091/756 0400*).

Per Postbus durchs Maggiatal

Zwar fehlen dem Tessin die kolossalen Berge der nördlichen Kantone, aber deswegen ist die Landschaft keineswegs langweilig. Selbst so weit südlich wie um Locarno sind in den tiefen Tälern und auf den felsigen Bergkämmen und Schneegipfeln die Spuren der unvorstellbaren Kräfte zu erkennen, die die Alpen geformt haben. Durch diese Landschaft führt eine der faszinierendsten Postbusrouten der Schweiz, von Locarno durchs Maggiatal.

Bosco Gurin ist eines der reizendsten Bergdörfer der Schweiz

Nicht weit von Locarno erstrecken sich mehrere schöne Täler; das längste und eindrucksvollste ist das 50 Kilometer lange Maggiatal *(www.vallemaggia.ch)* nordwestlich der Stadt. Durch das Tal verkehrt von Locarno stündlich die Buslinie 315 nach Bignasco. Das Maggiatal weist eine seltene Mischung aus alpiner und warmgemäßigter Vegetation mit Eichen-, Birken-, Linden-, Eschen- und Kastanienwäldern auf.

Auf dem Weg nach Fusio am Ende des Haupttals liegen einige Dörfer und Seitentäler, die man leider nicht alle an einem einzigen Tag erkunden kann. Am besten entscheidet man sich für ein Ziel und nimmt dann je nach Zeitbudget den Bus zurück nach Locarno oder eine wei-

NICHT VERSÄUMEN

Bauernhäuser in Cavergno • Seilbahn von San Carlo • Dorf Fusio • Walsermuseum

tere Buslinie das Tal hinauf. Der Fahrplan *(http://fahrplan.sbb.ch)* ist online einzusehen. Die Fahrt nach Fusio mit Umsteigen in Bignasco dauert nur gut anderthalb Stunden. Der letzte Bus zurück von Fusio fährt um 17 Uhr. Auch in die Seitentäler verkehren Postbusse.

Ein kurzes Stück hinter Locarno erreicht die Straße das Tor zum Tal, den **Ponte Brolla** ❶; hier hat der Fluss

Maggia eine tiefe, steile Schlucht ins Gestein geschnitten. Nördlich des Ponte Brolla liegt **Gordevio** ➋ mit der Kirche SS. Giacomo e Filippo aus dem 17. Jahrhundert, wo sich eine Unterbrechung der Fahrt anbietet. In **Cevio** ➌ vermittelt das **Museo di Valmaggia** *(Tel. 091/754 13 40, www.museovalmaggia.ch)* aus dem 17. Jahrhundert, wie die Bewohner des Tals früher lebten. Ein 40-minütiger Abstecher führt zum reizvollen Dorf **Bosco Gurin** ➍ *(www.bosco-gurin.ch)* inmitten von Lärchenwäldern – das höchstgelegene Dorf des Kantons (1506 m). Nach einem Besuch des **Museums** *(Walserhaus, Bosco Gurin, Tel. 091/754 18 19)* kann man

sich im **Restaurant Walser** *(Hotel Walser, Tel. 091/759 02 02)* stärken.

Dann geht es weiter mit dem Bus nach Bignasco, von wo aus sich das benachbarte **Cavergno** ➎ erkunden lässt, ein großes Dorf mit uralten Bauernhäusern. Oder man fährt Richtung Westen nach **San Carlo** ➏ und von dort mit einer Seilbahn nach Robiei mit Ausblicken auf den Basodino-Gletscher. Die dritte Option ist der Bus nach Fusio; er fährt durch **Mogno** ➐ mit seiner ultramodernen Kirche San Giovanni Battista (siehe S. 261), umgeben von traditionellen Steinhäusern. Rund um das Dorf **Fusio** ➑ gibt es Wanderwege, jedoch sollte man den letzten Bus zurück nach Locarno nicht verpassen.

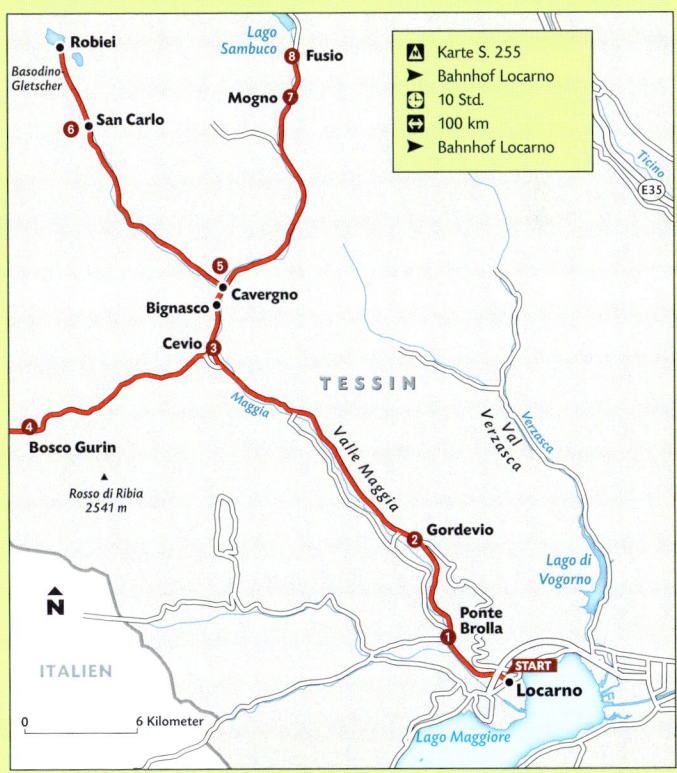

Der Monte Tamaro in den Tessiner Alpen mit dem Lago Maggiore in der Ferne

Ascona

Karte S. 255 B2

**Besucher-
information**

Ente Turistico
Lago Maggiore,
Casa Serodine,
Ascona

091/791 00 90

Nov.–Feb.
So geschl.

**www.ascona-locarno.
com**

Lago Maggiore

Der Lago Maggiore ist viermal so groß wie der Luganer See, jedoch liegt nur ein Fünftel seiner Fläche in der Schweiz – der große Rest gehört zu Italien. Der lange und recht schmale See zieht sich von den Schweizer Bergen durch sanftere Hügel hin zur lombardischen Ebene in Italien.

Von Locarno aus gesehen liegt jenseits der Maggia die kleinere und ruhigere Nachbarstadt **Ascona**. Der Ort am See ist schon seit mehr als hundert Jahren ein beliebtes Reiseziel und war besonders bei Künstlern und Intellektuellen beliebt. Zu Beginn des 20. Jahrhunderts wohnten hier zahlreiche Ausländer, darunter die Schriftsteller Hermann Hesse, James Joyce

und Erich Maria Remarque, die bildenden Künstler Paul Klee und Hans Arp, die berühmte Tänzerin Isadora Duncan und der Psycho-analytiker Karl Jung.

Das Seeufer Asconas ist von den bunten Sonnenschirmen der Cafés und Restaurants gesäumt. Am kleinen Hafen, in dem gewöhnlich Fischerboote liegen, spenden Platanen Schatten. In den schmalen, größtenteils autofreien Straßen um den Turm der Kirche **SS. Pietro e Paolo** drängen sich Boutiquen und kleine Geschäfte. Neben edler Kleidung, Kunst und Antiquitäten finden sich auch traditionelle Delikatessen wie Polenta, Pasta und Olivenöl.

Die beliebtesten Schweizer Ausflugsziele bei einer Fahrt über den See sind das Dorf

Brissago und die gleichnamigen Inseln in der Nähe. Der alte Teil des Orts schmiegt sich um die Renaissancekirche **SS. Pietro e Paolo**. Enge Gassen, vereinzelt gesäumt mit kleinen Gärten mit Zitronen- und Orangenbäumen, führen hinunter zum Wasser. Im Dorf ließ sich der italienische Komponist Ruggero Leoncavallo (1857–1919) nieder und in einer Barockvilla ist das ihm gewidmete **Leoncavallo Museum** untergebracht.

Nicht weit vom Ufer befindet sich auf der größeren Insel San Pancrazio der **Parco Botanico del Canton Ticino**, den eine russische Baronin deutscher Abstammung im 19. Jahrhundert anlegen ließ. Der Garten enthält mehr als 1700 Pflanzenarten aus dem Mittelmeerraum, dem subtropischen Asien sowie aus Südafrika, Amerika und Ozeanien. Dank des Klimas sind Treibhäuser nahezu überflüssig; das einzige Treibhaus schützt Orchideen und fleischfressende Pflanzen. Die Insel ist von Brissago mit dem Schiff (*Gestione Governativa Navigazi-*

one Laghi, www.navigazionelaghi.it, €€€€€) zu erreichen. Viele Gartenfreunde fahren weiter über die Grenze zur südlich gelegenen Isola Bella mit dem wunderschönen Herrenhaus und einem Garten aus dem 17. Jahrhundert.

Bergwanderungen

Eine der berühmtesten und spektakulärsten Wanderungen der Region ist der 13 Kilometer lange Kammweg vom **Monte Tamaro** (1961 m) zum **Monte Lema** (1621 m). Zum Monte Tamaro nimmt man zunächst den zwischen Lugano und Bellinzona verkehrenden Zug bis nach Rivera-Bironico und von dort die Seilbahn zur Alpe Foppa. Dann sind es etwa anderthalb Stunden bis zum Startpunkt des Weges am Monte Tamaro. Zum Monte Lema sind es rund viereinhalb Stunden (genügend Wasser mitnehmen!). Vom Monte Lema fährt eine Seilbahn hinunter nach Miglieglia, von dort nimmt der Postbus einen zurück nach Lugano. ∎

Brissago
🗺 Karte S. 255 B2

Leoncavallo Museum
✉ Palazzo Branca-Baccalà, Brissago
☎ 091/793 02 42
🕐 Nov.–Feb. & Mo geschl.
💲 €€
🚌 Boot/Bus nach Brissago

Parco Botanico del Canton Ticino
✉ Isole di Brissago
☎ 091/791 43 61
🕐 Nov.–Feb. geschl.
💲 €€€
🚌 Boot von Brissago
www.isolebrissago.ch

ERLEBNIS: Rundreise um den Lago Maggiore

Da der Lago Maggiore größtenteils in Italien liegt, betreibt eine italienische Gesellschaft die Seeschifffahrt – der Swiss Pass (siehe S. 273) ist nicht gültig. Am See gibt es insgesamt 36 Anlegestellen. Eine der schönsten Arten, den See zu erkunden – inklusive der tollen Bahnfahrt von Locarno nach Domodossola –, bietet der **Lago Maggiore Express** (*www.lagomaggioreexpress.com*). Auf der ein- oder zweitägigen Rundreise mit Schiff und Bahn ab Ascona, Brissago, Locarno oder Magadino können Reisende auch an 16 Orten in Italien aussteigen. Auf Wunsch gibt es an Bord Mittagessen (Vorbestellung erforderlich).

REISEINFORMATIONEN

Für Erkundungstouren durch Zürich bietet sich die Straßenbahn (Tram) an

REISEPLANUNG

Reisezeit

Zu welcher Jahreszeit man in die Schweiz reist, hängt natürlich davon ab, was man dort zu tun gedenkt. Von Dezember bis Anfang April sind vor allem die Wintersportler unterwegs – von denen rund 40 Prozent nicht auf Skiern stehen, sondern Winteraktivitäten wie Schneeschuhwandern und Schlittenfahren bevorzugen. An kristallklaren Wintertagen bieten sich wahrhaft atemberaubende Bergpanoramen mit einer Weitsicht, mit der die wärmeren Jahreszeiten nur selten aufwarten können.

Die Zeit der Schneeschmelze im Frühjahr und der November sind vielleicht die einzigen Zeiten, die sich für Reisen aufs Land und in die Berge nicht so sehr empfehlen. Wenn der Schnee taut, sieht das Gras blass aus, die Wege sind matschig und viele Hotels schließen zwischen Winter- und Sommersaison sowie im November. Zum Ende der Schneeschmelze verwandeln sich die Bergwiesen in ein wahres Blütenmeer. Der meiste Regen fällt im Frühjahr und Herbst. Besonders im Jura ist es im Frühjahr nass und im Winter fallen die Temperaturen in dieser Region auf einen Tiefstand, vor allem im Vallée de la Brévine.

Im Sommer ist es oft diesig. Dennoch ist das die bevorzugte Urlaubszeit für Familien. Da es lange hell ist, bietet sich die Gelegenheit zu ausgedehnten Wanderungen. Nach dem Ende der Schulferien sind die Hotels nicht mehr so voll und allmählich zeigen sich die Herbstfarben. Wanderer und Reisende ohne Schulkinder freuen sich dann über niedrigere Übernachtungspreise.

Die Schweiz verfügt über ein mitteleuropäisches Klima, mit Ausnahme des Tessins, das ein mediterranes Klima genießt. Eine Fahrt durch den Gotthardtunnel bringt oft einen vollständigen Wetterwechsel mit sich. Die durchschnittlichen Tagestemperaturen übersteigen im Sommer selten 27 Grad Celsius, im Winter bewegen sie sich etwas über dem Gefrierpunkt.

Nicht vergessen

Welche Kleidung in den Koffer kommt, richtet sich nach der Art des geplanten Urlaubs. Fehlen dann doch einige Dinge, kann man sie vor Ort problemlos einkaufen – es sei denn, man befindet sich in wirklich abgeschiedenen Ecken. Wer wandern möchte, sollte bequeme Laufschuhe beziehungsweise für Bergpfade Wanderstiefel mitnehmen. Einfache Sportschuhe sind kein empfehlenswerter Ersatz. Die Wetterbedingungen und Temperaturen in den Bergen können sich sehr schnell ändern, worauf man entsprechend vorbereitet sein sollte. Wer längere Wanderungen plant, sollte Verbandszeug, Energieriegel, Sonnenschutzcreme, eine Sonnenbrille, eine Kopfbedeckung, eine kleine Taschenlampe, eine Trillerpfeife und Trinkwasser mitnehmen (allerdings strömt in den Bergen an vielen Stellen Trinkwasser aus einem Leitungsrohr in einen Holztrog). Viele Wanderer schwören auf Teleskop-Wanderstöcke, die es überall in Sportgeschäften gibt (viele der besten Stöcke kommen aus der Schweiz). Wer keine wirklich langen Wanderungen durch abgelegene Gebiete plant, braucht gewöhnlich keine Karten, da die Wanderwege sehr gut ausgeschildert sind. Gebietskarten sind in der Regel in den Touristeninformationen erhältlich. Gut für Wanderungen besonders in den Bergen sind Ferngläser zur Beobachtung von Tieren wie Steinböcken, Murmeltieren und Adlern.

Einreisebestimmungen
Reisedokumente
Deutsche und österreichische Staatsangehörige benötigen für die Einreise einen gültigen Personalausweis oder Reisepass.

Botschaften der Schweiz
Deutschland
Otto-von-Bismarck-Allee 4 A
10557 Berlin
Tel. 030 390 40 00
Fax 030 391 10 30

E-Mail: ber.vertretung@eda.admin.ch
www.eda.admin.ch/berlin

Österreich
Kärntner Ring 12
1010 Wien
Tel. 01 795 05
Fax 01 795 05-21
E-Mail: vie.vertretung@eda.admin.ch
www.eda.admin.ch/wien

Versicherung
Die medizinische Behandlung in der Schweiz ist teuer. Daher ist es für in Deutschland gesetzlich Versicherte ratsam, die Europäische Krankenversicherungskarte mitzunehmen. Sie ist in der Regel auf der Rückseite der normalen Versichertenkarte abgedruckt und gilt auch in der Schweiz. Damit können die Leistungen von Krankenhäusern und Ärzten, jedoch nicht von privaten Gesundheitsdiensten in Anspruch genommen werden. Darüber hinaus ist der Abschluss einer privaten Auslandsreisekrankenversicherung empfehlenswert; sie deckt weitere Kosten wie den Rücktransport in die Heimat ab. Im Versicherungsschutz sind gefährliche Sportarten häufig nicht eingeschlossen; dazu können je nach Versicherung Klettern und Drachenfliegen zählen, aber zum Teil auch Skifahren und Wandern. Vor der Reise sollte man mit der Versicherung klären, welche sportlichen Urlaubsaktivitäten versichert sind.

Zoll
Arzneimittel dürfen nur für den persönlichen Gebrauch eingeführt werden. An Alkohol dürfen 2 Liter mit einem Alkoholgehalt von bis zu 15 Prozent und 1 Liter mit über 15 Prozent eingeführt werden. Aus EU-Ländern dürfen 200 Zigaretten oder 50 Zigarren mitgebracht werden.

LESETIPPS
Geschichte
„Geschichte der Schweiz" von Thomas Maissen (Hier + Jetzt; 2011)
„Kleine Geschichte der Schweiz" von Volker Reinhardt (Beck; 2000)
„Schweizer Geschichte – einmal anders" von Joëlle Kuntz (Tobler; 2008)

Kultur & Lebensart
„Überleben in Zürich" von Susanne Sitzler (Ch. Links; 2010)
„Der feine Unterschied – ein Handbuch für Deutsche in der Schweiz" von Bruno Reihl (Midas; 2009)
„Gebrauchsanweisung für die Schweiz" von Thomas Küng (Piper; 2008)
„Kauderwelsch, Schwiizertüütsch, das Deutsch der Eidgenossen" von Isabelle Imhof (Reise Knowhow; 2007)
„Grüezi Gummihälse. Warum uns die Deutschen manchmal auf die Nerven gehen" von Bruno Ziauddin (rororo; 2008)
„Die besten Schweizer Rezepte und ihre Geschichte" von Alfred Haefeli (Fona; 2010)
„Stuart Pigotts Weinreisen. Schweiz" von Chandra Kurt und Ursula Heinzelmann (Scherz; 2009)

Landschaft & Natur
„Naturschönheiten erwandern. 28 Touren zu Wundern der Natur in der Schweiz" von Franz auf der Maur (Werd; 2009).
„Urlandschaften der Schweiz. Die schönsten Wanderungen durch wilde Bergwelten" von Heinz Staffelbach (AT; 2011)
„Die schönsten Höhenwege der Schweiz" von Ueli Hintermeister (AT; 2009)
„Hüttentreks Schweiz" von Mark Zahel (Bruckmann; 2009)

„Leichte 3000er in der Schweiz. Über Wege und Steige auf 45 hohe Gipfel" von Peter Deuble (Bruckmann; 2011)

„Wallis. 50 Touren zwischen Monte Rosa und Altschhorn" von Michael Waeber und Hans Steinbichler (Bergverlag Rother; 2005)

„Berner Oberland. 50 Touren zwischen Eigerwand und Emmental" von Daniel Anker (Bergverlag Rother; 2009)

„Tessin. 35 Wanderungen" von Eugen E. Hüsler (Bruckmann; 2002)

Literatur

„Heidi" von Johanna Spyri (1880)

„Der Zauberberg" von Thomas Mann (1928)

„Das Blütenstaubzimmer" von Zoë Jenny (FVA; 1997)

„Small World" von Martin Suter (Diogenes; 1997)

„Schweizer Geschichten" von Urs Widmer (Diogenes; 1977)

ANREISE
Mit dem Flugzeug

Die Schweiz ist bestens mit anderen Ländern der Welt verbunden. Sie ist ein gefragtes Reiseziel nicht nur für Touristen, sondern auch aufgrund ihrer wirtschaftlichen Bedeutung und weil viele internationale Organisationen hier ihren Sitz haben. Vom Flughafen Zürich gibt es Linienflüge zu 163 Flughäfen auf der ganzen Welt.

Die Schweizer Fluggesellschaft **Swiss International Air Lines** (www.swiss.com), kurz Swiss genannt, fliegt in Europa 48 und außereuropäisch 24 Ziele an.

Der **Flughafen Zürich** (ZRH; Tel. 043 816 3422, www.flughafen-zuerich.ch) ist einer der wenigen Flughäfen mit Kinderbetreuung und Spielräumen. Sie befinden sich bei den Flugsteigen A und E. Die Kinder sollten immer in Begleitung eines Erwachsenen sein. Überall im

Flughafen gibt es zusätzlich noch Spielecken mit Puppen, Spielzeug, Malstiften und Computerspielen.

Der **Internationale Flughafen Genf** (GVA; Tel. 022 717 7111, www.gva.ch) wird von 130 Flughäfen auf der Welt angeflogen, während es sich bei den meisten Flügen vom **EuroAirport Basel** (BSL; Tel. 061 325 3111, www.euroairport.com) um innereuropäische Flüge handelt.

Der Vorzug der drei wichtigsten Schweizer Flughäfen ist, dass sie über wunderbare Verkehrsanbindungen verfügen. Sie liegen nicht weit von den jeweiligen Städten entfernt und sind von diesen aus schnell mit öffentlichen Verkehrsmitteln zu erreichen. Sowohl in Zürich als auch in Genf liegen direkt unter den Terminals Fernbahnhöfe mit schnellen Verbindungen ins ganze Land.

Kleinere Flughäfen gibt es außerdem in **Bern** (www.flughafen bern.ch), **Grenchen** (www.airport-grenchen.ch), **La Chaux-de-Fonds** (www.leseplaturesairport.ch), **Lugano** (www.lugano-airport.ch), **St. Gallen** (www.airport-stgallen.com), **Samedan** (www.engadin-airport.ch) und **Sion** (www.sionairport.ch). Inlandsflüge erscheinen jedoch angesichts des effizienten Eisenbahnnetzes und der geringen Entfernungen eher unnötig.

Mit dem Zug

Die Schweiz ist aufgrund ihrer zentralen Lage in Europa in allen Landesteilen sehr gut per Zug erreichbar. Von Deutschland und Österreich aus bestehen sehr gute ICE- und EC-Verbindungen in die Schweiz. Direktverbindungen bestehen von Basel oder Zürich unter anderem nach Köln, Berlin, Kiel, München oder Frankfurt. Es gibt sogar eine Direktverbindung von Berlin über Frankfurt, Basel und Bern bis Interlaken. Interessant könnte auch ein Autoreisezug sein, der an der Grenze

in Lörrach hält. Weiterführende Informationen stehen auf der Website der Schweizer Bundesbahn (www.sbb.ch).

Mit dem Auto

Deutschland und die Schweiz sind über die Autobahnen Karlsruhe–Basel (A5) und Stuttgart–Schaffhausen (A81) miteinander verbunden. Schweizer Autobahnen und grün ausgeschilderte Schnellstraßen sind gebührenpflichtig. Eine Vignette muss deutlich sichtbar an der Windschutzscheibe angebracht sein. Es gibt sie bei ADAC-Geschäftsstellen, an den Grenzübergängen und an Tankstellen zu kaufen. Die Schweiz gehört zu den Schengen-Staaten; eine Personenkontrolle wird nicht mehr regelmäßig durchgeführt. Die Schweiz ist aber nicht Teil der EU-Zollunion, daher sind Warenkontrollen des Zolls an den Grenzübergängen jederzeit möglich.

UNTERWEGS IN DER SCHWEIZ
Mit öffentlichen Verkehrsmitteln

Die Schweiz verfügt über das beste öffentliche Verkehrssystem der Welt – wer zum ersten Mal hier ist, wird von der Qualität und Zuverlässigkeit des sorgfältig getakteten Netzes beeindruckt sein. Die Zugverbindungen untereinander als auch die Verbindungen zwischen Zügen und anderen Verkehrsmitteln, egal ob Postbus, Straßenbahn, Stadtbus, Schiff, Stand- oder Luftseilbahn, sind so aufeinander abgestimmt, dass ein reibungsloses Umsteigen möglich ist. Einige Orte sind nicht ans Straßennetz angeschlossen oder nur über schmale, steile Bergstraßen erreichbar. Diese Straßen erfordern vom Fahrer eine hohe Konzentration, sodass er keine Gelegenheit haben wird, die Landschaft zu genießen. Auch weil die Schweiz mit einigen der schönsten Eisenbahnstrecken der Welt aufwartet, verwundert es nicht, dass überdurchschnittlich viele Schweizbesucher die im Swiss Travel System vereinten öffentlichen Verkehrsmittel in Anspruch nehmen.

Swiss Pass

Für Besucher ist einer der großen Vorteile des Swiss Travel System das Angebot an preisgünstigen Pässen, beginnend mit dem umfassendsten, dem **Swiss Pass**. Er ist für 4, 8, 15, 22 Tage oder 1 Monat gültig und gewährt die kostenlose Nutzung von Bahnen, Postbussen, Schiffen und dem öffentlichen Personennahverkehr in 41 Schweizer Städten. Bei den meisten Bergbahnen, Luft- und Standseilbahnen erhalten Passinhaber 50 Prozent Ermäßigung. Wer nicht an jedem Tag unterwegs sein wird: Der **Swiss Flexi Pass** umfasst die freie Fahrt an 3, 4, 5 oder 6 Reisetagen innerhalb eines Monats. An den anderen Tagen erhält man 50 Prozent Rabatt. Für Personen unter 26 Jahren bietet der **Swiss Youth Pass** dieselben Konditionen wie der Swiss Pass; Kinder unter 16 Jahren reisen in Begleitung eines oder zweier Erwachsener mit der **Swiss Travel System Family Card** kostenlos. Wer nur ein Ziel in der Schweiz ansteuert, gelangt mit dem Swiss Transfer Ticket von einem Grenzübergang oder Flughafen an sein Ziel. Die ersten drei genannten Pässe gelten auch als **Schweizer Museumspass** und gewähren freien Eintritt zu mehr als 400 Museen. Wer zu zweit unterwegs ist: Bei allen Pässen erhält die zweite Person 15 Prozent Rabatt auf den Kaufpreis des Passes.

Die Pässe kann man auch schon vor der Abreise über Switzerland Tourism oder ein Reisebüro erwerben. In der Schweiz selbst ist alles sehr einfach: Das System ist darauf ausgelegt, den Kunden das Reisen zu erleichtern. Die Bahnhöfe sind gleichzeitig die Knotenpunkte für die Bus- und Straßenbahnlinien und es hängen überall Fahrpläne aus. Die Fahrplanauskunft auf *www.sbb.ch* ist sehr übersichtlich.

Mit dem Bus

Die auffallenden gelben Postbusse – „PostAutos" –, die an zahlreichen Bahnhöfen nach Zugankünften abfahren, sind ein Teil des Schweizer Alltags, seitdem 1906 der erste motorisierte Postbus den Dienst antrat (siehe Kasten S. 30). Die Postbusstrecken ergänzen das Zug- und Straßenbahnnetz. Besuchern bieten die Postbusse die Möglichkeit, die abenteuerlichen Straßen über die höchsten Pässe zu erleben. Die Passstraßen schrauben sich oft in endlosen Serpentinen in die Höhe. Wer zum ersten Mal erlebt, wie eine Reihe von Fahrzeugen in einer Haarnadelkurve zurücksetzen muss, freut sich, das Fahren jemand anderem überlassen zu haben. Gerade die Postbusfahrer sind sehr versiert, routiniert und gelassen.

Auf den schönsten Postbusstrecken verkehren sogenannte Route Express Busse mit einer begrenzten Zahl von Stopps, einige davon sind sogar Doppeldecker mit toller Aussicht vom oberen Deck. Der berühmteste dieser Busse ist der Palm Express von Lugano nach St. Moritz: Er fährt am Luganer und Comer See entlang durch Italien und dann durch die Lärchenwälder des Oberengadins und über den Malojapass. Andere interessante Strecken führen über die Pässe Julier, San Bernardino, Simplon, Nufenen, Klausen, Gotthard, Grimsel und Furka.

Mit dem Zug

An den Bahnsteigen zeigen blaue Wagenstandsanzeiger die Position der einzelnen Wagen und des Speisewagens an. Auf fast allen Strecken gibt es tagsüber mindestens stündliche Verbindungen. Das gesamte Netz ist elektrifiziert. Die Schweizerischen Bundesbahnen beziehen ihren gesamten Strom aus Wasserkraft und verfügen so über eine exzellente CO_2-Bilanz.

Sich bei einer Fahrt durch die überaus reizvolle Landschaft eine frisch zubereitete Mahlzeit zu gönnen, zählt zu den wahren Freuden des Daseins. Auf den Hauptstrecken der **Schweizerischen Bundesbahnen** (SBB, *www.sbb.ch*) verkehren 90 Speisewagen. Den Fahrgästen der ersten Klasse wird im Glacier Express zwischen Zermatt und Chur ein warmes Mittagessen am Platz serviert.

Fahrgastdienste

Wer an den Flughäfen Zürich oder Genf ankommt, kann sein Gepäck mit **Fly Rail Baggage** (*www.sbb.ch/bahnhof-services/dienstleistungen/reisegepaeck/fly-rail-baggage.html*) von jedem Flughafen der Welt und mit jeder Fluglinie bis zum Zielbahnhof in der Schweiz durchchecken lassen. Wer eines von 45 ausgewählten Reisezielen ansteuert, kann sein Gepäck mit dem Service **Schnelles Reisegepäck** (*www.sbb.ch/bahnhof-services/dienstleistungen/reisegepaeck/schnelles-reisegepaeck.html*) vorausschicken und dann unbeschwert hinterherreisen. Die Gepäckwagen an den Bahnhöfen sind rolltreppentauglich; an großen Bahnhöfen gibt es Schließfächer (€€).

Mit dem Auto

Die Schweiz verfügt über ein sehr gut ausgebautes Straßennetz, aber teils auch über eine schwierige Topografie. Zu beachten ist, dass einige Urlaubsorte autofrei sind und viele der besten Aussichtspunkte im Land sind nur mit Berg- oder Seilbahnen zu erreichen.

Im Winter sollten in der Schweiz nur Autofahrer mit entsprechender Erfahrung unterwegs sein: Viele Bergstraßen sind dann extrem gefährlich. Außerdem sollte man im Winter überall in der Schweiz Schneeketten dabeihaben; wer keine Schneeketten mitführt oder diese nicht anlegt, wenn die Bedingungen es erfordern, kann von der Polizei an der Weiterfahrt gehindert werden. Die Passstraßen über die Alpen sind im Winter oft gesperrt.

Straßenverkehrsregeln

Wer mit dem eigenen Fahrzeug in die Schweiz reist, benötigt für die Nutzung der Autobahnen eine Vignette. Diese ist bei den Automobilclubs, über die Website von Switzerland Tourism und an der Grenze erhältlich – einfacher ist es jedoch, sie im Voraus zu kaufen. Die Vignette muss an der Windschutzscheibe angebracht werden; wer ohne Vignette auf der Autobahn erwischt wird, zahlt zuzüglich zu den Gebühren für die Vignette eine Strafe von 100 Franken. Wer in der Schweiz ein Auto mietet, braucht keine Vignette zu kaufen. Für Wohnmobile und Wohnwagen ist eine zusätzliche Vignette fällig.

In der Schweiz gelten strenge Vorschriften bei Alkohol am Steuer. Die Promillegrenze liegt bei 0,5. Wer darüberliegt, muss mit sehr hohen Bußgeldern bis hin zu Gefängnisstrafen rechnen.

Das Mindestalter zum Autofahren liegt bei 18 Jahren. Sicherheitsgurte müssen auf den Vorder- wie auf den Rücksitzen angelegt werden. Die Höchstgeschwindigkeiten betragen innerorts 50 km/h (oder weniger), außerorts 80 km/h,

auf Autobahnen 120 km/h. Die Geschwindigkeiten werden rigoros mit Radarfallen überwacht. Wer erwischt wird, muss an Ort und Stelle zahlen. Die Höhe des Bußgelds richtet sich nicht nur nach der Schwere des Verstoßes, sondern auch nach der Zahlungsfähigkeit.

Führer- und Fahrzeugschein müssen mitgeführt werden; außerdem ist es ratsam, eine grüne internationale Versicherungskarte mitzunehmen. Wer mit einem Fahrzeug unterwegs ist, das auf eine andere Person zugelassen ist, sollte von dieser eine Bestätigung mitführen, dass er das Fahrzeug fahren darf.

Kinder unter sieben Jahren dürfen nur auf dem Beifahrersitz mitfahren, wenn sie in einem Kindersitz gesichert sind. Kinder zwischen sieben und zwölf Jahren müssen mit für ihr Alter passenden Sicherheitsgurten oder einem entsprechenden Kindersitz gesichert sein.

Mit SchweizMobil

SchweizMobil ist das größte je geschaffene Verkehrsnetz für nichtmotorisierten Verkehr. Fast 20 000 Kilometer Strecken für Wanderer, Tourenradfahrer, Mountainbiker, Inline-Skater und Kanuten sind geschaffen worden. Alle sind mit standardisierten Schildern versehen. An den Strecken liegen Unterkünfte, Gepäcktransportfirmen und Ausrüstungsverleiher, auch öffentliche Verkehrsmittel können ermäßigt genutzt werden.

Die Routen sind mit über 100 000 farbkodierten Wegweisern versehen, dazu gibt es 57 gedruckte Routenführer auf Englisch, Französisch und Deutsch. Mehr als 1100 Einrichtungen entlang den Routen sind ins System eingebunden, von Hotels und Familienpensionen bis zu Fahrradverleihen. Ein internetbasiertes Buchungssystem (www.schweizmobil.ch) bietet detaillierte

Informationen zu den Routen, damit man sich den gewünschten Urlaub gestalten kann; danach werden alle Arrangements von SchweizMobil vorgenommen. Die Routen selbst werden an mehr als 18 000 Haltestellen von öffentlichen Verkehrsmitteln angefahren.

Mit dem Fahrrad

Wer die Höhenlinien auf einer Schweizkarte betrachtet, bekommt nicht den Eindruck, dass das Land ein Paradies für Fahrradurlauber ist. Doch abgesehen von den hohen Bergen, gibt es auch sanft gewelltes Hügelland sowie leichte Radstrecken an Flüssen und Seen entlang. Die große Freude der Schweizer am Radfahren, sowohl im Alltag als auch in der Freizeit, ist zugleich Ursache und Wirkung der ausgezeichneten Einrichtungen für Radfahrer. So gibt es zahlreiche Möglichkeiten, Fahrräder zu leihen. Die vielen angelegten Radwege sind hervorragend ausgeschildert.

An mehr als 80 Bahnhöfen können Fahrräder gemietet werden. Zur Verfügung stehen Stadträder mit sieben Gängen, Mountainbikes mit 21 Gängen, Kinder-Mountainbikes mit sieben Gängen sowie an einigen Bahnhöfen Flyer-E-Bikes mit Elektroantrieb, der bei Steigungen nützlich ist. Am besten bucht man im Voraus (www.sbb.ch/velo oder www.rentabike.ch), besonders im Juli und August. In Bern, Genf, Zürich, Lausanne, Neuchâtel und verschiedenen Städten im Wallis gibt es außerdem zum Teil kostenlose Radleihsysteme. Dafür muss man einfach an einem der Kioske (zu Standorten und Leihbedingungen siehe www.schweizrollt.ch) einen Ausweis vorzeigen und ein Pfand (€€€€€) bezahlen und schon kann man ein Rad mitnehmen. Gegen einen geringen Aufpreis (€€€) kann man das Rad über Nacht behalten.

Radmitnahme im Zug

In den meisten Zügen und vielen Postbussen können Fahrräder mitgenommen werden; jedoch gibt es einige Tages-, Zeit- und Platzbeschränkungen. So sind etwa die Züge, die zwischen 7 und 9 Uhr morgens von Zürich Richtung Graubünden oder Jura abfahren, an schönen Tagen besonders voll. Am Wochenende gibt es in Zürich keinerlei Einschränkungen bei der Radmitnahme in den S-Bahnen, unter der Woche dürfen Räder aber nur von 8 bis 16 und 19 bis 6 Uhr mitgenommen werden. Von Mitte März bis Oktober müssen Radfahrer, die ihre Räder in einem InterCity-Neigezug (ICN) mitnehmen möchten, eine geringe Reservierungsgebühr (€€) zum Ticket zuzahlen.

Die Position der Fahrradabteile ist auf den Bahnsteigen am Wagenstandsanzeiger angezeigt; die Abteile sind an den Zugwagen gekennzeichnet.

PRAKTISCHE TIPPS
Alkohol

Je nach Kanton liegt das Mindestalter für den Genuss von Bier, Wein und Cidre bei 16 oder 18 Jahren. Für Spirituosen, Liköre und Alkopops liegt es in allen Kantonen bei 18 Jahren. Alkohol ist überall in Geschäften und Lokalen erhältlich.

Besucherinformation

Das wichtigste Internetportal mit Informationen für Urlauber ist *www.myswitzerland.com*. Außerdem unterhält die Schweiz folgende Fremdenverkehrsbüros:

Schweiz Tourismus
   Rossmarkt 23
   60311 Frankfurt
   Tel. 00800 100 200 29
   E-Mail: info@myswitzerland.com

Schweiz Tourismus
   Schwindgasse 20
   1040 Wien
   Tel. 0800 100 200 29
   E-Mail: info@myswitzerland.com

Einrichtungen für Behinderte

Die Schweiz ist gewöhnlich gut auf Reisende mit Behinderungen eingestellt. In Zügen können Rollstühle bis zu einer Breite von 0,70, einer Länge von 1,20 und einer Höhe von 1,09 Metern transportiert werden. So gut wie allen Zügen gibt es Stellplätze für Rollstühle und auf mehr als 150 mit Personal besetzten Bahnhöfen (nicht auf kleinen Bahnhöfen) gibt es Lifte, um Rollstuhlfahrer auf Wageneinstiegshöhe zu heben. Der Lift muss mindestens eine Stunde im Voraus bestellt werden *(gebührenfrei Tel. 0800 00 71 02; aus dem Ausland +41 051 225 71 50)*. Rollstuhlfahrer müssen mindestens zehn Minuten vor der Abfahrt des Zuges am Bahnhof sein.

Rollstuhlgerechte Hotels sind in Broschüren mit einem entsprechenden Symbol gekennzeichnet; im Internet kann man auf *www.swisshotelportal.ch* nach einem geeigneten Hotel suchen; dort gibt es unter „Hotel-Art" die Rubrik „Rollstuhlgängig".

Elektrizität

Die Netzspannung beträgt wie in Deutschland und Österreich 220 Volt Wechselstrom. Die meisten Schweizer Stecker haben drei Kontakte, in die Steckdosen passen aber auch die zweipoligen Eurostecker. Adapter sind zur Not überall erhältlich.

Etikette

Bei einer Einladung oder einem geschäftlichen Meeting ist es üblich, sich mit allen Anwesenden per Handschlag zu begrüßen und es den Gastgebern zu überlassen, die Gäste einander vorzustellen. Die Anrede per du und mit Vornamen ist wie in Deutschland auch in der Schweiz unter engeren Bekannten üblich. Wer nicht vertrauter ist, umarmt sich bei der Begrüßung und verteilt Wangenküsse wie in Frankreich: Üblich sind drei Küsse in der Reihenfolge links, rechts, links. Teure Geschenke sollte man bei Einladungen vermeiden, da der Beschenkte eher peinlich berührt sein wird als sich wirklich zu freuen. Unter Geschäftsleuten ist die Kleidung formell; beim Essen im Restaurant tragen die meisten Männer gewöhnlich nicht extra eine Krawatte, es sei denn, es handelt sich um ein edles Etablissement.

In der gesamten Schweiz wird viel Wert auf Sauberkeit, Ehrlichkeit, Fleiß und materiellen Wohlstand gelegt; protziges Zurschaustellen von Reichtum wird gesellschaftlich jedoch abgelehnt. Die Schweizer sind stolz auf die schöne Natur ihres Landes, das vermutlich zu den saubersten der Welt zählt. Wichtige Schweizer Tugenden sind außerdem nüchterne Gelassenheit, Sparsamkeit, Toleranz, Pünktlichkeit und Verantwortungsbewusstsein.

Feiertage

Die Feiertage variieren von Kanton zu Kanton, sodass man sich am besten nach den jeweils gültigen erkundigt. Einige Feiertage gibt es nur in ganz bestimmten Kantonen. In der gesamten Schweiz sind folgende Tage Feiertage:

1. Januar—Neujahr
2. Januar—Berchtoldstag (in 14 Kantonen; Herzog Berchtold V. gründete Bern)
6. Januar—Heilige drei Könige (in sechs Kantonen)

März/April—Karfreitag, Oster-
sonn- und Montag
Mai/Juni—Christi Himmelfahrt,
Pfingstsonn- und Montag
1. August—Nationalfeiertag
25. Dezember—1. Weihnachtstag
26. Dezember—2. Weihnachtstag

Geld

Die Währung der Schweiz ist der
Schweizer Franken. Ein Franken
sind 100 Rappen. Geldscheine
gibt zu 10, 20, 50, 100, 200 und
1000 Franken, dazu Münzen zu 5,
2 und 1 Franken sowie 5, 10, 20
und 50 Rappen. Alle gängingen
Kreditkarten werden akzeptiert.
Geldautomaten sind flächendeckend zu finden.

Kommunikation

Internetzugang

Die allermeisten Hotels bieten
auf den Gästezimmern und/
oder in öffentlichen Bereichen
Internetzugang über WLAN
oder Kabel. Selbst im kleins-
ten Hotel gibt es in der Regel
einen Computer für Gäste. Die
Nutzung ist in günstigeren Hotels
oft kostenlos, in nobleren Unterkünften kann sie dagegen recht
teuer sein – offenbar nimmt
man an, dass die meisten Gäste
Geschäftsleute sind und über ein
gefülltes Spesenkonto verfügen.

In den meisten größeren
Städten gibt es außerdem
Internetcafés und Internetzugang
in Telefonzellen. In Letzteren
müssen die Kosten per Telefon-
oder Kreditkarte bezahlt werden;
die Internetcafés sind meist
unabhängig geführt. Die Schweiz
ist nahezu flächendeckend mit
Internet versorgt; in den Bergen
gibt es allerdings manchmal
Zugangsschwierigkeiten.

Post

Die **Schweizerische Post** *(www.
post.ch)* ist genauso effizient
wie die meisten öffentlichen

Einrichtungen des Landes. Die
Postämter sind gewöhnlich unter
der Woche von 8 bis 12 und
von 14 bis 18.30 Uhr geöffnet,
am Samstag von 8 bis 11 Uhr.
In größeren Orten schließen die
Postämter mittags nicht.

Telefon

Das Schweizer Telefonnetz ist
ausgezeichnet. Die Landesvor-
wahl der Schweiz ist +41. Beim
Telefonieren innerhalb der
Schweiz sollte immer auch die
Ortsvorwahl mitgewählt werden.
Bei den Postämtern, in Zeitungs-
läden und an Bahnhöfen gibt es
Telefonkarten – die Taxcard – zu
5, 10 und 20 Franken; diese kann
man in fast allen öffentlichen
Telefonen einsetzen. Wie in den
meisten Ländern ist das Telefonieren vom Zimmertelefon des
Hotels in der Regel sehr teuer.

Medien

Die wichtigste Fernseh- und
Rundfunkanstalt der Schweiz ist
die **Schweizerische Radio- und
Fernsehgesellschaft** *(www.srg-ssr.
ch)*, die sieben TV-Sender (drei
auf Deutsch, zwei auf Italienisch
und zwei auf Französisch) sowie
18 Rundfunksender betreibt. In
den Regionen gibt es zusätzlich
private Sender. In den Hotels sind
über Kabel oder Satellit außerdem deutsche und österreichische Sender zu empfangen.

Die wichtigste deutschsprachige
Tageszeitung der Schweiz ist die
Neue Zürcher Zeitung *(www.nzz.
ch)*. In den teureren Hotels liegen
zum Frühstück oft kostenlos
Zeitungen aus.

Öffnungszeiten

Geschäfte sind in der Regel
wochentags von 8 bis 18.30 Uhr
geöffnet; außerhalb der größeren
Städte sind die Geschäfte mittags
für anderthalb bis drei Stunden
geschlossen. Donnerstags sind die

Geschäfte in größeren Städten
abends länger geöffnet. Samstags
schließen die Geschäfte um 16
oder 17 Uhr, sonntags bleiben sie
meist ganz geschlossen. Banken
sind gewöhnlich montags bis
freitags von 8.30 bis 16.30 Uhr
geöffnet.

Religion

Hauptreligion ist das Christentum
(79 Prozent der Bevölkerung);
die meisten Christen sind Katholiken, gefolgt von Anhängern der
reformierten Kirchen. Dabei gibt
es zwischen den Kantonen große
Unterschiede. Die größeren
Städte wie Bern, Zürich, Basel
und Genf sind traditionell protestantisch, die Zentralschweiz und
das Tessin traditionell katholisch.
Die größte Minderheitenreligion
ist der Islam.

Toiletten

Öffentliche Toiletten sind überall
vorhanden und fast durchgängig
makellos sauber.

Trinkgeld

Auf alle Hotel- und Restaurant-
rechnungen wird automatisch
ein Servicezuschlag von 10 bis
15 Prozent gebucht. Bei herausragendem Service kann man den
Betrag noch aufrunden.

Zeitzonen

Es gilt die mitteleuropäische Zeit
bzw. im Sommer die mitteleuropäische Sommerzeit.

IM NOTFALL
Botschaften in der Schweiz
Deutschland

Willadingweg 83
3006 Bern
Tel. 031 359 41 11
Fax 031 359 44 44
E-Mail: info@bern.diplo.de
www.bern.diplo.de

Österreich

Kirchenfeldstrasse 77–79
3005 Bern
Tel. 031 356 52 52
Fax 031 351 56 64
E-Mail: bern-ob@bmeia.gv.at
www.bmeia.gv.at/botschaft/
bern.html

Fundsachen

Die öffentlichen Verkehrsbetriebe unterhalten Fundbüros; was an anderen Orten als in Bussen und Bahnen gefunden wird, ist gewöhnlich bei der Polizei wiederzufinden. Bei den meisten entsprechenden Versicherungen benötigt man bei Verlust von Gegenständen bzw. Diebstahl für die Schadensmeldung eine polizeiliche Anzeige, die innerhalb von 24 Stunden nach dem Vorfall aufgenommen wurde.

Gesundheit

Mit Ausnahme von Reisenden, die in den beiden Wochen vor der Einreise in die Schweiz in einem Hochrisikogebiet unterwegs waren, sind für die Schweiz keinerlei Impfungen erforderlich.

Die Schweiz birgt nur sehr wenige Gesundheitsrisiken. Das Leitungswasser kann überall getrunken werden.

Zwei der häufigsten Reisekrankheiten sind Sonnenstich und Höhenkrankheit. Sonnenstich ist in den Alpen relativ häufig, da die Luft dünn ist und der Schnee das Sonnenlicht reflektiert. Daher sollte man sich immer eincremen und mit einer Kopfbedeckung vor der Sonne schützen. Höhenkrankheit kann ein Problem für Neuankömmlinge in den Bergen sein, tritt gewöhnlich jedoch nur über 3000 Meter Höhe auf. Die Symptome können verschieden ausfallen wie etwa Schwindel und Kopfschmerzen, doch mit ein wenig Bettruhe und einer Kopf-

schmerztablette ist dem Problem in der Regel beizukommen. Wenn die Symtome allerdings weiter auftreten, sollte man sich auf niedrigere Höhen begeben.

Das Gesundheitswesen der Schweiz ist gut organisiert. Man sollte aber vor einer Reise sicherstellen, dass man über einen ausreichenden Versicherungsschutz verfügt. Viele Hotels und alle Touristeninformationen halten Arztverzeichnisse bereit. Rezeptpflichtige Arzneimittel sind in Apotheken erhältlich; sie sind mit einem grünen Kreuz gekennzeichnet. Die Adressen der Bereitschaftsapotheken sind gewöhnlich an den Apotheken außen angeschlagen. Das Apothekenpersonal ist in der Regel hilfsbereit und kennt sich gut aus. Die meisten Krankenhäuser verfügen über eine Notaufnahme.

Notrufnummern

Polizei   117
Feuerwehr   118
Ambulanz   144
Rettungshubschrauber
    1414/1415
Vergiftungsnotfälle   145
Autopannendienst   140
Die Dargebotene Hand
    (Krisendienst)   143
Kindertelefon   147

Sicherheit

Die Verbrechensrate ist in der Schweiz im Vergleich zu den meisten anderen Ländern sehr niedrig, jedoch sollte man auch hier die üblichen Vorsichtsmaßnahmen walten lassen. In Bahnhofsschließfächern sollten keine Wertgegenstände zurückgelassen werden, ansonsten sind sie aber sehr nützlich, um das Gepäck zentral zu stationieren. Vorsichtig sollte man sein, wenn jemand bei der Benutzung eines Schließfaches behilflich sein will.

Die Schweizer Polizei ist größtenteils kantonal organisiert. Die Hilfsbereitschaft der Bevölkerung entspricht der gewohnten Schweizer Gastlichkeit.

Hotels & Restaurants

Die Schweiz ist auf der ganzen Welt für ihre Gastlichkeit und die erstklassige Qualität ihrer touristischen Einrichtungen bekannt. Die Auswahl an Unterkünften und Restaurants ist überwältigend, der Service fast immer hervorragend.

Hotels

Im gesamten Land gibt es ein breites Angebot an Ein- bis Fünf-Sterne-Hotels sowie Landgasthöfen, die den Bedürfnissen und Budgets der meisten Reisenden entsprechen. Dazu zählt eine wachsende Zahl von Heilbad- und Wellnesshotels, die neben der Unterkunft auch Gesundheitsanwendungen bieten. Wer einen Einblick in den Schweizer Alltag erhalten möchte, übernachtet in einer Privatunterkunft (*www. bnb.ch*). Für Familien mit Kindern bieten sich die Swiss KidsHotels (*www.myswitzerland.com/kidshotels*) oder eine Nacht im Heu auf einem von mehr als 200 Bauernhöfen (*www.schlaf-im-stroh.ch*) an.

Jugendherbergen bieten zu sehr guten Preisen ausgezeichnete Unterkünfte für alle Altersgruppen (*www.youthhostel.ch*). Wer sich lieber selbst versorgt: Auf den Webseiten der örtlichen Touristeninformationen werden zahlreiche Chalets und Ferienwohnungen angeboten. Ein ursprüngliches und naturnahes Schweizerlebnis verschafft eine Übernachtung in einer Berghütte (*www.sac-cas.ch*).

Restaurants

Die folgende Auswahl an Restaurants spiegelt das vielfältige Angebot in der Schweiz wider, von Würstchenbuden, Bierkellern und einfachen Berghütten für Wanderer und Skifahrer bis zu schicken Bistros und Gourmettempeln. Dazu kommt noch die wachsende internationale Restaurantszene in den größeren Städten. Die kulinarische Hauptstadt der Schweiz ist Genf mit zahlreichen

Haute-Cuisine-Restaurants, dicht gefolgt von Zürich, das sich durch Trendrestaurants mit moderner Schweizer Küche auszeichnet. Viele Schweizer Spitzenrestaurants sind von Organisationen wie GaultMillau (*www.gaultmillau.fr*) und Les Grandes Tables de Suisse (*www.grandestables.ch*) ausgezeichnet. Die allerbesten Küchenchefs können sogar Michelin-Sterne (*www.michelin.ch*) vorweisen.

Essen zu gehen ist in der Schweiz teuer, aber sehr beliebt. Besonders an Wochenenden empfiehlt es sich daher, einen Tisch zu reservieren. Seit Mai 2010 ist das Rauchen in geschlossenen, öffentlich zugänglichen Räumen wie Kneipen, Restaurants und Hotelfoyers verboten. In manchen Hotels gibt es aber extra Zigarrenlounges.

Unsere Auswahl

Die aufgeführten Hotels und Restaurants zählen zu den besten oder interessantesten in den jeweiligen Preiskategorien. Wo möglich, sind individuelle und typische Unterkünfte ausgewählt worden, vielleicht mit einer besonderen örtlichen oder historischen Bedeutung. Die Preiskategorien sind nur als Orientierung gedacht.

Besonders in den größeren Städten sollten Unterkünfte vorgebucht und möglichst noch einmal per Fax oder E-Mail bestätigt werden. Am vollsten sind die Unterkünfte gewöhnlich im Juli und August sowie während der Schulferien im Winter. Dann sind die Übernachtungspreise auch am höchsten. In den Städten spielt die Lage einer Unterkunft selten eine

Rolle, da die Stadtzentren eher klein und die öffentlichen Verkehrsverbindungen ausgezeichnet sind. In den meisten größeren Städten wie Basel, Genf und Zürich erhalten Besucher für die Dauer des Aufenthalts manchmal ein Gästeticket für die kostenlose Nutzung des öffentlichen Personennahverkehrs. Näheres dazu erfährt man in den Unterkünften.

Gliederung & Abkürzungen

Die Hotels und Restaurants sind für die einzelnen Regionalkapitel alphabetisch nach dem Ort sortiert, dann absteigend nach dem Preis. Die Unterkünfte werden dabei zuerst aufgelistet. Die angegebene Zimmerzahl eines Hotels umfasst sowohl Zimmer als auch Suiten. Auf die Unterkünfte folgen die Restaurants. „Nichtraucher" bedeutet, dass nirgendwo im Hotel oder Restaurant geraucht werden darf. Bei Kreditkarten gelten folgende Abkürzungen: AE (American Express), DC (Diners Club), MC (MasterCard), V (Visa).

■ GENF & GENFER SEE

CHEXBRES

🏨 **LE BARON TAVERNIER**
🍴 €€€€
ROUTE DE LA CORNICHE
1071 CHEXBRES
TEL. 021 926 60 00
FAX 021 926 60 01
E-Mail: info@barontavernier.com
www.barontavernier.com

🏨 Hotel 🍴 Restaurant 🛏 Zimmer ➕ Sitzplätze 🅿 Parkplatz 🕐 Öffnungszeiten 🛗 Aufzug

PREISE

HOTELS

Die Preisangaben beziehen sich auf ein Doppelzimmer mit Bad in der Hochsaison.

€€€€€	über 425 €
€€€€	271–425 €
€€€	201–270 €
€€	100–200 €
€	unter 100 €

RESTAURANTS

Die Preisangaben beziehen sich auf ein Zwei-Gänge-Menü für eine Person ohne Trinkgeld und Getränke.

€€€€€	über 135 €
€€€€	101–135 €
€€€	71–100 €
€€	40–70 €
€	unter 40 €

Das nach dem französischen Entdecker Jean-Baptiste Tavernier benannte kleine, stilvolle Hotel liegt im Herzen der Weinberge des Lavaux nur 15 Autominuten von Montreux entfernt. Es bietet wundervolle Ausblicke auf den Genfer See und die Berge. Die Loungebar und das Restaurant im Freien laden zu romantischen Abendessen und Sonntagsbrunches ein.

🛏 18 P ⊖ 🅿 Ⓢ ⊗ Alle gängigen Kreditkarten

GENF

HOTELS

DER BESONDERE TIPP

🏨 **D'ANGLETERRE**

🍽 **€€€€€**

QUAI DU MONT-BLANC 17
1201 GENF
TEL. 022 906 55 55

FAX 022 906 55 56
E-Mail: bookan@rchmail.com
www.dangleterrehotel.com
Das 1872 gegründete familienbetriebene prunkvolle Fünf-Sterne-Hotel zählt zu den 50 Tophotels der Welt. Es bietet neben entspannter Atmosphäre und makellosem Service eine wundervolle Lage am See. Die stilvollen, individuell eingerichteten Zimmer kombinieren altmodischen Charme mit einer hochmodernen Ausstattung. Das Hotel verfügt über Gourmetrestaurants, Sauna- und Fitnesseinrichtungen und den exklusiven Leopard Room mit Kaminfeuer und Livemusik an sechs Abenden in der Woche.

🛏 45 P ⊖ Ⓢ ⊗ 🔧
⊗ Alle gängigen Kreditkarten

🏨 LA RÉSERVE
€€€€€

ROUTE DE LAUSANNE 301
1293 BELLEVUE
TEL. 022 959 59 99
FAX 022 959 59 60
E-Mail: infogeneve@lareserve.ch
www.lareserve.ch/en/home
Der weitläufige Hotel- und Wellnesskomplex präsentiert schnörkellosen Luxus in einem ruhigen, viel Hektar großen Park am See. Jedes Zimmer besitzt eine Terrasse mit Blick auf den Park und den See. Das ausgezeichnete Spa bietet ein umfassendes Wellness-, Schönheits- und Entspannungsprogramm an. Gäste werden in einem eleganten venezianischen Wassertaxi kostenlos in die Stadt gefahren.

🛏 102 P ⊖ Ⓢ ⊗ 🔧
🏊 🔧 ⊗ Alle gängigen Kreditkarten

DER BESONDERE TIPP

🏨 **DOMAINE DE**
🍽 **CHÂTEAUVIEUX**
€€€€

CHEMIN DE CHÂTEAUVIEUX 16

1242 PENEY-DESSUS
TEL. 022 753 15 11
FAX 022 753 19 24
E-Mail: chateauvieux@relaisetchateau.com
www.chateauvieux.ch
Das Landhaus aus dem 16. Jahrhundert ist von Blumen- und Obstgärten umgeben und liegt gleich außerhalb des Stadtzentrums in den Weinbergen. Die Zimmer sind dezent-modern eingerichtet. Hierher kommt man aber vor allem wegen des Essens. Küchenchef Philippe Chevrier zaubert aus den frischesten Zutaten aus dem hoteleigenen Garten fantasievolle Speisen; dazu werden in dem stattlichen Speisesaal hauseigene Weine kredenzt. Die Gourmetadresse der Stadt schlechthin, ausgezeichnet mit zwei Michelin-Sternen.

🛏 13 P Ⓢ ⊗ 🔧 ⊗ Alle gängigen Kreditkarten

🏨 TIFFANY
🍽 €€€€

RUE DE L'ARQUEBUSE 30
1204 GENF
TEL. 022 708 16 16
FAX 022 708 16 17
E-Mail: info@tiffanyhotel.ch
www.hotel-tiffany.ch
Das luxuriöse Belle-Époque-Boutiquehotel mit edler Ausstattung und Art-déco-Anklängen liegt ideal im Herzen des Kultur- und Kunstbezirks an der angesagten Rive Gauche. Im Haus befindet sich auch ein preisgünstiges modernes Restaurant mit Terrasse, eine gemütliche holzvertäfelte Bar und im Untergeschoss ein kleiner Fitnessbereich.

🛏 47 P ⊖ Ⓢ ⊗ 🔧
⊗ Alle gängigen Kreditkarten

🏨 EDELWEISS
🍽 €€

PLACE DE LA NAVIGATION 2
1201 GENF
TEL. 022 544 51 51
FAX 022 544 51 99

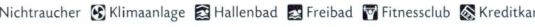

Ⓢ Nichtraucher 🅢 Klimaanlage 🏊 Hallenbad 🏊 Freibad 🔧 Fitnessclub ⊗ Kreditkarten

E-Mail: edelweiss@manotel
.com
www.manotel.com
Wer keine Zeit für einen
Abstecher in die Berge hat,
kann das Alpenflair in diesem
Hotel erleben. Die gemüt-
lichen Zimmer mit Kamin
und handbemaltem Mobiliar
strahlen den Charme eines
Alpenchalets aus – dabei liegt
das Hotel nur einen Katzensprung vom See entfernt. Im
Restaurant herrscht ebenso
rustikales Berghüttenambiente
mit Schweizer Speisen und
allabendlicher Volksmusik.
🛏 42 🔄 🚫 🚭 🔄 Alle
gängigen Kreditkarten

RESTAURANTS

🍴 LE CHAT-BOTTÉ
€€€€€
HÔTEL BEAU-RIVAGE
QUAI DU MONT-BLANC 13
1201 GENF
TEL. 022 716 69 20
E-Mail: info@beau-rivage.ch
www.beau-rivage.ch
Eines der Toprestaurants
von Genf. Der Sternekoch
Dominique Gaulthier bringt zu
den Weinen aus dem bestens
bestückten Weinkeller kreative
moderne französische Küche
auf den Tisch. Das Restaurant
befindet sich im eleganten
Hotel Beau-Rivage, einem
Belle-Époque-Bau am See an
der Rive Droite.
🪑 60 🅿 🚫 🚭 🔄 Alle gängi-
gen Kreditkarten

🍴 BUFFET DE LA GARE
DE CELIGNY
€€€
ROUTE DE FOUNEX 25
1298 CÉLIGNY
TEL. 022 776 27 70
FAX 022 776 70 54
E-Mail: info@buffet-gare-
celigny.ch
www.buffet-gare-celigny.ch
Das stilvolle Art-déco-Bistro
am Stadtrand von Genf ist
für seine exquisiten *filets de*

perche du Léman (Barschfilets)
frisch aus dem See bekannt. Im
Sommer wird mittwochabends
im Garten Jazz gespielt.
🪑 65 🅿 🕐 So & Mo geschl.
🚫 🚭 AE, MC, V

🍴 AU PIED DE COCHON
€€
PLACE DU BOURG-DU-FOUR 4
1204 GENF
TEL. 022 310 47 97
FAX 022 310 47 97
E-Mail: pieddecochon@
switel.ch
www.pied-de-cochon.ch
Eine Genfer Institution im
Herzen der Altstadt. Die
muntere Kneipe und Brasserie
mit traditioneller Einrichtung
wie Spiegeln, Kacheln und
Ledersitzbänken serviert großzügige Portionen Schweizer
und Lyoner Spezialitäten, z.B.
herzhafte Eintöpfe, Kutteln
und Schweinsfüße.
🪑 80 🕐 So geschl. 🚫
🔄 Alle gängigen Kreditkarten

🍴 CAFÉ DES BAINS
€€
RUE DES BAINS 26
1205 GENF
TEL. 022 231 57 98
FAX 022 231 58 38
E-Mail: info@cafedesbains.
com
www.cafedesbains.com
Das stilvolle Eckbistro liegt in
der Nähe des MAMCO in
angesagten Viertel Plainpalais
und zieht ein künstlerisch
angehauchtes Genfer Publikum an. Die kühle, minimalistische Ausstattung spiegelt
sich in der leichten kreativen
Fusionsküche wider.
🪑 78 🕐 So & Mo geschl.
🚫 🚭 🔄 MC, V

LAUSANNE

HOTELS
🏨 BEAU-RIVAGE PALACE
🍴 €€€€€
PLACE DU PORT 17–19

1006 LAUSANNE
TEL. 021 613 33 06
FAX 021 613 33 34
E-Mail: info@brp.ch
www.brp.ch
Das renommierte Belle-Époque-Hotel Beau-Rivage Palace
ist eines der berühmtesten
Hotels der Welt mit über-
schwänglichem Luxus, per-
fektem Service und herrlicher
Lage in einem Park am See. Es
verfügt über drei Restaurants,
darunter das der französischen
Köchin Anne Sophie Pic, der
einzigen Frau, die bisher mit
drei Michelin-Sternen ausgezeichnet wurde.
🛏 168 🅿 🔄 🚫 🚭 🛗 📺
🔄 Alle gängigen Kreditkarten

DER BESONDERE TIPP

🏨 ANGLETERRE &
🍴 RÉSIDENCE
€€€€
PLACE DU PORT 11
1006 LAUSANNE
TEL 021 613 34 34
FAX 021 613 34 35
E-Mail: ar@brp.ch
www.angleterre-residence.ch
Das neben dem Beau-Rivage
Palace am baumgesäumten
Seeufer von Ouchy gelegene
Angleterre ist der kleinere
und erschwinglichere Ableger
des Hotels. Es besteht aus
sechs modernen Pavillons
mit luxuriösen Gästezim-
mern und einem genauso
erstklassigen Service. Die
Gäste können die Wellnesseinrichtungen des Beau-Rivage
mitbenutzen.
🛏 75 🅿 🔄 🚫 🚭 🛗 📺
🔄 Alle gängigen Kreditkarten

🏨 AULAC
🍴 €€€
PLACE DE LA NAVIGATION 4
1006 OUCHY–LAUSANNE
TEL. 021 613 15 00
FAX 021 613 15 15
E-Mail: aulac@cmdgroup.ch
www.aulac.ch

 Hotel Restaurant Zimmer Sitzplätze Parkplatz Öffnungszeiten Aufzug

Das komfortable Hotel liegt
in der Nähe des Olympischen
Museums am See. Am besten
sind die Zimmer mit Seeblick.
Das muntere Restaurant
Le Pirate ist auf Barschfilets
aus dem See und andere Fischgerichte spezialisiert.
🛈 84 🅿 🔄 🚭 🔥 Alle
gängigen Kreditkarten

RESTAURANTS

🍴 CAFÉ DU GRÜTLI
€€
RUE MERCERIE 4
1003 LAUSANNE
TEL. 021 312 94 93
FAX 021 312 94 93
E-Mail: cafedugruetli@
bluewin.ch
www.cafedugruetli.ch
Das familiengeführte,
traditionelle Restaurant beim
Marktplatz in der Altstadt
serviert in einem einfachen,
holzvertäfelten Speiseraum
freundlich und schnell
regionale Hausmacherkost.
Besonders köstlich sind die
Knoblauchschnecken und die
regionale Spezialität *papet vaudois* (Lauch-Kartoffel-Eintopf
mit einer fetten Waadtländer
Wurst). Außerdem gibt es
verschiedene Fondues.
🛈 105 🕐 So geschl. 🚭
🔥 MC, V

🍴 CAFÉ ROMAND
€–€€
PLACE ST-FRANÇOIS 2
1003 LAUSANNE
TEL. 021 312 63 75
www.caferomand.com
Die authentische Kombination
aus Café und Brasserie ist eine
Lausanner Institution. Neben
Kaffee und Croissants gibt
es traditionelle Gerichte aus
dem Waadtland. Besonders zu
empfehlen sind die Fondues,
Steaks und *croûtes au fromage*
(Käseschnitten).
🛈 130 🕐 So geschl. 🚭
🔥 MC, V

LUTRY

HOTEL

🏨 HOTEL LE RIVAGE
€€
RUE DU RIVAGE 1
1095 LUTRY
TEL. 021 796 72 72
FAX 021 796 72 00
E-Mail: info@hotelrivage
lutry.ch
www.hotelrivagelutry.ch/
de.html
Das charmante kleine Hotel
am Genfer See residiert in
einem ehemaligen Hôtel de
Ville (Rathaus) direkt am alten
Hafen der hübschen alten
Marktstadt Lutry. Es ist eine
ideale Basis für die Erkundung
der Weingüter der Region. Am
besten sind die Zimmer mit
Blick über den See bis hinüber
zu den Savoyer Alpen.
🛈 32 🅿 🔄 🚭 🔥 Alle
gängigen Kreditkarten

RESTAURANTS

🍴 CAFÉ DE LA POSTE
€€
GRAND RUE 48
1095 LUTRY
TEL. 021 791 18 72
Viele Einheimische halten das
winzige Restaurant am Wasser
für das beste Lokal, um frisch
aus dem See gefangene *filets
de perche* (Barschfilets) mit
Remouladensauce zu essen.
Besonders die Tische auf der
Sonnenterrasse sind begehrt
und sollten rechtzeitig reser-
viert werden.
🛈 30 🕐 So & Mo geschl.
🚭 🔥 AE, V, MC

🍴 RESTAURANT DU LÉMAN
€–€€
GRAND RUE 19
1095 LUTRY
TEL. 021 791 33 87
www.restaurant-du-leman.ch

Die Spezialität des schönen
Gewölbekeller-Restaurants
ist das Fondue Bacchus
mit Lavaux-Weißwein und
Kalbfleischspießen sowie einer
eindrucksvollen Auswahl an
Pickles, Saucen und Kartoffeln.
🛈 80 🚭 🔥 MC, V

MONTREUX

HOTELS

🏨 FAIRMONT LE MONTREUX PALACE
€€€€€
GRAND RUE 100
1820 MONTREUX
TEL. 021 962 12 12
FAX 021 962 17 17
E-Mail: montreux@fairmont.
com
www.fairmont.de/montreux
Der glamouröse Wellness-
tempel mit glitzernden Kron-
leuchtern verkörpert den Stil
und Luxus der Belle Époque.
In der Glanzzeit des Hauses
residierte hier der Schriftsteller
Wladimir Nabokow 20 Jahre
lang, ebenso wohnten Lord
Byron und Leo Tolstoi hier.
Auf der illustren Gästeliste
des Hotels finden sich auch
die russischen Komponisten
Tschaikowski und Strawinski.
🛈 236 🅿 🔄 🚭 🏊 🏖 🏋
🔥 Alle gängigen Kreditkarten

🏨 L'ERMITAGE AU LAC
🍴 €€€€
RUE DU LAC 75
1820 MONTREUX
TEL. 021 964 44 11
www.ermitage-montreux.
com/all/index.php
Das kleine schicke Herrenhaus
am See bei Montreux bietet
puren Luxus. Jedes der sieben
Zimmer eröffnet Ausblicke
auf den See und die Gärten.
Außerdem befindet sich im
Haus eines der besten Restaurants der Waadtländer Riviera.
🛈 7 🅿 🚭 🔥 Alle gängigen
Kreditkarten

🚭 Nichtraucher 🔄 Klimaanlage 🏊 Hallenbad 🏖 Freibad 🏋 Fitnessclub 🔥 Kreditkarten

LA ROUVENAZ

€€

RUE DU MARCHÉ 1

1820 MONTREUX

TEL. 021 963 27 36

FAX 021 963 43 94

E-Mail: rouvenaz@bluewin.ch

www.montreux.ch/rouvenaz-hotel

Das einfache, von einer Familie geführte B&B im Zentrum von Montreux ist überraschend erschwinglich. Es befindet sich neben einem Weinlokal und einem beliebten italienischen Restaurant, das auf *moules frites* (Muscheln mit Pommes frites) und Schalentierplatten spezialisiert ist.

ⓘ7 🅿 🛇 🛇 Alle gängigen Kreditkarten

RESTAURANT

DU MONTAGNARD

€–€€

ROUTE DU VALLON 2

1832 VILLARD SUR CHAMBY

TEL. 021 964 36 84

FAX 021 964 83 49

E-Mail: office@montagnard.ch

www.montagnard.ch

Das stimmungsvolle chaletartige Restaurant liegt abseits der Touristenpfade hoch über Montreux. Es serviert in einer umgebauten rustikalen Scheune in großzügigen Portionen herzhafte Suppen, Aufläufe, Schnecken, Fondues und andere saisonale Waadtländer Gerichte.

🍴120 🕐 Mo & Di geschl. 🅿 🛇 MC, V

VEVEY

HOTEL

DES TROIS COURONNES

€€€€€

RUE D'ITALIE 49

1800 VEVEY

TEL. 021 923 32 00

FAX 021 923 33 99

E-Mail: info@hoteltrois couronnes.ch

www.hoteltroiscouronnes.ch

Das palastartige Belle-Époque-Hotel am See in der Altstadt von Vevey steht mit seinen luxuriösen Zimmern, dem erstklassigen Service und der Liebe zum Detail ganz in der Tradition Schweizer Hostellerie. Es punktet mit einem fantastischen Wellnessbereich, zu dem ein Hallenbad mit Unterwassermusik zählt.

ⓘ71 🅿 🛇 🛇 🛇 🛇 🛇
🛇 Alle gängigen Kreditkarten

RESTAURANTS

DENIS MARTIN

€€€€

RUE DU CHÂTEAU 2

1800 VEVEY

TEL. 021 921 12 10

E-Mail: restaurantdenis martin@bluewin.ch

www.denismartin.ch

Im Restaurant regiert einer der führenden Köche der frankophonen Schweiz: Denis Martin. Gäste erwarten außergewöhnliche, höchst kreative Speisen. Martin steht für die Schweizer Molekularküche; seine innovativen und teils witzigen Menüs haben ihm zwei Michelin-Sterne eingebracht.

🍴50 🕐 So & Mo geschl.
🛇 🛇 🛇 Alle gängigen Kreditkarten

LE MAZOT

€

RUE DU CONSEIL 7

1800 VEVEY

TEL. 021 921 78 22

Das gemütliche, freundliche Bistro im Herzen der Altstadt ist spezialisiert auf saftige Rinder- und Pferdesteaks, Fondues, *croûtes au fromage* und regionale Fischgerichte. Die Weine aus der Umgebung fließen aus Zinnkrügen.

🍴35 🕐 Mi & So mittags geschl. 🛇 MC, V

PREISE

HOTELS

Die Preisangaben beziehen sich auf ein Doppelzimmer mit Bad in der Hochsaison.

€€€€€	über 425 €
€€€€	271–425 €
€€€	201–270 €
€€	100–200 €
€	unter 100 €

RESTAURANTS

Die Preisangaben beziehen sich auf ein Zwei-Gänge-Menü für eine Person ohne Trinkgeld und Getränke.

€€€€€	über 135 €
€€€€	101–135 €
€€€	71–100 €
€€	40–70 €
€	unter 40 €

■ BASEL & NORDWEST-SCHWEIZ

BASEL

HOTELS

GRAND HOTEL LES TROIS ROIS

€€€€€

BLUMENRAIN 8

4001 BASEL

TEL. 061 260 50 50

FAX 061 260 50 60

E-Mail: info@lestroisrois.com

www.lestroisrois.com

Die luxuriöse Grande Dame Schweizer Gastlichkeit am Ufer des Rheins und im Zentrum von Basel zählt zu den ältesten Stadthotels Europas. Im Lauf der Jahrhunderte sind hier Napoleon, Goethe, Sartre, Picasso, der Dalai Lama und Königin Elisabeth II. abgestiegen. Jedes Zimmer

---

 Hotel Restaurant ⓘ Zimmer Sitzplätze 🅿 Parkplatz 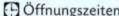 Öffnungszeiten Aufzug

und jede Suite ist individuell gestaltet. Die kulinarischen Köstlichkeiten – etwa im mit zwei Michelin-Sternen geschmückten **Cheval Blanc** – sind wahrhaft königlich.

🛏 101 🔗 🚭 ❄ 🏊 Alle gängigen Kreditkarten

🏨 HOTEL KRAFFT
€€€€

RHEINGASSE 12
4058 BASEL
TEL. 061 690 91 30
FAX 061 690 91 31
E-Mail: info@hotelkrafft.ch
www.krafftbasel.ch

Drei mittelalterliche Handwerkerhäuser sind zu diesem stilvollen historischen Stadthotel an der Rheinpromenade in Kleinbasel umgebaut worden. Die Zimmer präsentieren sich schick, schnörkellos und voller Hightech. Der Service ist makellos. Vom Restaurant und seiner Terrasse bieten sich prachtvolle Ausblicke auf die Skyline von Grossbasel. Am schönsten sind natürlich die Zimmer mit Rheinblick.

🛏 48 🔗 🚭 ❄ Alle gängigen Kreditkarten

🏨 HOTEL D
€€€

BLUMENRAIN 19
4051 BASEL
TEL. 061 272 20 20
FAX 061 272 20 21
E-Mail: sleep@hoteld.ch
www.hoteld.ch

Das erste Basler Boutiquehotel öffnete 2010 seine Pforten und bietet Gästen erschwinglichen modernen Luxus im Stadtzentrum. Jedes der komfortablen, minimalistischen Zimmer ist mit kostenlosem WLAN, iPod-Dock und LCD-Fernseher mit Laptopanschluss ausgestattet. Zum Hotel gehören auch eine Sauna und ein Fitnessstudio.

🛏 48 🔗 🚭 ❄ 🍴 💪
🚭 AE, MC, V

🏨 HOTEL BRASSERIE
🍴 AU VIOLON
€€

IM LOHNHOF 4
4051 BASEL
TEL. 061 269 87 11
FAX 061 269 87 12
E-Mail: info@au-violon.com
www.au-violon.com

Das reizende Altstadthotel befindet sich in einem ehemaligen Stadtgefängnis. Die Zimmer sind geradlinig und stilvoll eingerichtet. In der Brasserie lässt es sich angenehm speisen, besonders im Sommer unter dem großen Ahorn im Hof.

🛏 20 🔗 🚭 ❄ AE, MC, V

RESTAURANTS

🍴 STUCKI
€€€

BRUDERHOLZALLEE 42
4059 BASEL
TEL. 061 361 82 22
FAX 061 361 82 03
E-Mail: info@stuckibasel.ch
www.stuckibasel.ch

Das elegante moderne Restaurant in einem Herrenhaus ist umgeben von einem Garten voller Blumen. Geführt wird es von der mit einem Michelin-Stern ausgezeichneten Schweizer Köchin Tanja Grandits. Ihre saisonalen Gerichte, die sie mit viel Einfallsreichtum und besonderem Blick für Duft, Farbe und Konsistenz kreiert, sind ein Fest für die Sinne.

🪑 80 🕐 So & Mo geschl.
🚭 AE, MC, V

🍴 BEROWER PARK
€€

BASELSTRASSE 77
4125 RIEHEN
TEL. 061 645 97 70
FAX 061 645 97 60
**E-Mail: restaurant@
beyeler.com**
www.beyeler.com

Das elegante Restaurant in der historischen Villa Berower liegt auf dem Gelände des

Museums der Fondation Beyeler (siehe S. 90). Wer sich im Garten die gute mediterrane Küche schmecken lässt, dem schauen die Kühe der angrenzenden Weiden beim Schmausen zu.

🪑 85 🚭 ❄ Alle gängigen Kreditkarten

🍴 ZUM SCHMALE WURF
€€

RHEINGASSE 10
4058 BASEL
TEL. 061 683 33 25
FAX 061 683 33 27
E-Mail: info@schmalewurf.ch
www.schmalewurf.ch

Angesichts der ansprechenden Lage am Rhein und der munteren Sonnenterrasse am Fluss ist dieses trendige und gleichzeitig klassische Restaurant überraschend erschwinglich. Aus der Küche kommt vorwiegend Italienisches mit einem leichten regionalen Einschlag. Die Antipasti, die hausgemachten Gnocchi und die Knoblauchmuscheln in Weißweinsauce sind allesamt köstlich.

🪑 46 🚭 ❄ MC, V

🍴 CAFÉ PAPIERMÜHLE
€

BASLER PAPIERMÜHLE
ST. ALBAN-TAL 35
4052 BASEL
TEL. 061 272 48 48
**E-Mail: restaurant@papier
muehle.ch**
www.papiermuehle.ch

Das kleine Museumscafé im Basler Stadtviertel „Klein-Venedig" wird gern von Einheimischen nach einem Spaziergang am St. Alban-Rheinweg aufgesucht, um ein schmackhaftes Mittagessen einzunehmen. Aufgetischt werden hausgemachte Suppen, Salate, Quiches und regionale Spezialitäten. Bei gutem Wetter kann man draußen am alten Mühlebach sitzen.

🕐 Mo geschl. 🚭 ❄ MC, V

FRIBOURG

HOTELS

DER BESONDERE TIPP

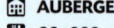

🏨 **AUBERGE AUX 4 VENTS**

🍽 **€€–€€€**

ROUTE DE GRANDFEY 124
1702 FRIBOURG
TEL. 026 347 36 00
FAX 026 347 36 10
www.auberge.aux4vents.ch
Dies ist ein uriges Boutiquehotel in einem malerischen
Haus aus dem 17. Jahrhundert
oberhalb von Fribourg. Es
gibt nur acht Zimmer, jedes
individuell eingerichtet von
ultramodern bis rustikal-
barock. Zimmer 3 (Bleu)
verfügt sogar über eine Bade-
wanne auf Schienen; damit
lässt sich ein Bad unter freiem
Himmel auf einem blickge-
schützten Balkon einnehmen.
Im Blumengarten gibt es einen
Pool, im Restaurant gesunde
saisonale Gerichte.
ⓘ 8 Ⓟ 🛏 🖥 MC, V

🏨 **HOTEL DES ALPES**

🍽 **€€**

HAUPTSTRASSE 29
3186 DÜDINGEN
TEL. 026 493 32 40
FAX 026 493 32 86
E-Mail: info@desalpes.org
www.desalpes.org
Das kleine freundliche Hotel
am Stadtrand von Fribourg
an der A12 nach Bern liegt
beim Bahnhof von Düdingen.
Es bietet saubere, schlicht
eingerichtete Zimmer und ein
ausgezeichnetes, auf frische
Bio-Zutaten aus der Region
spezialisiertes Restaurant.
ⓘ 6 Ⓟ 🛏 🖥 AE, DC, MC, V

GRUYÈRES

🏨 **HOSTELLERIE
ST-GEORGES**
€€–€€€

1663 GRUYÈRES
TEL. 026 921 19 33
FAX 026 921 25 52
E-Mail: hostellerie-st-
georges@swissonline.ch
www.chevaliers-gruyeres.ch
Die Zimmer mit bestickter
Bettwäsche und regionaltypi-
schem Mobiliar in diesem traditionellen Hotel im Zentrum
von Gruyères verströmen jede
Menge Schweizer Gastlichkeit.
Es verfügt aber auch über
alle modernen Einrichtun-
gen. Ruhiger als die Zimmer
mit Blick auf den Ort sind
diejenigen mit Ausblick auf
die sanft gewellten Voralpen.
Zum Hotel gehören außerdem
ein exzellentes Grillrestaurant
mit traditioneller Küche, eine
Sonnenterrasse und ein Café.
ⓘ 34 🖥 🖥 Alle gängigen
Kreditkarten

LE LOCLE

🏨 **LA MAISON DU BOIS**
€

GRAND RUE 22
2400 LE LOCLE
TEL. 079 342 25 37
E-Mail: maisondubois@
bluewin.ch
www.maisondubois.ch
In Le Locle, der Wiege Schweizer Uhrmacherkunst, scheint
die Zeit stillzustehen: Das
stimmungsvolle Haus aus dem
18. Jahrhundert beherbergte
einst eine Uhrmacherei und
auf dem Arbeitstisch, auf dem
früher die Uhren hergestellt
wurden, wird heute das Frühstücksbuffet kredenzt.
🔀 5 🖥 🖥 AE, MC, V

MOLÉSON-SUR-
GRUYÈRES

DER BESONDERE TIPP

🍽 **FROMAGERIE D'ALPAGE**
€–€€

PLACE DE L'AIGLE 12
1663 MOLÉSON-SUR-GRUYÈRES
TEL. 026 921 10 44
www.fromagerie-alpage.ch

Ein einfaches, wenn auch
touristisches Chaletrestaurant
mit Bänken und schlichten
Holztischen sowie einer
sonnigen Bergterrasse etwas
oberhalb des Dorfes Moléson.
Die Spezialitäten sind wirklich
köstlich, etwa die *soupe du
chalet*, die *croûtes au fromage*
(Käseschnitten), die Käse-
und Wurstplatten oder die
Raclettes und Fondues. Als
Nachtisch lockt eine Meringe
mit Sahne. Um 10 Uhr wird die
Käseherstellung demonstriert
(siehe S. 108).
🔀 60 🕐 Okt.–April geschl.
🖥 🖥 MC, V

NEUCHÂTEL

HOTELS

🏨 **PALAFITTE**
€€€€€

ROUTE DES GOUTTES-D'OR 2
2000 NEUCHÂTEL
TEL. 032 723 02 02
FAX 032 723 02 03
E-Mail: reservation@
palafitte.ch
www.palafitte.ch
Das einzigartige Fünf-Sterne-
Hotel besteht aus einer Reihe
schicker, auf Stelzen gebauter
Suiten und scheint am Rand
des Neuenburger Sees über
dem Wasser zu schweben.
Vor der Kulisse aus See und
Bergen trumpft jede Suite mit
modernstem Design.
ⓘ 40 🖥 🖥 Alle gängigen
Kreditkarten

DER BESONDERE TIPP

🏨 **LA MAISON DU
PRUSSIEN**
€€€–€€€€

RUE DES TUNNELS 11
2000 NEUCHÂTEL
TEL. 032 730 54 54
FAX 032 730 21 43
www.hotel-prussien.ch
Das ruhige, romantische Hotel
befindet sich in einer umsichtig

restaurierten ehemaligen
Brauerei und alten Wassermühle westlich der Stadtmitte.
Die üppigen Zimmer im
Landhausstil sind individuell
mit Holz- und Steineleme-
ten eingerichtet. Dem Hotel
ist ein Gourmetrestaurant
angegliedert.

🛏 10 🚫 🛡 AE, MC, V

🏨 L'AUBIER
€

RUE DU CHÂTEAU 1
2000 NEUCHÂTEL
TEL. 032 710 18 58
FAX 032 710 18 59
E-Mail: lecafe@aubier.ch
www.aubier.ch
Das winzige, freundliche Hotel
bietet angesichts der Lage
im Herzen der Altstadt ein
exzellentes Preis-Leistungs-Ver-
hältnis. Das Frühstück wird im
beliebten Café im Erdgeschoss
serviert, das auf Biozutaten
spezialisiert ist. Die Weine,
Kräutertees, Sirupe und der
köstliche Käse stammen vom
Biobauernhof des L'Aubier in
Montezillon in den Ausläufern
des Jura.

ⓘ 9 🚽 🚫 🛡 AE, V

YVERDON-LES-BAINS

🏨 GRAND HOTEL DES BAINS
€€€€

AVENUE DES BAINS 22
1401 YVERDON-LES-BAINS
TEL. 024 424 64 64
FAX 024 424 64 65
E-Mail: reservation@
grandhotelyverdon.ch
www.grandhotelyverdon.ch
Eine ansprechende Mischung
aus historischer Architektur
und moderner Innenaus-
stattung zeichnet dieses in
einem eigenen Park gelegene
Luxus-Wellnesshotel aus:
mit Thermalbecken, privater
Wellnesssuite, Wellnessan-
wendungen und Massagen
sowie direktem Zugang zum

Centre Thermal (siehe S. 97)
der Stadt.

ⓘ 120 🅿 🚽 🚫 🛟 📺
🚫 Alle gängigen Kreditkarten

🟧 BERN & BERNER OBERLAND

ADELBODEN

🏨 THE CAMBRIAN
🍴 €€€

DORFSTRASSE 7
3715 ADELBODEN
TEL. 033 673 8383
FAX 033 673 8380
E-Mail: info@thecambrian
adelboden.com
www.thecambrianadelboden.
com
Einer der Vorzüge dieses
Luxushotels und preisgekrönten Spas etwas außerhalb von
Adelboden sind die zusätz-
lichen Angebote wie „Übernachtung mit Skipass"-Paket
oder Hundeschlittenfahrt.
Im erstklassigen Restaurant
kommt „neue Alpenküche"
auf den Tisch, moderne Inter-
pretationen von Klassikern.

ⓘ 71 🅿 🚽 🚫 🛟 🛥 📺
🚫 Alle gängigen Kreditkarten

BERN

HOTELS

🏨 BELLEVUE PALACE
🍴 €€€€

KOCHERGASSE 3–6
3000 BERN 7
TEL. 031 320 45 45
FAX 031 320 46 46
E-Mail: info@bellevue-
palace.ch
www.bellevue-palace.ch
Das luxuriöse Belle-Époque-
Hotel neben dem Bundeshaus
beeindruckt mit prächtigen
Salons und geräumigen
Zimmern mit Fernblick auf
die Berner Alpen. Der Service
ist tadellos. Ein Essen auf der
romantischen Bellevue-Ter-
rasse hoch über die Aare zählt

zu den schönsten Speiseerleb-
nissen in Bern.

ⓘ 126 🚽 🚫 🛟 🚫 Alle
gängigen Kreditkarten

🏨 BELLE ÉPOQUE
🍴 €€€

GERECHTIGKEITSGASSE 18
3011 BERN
TEL. 031 311 43 36
FAX 031 311 39 36
www.belle-epoque.ch
Ein charmantes, freundliches
Vier-Sterne-Hotel im Herzen
der Altstadt mit Jugendstil-
Gemälden, -Möbeln und -Blu-
menstoffen. In der beliebten
Bar erklingt sonntagabends
manchmal Livejazz; es gibt
auch ein Restaurant.

ⓘ 17 🚽 🚫 🚫 Alle gängigen
Kreditkarten

🏨 NYDECK
€€

GERECHTIGKEITSGASSE 1
3011 BERN
TEL. 031 311 86 86
FAX 031 312 20 54
E-Mail: info@hotelnydeck.ch
www.hotelnydeck.ch
Dank seiner zentralen und
dennoch ruhigen Lage in der
Berner Altstadt ist das freundliche Hotel eine beliebte Wahl.
Die Zimmer sind einfach und
sauber und alle mit Bad ausgestattet. Die muntere Cafébar,
die Straßenterrasse und die
Pizzeria eignen sich bestens
zum Leutebeobachten.

ⓘ 12 🚫 🚫 Alle gängigen
Kreditkarten

RESTAURANTS

🍴 KORNHAUSKELLER
€€€–€€€€

KORNHAUSPLATZ 18
3000 BERN 7
TEL. 031 327 72 72
FAX 031 327 72 71
E-Mail: kornhaus@bindella.ch
www.kornhauskeller.ch
Der stimmungsvolle Korn-
hauskeller wirkt mit seinem

Deckengewölbe, den Kerzen und Fresken mehr wie eine Kirche als ein Restaurant. Es ist eine der besten Adressen der Stadt, serviert wird vorwiegend mediterrane und traditionelle Berner Küche. Das Kornhaus Café ist ein populärer After-Work-Treff mit Bar und großer Terrasse.
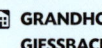 240 🍴 📷 Alle gängigen Kreditkarten

🍴 SCHWELLENMÄTTELI
€€€

DALMAZIQUAI 11
3013 BERN
TEL. 031 350 50 01
www.schwellenmaetteli.ch
In diesem auffallenden Restaurant an der Berner Aare-Promenade treffen sich die Schicken der Stadt. In der traditionellen Casa und im modernen Restaurant Terrasse mit seinem großen Holzdeck werden Fusionsküche und eindrucksvolle Brunchbuffets aufgetischt. Im Winter gibt es außerdem eine Fonduehütte (Mi–Sa). Im Sommer ist die ultra-coole Kultur-Lounge am Fluss ein unschlagbarer Cocktailspot.
Casa 70; Terrasse 120 So geschl. 🍴 📷 Alle gängigen Kreditkarten

🍴 CASA NOVO
€€

LÄUFERPLATZ 6
3011 BERN
TEL. 031 992 44 44
E-Mail: info@casa-novo.ch
www.casa-novo.ch
Das luftige, stilvolle Restaurant und Weinlokal mit einer romantischen Terrasse an der Aare serviert leichte Tapas-Gerichte, edle Mittelmeerküche und eine tolle Auswahl an Schweizer und anderen europäischen Weinen.
55 Mo & Okt.–April auch So geschl. 🍴 📷 AE, MC, V

🍴 KLÖTZLIKELLER
€

GERECHTIGKEITSGASSE 62
3011 BERN
TEL. 031 311 74 56 ODER
031 311 97 10
www.kloetzlikeller.ch
Das älteste Weinlokal der Stadt (von 1635) serviert eine große Auswahl an offenen Weinen; dazu gibt es köstliche Wurst- und Käseteller, regionale Gerichte und saisonale Spezialitäten.
60 So & im Sommer auch Mo geschl. 🍴 📷 MC, V

BIEL/BIENNE

DER BESONDERE TIPP

🏨 HOTEL-RESTAURANT
🍴 ST. PETERSINSEL
€€€

ST. PETERSINSEL
3235 ERLACH
TEL. 032 338 11 14
FAX 032 338 25 82
E-Mail: welcome@st-peters insel.ch
www.st-petersinsel.ch
Die idyllische St. Petersinsel ist von Erlach, Lüscherz und Biel mit dem Schiff zu erreichen. Die stilvollen Zimmer des schön gelegenen Hotels sind von klösterlicher Schlichtheit. Das elegante Restaurant serviert frischen Fisch aus dem Bieler See und Weine aus den umliegenden Bergen.
15 Nov.–Mitte März geschl. 🍴 📷 Alle gängigen Kreditkarten

BRIENZ

🏨 GRANDHOTEL
GIESSBACH
€€€

3855 BRIENZ
TEL. 033 952 25 25
FAX 033 952 25 30
www.giessbach.ch
Das elegant restaurierte Fin-de-Siècle-Hotel glänzt mit

einzigartiger Lage an einem bewaldeten Hang am Brienzer See. Vom Seeufer ist es mit einer eigenen Standseilbahn zu erreichen. Es gibt zwei Restaurants und eine Lobbybar.
70 Mitte Okt.–Ende April geschl. 📷 🍴 📷 AE, MC, V

DÜRRENROTH
(EMMENTAL)

DER BESONDERE TIPP

🏨 ROMANTIK HOTEL
BÄREN DÜRRENROTH
€€

3465 DÜRRENROTH
TEL. 062 959 00 88
FAX 062 959 01 22
E-Mail: info@baeren-duerrenroth.ch
www.baeren-duerrenroth.ch
Das Hotel mitten im Emmental umfasst drei spätbarocke Gebäude. Die meisten Zimmer und Suiten befinden sich in

---

PREISE

HOTELS
Die Preisangaben beziehen sich auf ein Doppelzimmer mit Bad in der Hochsaison.

€€€€€	über 425 €
€€€€	271–425 €
€€€	201–270 €
€€	100–200 €
€	unter 100 €

RESTAURANTS
Die Preisangaben beziehen sich auf ein Zwei-Gänge-Menü für eine Person ohne Trinkgeld und Getränke.

€€€€€	über 135 €
€€€€	101–135 €
€€€	71–100 €
€€	40–70 €
€	unter 40 €

 Hotel   Restaurant   Zimmer  Sitzplätze 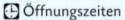 Parkplatz Öffnungszeiten Aufzug

einem steinernen Landhaus. Es gibt auch einen Weinkeller, Blumengärten und ein preisgekröntes Restaurant mit regionalen Spezialitäten. Bei kleinerem Budget stehen einfache Zimmer zur Verfügung.

🛈 28 🅿 🔄 🚭 🧺 AE, MC, V

GRINDELWALD

HOTEL

🏨 GLETSCHERGARTEN
€€€

3818 GRINDELWALD
TEL. 033 853 17 21
FAX 033 853 29 57
E-Mail: info@hotel-gletscher garten.ch
www.hotel-gletschergarten.ch
In dem blumengeschmückten alten Chalet an der Hauptstraße mit warmherziger Gastlichkeit, heimeligen Zimmern und Kaminen scheint die Zeit stillzustehen.

🛈 50 🅿 🔄 🚭 🧺 DC, MC, V

RESTAURANT

🍴 ONKEL TOM'S HÜTTE
€

IM GRABEN 4
3818 GRINDELWALD
TEL. 033 853 52 39
Hier werden Holzofenpizzen und große Salate in einer gemütlichen Holzhütte bei der Firstbahnstation serviert. Gute Auswahl an Weinen.

🗓 Mo, Juni & Nov. geschl.
🧺 MC, V

GSTAAD

HOTELS

🏨 GRAND HOTEL BELLEVUE
€€€€€

3780 GSTAAD
TEL. 033 748 00 00

FAX 033 748 00 01
E-Mail: info@bellevue-gstaad.ch
www.bellevue-gstaad.ch
Das opulente Fünf-Sterne-Hotel in einer wunderschönen Parkanlage in der Nähe der Fußgängerzone von Gstaad bietet moderne Gästezimmer, edle Speisemöglichkeiten, ein erstklassiges Spa, ein hauseigenes Kino, eine Pianobar und ein stimmungsvolles Weingewölbe.

🛈 57 🅿 🍴 🚭 🏊 🧖
🧺 Alle gängigen Kreditkarten

🏨 POSTHOTEL RÖSSLI
€€€

PROMENADE 10
3780 GSTAAD
TEL. 033 748 42 42
FAX 033 748 42 43
E-Mail: info@posthotel roessli.ch
www.posthotelroessli.ch
Der gemütliche, zentral gelegene Familienbetrieb ist von 1845 und damit das älteste Hotel der Stadt. Die holzvertäfelten Zimmer sind kürzlich modernisiert worden. In den beiden Restaurants werden köstliche Schweizer Speisen gereicht, darunter auch Fondues.

🛈 36 🅿 🚭 🧺 MC, V

RESTAURANT

🍴 BERGHAUS EGGLI
€

TSCHAANEREWEG 8
(BEI DER BERGSTATION DER EGGLI-SEILBAHN)
3780 GSTAAD
TEL. 033 748 96 12
FAX 033 748 96 13
E-Mail: rest.eggli@gstaad.ch
Das populäre Bergrestaurant mit einer großen Südterrasse mit Blick auf die Berner, Walliser, Waadtländer und Freiburger Alpen bietet Fondue-, Raclette- und

Weinabende sowie sonntags Volksmusik.

🪑 300 🚭

GUTTANNEN (GRIMSELPASS)

🏨 GRIMSEL HOSPIZ
€€€

3864 GUTTANNEN
TEL. 033 982 46 11
FAX 033 982 46 05
E-Mail: welcome@grimsel hotels.ch
www.grimselwelt.ch
Seit 1142 begrüßt ein Gasthaus an dieser Stelle Reisende. Das heutige Grimsel Hospiz, errichtet 1932, wurde als erstes Hotel Europas mit elektrischer Heizung ausgestattet. Es ist kürzlich umfassend renoviert worden und bietet nun jeden erdenklichen Komfort. Die karge, felsige Umgebung hat ihren natürlichen Charakter dagegen bewahrt.

🛈 28 🗓 Mai, Nov. & Dez. geschl. 🅿 🔄 🚭 🧺 AF, MC, V

INTERLAKEN

HOTELS

🏨 VICTORIA-JUNGFRAU GRAND HOTEL & SPA
€€€€€

HÖHEWEG 41
3800 INTERLAKEN
TEL. 033 828 28 28
FAX 033 828 28 80
E-Mail: interlaken@victoria-jungfrau.ch
www.victoria-jungfrau.ch
Von diesem prächtigen Gebäude aus dem 19. Jahrhundert bietet sich ein wunderbarer Blick auf die Jungfrau. Es gilt als das beste Hotel Interlakens, mit jeder Menge Luxus, Ziergärten, Kinderbetreuung, Tenniscenter und Spa.

🛈 212 🅿 🔄 🚭 🏊 🧖
🧺 Alle gängigen Kreditkarten

🚭 Nichtraucher 🔄 Klimaanlage 🏊 Hallenbad 🧗 Freibad 🧖 Fitnessclub 🧺 Kreditkarten

🏨 ALPHORN

€€

ROTHORNSTRASSE 29A

3800 INTERLAKEN

TEL. 033 822 30 51

FAX 033 823 30 69

E-Mail: info@hotel-alphorn.ch

www.hotel-alphorn.ch

Das einfache, freundliche B&B-Hotel nur drei Gehminuten vom Bahnhof ist sehr preiswert und daher eine beliebte Adresse für Familien. 2011 komplett renoviert.

🛏 13 🅿 ⬆ 🚫 AE, MC, V

KALTACKER (EMMENTAL)

🏨 LANDGASTHOF LUEG

€€

LUEG 535

3413 KALTACKER

TEL. 034 435 18 81

FAX 034 435 18 82

E-Mail: info@lueg.ch

www.lueg.ch

Das hübsche Landhotel bietet charmanten Luxus. Jedes Zimmer ist geschmackvoll unter einem bestimmten Motto eingerichtet, von Golf und Jagen bis zu Engeln und Rosen. Dazu gibt es beste Emmentaler Küche und für Erkundungen der Umgebung die Wanderkarten des Hotels.

🛏 21 🅿 ⬆ 🚫 AE, MC, V

KANDERSTEG

🏨 WALDHOTEL DOLDENHORN

€€€

3718 KANDERSTEG

TEL. 033 675 81 81

E-Mail: info@doldenhorn.ch

www.doldenhorn.ch

Die Vier-Sterne-Ruheoase am Ende des Kandertals ist von Wiesen und einer schroffen Berglandschaft umgeben. Das traditionelle Äußere lässt nicht unbedingt auf den Luxus im Inneren schließen: moderne Gästezimmer, gemütliche Auf-

enthaltsbereiche, bestes Essen und ein opulentes Spa.

🛏 42 🅿 ⬆ 🚫 ⬆ 🎯

🚫 Alle gängigen Kreditkarten

KLEINE SCHEIDEGG

DER BESONDERE TIPP

🏨 HÔTEL BELLEVUE DES ALPES

€€€€

3801 KLEINE SCHEIDEGG

TEL. 033 855 12 12

FAX 033 855 12 94

welcome@scheidegg-hotels.ch

www.scheidegg-hotels.ch

Das Fin-de-Siècle-Haus ist 2011 als Schweizer Historisches Hotel des Jahres ausgezeichnet worden und gilt als das besterhaltene Berghotel in den Alpen. Sobald der letzte Touristenzug abgefahren ist, wird das Haus am Fuß des Eigers zu einer Oase der Stille. In der stimmungsvollen holzvertäfelten Bar hängen Fotos von Bergsteigern, die im Verlauf der Jahrzehnte die Eigernordwand bezwangen.

🛏 50 🚫 MC, V

MEIRINGEN

🏨 PARKHOTEL DU SAUVAGE

€€€

BAHNHOFSTRASSE 30

3860 MEIRINGEN

TEL. 033 972 18 80

FAX 033 972 18 81

E-Mail: info@sauvage.ch

www.sauvage.ch

Das schöne Jugendstilhotel im Herzen des Haslitals diente als Vorbild für das fiktive Hotel Englischer Hof, in dem Meisterdetektiv Sherlock Holmes abstieg. Es ist nicht weit vom Reichenbachfall entfernt, an dem Holmes vermeintlich zu Tode stürzte. Die Gästezimmer sind modern; der Empfangsbereich beschwört den Geist der 1880er Jahre herauf.

🛏 71 🅿 ⬆ 🚫 ⬆ Alle gängigen Kreditkarten

MÜRREN

HOTEL

🏨 ALPENRUH

€€

3825 MÜRREN

TEL. 033 856 88 00

FAX 033 856 88 88

E-Mail: alpenruh@schilthorn.ch

www.alpenruh-muerren.ch

Ein Bergchalethotel wie aus dem Bilderbuch, hübsch eingerichtet und mit tollem Ausblick über das Lauterbrunnental auf Eiger, Mönch und Jungfrau. Praktisch für Skifahrer neben der Schilthorn-Bahn gelegen.

🛏 26 ⬆ 🚫 ⬆ Alle gängigen Kreditkarten

RESTAURANT

🍴 PIZ GLORIA

€

3825 MÜRREN

TEL. 033 82 60 007

FAX 033 82 60 009

E-Mail: info@schilthorn.ch

www.schilthorn.ch

Das Drehrestaurant auf dem Schilthorn (2970 m) diente schon als Kulisse für einen James-Bond-Film. Hier startet das älteste Amateur-Skiabfahrtrennen. Atemberaubende Alpenpanoramen garantiert.

🪑 408 🚫 ⬆ Alle gängigen Kreditkarten

SOLOTHURN

🏨 HOTEL AN DER AARE

€€

OBERER WINKEL 2

4500 SOLOTHURN

TEL. 032 626 24 00

FAX 032 626 24 10

E-Mail: info@hotelaare.ch

www.hotelaare.ch

In dem stilvollen Hotel am Aare-Ufer im Stadtzentrum geht die Architektur des 18. Jahrhunderts eine Verbindung mit modernen Annehmlichkeiten ein. Schöne Uferterrasse, tolles Frühstücksbuffet.

🛈 16 🅿 🚭 🗝 Alle gängigen Kreditkarten

WAADTLÄNDER ALPEN & WALLIS

CHÂTEAU-D'ŒX

🏨 **HOSTELLERIE**
🍴 **BON ACCUEIL**
€€

LA FRASSE
1660 CHÂTEAU-D'ŒX
TEL. 026 924 63 20
FAX 026 924 51 26
www.bonaccueil.ch
Am besten nächtigt man hier im alten Teil des Hotels, einem authentischen Chalet aus dem 18. Jahrhundert. Die holzvertäfelten Zimmer sind im ländlichen Stil eingerichtet. Im Sommer bieten sich Wanderungen durch die Voralpen an, im Winter hat man leichten Zugang zum Skigebiet Glacier 3000. Das Restaurant serviert bei Kerzenlicht mediterran beeinflusste und Schweizer Gerichte, außerdem gibt es eine gemütliche Kellerbar.

🛈 17 🅿 🚭 🗝 Alle gängigen Kreditkarten

CRANS-MONTANA

HOTELS

🏨 **HOSTELLERIE**
🍴 **DU PAS DE L'OURS**
€€€€€

41 RUE DU PAS DE L'OURS
3963 CRANS-MONTANA
TEL. 027 485 93 33
FAX 027 485 93 34
E-Mail: pasdelours@relais chateaux.ch
www.pasdelours.ch
Hier gibt's Luxusunterkünfte in authentischen Bergchalets

mit warmer, behaglicher Atmosphäre sowie zwei erstklassige Restaurants. Der Gourmettempel L'Ours (So abends, Mo & Di mittags geschl.) serviert saisonale Gerichte des mit einem Michelin-Stern gekrönten provenzalischen Küchenchefs Franck Renaud. Außerdem gibt es ein Spa.

🛈 15 🗓 Mai & Nov. geschl. 🅿 🚭 🗝 🏊 🏖 🏋 🗝 Alle gängigen Kreditkarten

🏨 **HOTEL DU LAC**
€€

3963 CRANS-MONTANA
TEL. 027 481 34 14
FAX 027 481 51 80
E-Mail: hotel-du-lac@ bluewin.ch
www.hoteldulac-crans-montana.ch
Eine der erschwinglicheren Unterkünfte in der Region Crans-Montana: Dieses kleine, freundliche Hotel im Chaletstil erfreut sich einer schönen Lage am Lac Grenon und bietet einfache, moderne Unterkunft mit Halbpension. Dazu gibt es ein türkische Bad und eine Sauna, nebenan ein Internetcafé sowie Tretboot-, Schneeschuh- und Mountainbikeverleih.

🛈 30 🅿 🚭 🏊 🏋 🗝 AE, MC, V

LES DIABLERETS

🍴 **BOTTA 3000**
€€

TEL. 024 492 09 31
FAX 024 492 09 41
www.glacier3000.ch
Das ultramoderne, leicht per Seilbahn zugängliche Kubusrestaurant im Skigebiet Glacier 3000 ist ein Glanzstück alpiner Architektur des bekannten Tessiner Architekten Mario Botta. Aus der Küche kommen Spezialitäten aus den drei Kantonen Waadt, Bern und Wallis. Der Blick von der

Sonnenterrasse fällt auf 24 Viertausender.

🛏 270 🚭 🗝 Alle gängigen Kreditkarten

LEYSIN

HOTEL

🏨 **LE GRAND CHALET**
€

1854 LEYSIN
TEL. 024 493 01 01
FAX 024 494 16 14
E-Mail: hotel.grand-chalet@ bluewin.ch
www.grand-chalet.ch
Das traditionelle, familienbetriebene Chalet liegt ideal oben im Dorf beim Bahnhof und bei den Skiliften. Von hier eröffnen sich prächtige Ausblicke auf die Waadtländer Alpen, das Wallis und die französischen Alpen dahinter. Im großen Freiluft-Whirlpool entspannen sich im Winter die Skifahrer, im Sommer Wanderer und Mountainbiker.

🛈 30 🅿 🚭 🗝 Alle gängigen Kreditkarten

RESTAURANT

🍴 **LE KUKLOS**
€

1854 LEYSIN
TEL. 024 494 31 41
FAX 024 494 31 40
www.teleleysin.ch
Das ultramoderne Drehrestaurant Kuklos (griechisch für „Kreis") auf 2048 Meter Höhe bietet eindrucksvolle Alpenblicke, darunter auf Eiger, Matterhorn und Mont Blanc. In dem glitzernden Gebäude spiegeln sich die umliegenden Berge, sodass es sich nahtlos in die Landschaft einfügt. Die Sonnenterrasse ist das ganze Jahr über beliebt. Im Sommer finden klassische Konzerte und Volksmusikabende statt.

🛏 250 🚭 🗝 Alle gängigen Kreditkarten

🚭 Nichtraucher 🌀 Klimaanlage 🏊 Hallenbad 🏖 Freibad 🏋 Fitnessclub 🗝 Kreditkarten

SAAS ALMAGELL

🏨 HOTEL PIRMIN ZURBRIGGEN
€€

3905 SAAS ALMAGELL
TEL. 027 957 23 01
FAX 027 957 33 13
E-Mail: pirmin.zurbriggen@rhone.ch
www.wellnesshotel-zurbriggen.ch

Stilvolles Wellnesshotel im Herzen des Saastals mit einfachem Zugang zu den Skipisten. Im Winter werden Skiexpeditionen in Begleitung des früheren Skistars Pirmin Zurbriggen (geb. 1963) angeboten, dessen Familie das Hotel betreibt.

🛏 20 ⛁ 🅂 🛅 🖥 🅂 MC, V

SAAS-FEE

HOTEL

🏨 ALPHUBEL
€€€

3906 SAAS-FEE
TEL. 027 958 63 63
FAX 027 958 63 64
E-Mail: hotel.alphubel@saas-fee.ch
www.hotelalphubel.ch

Das freundliche Hotel ist mit seinem großen Abenteuergarten bei Kindern beliebt. Im Winter umfasst das Unterhaltungsprogramm Abendrodeln, im Sommer geführte Naturlehrwanderungen und Bergtouren.

🛏 35 ⛁ 🅂 🅂 Alle gängigen Kreditkarten

RESTAURANT

🍴 FLETSCHHORN
€€€

WALDHOTEL FLETSCHHORN
3906 SAAS FEE
TEL. 027 9572131
FAX 027 9572187
E-Mail: info@fletschhorn.ch
www.fletschhorn.ch

Eines der besten Restaurants der Schweiz, mit einem Michelin-Stern ausgezeichnet und einer angeschlossenen Gourmetkochschule. Der kurze Weg von der Dorfmitte lohnt sich: Koch Markus Neff verwöhnt mit exquisiter Alpenküche.

🍴 60 ⏰ Mitte April–Mitte Juni & Mitte Nov.–Mitte Dez. geschl. 🅂 🅂 🅂 Alle gängigen Kreditkarten

SIERRE

DER BESONDERE TIPP

🍴 DIDIER DE COURTEN
€€€€

HOTEL TERMINUS
RUE DU BOURG 1
3960 SIERRE
TEL. 027 455 13 51
FAX 027 456 44 91
E-Mail: info@hotel-terminus.ch
www.hotel-terminus.ch

Das mit zwei Michelin-Sternen prämierte Restaurant von Didier de Courten serviert in einem eleganten Speiseraum oder auf einer Terrasse unter Platanen kreative Fuisonsküche. Mit Farben und Aromen aus der ganzen Welt ist jedes Gericht ein Fest für die Sinne. Dazu gibt es eine hervorragende Auswahl an Schweizer Weinen.

🍴 50 ⏰ So & Mo geschl.; ebenso Ende Dez.–Mitte Jan. & Juli–Anfang Aug. 🅿 🅂 🅂 🅂 AE, MC, V

ST-LUC

HOTELS

🏨 BELLA-TOLA
🍴 €€€€

3961 ST-LUC
TEL. 027 475 14 44
FAX 027 475 29 98
E-Mail: info@bellatola.ch
www.bellatola.ch

Ein elegantes Hotel im ländlichen Stil mit Antiquitäten, Parkettböden und nostalgischer Einrichtung. Ergänzt wird das Ganze durch einen atemberaubenden Wellnesskomplex sowie Kaminfeuer, Nachmittagstee und hausgemachte Pralinen. Von den Südzimmern mit Balkon blickt man Richtung Matterhorn. Im historischen Hotel serviert das gemütliche Bergrestaurant **Tzambron** regionale Käsespezialitäten, begleitet von einer Auswahl guter Schweizer Weine.

🛏 32 ⏰ Mai–Juni & Nov. geschl. 🅿 ⛁ 🅂 🅂 🛅 🅂 MC, V

DER BESONDERE TIPP

🏨 WEISSHORN
🍴 €€€

3961 ST-LUC
TEL. 027 475 11 06
FAX 027 475 11 05

🏨 Hotel 🍴 Restaurant 🛏 Zimmer ⛁ Sitzplätze 🅿 Parkplatz ⏰ Öffnungszeiten ⛁ Aufzug

E-Mail: info@weisshorn.ch
www.weisshorn.ch
Das einsam auf 2337 Meter
Höhe gelegene Berghotel ist
nur zu Fuß zu erreichen (am
schnellsten von St-Luc aus).
Der Aufstieg wird belohnt
durch einfache holzvertäfelte
Zimmer mit Gemeinschafts-
bädern und ein Restaurant
mit spektakulärem Blick über
das Val d'Anniviers bis zum
Rhonetal. Nur mit Halb-
pension.
🚪 33 🕐 April–Mai & Nov.
So & Mo geschl. 🚭 🔑 MC, V

VERBIER

HOTELS

🏨 THE LODGE
€€€€€
CHEMIN DE PLÉNADZEU
1936 VERBIER
TEL. 027 775 22 44
E-Mail: enquiriesusa@virgin
limitededition.com
www.thelodge.virgin.com
Ungeschminkten, puren
Luxus bietet das ganze Jahr
über das 2007 eröffnete
Berghotel des Milliardärs
Richard Branson. Das maleri-
sche Chalet liegt versteckt in
den Wäldern nicht weit von
einer der bekannten Pisten
von Verbier. Mit beheiztem
Hallenbad, Spa und kleiner
Eisbahn.
🚪 9 P 🔄 🚭 🚭 🏊 🏋
🔑 Alle gängigen Kreditkarten

🏨 CHALET D'ADRIEN
€€€€
CHEMIN DES CREUX
1936 VERBIER
TEL. 027 771 62 00
FAX 037 771 62 24
E-Mail: info@chalet-adrien.
com
www.chalet-adrien.com
Fünf-Sterne-Verwöhnhotel
oberhalb von Verbier an den
Savoleyres-Liften. Im stilvollen
Spa, im Fitnessstudio oder

im Dachpool kann man nach
einem Tag auf der Piste die
Muskeln entspannen.
🚪 29 P 🔄 🚭 🚭 🏊 🏋
🔑 Alle gängigen Kreditkarten

🏨 MIRABEAU
€€
RUE DE LA TINTAZ
1936 VERBIER
TEL. 027 771 63 35
FAX 027 771 63 30
E-Mail: mirabeau@verbier.ch
www.mirabeauhotel.ch
Im Winter kann man direkt
vor der Tür dieses ruhigen,
freundlichen B&B nahe der
Médran-Seilbahnstation
mit Skiern losfahren. Sauna,
Dampfbad, Bar und abends
gemütliches Kaminfeuer.
🚪 25 P 🔄 🚭 🔑 MC, V

ZERMATT

HOTELS

🏨 RIFFELALP RESORT
€€€€€
3920 ZERMATT
TEL. 027 699 05 55
FAX 027 699 05 50
E-Mail: reservation@riffelalp.
com
www.riffelalp.com/das_
resort.html
Auf 2222 Meter Höhe gele-
genes Skihotel mit Alpenpano-
rama (auch Matterhorn) und
Fünf-Sterne-Einrichtungen: gut
ausgestattete Zimmer, üppiger
Wellnessbereich und höchster
Außenpool Europas. Im
Winter bietet das Hotel einen
Skiführerservice.
🚪 72 🕐 Mitte April–Ende
Mai, Okt. & Nov. geschl.
🔄 🚭 🏊 🏊 🏋 🔑 Alle gängi-
gen Kreditkarten

🏨 MONTE ROSA
€€€
BAHNHOFSTRASSE 80
3920 ZERMATT
TEL. 027 966 03 33
FAX 027 966 03 30

E-Mail: mr.reservation@
seilerhotels.ch
www.monterosazermatt.ch
Das traditionsreiche, 1839
gegründete Hotel kombiniert
eine heimelige Atmosphäre
mit viel Luxus. Gäste können
kostenlos das Spa des benachbarten Schwesterhotels Mont
Cervin benutzen.
🚪 41 🕐 Mitte April–Mitte
Juni & Okt.–Mitte Dez. geschl.
🔄 🚭 🚭 🏊 🏋 🔑 Alle gängi-
gen Kreditkarten

RESTAURANT

🍴 STOCKHORN GRILL
€€€
RIEDSTRASSE
3920 ZERMATT
TEL. 027 967 1747
www.grill-stockhorn.ch
Die köstlichen Fleischgerichte
vom Holzkohlengrill und
die Schweizer Küche ziehen
sowohl Einheimische als auch
Urlauber an. Das Restaurant
befindet sich im Besitz des
legendären Matterhorn-
Führers Emil Julen. Außerdem
gibt es einfache, überraschend
günstige Unterkünfte.
🍴 137 🕐 Mo sowie Mitte
Mai–Mitte Juni & Mitte Okt.–
Mitte Nov. geschl. 🚭 🔑 Alle
gängigen Kreditkarten

■ LUZERN &
ZENTRAL-
SCHWEIZ

EINSIEDELN

🏨 LINDE
🍴 €€€
SCHMIEDENSTRASSE 29
8840 EINSIEDELN
TEL. 055 418 48 48
FAX 055 418 48 49
E-Mail: hotel@linde-
einsiedeln.ch
www.linde-einsiedeln.ch
Die Zimmer des zentral beim
Kloster gelegenen Hotels sind
eher unauffällig eingerichtet.

Die Gäste haben die Wahl zwischen preisgünstigen „Pilger"- und Standardzimmern sowie größeren Junior-Suiten. Es gibt eine Dachterrasse und in allen Zimmern steht kostenloser WLAN-Internetzugang zur Verfügung. Im Preis inbegriffen ist ein gutes Frühstücksbuffet. Dem Restaurant hat der GaultMillau 14 Punkte zuerkannt.

🛈 17 🅿 ⊟ 🛇 🐾 Alle gängigen Kreditkarten

ENGELBERG

HOTELS

🏨 EUROPÄISCHER HOF
HOTEL EUROPE
€€€
DORFSTRASSE 40
6390 ENGELBERG
TEL. 041 639 75 75
FAX 041 639 75 76
E-Mail: info@hoteleurope.ch
www.hoteleurope.ch
Das Belle-Époque-Hotel von 1905 mit Jugendstilcharme und modernen Einrichtungen liegt nicht weit vom Bahnhof ruhig an einem Park. Jedes Zimmer mit Balkon und Bergblick.

🛈 68 🅿 ⊟ 🛇 🐾 🐾 Alle gängigen Kreditkarten

🏨 SPANNORT
🍴 €€€
DORFSTRASSE 28
6391 ENGELBERG
TEL. 041 637 26 26
FAX 041 637 44 77
E-Mail: info@spannort.ch
www.spannort.ch
In dem traditionellen Schweizer Hotel gibt es ein holzvertäfeltes Restaurant mit ausgezeichneter Regionalküche. Freundliches Personal, einige der Zimmer haben Balkone mit Bergblick.

🛈 20 🅿 ⊟ 🛇 🐾 Alle gängigen Kreditkarten

RESTAURANT

🍴 CHUCHICHÄSCHTLI
€€
KLOSTERSTRASSE 11
6390 ENGELBERG
TEL. 041 637 16 74
FAX 041 637 16 72
E-Mail: info@chuchi chaeschtli-engelberg.ch
www.chuchichaeschtli-engelberg.ch
Das unter einem einfachen Hotel gelegene Restaurant verströmt das Flair eines Alpenchalets und ist auf Fondues und andere traditionelle Gerichte spezialisiert.

➕ 65 🛇 🐾 MC, V

LUZERN

HOTELS

🏨 PALACE LUZERN
🍴 €€€€€
HALDENSTRASSE 10
6002 LUZERN
TEL. 041 416 16 16
FAX 041 416 10 00
E-Mail: info@palace-luzern.ch
www.palace-luzern.ch
Das am See gelegene Palace Luzern vereint altmodischen Charme und elegantes Ambiente mit modernsten Annehmlichkeiten. Die geschmackvoll renovierten, mehr als hundert Jahre alten Zimmer bilden einen spannenden Kontrast zum neuen, mit einem Michelin-Stern gekrönten Gourmetrestaurant Jasper. Im authentischen Belle-Époque-Flair von Les Artistes wird internationale Küche mit Schweizer Touch serviert.

🛈 168 🅿 ⊟ 🛇 🐾 🐾 Alle gängigen Kreditkarten

🏨 SCHWEIZERHOF
🍴 €€€€€
SCHWEIZERHOFQUAI 3
6002 LUZERN
TEL. 041 410 04 10

FAX 041 410 29 71
E-Mail: info@schweizerhof-luzern.ch
www.schweizerhof-luzern.ch
Die an der Seepromenade gelegene Grande Dame unter den Tophotels der Stadt nimmt schon seit 1845 königliche und andere distinguierte Gäste auf, darunter Tolstoi, Wagner und Ludwig II. Das Restaurant Galerie ist auf Fischgerichte spezialisiert, während es im Pavillon internationale Gerichte sowie regionale Schweizer Speisen gibt. Im Sommer können Gäste auf der Sonnenterrasse im Schatten von Palmen speisen.

🛈 101 🅿 ⊟ 🛇 🐾 🐾 Alle gängigen Kreditkarten

🏨 ART DECO HOTEL
🍴 MONTANA
€€€€
ADLIGENSWILERSTRASSE 22
6002 LUZERN
TEL. 041 419 00 00
FAX 041 419 00 01
E-Mail: info@hotel-montana.ch
www.hotel-montana.ch
Die Lage des 1910 eröffneten Hotels oben am Hügel garantiert großartige Ausblicke auf den See. Das Haus ist mit einer Standseilbahn zu erreichen. Die Zimmer in dem Artdéco-Gebäude sind modern eingerichtet. In der Bar samt Restaurant finden regelmäßig Jazzabende statt, die dem Gesamtensemble die entsprechende Atmosphäre verleihen. Die Karte im Restaurant Scala ist von der Südschweiz, Italien, Frankreich und Griechenland beeinflusst und bietet täglich neue Pastavariationen.

🛈 55 🅿 ⊟ 🛇 🐾 🐾 AE, DC, MC, V

🏨 DES BALANCES
€€€€
WEINMARKT
6004 LUZERN
TEL. 041 418 28 28

FAX 041 418 28 38
E-Mail: info@balances.ch
www.balances.ch
Das von 1807 stammende
Hotel im Herzen der
Luzerner Altstadt verfügt
über eine prächtige Fassade
im Holbein'schen Stil sowie
Zimmer mit Blick auf die Reuss
und die Jesuitenkirche.

🛏 56 🅿 🔲 🆂 🔲
🆂 AE, MC, V

DER BESONDERE TIPP

🏨 **WILDEN MANN**
€€€€
BAHNHOFSTRASSE 30
6000 LUZERN
TEL. 041 210 16 86
FAX 041 210 16 29
E-Mail: mail@wilden-mann.ch
www.wilden-mann.ch
Sieben einfühlsam restaurierte
Stadthäuser, das älteste von
1517, sind zu einem sehr
stimmungsvollen Hotel-
komplex zusammengefügt
worden. Die Wände sind
mit historischen Malereien
und Stichen behangen. In
der wappengeschmückten
historischen Burgerstube, die
sich als ältester Speiseraum
der Stadt anpreist, regieren
schwere Saucen. Im Sommer
stehen Tische draußen auf
dem autofreien Platz.

🛏 50 🔲 🆂 🔲 🆂 Alle gängi-
gen Kreditkarten

🏨 **ZUM WEISSEN KREUZ**
🍴 €€€
FURRENGASSE 19
6004 LUZERN
TEL. 041 418 82 20
FAX 041 418 82 30
E-Mail: contact@altstadt
hotelluzern.ch
www.hotel-wkreuz.ch
Das Hotel in der Nähe der
Reuss in einem verkehrs-
beruhigten Teil der Altstadt
zeichnet sich durch eine neue,
kühl designte Einrichtung
aus; es gibt nur Nichtrau-
cherzimmer. Im Restaurant

hat man die Wahl zwischen
45 verschiedenen Holzofenpizzen; gepflegter geht es im
Haute-Cuisine-Restaurant
Chrüzli zu.

🛏 21 🔲 🆂 🔲 🆂 Alle gängi-
gen Kreditkarten

🏨 **JAILHOTEL
LÖWENGRABEN**
€€
LÖWENGRABEN 18
6004 LUZERN
TEL. 041 410 78 30
FAX 0 41 410 78 32
E-Mail: hotel@jailhotel.ch
www.jailhotel.ch
Das Hotel Löwengraben befindet sich im umgebauten ehemaligen Stadtgefängnis von
1862. Sechzig Originalzellen
sind in Gästezimmer für eine
bis vier Personen umgewandelt worden. Die Zimmer sind
gemütlich, ihr ursprünglicher
Zweck ist jedoch nicht zu
übersehen.

🛏 60 🆂 🆂 MC, V

RESTAURANTS

🍴 **NIX'S IN DER LATERNE**
€€€
REUSSTEG 9
6003 LUZERN
TEL. 041 240 25 43
E-Mail: info@nixinder
laterne.ch
www.nixinderlaterne.ch
Das Eckrestaurant mit dem
hübschen Erkerfenster und
der Flussterrasse liegt abseits
des Verkehrslärms. Wenn
möglich kommen Zutaten
aus der Region zum Einsatz,
Tagesgerichte stehen auf
Extratafeln.

🍽 60 🆂 🆂 Alle gängigen
Kreditkarten

🍴 **OLD SWISS HOUSE**
€€€
LÖWENPLATZ 4
6004 LUZERN
TEL. 041 410 61 71
FAX 041 410 17 38

E-Mail: info@oldswisshouse.
ch
www.oldswisshouse.ch
Der Familienbetrieb atmet
historisches Flair und serviert
Hauptgerichte wie Fisch aus
dem See, Bœuf Stroganoff
sowie am Tisch gebratenes
Wiener Schnitzel. Große
Weinkarte.

🍽 80 🕒 jeden Mo & Feb.
geschl. 🆂 🆂 AE, DC, MC, V

🍴 **HELVETIA**
€€
WALDSTÄTTERSTRASSE 9
6003 LUZERN
TEL. 041 210 44 50
www.helvetialuzern.ch
Bei Einheimischen beliebtes
Restaurant zum Mittagessen,
manchmal mit ungewöhnli-
chen Gerichten wie Straußen-
steak in Pfeffersauce. Es gibt
auch WLAN.

🍽 105 🆂 🆂 AE, DC, MC, V

RIGI

HOTELS

🏨 **RIGI KULM**
€€€
6410 RIGI KULM
TEL. 041 880 18 88
FAX 041 855 00 55
E-Mail: hotel@rigikulm.ch
www.rigikulm.ch
Schon seit fast 200 Jahren
gibt es ein Hotel auf dem
Rigi, damit Besucher den
Sonnenauf- und -untergang
von dem berühmten Berg
aus genießen können. Das
derzeitige Hotel mit seiner
Sommerterrasse entstand in
den 1950er Jahren, jedoch
wurde einiges an Mobiliar
von dem Vorgänger über-
nommen, um den Charme
eines typischen Berghotels
zu erhalten. Die Zimmer
sind erst vor Kurzem modernisiert und renoviert worden.

🛏 33 🅿 🔲 🆂 🔲 🆂 Alle
gängigen Kreditkarten

🆂 Nichtraucher 🔲 Klimaanlage 🆂 Hallenbad 🆂 Freibad 🆂 Fitnessclub 🆂 Kreditkarten

🏨 BERGSONNE
🍴 €€

6356 RIGI-KALTBAD
TEL. 041 399 80 10
FAX 041 399 80 20
info.rigi@wvrt.ch
www.bergsonne.ch

Dieser Familienbetrieb im autofreien Ort Rigi-Kaltbad wartet mit wundervollen Ausblicken auf den See und die Alpen auf. Gemälde von Künstlern aus der Region schmücken die Zimmer und es gibt eine Bibliothek. Die Einrichtung lässt keinen Zweifel daran aufkommen, dass man sich in den Schweizer Bergen befindet. Das Hotel ist für seine Gastronomie bekannt: Neben täglich wechselnden Menüs gib es auch immer ein Vollwertmenü. Darüber hinaus finden besondere Veranstaltungen wie das Fischfestival statt.

🛈 17 🅿 ⊟ 🕒 🔥 MC, V

SCHWYZ

🏨 WYSSES RÖSSLI
🍴 €€

HAUPTPLATZ 3
6430 SCHWYZ
TEL. 041 811 19 22
E-Mail: info@wrsz.ch
www.roessli-schwyz.ch

Die beiden Restaurants des historischen Hotels in der Altstadt sind für ihre saisonalen Spezialitäten bekannt.

🛈 28 ⊟ 🕒 🔥 MC, V

STANS

🏨 ENGEL
🍴 €€

DORFPLATZ 1
6370 STANS
TEL. 041 619 10 10
FAX 041 619 10 11
E-Mail: info@engelstans.ch
www.engelstans.ch

Das hübsche Hotel in der Stadtmitte ist ein ungewöhn-

licher Mix aus ultramodernem Design und historischen Elementen. Auf der Gartenterrasse wird traditionelle Regionalküche serviert, außerdem gibt es noch das Engel Stübli.

🛈 18 🅿 ⊟ 🕒 🔥 MC, V

VITZNAU

HOTELS

🏨 VITZNAUERHOF
🍴 €€€€€

SEESTRASSE 80
6354 VITZNAU
TEL. 041 399 77 77
FAX 041 399 76 66
E-Mail: info@vitznauerhof.ch
www.vitznauerhof.ch

Das reizende Jugendstilhotel am Ufer des Vierwaldstätter Sees wurde ursprünglich 1901 eröffnet und kürzlich nach einer längeren Modernisierungsphase wiedereröffnet. Jetzt verfügt es auch über modernste Einrichtungen wie das Spa MedinWell. Von den öffentlichen Bereichen und aus den dem See zugewandten Zimmern bieten sich umwerfende Ausblicke. Es gibt drei Restaurants: Das **Inspiration**, das Gourmetrestaurant **Sens** und das Gartenrestaurant **Panorama**; Letzteres bietet auf einer Seeterrasse Mittelmeerküche und Grillspezialitäten an.

🛈 53 🅿 ⊟ 🕒 🔥 🕙
🔥 Alle gängigen Kreditkarten

🏨 HOBBY HOTEL
🍴 VITZNAU
€€

SCHIFFSTATION
6354 VITZNAU
TEL. 041 397 10 33
FAX 041 397 21 55
E-Mail: ferein@hobbyhotel.ch
www.hobbyhotel.ch

Dieses Swiss Historic Hotel bei der Schiffsanlegestelle und den Seilbahnen hinauf

zum Rigi entstand 1873 als Teil des Komplexes der Vitznau-Rigibahn, der ersten Bergbahn Europas. Es wurde später wiederholt erweitert und umgebaut. Das über den See hinausgebaute Restaurant **Rondel** beschert besonders bei Sonnenuntergang Momente mit Erinnerungswert. Das Hotel bietet Kunst- und Kunsthandwerkskurse an.

🛈 23 ⊟ 🕒 🔥 MC, V

WEGGIS

HOTELS

🏨 PARK WEGGIS
€€€€€

HERTENSTEINSTRASSE 34
6353 WEGGIS
TEL. 041 392 05 05
FAX 041 392 05 28
E-Mail: weggis@relais
chateaux.com
www.phw.ch

Das Luxushotel am Vierwaldstätter See verfügt über ein Wellnesscenter sowie in einem japanischen Garten über sechs Spa-Cottages aus exotischen Hölzern und Stein. Die ausgebildeten Therapeuten stammen aus Tibet, Indien und der Schweiz. Es gibt auch ein Hallenbad sowie die Möglichkeit, verschiedene Wassersportarten zu betreiben.

🛈 52 🅿 🔁 🚫 🅂 🅂 🚾
🚫 Alle gängigen Kreditkarten

🏨 **SEEHOTEL GOTTHARD**
🍴 €€€

GOTTHARDSTRASSE 11
6353 WEGGIS
TEL. 041 390 21 14
FAX 041 390 09 14
E-Mail: gotthard@gotthard-weggis.ch
www.gotthard-weggis.ch
Das familiengeführte Hotel am Vierwaldstätter See bietet neben schönen Ausblicken kostenlosen Zugang zu den Wellnesseinrichtungen (April–Mitte Okt.) inklusive beheiztem Swimmingpool. Das Hotel liegt drei Fußminuten vom Schiffsanleger entfernt und betreibt vier Restaurants, eines davon im hübschen Garten am See.

🛈 17 🅿 🔁 🚫 🅂 🚾
🚫 Alle gängigen Kreditkarten

🏨 **SEEHOF HOTEL DU LAC**
🍴 €€

GOTTHARDSTRASSSE 4
6353 WEGGIS
TEL. 041 390 11 51
FAX 041 390 11 19
E-Mail: info@hotel-du-lac.ch
www.hotel-du-lac.ch
Ein kleines Hotel in zentraler Lage am Seeufer nur zwei Fußminuten vom Schiffsanleger. Die idyllische **See-Terrasse** serviert verschiedene Fondues, regionale Fischgerichte und andere traditionelle Speisen. Kostenloses WLAN in den öffentlichen Bereichen.

🛈 52 🅿 🔁 🚫 🚫 MC, V

🟪 **ZÜRICH &**
ZÜRICHSEE

KÜSNACHT

HOTEL

🏨 **SONNE**
🍴 €€€

SEESTRASSE 120
8700 KÜSNACHT
TEL. 044 914 18 18
FAX 044 914 18 00
E-Mail: seehotel-sonne@romantikhotels.com
www.sonne.ch
Das stimmungsvolle Hotel direkt am Zürichsee (nur zehn Minuten mit der S-Bahn vom Zentrum) erfüllt jeden Anspruch an Komfort: edle Speisen, schöne Kunst (Gemälde und Skulpturen von Künstlern wie Giacometti und Warhol), gemütliche Lounges, Wellnessoase, Biergarten und Bootsanleger.

🛈 40 🅿 🔁 🚫 🚫 🚾
🚫 AE, MC, V

RESTAURANT

🍴 **RICO'S KUNSTSTUBEN**
€€€€€

SEESTRASSE 160
3700 KÜSNACHT
TEL. 044 910 07 15
FAX 044 910 04 95
E-Mail: info@kunststuben.com
www.kunststuben.com
2010 übernahm der Tessiner Rico Zandonella die Führung des Restaurants, das viele Jahre lang als bestes des Landes galt, von Horst Petermann. Zandonella ist Schüler von Petermann, einem der renommiertesten Schweizer Köche. Das farbenfrohe Interieur spiegelt die Extravaganz der "neuen Mittelmeerküche" des Meisters am Herd wider.

🕐 So & Mo geschl. 🅿 🚫
🚫 AE, MC, V

RAPPERSWIL

🏨 **JAKOB**
€€

HAUPTPLATZ 11
8640 RAPPERSWIL
TEL. 055 220 00 50
FAX 055 220 00 55
E-Mail: info@jakob-hotel.ch
www.jakob-hotel.ch
Ein einfaches, aber stilvolles Hotel mit angesagter Bar, klassischem Bistro und Gewölbeweinkeller. Wenn jeden zweiten Donnerstagabend in der Lounge Jazzkonzerte stattfinden, kann es auf den Zimmern laut werden.

🛈 20 🅿 🔁 🚫 🚫 Alle gängigen Kreditkarten

UETLIBERG

🏨 **UTO KULM**
€

8143 UETLIBERG
TEL. 044 457 66 66
FAX 044 457 66 99
E-Mail: info@utokulm.ch
www.utokulm.ch
Das Haus ist ein ländlicher Rückzugsort mit weitem Ausblick auf Zürich und den See sowie edler minimalistischer Einrichtung. Für besondere Anlässe bietet sich die romantische Turmsuite mit Holzofen und herzförmigem Whirlpool an.

🛈 55 🔁 🚫 🚫 🚫 AE, MC, V

WINTERTHUR

HOTEL

🏨 **PARK HOTEL**
WINTERTHUR
€€€

STADTHAUSSTRASSE 4
8402 WINTERTHUR
TEL. 052 265 02 65
FAX 052 265 02 75
E-Mail: welcome@phwin.ch
www.phwin.ch
Das klassisch-moderne Hotel in zentraler, aber ruhiger Lage

🚫 Nichtraucher 🚫 Klimaanlage 🚫 Hallenbad 🚫 Freibad 🚾 Fitnessclub 🚫 Kreditkarten

in einem schönen Park ist nur einen Katzensprung von der Altstadt entfernt und spricht sowohl Geschäftsreisende als auch Touristen an.

(i) 69 **P ⊟ ⊗ ⊠ ⊠** Alle gängigen Kreditkarten

RESTAURANT

🍴 CAFÉ AM RÖMERHOLZ
€

HALDENSTRASSE 95
8400 WINTERTHUR
TEL. 052 269 27 43
Das helle Café im Museum Sammlung Oskar Reinhart „Am Römerholz" (siehe S. 206) lädt mit seiner Sonnenterrasse am Park zu köstlichem Kuchen und Kaffee oder einem leichten Mittagsimbiss ein.

⊞ 40 **⊕** Mo geschl. **P ⊗**
⊗ Keine Kreditkarten

ZÜRICH

HOTELS

🏨 BAUR AU LAC
€€€€€

TALSTRASSE 1
8001 ZÜRICH
TEL. 044 220 50 20
FAX 044 220 50 44
E-Mail: info@bauraulac.ch
www.bauraulac.ch
Eines der prächtigsten Hotels des Landes, berühmt für Luxus und Eleganz. Es liegt nicht weit von den schicken Läden der Bahnhofstrasse, der bekannten Einkaufsmeile der Stadt, in einem eigenen Park mit Blick auf den See und die Berge.

(i) 120 **P ⊟ ⊗ ⊠** **⊗** AE, DC, MC, V

🏨 DOLDER GRAND
🍴 €€€€€

KURHAUSSTRASSE 65
8032 ZÜRICH
TEL. 044 456 60 00
FAX 044 456 60 01
E-Mail: info@thedoldergrand.com
www.thedoldergrand.com
Das hoch oben in den Hügeln umringt von Wald, Golfplatz, Tennisplätzen und Eisbahn gelegene Hotel wurde 2008 unter Leitung des britischen Architekten Norman Foster radikal renoviert. Das Resultat ist eine perfekte Verschmelzung von Tradition und Moderne. Dazu kommen edle Restaurants (eines mit zwei Michelin-Sternen), ein hypermodernes Spa und wunderbare Ausblicke auf Stadt, See und Alpen.

(i) 173 **P ⊟ ⊗ ⊠ ⊠ ⊠**
⊗ AE, MC, V

🏨 ROMANTIK HOTEL FLORHOF
€€€€

FLORHOFGASSE 4
8001 ZÜRICH
TEL. 044 250 26 26
FAX 044 250 26 27
E-Mail: info@florhof.ch
www.florhof.ch
Das traditionelle Hotel im ländlichen Stil nahe dem Kunsthaus und dem Stadtzentrum residiert in einem Kaufmannshaus aus dem 16. Jahrhundert. Abgeschiedene Gartenterrasse, persönlicher Service und luxuriöse Einrichtungen.

(i) 35 **P ⊟ ⊗ ⊠ ⊗** AE, DC, MC, V

🏨 SORRELL RÜTLI
€€€

ZÄHRINGERSTRASSE 43
8001 Zürich
TEL. 044 254 58 00
FAX 044 254 5801
E-Mail: info@rutli.ch
www.rutli.ch
Am Eingang des stimmungsvollen Niederdorfs und ganz in der Nähe von Geschäften, Restaurants und Museen. Das Hotel wurde kürzlich renoviert und verfügt nun über praktische, moderne Zimmer

und einen entspannenden Whirlpool.

(i) 58 **⊟ ⊗ ⊠ ⊗** AE, MC, V

🏨 LEONECK
€€

LEONHARDSTRASSE 1
8001 ZÜRICH
TEL. 044 254 22 22
FAX 044 254 2000
E-Mail: info@leoneck.ch
www.leoneck.ch
Die freundlichen Zimmer des stilvollen Hotel im „Schweizer Ethnostil" sind von Züricher Künstlern mit Kuhmotiven individuell gestaltet. Kostenloses WLAN und trotz der Nähe zum Niederdorf sehr preisgünstig.

(i) 80 **⊟** Alle gängigen Kreditkarten

🏨 KAFISCHNAPS
€

KORNHAUSSTRASSE 57
8037 ZÜRICH
E-Mail: contact@kafischnaps.ch
www.kafischnaps.ch
Ein kleines B&B mit fünf einfachen, aber stilvollen Zimmern, nach den klassischen Schweizer Obstlern benannt und gestaltet: Williams, Kirsch, Pflümli, Zwätschgge und Quitte. Die Obstbrände sind im munteren Café unten erhältlich. Reservierung online oder über die Züricher Touristeninformation.

(i) 5 **⊗** MC, V

RESTAURANTS

🍴 ZUNFTHAUS ZUR WAAG
€€€€

MÜNSTERHOF 8
8001 ZÜRICH
TEL. 044 216 99 66
FAX 044 216 99 67
E-Mail: secretariat.waag@bluewin.ch
www.zunfthaus-zur-waag.ch
Ein edles Schweizer Restaurant in einem schönen Zunfthaus

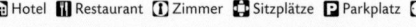

🏨 Hotel 🍴 Restaurant (i) Zimmer ⊞ Sitzplätze P Parkplatz ⊕ Öffnungszeiten ⊟ Aufzug

aus dem 17. Jahrhundert mit herausragendem Service und holzvertäfelten Speisesälen. Hier kann man sich bestens Zürcher Geschnetzeltes mit Rösti einverleiben.

🛏 194 🅂 🅂 AE, MC, V

🍴 SEGANTINI
€€

ANKERSTRASSE 120
8004 ZÜRICH
TEL. 044 241 07 00
www.segantini.ch

Ein Gourmetrestaurant im angesagten 4. Bezirk, benannt nach dem italienischen Künstler Giovanni Segantini und geführt von einer seiner Nachfahren. Das Interieur mit bunten Seidenstoffen und originellen Spiegeln harmoniert mit den ausdrucksstarken Aromen der italienischen Küche. Im Sommer gibt es auch eine kleine schattige Terrasse.

🛏 32 🕑 So & Mo geschl.
🅂 🅂 AE, MC, V

🍴 ADLER'S SWISS CHUCHI
€

ROSENGASSE 10
8001 ZÜRICH
TEL. 044 266 96 96
FAX 044 266 96 69
E-Mail: info@hotel-adler.ch
www.hotel-adler.ch

Die Spezialität dieses freundlichen Restaurants im Alpenstil sind Fondues und Raclettes, daneben steht eine Vielzahl weiterer Schweizer Gerichte zur Auswahl.

🛏 80 🅂 🅂 AE, MC, V

🍴 CRAZY COW
€

LEONHARDSTRASSE 1
8001 ZÜRICH
TEL. 044 261 4055
FAX 044 261 4059
E-Mail: zuerich@crazycow.ch
www.crazycow.ch

Das lockere Restaurant zieht mit seiner irren Einrichtung ein munteres Publikum an; hier gibt's Kühe, Berge, Toblerone

und anderen Schweiz-Kitsch sowie witzige Videoclips. Auf der originellen Karte stehen Rösti, Älplermakkaroni und andere rustikale, üppig portionierte Gerichte.

🛏 140 🅂 🅂 AE, DC, MC, V

🍴 HILTL
€

SIHLSTRASSE 28
8001 ZÜRICH
TEL. 044 227 70 00
FAX 044 227 70 07
E-Mail: info@hiltl.ch
www.hiltl.ch

Das Hiltl wurde 1898 als erstes vegetarisches Restaurant Europas gegründet und erfreut sich seitdem großen Zuspruchs. Mit seiner tollen Salattheke und den köstlichen Currys ist es nach wie vor das beste vegetarische Restaurant der Stadt.

🛏 420 🅂 🅂 AE, MC, V

🍴 ZEUGHAUSKELLER
€

BAHNHOFSTRASSE 28A
8001 ZÜRICH
TEL. 044 221 26 90
www.zeughauskeller.ch

In den rustikalen Bierkeller im alten Zeughaus aus dem 15. Jahrhundert erwartet Gäste eine muntere Stimmung. Auf der Karte stehen herzhafte Portionen traditioneller Zürcher Gerichte, darunter 15 verschiedene Wurstgerichte. Beachtliche Auswahl an Biersorten.

🛏 240 🅂 🅂 AE, MC, V

◼ NORDOST-SCHWEIZ

APPENZELL

HOTELS

🏨 ROMANTIK HOTEL
🍴 SÄNTIS
€€€

LANDSGEMEINDEPLATZ 3
9050 APPENZELL
TEL. 071 788 11 11
FAX 071 788 11 10
E-Mail: info@saentis-appenzell.ch
www.saentis-appenzell.ch

Das in einem traditionellen Gebäude mit schön bemalter Fassade am Hauptplatz gelegene Tophotel von Appenzell ist sehr komfortabel und einladend. In den beiden Restaurants kommt Regionalküche auf den Tisch, außerdem gibt es einen kleinen Wellnessbereich und eine sonnige Terrasse. Schön sind die Zimmer mit Himmelbett.

🛏 37 🅿 🔄 🅂 🅂 🅂 Alle gängigen Kreditkarten

🏨 FREUDENBERG
€

RIEDSTRASSE 57
9050 APPENZELL
TEL. 071 787 12 40
FAX 071 787 86 42
E-Mail: info@hotel-freudenberg.ch
www.hotel-freudenberg.ch

Der freundliche Familienbetrieb auf einem Hügel am Rand von Appenzell verströmt mit Spitzengardinen, dicken Bettdecken und handbemalten Möbeln typisch rustikalen Charme.

🛏 7 🅿 🔄 🅂 🅂 AE, MC, V

ARBON

🏨 HOTEL BRAUEREI
🍴 FROHSINN
€€

ROMANSHORNERSTRASSE 15
9320 ARBON
TEL. 071 447 84 84
FAX 071 446 41 42
E-Mail: info@frohsinn-arbon.ch
www.frohsinn-arbon.ch

Ein kleines Fachwerkhotel am Bodensee mit eigener Brauerei, Kegelbahn und drei Restaurants. Eins davon ist der **Braukeller** mit herzhafter Regionalküche. Im Sommer blickt man vom Biergarten mit den Schatten spendenden Kastanien auf den See.

🛏 13 P Ⓟ Ⓢ 🅰 AE, MC, V

BRAUNWALD

🏨 MÄRCHENHOTEL BELLEVUE
€€

8784 BRAUNWALD
TEL. 055 653 71 71
FAX 055 643 10 00
E-Mail: info@maerchen hotel.ch
www.maerchenhotel.ch
Bekannt ist das Bellevue vor allem wegen der Gastgeber-familie, die seit 1976 jeden Tag hingerissenen Kindern Märchen erzählt. Es gibt noch weitere familien-freundliche Angebote: Hallenbad und Schatzsuche, Streicheltiere, Spielraum sowie Kinderbetreuung, sodass sich die Eltern ihrerseits entspannen können. Nur mit Halbpension.

🆒 Ⓢ 🅟 🆗 🅰 MC, V

GLARUS

🍴 WIRTSCHAFT SONNEGG
€

BEIM SONNENHÜGEL
8750 GLARUS
TEL. 055 640 11 92
FAX 055 640 81 06
E-Mail: sonnegg@bluewin.ch
Das winzige Restaurant mit gut bestücktem Weinkeller ist auf französische und klassische Schweizer Küche spezialisiert; verwendet werden nur die besten und frischesten Zutaten aus der Umgebung. Von der sonnigen Terrasse bieten sich malerische Ausblicke auf den Vorder-glärnisch.

🆒 30 Ⓖ Di & Mi geschl. Ⓢ
🅰 Alle gängigen Kreditkarten

GONTEN

🍴 BÄREN
€€

9108 GONTEN
TEL. 071 795 40 10
FAX 071 795 40 19
E-Mail: info@hotel-baeren-gonten.ch
www.hotel-baeren-gonten.ch
Das berühmteste Restaurant der Region befindet sich seit fünf Generationen im Besitz der Familie und ist auf authen-tische Appenzeller Küche spe-zialisiert. Über die Jahre sind viele alte Rezepte wiederent-deckt und verfeinert worden. 15 GaultMillau-Punkte.

🆒 30 Ⓖ So abends & Mo geschl. 🅿 Ⓢ 🅰 MC, V

RORSCHACH

🏨 SCHLOSS WARTEGG
€€€

9490 RORSCHACHERBERG
TEL. 071 858 62 62
FAX 071 858 62 60
E-Mail: schloss@wartegg.ch
www.wartegg.ch
Das ehemalige Schlösschen aus dem 16. Jahrhundert liegt auf einem Anwesen oberhalb von Rorschach. Es ist in ein schickes modernes Hotel mit Spa umgebaut worden und besticht mit hellen, luftigen Zimmern, einem großen Bio-Schlossgarten, einem Garten-restaurant und wunderbaren Ausblicken auf den Bodensee.

🛏 24 P Ⓢ 🆗
🅰 Alle gängigen Kreditkarten

SCHAFFHAUSEN

🏨 FISCHERZUNFT
🍴
€€€

RHEINQUAI 8
8200 SCHAFFHAUSEN
TEL. 052 632 05 05
FAX 052 632 05 13
E-Mail: info@fischerzunft.ch
www.fischerzunft.ch
Das Luxushotel am Rhein beherbergt eines der besten

Restaurants der Region (ausgezeichnet mit einem Michelin-Stern), das eine außergewöhnliche euro-asiatische Haute Cuisine auftischt. Eine kulinarische Reise um die Welt bietet das Menü Yin-Yang.

🛏 10 Ⓖ Mo & Di geschl. P Ⓢ 🅰 AE, DC, MC, V

STEIN AM RHEIN

🍴 RHEINFELS
€€

8260 STEIN AM RHEIN
TEL. 052 741 21 44
FAX 052 741 25 22
E-Mail: rheinfels@bluewin.ch
www.rheinfels.ch
Das Gasthaus aus dem 16. Jahrhundert serviert Fisch-gerichte in einem holzvertä-felten Speisesaal mit Blick auf den Rhein.

🆒 120 Ⓖ Mi (außer Juli–Aug.) & Jan.–Feb. geschl. Ⓢ 🅰 AE, MC, V

PREISE

HOTELS
Die Preisangaben beziehen sich auf ein Doppelzimmer mit Bad in der Hochsaison.

€€€€€	über 425 €
€€€€	271–425 €
€€€	201–270 €
€€	100–200 €
€	unter 100 €

RESTAURANTS
Die Preisangaben beziehen sich auf ein Zwei-Gänge-Menü für eine Person ohne Trinkgeld und Getränke.

€€€€€	über 135 €
€€€€	101–135 €
€€€	71–100 €
€€	40–70 €
€	unter 40 €

 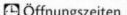

 GRAUBÜNDEN

AROSA

HOTELS

TSCHUGGEN GRAND
€€€€€
SONNENBERGSTRASSE
7050 AROSA
TEL. 081 378 99 99
FAX 081 378 99 90
E-Mail: info@tschuggen.ch
www.tschuggenhotelgroup.
ch
Das Tophotel von Arosa
wurde 2006 durch das neue
futuristische Spa von dem
Schweizer Architekten Mario
Botta völlig umgestaltet.
Angebotene Therapien sind
u.a. Thalasso, Indocéane,
Ayurveda sowie Massagen
und Beauty-Anwendungen.
Das Gebäude wird in der
Abenddämmerung von neun
Glassegeln beleuchtet. Die
drei Restaurants servieren
klassische französische Speisen,
raffinierte Mittelmeerküche
und Schweizer Regionalküche.
129 Mitte April–Mitte
Mai geschl. Alle gängigen Kreditkarten

ASTORIA
€€
ALTEINSTRASSE
7050 AROSA
TEL. 081 378 72 72
E-Mail: hotel@astoria-
arosa.ch
www.astoria-arosa.ch
Der Familienbetrieb liegt
nur knapp 300 Meter von
der Seilbahnstation und vom
Bahnhof entfernt. In den
Zimmern gibt es Flachbild-
TVs und kostenloses WLAN.
Gäste können im Astoria-
Stübli speisen; abends wird
ein 5-Gänge-Menü mit
Salatbuffet geboten. Dazu
kommen eine rustikale Bar
und eine sonnige Terrasse mit
freiem Blick auf die Berge.

Weitere Einrichtungen: zwei
Whirlpools, zwei Infrarotkabi-
nen, Sauna, Fitnessraum und
Spielezimmer.
15
AE, MC, V

RESTAURANT

VETTERSTÜBLI
€€
SEEBLICKSTRASSE
7050 AROSA
TEL. 081 378 80 00
FAX 081 378 80 08
www.arosa-vetter-hotel.ch
Wenn ein Restaurant seine
örtlichen Zulieferer auflistet,
ist das immer ein gutes
Zeichen. Erstklassige Zutaten
aus der Umgebung bilden
die Grundlage der italienisch
beeinflussten Gerichte in dem
stimmungsvollen Restau-
rant mit rot-weiß karierten
Tischdecken.
60 Alle gängigen
Kreditkarten

BERGÜN

KURHAUS BERGÜN
€
7482 AROSA
TEL. 081 407 22 22
FAX 081 407 22 33
E-Mail: info@kurhaus
berguen.ch
www.kurhausberguen.ch
Das ehemalige Kurhotel von
1906 in der ursprünglichen
Landschaft des Albulatals
vermietet Hotelzimmer
und Ferienwohnungen. Seit
2002 wird das Haus Schritt
für Schritt renoviert; 2012
ausgezeichnet als Historisches
Hotel des Jahres. Die Sammlung an Jugendstillampen ist
preisgekrönt. Die großzügigen
Räumlichkeiten eignen sich
bestens für Familien. Zum
Restaurant **La Peida** gehört
ein zauberhafter riesiger
Ballsaal.
62 AE, MC, V

CHUR

HOTEL

ROMANTIK HOTEL STERN
€€€
REICHSGASSE 11
7000 CHUR
TEL. 081 258 57 57
FAX 081 258 57 58
E-Mail: stern@romantik
hotels.com
www.stern-chur.ch
Im vierten Jahrhundert seines
Bestehens ist das Stern das
stimmungsvollste Hotel von
Chur mit kreativ eingerich-
teten Zimmern und einem
traditionellen Restaurant mit
Regionalküche.
65 AE,
DC, MC, V

RESTAURANT

ZUM ALTEN ZOLLHAUS
€€
MALIXERSTRASSE 1
7000 CHUR
TEL. 081 252 33 98
FAX 081 252 11 37
E-Mail: info@zollhaus-
chur.ch
www.zollhaus-chur.ch
Drei Restaurants in einem
historischen Gemäuer: Die
Bündnerstube serviert seit
1900 traditionelle Schweizer
Speisen, die Pizzeria Verdi
schlichtes italienisches Essen.
Das Mandarin kocht chinesisch
und thailändisch.
130 Mandarin: Mo
geschl. AE, MC, V

DAVOS

HOTEL

WALDHOTEL BELLEVUE
€€€

BUOLSTRASSE 3
7270 DAVOS
TEL. 081 415 15 15
FAX 081 415 15 16
E-Mail: info@waldhotel-davos.ch
www.waldhotel-davos.ch
Das auf einem Bergkamm mit Aussicht über die Stadt und das Tal gelegene Hotel war einst ein Sanatorium, literarisch verewigt von Thomas Mann. Alle Südzimmer sowie das Gourmetrestaurant profitieren von dem Panorama. Ein luxuriöses, auf angenehme 33 Grad erwärmtes Salzwasserhallenbad bildet einen Teil des Wellness-Pavillons.
🛏 50 🕐 Mitte Okt.–Nov. & Mai–Mitte Juni geschl. 🅿 🔄 ▦ ▦ ▦ 📺 🔆 AE, MC, V

RESTAURANT

🍴 RISTORANTE DA DAMIANO
€€
PROMENADE 95
7270 DAVOS
TEL. 081 413 61 28
E-Mail: info@da-damiano.ch
www.da-damiano.ch
Auf der Karte des italienischen Restaurants stehen viele Pizzen zur Auswahl sowie saisonale Spezialitäten, z.B. im Herbst Reh, Wildschwein und Wildente.
🔄 40 🅿 ▦ 🔆 MC, V

DISENTIS

HOTELS

🏨 WALDHAUS FLIMS
🍴 €€€€€
VIA DIL PARC 3
7018 DISENTIS
TEL. 081 928 48 48
FAX 081 928 48 58
E-Mail: info@waldhaus-flims.ch
www.waldhaus-flims.ch

Das reizende Hotel steht im größten Hotelpark der Schweiz und besticht durch eine unschlagbar ruhige Lage. Die drei Hotelgebäude – Grand Hotel Waldhaus, Hotel Belmont und Villa Silvana – sprechen unterschiedliche Gäste an. Die Gebäude sind durch überdachte Gänge und unterirdische Passagen mit dem Pavillon verbunden, dem Herzen der Anlage und Treffpunkt für gesellige Aktivitäten. Je nach Saison man die Qual der Wahl aus sieben Restaurants, darunter der Gourmettempel Epoca. In der Waldhausbar wird zu Klaviermusik englischer Nachmittagstee serviert.
🛏 150 🅿 🔄 ▦ ▦ ▦ 📺 🔆 Alle gängigen Kreditkarten

🏨 CUCAGNA
€€
OBERALPSTRASSE 10
7180 DISENTIS
TEL. 081 929 55 55
FAX 081 929 55 00
E-Mail: info@cucagna.ch
www.cucagna.ch
Das stilvolle moderne Hotel nur fünf Gehminuten vom Zentrum von Disentis und den Seilbahnen bietet geräumige Zimmer und ein Restaurant mit Schweizer und internationaler Küche, regionalen Speisen und Frühstücksbuffet. Beheizter Außenpool, finnische Blocksauna sowie Infrarotkabine.
🛏 35 🅿 🔄 ▦ 🔆 📺 🔆 AE, DC, MC, V

FLIMS/LAAX/FALERA

HOTELS

🏨 ROMANTIK HOTEL SCHWEIZERHOF
€€€€
RUDI DADENS 1
7018 FLIMS-WALDHAUS

TEL. 081 928 10 10
FAX 081 928 10 11
E-Mail: schweizerhof-flims@romantikhotels.com
www.schweizerhof-flims.ch
Die Zimmer des alten Hotels mit seiner lachsfarbenen Fassade inmitten eines bewaldeten Anwesens bieten fast alle schöne Ausblicke auf Wälder und Berge. Die Küche ist französisch inspiriert und verwendet vorwiegend frische Erzeugnisse aus der Umgebung. Wer Halbpension wählt, kann sich allabendlich mit einem 5-Gänge-Menü verwöhnen lassen. Außerdem Indoorpool, Caldarium, finnische Sauna und Solarium.
🛏 50 🕐 Mitte Okt.–Anfang Dez. & April–Mai geschl. 🅿 🔄 ▦ ▦ ▦ 📺 🔆 AE, MC, V

🏨 SIGNINA
€€
7032 LAAX
TEL. 081 927 90 00
FAX 081 927 90 01
E-Mail: info@hotelsignina.com
www.signinahotel.com
Das ultramoderne Hotel im Chaletstil liegt direkt an der Talstation in Laax und ist ideal für Skifahrer und Wanderer. In den minimalistisch gehaltenen Zimmern wird mit natürlichen Materialien und Stoffen eine warme Stimmung erzeugt. Kostenloses WLAN.
🛏 91 🅿 🔄 ▦ ▦ 🔆 DC, MC, V

RESTAURANT

🍴 GRANDIS
€€€
ROCKS RESORT
7032 LAAX
TEL. 081 936 00 36
www.grandislaax.ch
Hier wird auf offener Flamme erstklassiges Fleisch von Erzeugern aus der Region

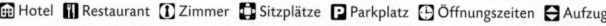

perfekt gegart. Oder man entscheidet sich für ein authentisches Raclette. Moderne Einrichtung, ausgezeichneter Service.

🛏 48 🅿 🚭 🅢 Alle gängigen Kreditkarten

KLOSTERS

HOTEL

🏨 WALSERHOF
€€€€€

LANDSTRASSE 141
7250 KLOSTERS
TEL. 081 410 29 29
FAX 081 410 29 39
E-Mail: info@walserhof.ch
www.walserhof.ch

Das traditionelle Chalethotel mit Garten ist klein, intim und wunderschön ausgestattet. Das holzvertäfelte Restaurant führt der Spitzenkoch Armin Amrein. Die warmen Farben und das viele Holz verleihen den Räumen ein traditionelles Flair. Von einigen Zimmer blickt man auf eine Rodelbahn.

🛈 14 🅿 🚭 🅢 🚭 MC, V

RESTAURANT

🍴 THE RUSTICO HOTEL
€€

LANDSTRASSE 194
7250 KLOSTERS
TEL. 081 410 22 88
FAX 081 410 22 80
www.hotel-rustico.ch

Das behagliche Hotelrestaurant offeriert neben der normalen Karte öfter Spezialmenüs mit Wild oder Trüffeln; dazu kommen von der südostasiatischen Küche beeinflusste Gerichte. Mittags gibt es ein preisgünstiges Menü.

🛏 32 🕐 Mitte April–Mitte Juni geschl. 🅿 🅢 🅢 AE, MC, V

LENZERHEIDE

🏨 SCHWEIZERHOF
€€€/€€€€

7078 LENZERHEIDE
TEL. 081 385 25 25
FAX 081 385 26 26
E-Mail: info@schweizerhof-lenzerheide.ch
www.schweizerhof-lenzerheide.ch

Zeitgenössisches Design wird in fünf verschiedenen Zimmerkategorien mit natürlichen Materialien zu einem reizvollen Mix aus Neu und Alt kombiniert. Außerdem gibt es ein Hamam. Das Hotel zeigt sich mit einer raffinierten Wärmerückgewinnungsanlage sehr umweltbewusst.

🛈 83 🅿 🚭 🅢 🚽 🅢 Alle gängigen Kreditkarten

PONTRESINA

HOTELS

🏨 WALTHER
🍴 €€€€€

VIA MAISTRA 215
7504 PONTRESINA
TEL. 081 839 36 36
FAX 081 839 36 37
E-Mail: walther@relais chateaux.com
www.hotelwalther.ch

Das traditionsreiche Hotel, in der dritten Generation geführt, hat sich seine elegante Atmosphäre bewahrt. Eines der Restaurants wurde mit 15 GaultMillau-Punkten bedacht, ein anderes ist auf Bündner Speisen spezialisiert. Außerdem Wellnesseinrichtungen und Kinderspielplatz.

🛈 70 🅿 🚭 🅢 🚭 🚽 🅢 Alle gängigen Kreditkarten

🏨 HOTEL MÜLLER
€€€€

VIA MAISTRA 100
7504 PONTRESINA
TEL. 081 839 30 00
FAX 081 839 30 30

E-Mail: info@hotel-mueller.ch
www.hotel-mueller.ch

Das Hotel wartet mit vier unterschiedlichen Arten von modernen Zimmern auf, in denen mit Pastelltönen und natürlichen Materialien eine ruhig-heitere Atmosphäre geschaffen wird. Es gibt drei Restaurants: ein italienisches mit Spezialitäten aus Südtirol, die holzvertäfelte Stüva und die kleinere Stüvetta.

🛈 23 🅿 🕐 🚭 🅢 🅢 🅢 AE, MC, V

SCUOL

HOTELS

DER BESONDERE TIPP

🏨 HOTEL PARADIES
€€€€

7551 FTAN
TEL. 081 861 08 08
FAX 081 861 08 09
E-Mail: paradies@relais chateaux.com
www.paradieshotel.ch

Das Luxusrefugium oberhalb des Kurorts Scuol punktet mit atemberaubenden Ausblicken auf die Berge und das Märchenschloss Tarasp. Das Hotel ist mit Antiquitäten und Werken Engadiner Künstler ausgestattet. Es gibt ein kleines, aber feines Spa. Die Umgebung lädt zu Spaziergängen, Skilanglauf und Fahrradtouren ein. Kinderbetreuung und Kinderkarte.

🛈 23 🕐 Ende April–Ende Mai geschl. 🚭 🅢 🅢 🚭 🚽 🅢 Alle gängigen Kreditkarten

🏨 HOTEL GUARDAVAL
🍴 €€

VI 383
7550 SCUOL
TEL. 081 864 13 21
E-Mail: info@guardaval-scuol.ch
www.guardaval-scuol.ch

🚭 Nichtraucher 🌀 Klimaanlage 🏊 Hallenbad 🏊 Freibad 🚽 Fitnessclub 🅢 Kreditkarten

Das Boutiquehotel aus dem 19. Jahrhundert wartet mit Kaminfeuer und Ausblicken aufs Unterengadin auf. Die individuell eingerichteten Zimmer kombinieren moderne Design-Elemente mit Traditionellem aus dem Engadin. Im Restaurant kommen vorwiegend Bio-Erzeugnisse aus der Umgebung zum Einsatz.

🛏 36 🅿 🔲 ⊗ ⊗ 🍽
⊗ AE, MC, V

SILS

🛏 MARIA
🍽 €€€
7514 SILS
TEL. 081 832 61 00
FAX 081 832 61 01

E-Mail: info@hotel-maria.ch
www.hotel-maria.ch

Das traditionelle Hotel in ruhiger, für Wanderer idealer Lage betreibt auch zwei Restaurants: den italienisch geprägten **Arvensaal** und die traditionell-rustikale Stüve.

➕ 40 🅿 🔲 ⊗ ⊗ MC, V

ST. MORITZ

HOTELS

🛏 KEMPINSKI GRAND HOTEL DES BAINS
€€€€€
VIA MEZDI 27
7500 ST. MORITZ
TEL. 081 838 38 38
E-Mail: info.stmoritz@kempinski.com
www.kempinski-stmoritz.com

Das Luxushotel gegenüber der Corviglia-Seilbahn beeindruckt u.a. mit einem beheizten Hallenbad mit Blick auf die umliegenden Berge, einem Spa, einem Schönheitssalon und einem gut ausgestatteten Fitnessstudio. Ein großer Kinderclub

kümmert sich um kleine Gäste ab zwei Jahren.

🛏 184 🅿 🕐 Mitte April–Anfang Juni & Mitte Okt.–Nov. geschl. ⊗ ⊗ ⊗ 🚡
⊗ AE, DC, MC, V

🛏 CRYSTAL HOTEL
🍽 €€€€
VIA TRAUNTER PLAZZAS 1
7500 ST. MORITZ
TEL. 081 836 26 26 |
FAX 081 836 26 27
E-Mail: stay@crystalhotel.ch
www.crystalhotel.ch

Das ultramoderne Crystal Hotel befindet sich nur ein paar Schritte entfernt von der Corviglia-Seilbahn und der Fußgängerzone mit Bars, Cafés, Restaurants und Geschäften. Alle Zimmer haben Marmorbäder und sind mit Arvenholz im traditionellen Stil eingerichtet. **Il Ristorante Grissini** serviert italienische Gourmetküche. Das Spa bietet eine Sauna, Dampfbäder, Fitnesseinrichtungen und einen Massageservice.

🛏 84 🅿 ⊗ ⊗ ⊗ 🍽
⊗ AE, DC, MC, V

🛏 WALDHAUS AM SEE
€€€
VIA DIM LEJ 6
7500 ST. MORITZ
TEL. 081 836 60 00
FAX 081 836 60 60
E-Mail: info@waldhaus-am-see.ch
www.waldhaus-am-see.ch

Das herrlich an einem ruhigen Hügel oberhalb des Sees gelegene Hotel stellt wöchentliche Winter- und Sommerarrangements zusammen. Im Restaurant kommen vor allem frischer Fisch, Grillfleisch und Fondues auf den Tisch. Bekannt ist das Hotel für seine weltweit größte Whiskysammlung.

🛏 54 🅿 ⊗ ⊗ ⊗ ⊗ AE, DC, MC, V

PREISE

HOTELS

Die Preisangaben beziehen sich auf ein Doppelzimmer mit Bad in der Hochsaison.

€€€€€	über 425 €
€€€€	271–425 €
€€€	201–270 €
€€	100–200 €
€	unter 100 €

RESTAURANTS

Die Preisangaben beziehen sich auf ein Zwei-Gänge-Menü für eine Person ohne Trinkgeld und Getränke.

€€€€€	über 135 €
€€€€	101–135 €
€€€	71–100 €
€€	40–70 €
€	unter 40 €

RESTAURANTS

🍽 LA MARMITE
€€€–€€€€
CORVIGLIA BERGSTATION
7500 ST. MORITZ
TEL. 081 833 63 55
FAX 081 833 85 81
E-Mail: info@mathisfod.ch
www.mathisfood.ch

Das nur per Zahnradbahn zugängliche La Marmite auf 2486 Meter Höhe ist wahrscheinlich das höchstgelegene Gourmetrestaurant Europas. Von außen gibt es sich karg-modern; drinnen ist es traditionell schweizerisch und schlicht. Zu den atemberaubenden Ausblicken zaubert Küchenchef Reto Mathis exquisite Gerichte, z.B. Wild in Trüffelreduktion, Hummercremesuppe oder Thunfisch-Sashimi mit schwarzen Trüffeln und Lachskaviar.

➕ 241 ⊗ AE, MC, V

 Hotel  Restaurant   Zimmer   Sitzplätze  Parkplatz 🕐 Öffnungszeiten 🔲 Aufzug

🍴 RESTAURANT BAR CASCADE

€€€

VIA SOMPLAZ 6

7500 ST. MORITZ

TEL. 081 833 33 44

E-Mail: mail@cascade-stmoritz.ch

Die eindrucksvolle Theke in dem Jugendstilrestaurant ist ein beliebter Treffpunkt zum Aperitif. Die elegant präsentierten Speisen entstammen der raffinierten italienischen Küche, angereichert mit saisonalen Spezialitäten.

🛏 46 🚭 💳 AE, MC, V

ZUOZ

🏨 POSTHOTEL 🍴 ENGIADINA

€€€

7524 ZUOZ

TEL. 081 851 54 54

FAX 081 851 12 45

E-Mail: mail@hotel engiadina.ch

www.hotelengiadina.ch

Das zwischen imposanten Bürgerhäusern aus dem 16. Jahrhundert stehende Posthotel öffnete 1876 erstmals seine Pforten. Es gibt vier Zimmerkategorien und zwei Restaurants. Im Sommer können Gäste den Blumengarten genießen und den beheizten Swimmingpool benutzen.

🛏 40 🅿 🚭 💳 🏊 🚭 Alle gängigen Kreditkarten

■ TESSIN

AIROLO

🏨 FORNI 🍴 €€

VIA STAZIONE

6780 AIROLO

TEL. 091 869 12 70

FAX 091 869 15 23

E-Mail: info@forni.ch

www.forni.ch/index_d.html

Das praktisch am Südende des Gotthardtunnels gelegene, einfache Hotel bietet gemütliche Zimmer und ein exzellentes italienisches Restaurant, in dem auch ein Gourmetmenü erhältlich ist.

🍴 20 🅿 🚭 💳 🚭 MC, V

ASCONA

HOTELS

🏨 CASTELLO DEL SOLE 🍴 €€€€€

VIA MURACCIO 142

6612 ASCONA

TEL. 091 791 02 02

FAX 091 792 11 18

E-Mail: castellosole@relais chateaux.com

www.castellodelsole.com/de

Die Oase der Stille liegt in einem Park und verfügt über einen Privatstrand am Lago Maggiore. Das Restaurant tischt italienisch-mediterrane Gerichte auf. Großes, exklusives Spa, Indoor- und Outdoorpools, Sauna, Hamam und Solarium. Kinderbetreuung und Kinderkarte auf Wunsch.

🍴 85 🅿 🚭 🕐 Winter geschl.

🚭 💳 🚭 🏊 🚭 🚭 AE, DC, MC, V

🏨 EDEN ROC €€€€

VIA ALBARELLE 16

6612 ASCONA

TEL. 091 785 71 71

FAX 091 785 71 43

E-Mail: info@edenroc.ch

www.edenroc.ch

Eines der schönsten Hotels der Schweiz in fantastischer Lage am See, mit Steg, Strand, Pool und Garten. Die Ausstattung wurde von Carlo Rampazzi entworfen, um eines der einzigartigsten Hotels des Landes zu schaffen.

🍴 95 🅿 🚭 💳 🚭 🏊 🚭 🚭 AE, DC, MC, V

RESTAURANTS

🍴 DELTA BEACH LOUNGE

€€€

VIA DELTA 137–141

6612 ASCONA

TEL. 091 785 77 85

FAX 091 785 77 35 I

E-Mail: info@parkhotel delta.ch

www.deltabeachlounge.ch

Die schicke, romantische Kombination aus Loungebar und Restaurant am Lago Maggiore gehört zum Parkhotel und bietet im ehemaligen Kursaal, in den 1930er Jahren im Bauhaus-Stil errichtet, kreative Crossover-Küche und Live-Jazz.

🛏 70 🕐 Anfang Jan.–Mitte März geschl. 🚭 AE, MC, V

🍴 SEVEN

€€

VIA MOSCIA 2

6612 ASCONA

TEL. 091 780 77 77

E-Mail: info@seven-ascona.ch

www.seven-ascona.ch

Die Kochkünste, die Starkoch Ivo Adam mit seinem Schweizer Team zweimal den Titel des Kochweltmeisters eingebracht haben, setzt er nun in seinem Restaurant an der Uferpromenade um. Vom offenen Bereich am Hafen lässt sich gemütlich das Aus- und Einlaufen der Boote beobachten – es gibt auch Liegestühle.

🛏 90 🕐 Jan. & Feb. Mo geschl. 🚭 🚭 MC, V

BELLINZONA

🏨 UNIONE 🍴 €€€

VIA G. GUISAN 1

6500 BELLINZONA

TEL. 091 825 55 77

FAX 091 825 94 60

E-Mail: info@hotel-unione.ch

www.hotel-unione.ch

Das familiengeführte Hotel an der Festungsmauer des Castelgrande präsentiert neu renovierte Zimmer. Das Restaurant bringt traditionelle Hausmacherkost und internationale Gerichte auf den Tisch.

🛏 41 ⏱ So & Mitte Dez.– Mitte Jan. geschl. ⬆ 🅿 📶
💳 Alle gängigen Kreditkarten

GANDRIA

🏨 MOOSMANN
🍴 €€

6978 GANDRIA
TEL. 091 971 72 61
FAX 091 972 71 32
E-Mail: hotel_moosmann@bluewin.ch
www.hotel-moosmann-gandria.ch
Das Hotel erfreut sich einer schönen und wunderbar ruhigen Seelage in einem autofreien Dorf. Es ist mit dem Boot vom nur fünf Kilometer entfernten Lugano zu erreichen. Die Zimmer wurden kürzlich renoviert, es gibt auch ein hervorragendes Restaurant.

🛏 29 💳 MC, V

GOTTHARD

🏨 ALBERGO SAN GOTTARDO
€€

SAN GOTTARDO OSPIZIO
6780 AIROLO
TEL. 041 91 869 12 35
FAX 041 91 869 18 11
E-Mail: hotel@gotthard-hospiz.ch
www.gotthard-hospiz.ch
Ein einzigartiges Refugium beim Gipfel und See des St.-Gotthard-Passes, mit einfachen, aber gemütlichen Zimmern und einem Restaurant. Nebenan ist das Nationale St. Gotthard-Museum.

🛏 26 🅿 ⏱ Nov.–April geschl. 💳 MC, V

LOCARNO

HOTELS

🏨 HOTEL BELVEDERE
🍴 €€€

VIA AI MONTI 44
6601 LOCARNO
TEL. 091 751 03 63
FAX 091 751 52 39
E-Mail: info@belvedere-locarno.com
www.belvedere-locarno.com
Das Hotel an einem Hügel nur fünf Fußminuten von der Piazza Grande residiert in einem ehemaligen Adelssitz aus dem 16. Jahrhundert. Die Innenausstattung ist von Granit, schön verarbeitetem Birnenholz und warmen Farben geprägt. Es gibt zwei Restaurants: das **L'Affresco** mit **La Veranda** und das Gourmetrestaurant **La Locanda** mit Gartenterrasse. Im Sommer werden im **Grotto Al Sasso** neben dem Pool im Garten Grillspezialitäten serviert.

🛏 81 🅿 ⬆ 📶 💳 Alle gängigen Kreditkarten

🏨 DELL'ANGELO
🍴 €€

PIAZZA GRANDE 1
6601 LOCARNO
TEL. 091 751 81 75
FAX 091 751 82 56
E-Mail: info@hotel-dell-angelo.ch
www.hotel-dell-angelo.ch
Das Hotel in einem renovierten historischen Gebäude im Herzen der Stadt verströmt eine familiäre Atmosphäre, im Restaurant gibt's traditionelle Tessiner und italienische Küche. Der Weinkeller bietet auch Weine aus der Region. Im Sommer öffnet ein reizendes Gartenrestaurant.

🛏 55 🅿 ⬆ 📶 💳 Alle gängigen Kreditkarten

🏨 DU LAC GARNI
€€

VIA RAMOGNA 3
6600 LOCARNO
TEL. 091 751 29 21
FAX 091 751 60 71
E-Mail: info@du-lac-locarno.ch
www.du-lac-locarno.ch
In ruhiger Lage, mit kleinen, gut ausgestatteten Zimmern, z.B. mit kostenlosem WLAN. Zwei Fahrräder stehen den Gästen zur Verfügung. Das Hotel selbst hat kein Restaurant, es gibt aber jede Menge Lokale in der Nähe.

🛏 30 🅿 ⬆ 📶 💳 MC, V

🏨 MILLENIUM GARNI
€€

VIA DOGANA NUOVA 2
6600 LOCARNO
TEL. 091 759 67 67
FAX 091 759 67 68
E-Mail: info@millennium-hotel.ch
www.millennium-hotel.ch
Bis 2000 war diese kleine Frühstückspension am Lago Maggiore Zollstation von Locarno. Die individuell eingerichteten Zimmer sind berühmten Jazzmusikern gewidmet. Das Haus liegt nur zwei Fußminuten von der Piazza Grande entfernt.

🛏 11 🅿 ⬆ 📶 💳 DC, MC, V

RESTAURANT

DER BESONDERE TIPP

🍴 RISTORANTE DA ENZO
€€

PONTE BROLLA
6652 LOCARNO
TEL. 091 796 14 75
FAX 091 796 13 92
www.ristorantedaenzo.ch
Bei keinem Tessinbesuch darf ein Essen in einem *grotto* fehlen: die ruhigen, abgelegenen Lokale mit schattigem Garten und einfachen Tischen und Bänken. Dies ist eine der

---

 Hotel Restaurant Zimmer Sitzplätze Parkplatz Öffnungszeiten  Aufzug

besten Adressen, schnell zu erreichen mit dem Zug von Locarno nach Ponte Brolla. Neben dem grauen Steinhaus befinden sich Gewölbe-nischen und darüber eine Balustrade mit lebensgroßen Figuren. Typische Gerichte sind Salat mit Pilzen und Kalbsbries sowie Fisch mit schwarzem Reis, Spinat und Babytomaten.
🛏 120 🅿 🕐 Mitte Jan.– Ende Feb. sowie Mi & So abends geschl. 💳 AE, MC, V

LUGANO

HOTELS

🏨 VILLA PRINCIPE LEO-POLDO & RESIDENCE
€€€€€
VIA MONTALBANO 5
6900 LUGANO
TEL. 091 985 88 55
FAX 091 985 88 25
E-Mail: info@leopoldohotel.com
www.leopoldohotel.com
Die prächtige Villa in fantas-tischer Lage oberhalb des Luganer Sees wurde für Prinz Leopold von Hohenzollern erbaut. Sie verströmt ein italienisches Flair und besticht durch Marmorkamine und Kunstwerke. Es gibt ein Spa, einen Swimmingpool und Möglichkeiten zum Reiten, Wasserskifahren und Polospielen.
🛏 75 🅿 🔄 🚭 🆒 🌊 🏋 💳 Alle gängigen Kreditkarten

🏨 PARCO PARADISO
🍴 €€€€
VIA CARONA 27
6900 LUGANO
TEL. 091 993 11 11
FAX 091 993 10 11
E-Mail: info@parco-paradiso.com
www.parco-paradiso.com
Vom familienfreundlichen Hotel beim Museum für

moderne Kunst schaut man auf Lugano und den See. Alle Zimmer verfügen über Balkone sowie CD- und DVD-Player; hypoallergene Bettwäsche ist auf Anfrage erhältlich. Das Restaurant **La Favola** bietet ein Tagesmenü, im Sommer an Tischen draußen auf der Terrasse. Das japanische Restaurant **Tsukimi-Tei** serviert dienstags bis samstags Teppanyaki-Gerichte. Weitere Einrich-tungen: Indoorpool, Sauna, Fitnesseinrichtungen und Dampfbad.
🛏 65 🅿 🔄 🚭 🆒 🌊 💳 AE, MC, V

🏨 CONTINENTAL PARK HOTEL
€€€
VIA BASILEA 28
6903 LUGANO
TEL. 091 966 11 12
FAX 091 966 12 13
E-Mail: info@continental parkhotel.ch
www.continentalpark.ch
Das familiengeführte historische Hotel in Nähe des Hauptbahnhofs und Stadtzentrums ist von einem großen Palmengarten mit Pool, Weinberg und der hoteleigenen Brennerei umgeben. Die 2010 fertig renovierten Zimmer sind klimatisiert. Kostenlose Internetnutzung.
🛏 100 🅿 🔄 🚭 🆒 🌊 💳 AE, DC, MC, V

🏨 ALBERGO PESTALOZZI
🍴 €€
PIAZZA INDEPENDENZA 9
6901 LUGANO
TEL. 091 921 46 46
FAX 091 922 20 45
E-Mail: pestalo@bluewin.ch
www.pestalozzi-lugano.ch
Das familiengeführte, tradi-tionelle Hotel im Zentrum von Lugano liegt keine 150 Meter vom See entfernt. Einige Zimmer sind mit

Klimaanlage ausgestattet. Das Restaurant serviert Tessiner Spezialitäten und vegetarische Speisen.
🛏 55 🅿 🔄 🚭 🆒 💳 AE, MC, V

MELIDE

DER BESONDERE TIPP

🏨 HOTEL DELLAGO
€€€
LUNGOLAGO G. MOTTA 9
6815 MELIDE
TEL. 091 649 70 41
FAX 091 649 89 15
welcome@hotel-dellago.ch
www.hotel-dellago.ch
Ein extrem stylishes, legeres Boutiquehotel mit unter-schiedlich teuren Zimmern, exzellentem Fischrestaurant und fantastischen Seeblicken. Einige Zimmer haben einen Whirlpool und ein Dampf-bad. Erzeugnisse aus eigener Herstellung und Grappa von regionalen Lieferanten.
🛏 21 🅿 🔄 🚭 🏋 💳 Alle gängigen Kreditkarten

Einkaufen

Die Einkaufsmöglichkeiten in der Schweiz sind so gut wie grenzenlos. Das Land ist für eine ganze Reihe von Produkten bekannt, die von Schokolade und Käse über Armeemesser und Sportausrüstung bis zu hochwertigem Kunsthandwerk reicht. In den großen Städten laden noble Bekleidungsgeschäfte und Juweliere zum Luxusshoppen ein.

Die Schweiz ist stolz auf die hohe Qualität ihrer Produkte und ihre innovativen Ideen. Auch Gebrauchsgegenstände zeichnen sich oft durch ein schönes Design aus und bieten sich als Geschenke an. Viele Waren sind mit dem Gütesiegel "Swiss made" versehen. Auf den Lebensmittelmärkten kann man bestens frisches Obst und Gemüse, Brot, Käse, Honig und Schweizer Weine für ein Picknick einkaufen. Auf den Weihnachtsmärkten, vor allem in Basel, Bern und Zürich, werden neben Glühwein und Lebkuchen auch Weihnachtsschmuck und Kunsthandwerk verkauft.

Die Öffnungszeiten sind kantonal geregelt und unterscheiden sich von Region zu Region. Die meisten Geschäfte sind unter der Woche gewöhnlich von 8 bis 18.30 Uhr geöffnet, außerhalb der größeren Orten mit einer anderthalb- bis dreistündigen Mittagspause. Samstags sind die Öffnungszeiten in der Regel 8.30 bis 16 oder 17 Uhr. Manche Geschäfte haben am Montagvormittag geschlossen, und in einigen Städten wie Zürich, Genf und Bern kann donnerstags bis 20 Uhr eingekauft werden. Am Sonntag sind die Geschäfte gewöhnlich geschlossen, außer in den Einkaufspassagen an den großen Bahnhöfen.

Ausländische Reisende haben bei Einkäufen von über 300 Franken ein Recht auf Rückerstattung der Mehrwertsteuer, wenn die Waren das Land innerhalb von 30 Tagen verlassen. Bei der Bezahlung muss man nach einem „Tax Refund Cheque" fragen. Bei der Ausreise aus der Schweiz lässt man sich das Formular am Schweizer Zoll abstempeln und holt sich dann die Rückerstattung bei einem Global-Blue-Kundenschalter ab (*Näheres auf www.global-blue.com*).

Antiquitäten, Bücher & Raritäten

Erasmushaus
Bäumleingasse 18
4051 Basel
Tel. 061 228 99 44
www.erasmushaus.ch
Das älteste Buchantiquariat der Schweiz.

Orell Füssli
Füsslistrasse 4
8001 Zürich
www.books.ch/home/Orell
FuessliFiliale/Kramhof
Großer Buchladen.

The Travel Bookshop
Rindermarkt 20
8001 Zürich
Tel. 044 252 38 83
www.travelbookshop.ch
Reisebuchladen mit unglaublicher Auswahl; auch Landkarten.

Wishbone
Klosterstrasse 7
6002 Luzern
Tel. 076 595 13 05
www.wishbone-antiques.ch
Möbel, Spiegel, Kronleuchter, Lampen, Silber, Kristallglas, Porzellan und Stoffe. Mo geschl.

Design & Wohnaccessoires

Einzigart
Josefstrasse 36
8005 Zürich
Tel. 044 440 46 00
www.einzigart.ch

Witzige Artikel von Designern der Stadt. Mo geschl.

Füglistaller
Bäumleingasse 14
4001 Basel
Tel. 061 260 78 10
www.fueglistaller.ch
Stilvolle Schweizer Küchenaccessoires, Raclette- und Fonduesets.

Neumarkt 17
Neumarkt 17
8001 Zürich
Tel. 044 254 38 38
www.neumarkt17.ch
Schicke Wohnaccessoires und -textilien. Mo geschl.

Selvaggio Galleria d'Architettura
Vicolo Ghiriglioni 3
6612 Ascona
Tel. 091 785 19 10
www.selvaggio.ch
Laden des Designers Carlo Rampazzi mit bunten Kreationen.

Sibler
Münsterhof 16
8001 Zürich
Tel. 044 211 55 50
Designshop; Gebrauchsgegenstände werden überraschende Geschenkideen.

Essen & Trinken

Chäs Vreneli
Münsterhof 7
8001 Zürich
Tel. 044 221 32 81
www.chaes-vreneli.ch
Winziges Käsegeschäft mit einer riesigen Auswahl an regionalen Sorten.

Confiserie Albert Meier
Alpenstrasse 16
6300 Zug
Tel. 041 711 10 49
www.diezugerkirschtorte.ch
Besonders gut für Zuger Kirschtorte.

Gabbani
Via Pessina 12
6900 Lugano
Tel. 091 911 30 90
www.gabbani.com
Ausgezeichneter Feinkostladen,
verkauft seit 1937 Erzeugnisse
aus der Region.

Hanselmann
Via Maistra 8
7500 St. Moritz
Tel. 081 833 38 64
www.hanselmann.ch
Berühmte Konditorei mit der
legendären Engadiner Nusstorte.
Tägl. geöffnet.

Läckerli Huus
Gerbergasse 57
4001 Basel
www.laeckerli-huus.ch
Das köstliche Läckerli-Gebäck mit
Gewürzen, Honig, Haselnüssen
und kandierten Früchten ist eine
Basler Spezialität.

Laiterie Gougler
Rue de Lausanne 83
1700 Fribourg
Tel. 026 341 73 00
www.laiterie-gougler.ch
Wein, Käse, Fonduemischungen,
Meringen und andere Köstlichkei-
ten aus der Gegend um Gruyères.

Lavaux Vinorama
Route du Lac 2
1071 Rivaz
Tel. 021 946 31 31
www.lavaux-vinorama.ch
Über 200 Weine von mehr als
150 Erzeugern der Region, zum
Probieren und Kaufen. Jan.–Juni
& Nov.–Dez. Mo & Di geschl.
Auch So geöffnet.

Kunst, Kunsthandwerk
& Schweiz-Souvenirs
Caran d'Ache
Place du Bourg du Four 8
1204 Genf
Tel. 022 310 90 00
Hochwertige Bleistifte, Malstifte
und Luxus-Schreibwaren aus der
Schweiz.

Urs Ettlin
Via Rosatsch 7
7500 St. Moritz
Tel. 081 832 17 07
www.antiquitaeten-stmoritz.ch
Trachten und handgefertigte
Möbel aus der Schweiz.

Schweizer Heimatwerk
Uraniastrasse 1
8001 Zürich
Tel. 033 222 19 55
www.heimatwerk.ch
Hochwertiges modernes
Kunsthandwerk. Weitere Filialen
in Bern, Interlaken, Saanen,
Zweisimmen und Gstaad.

Jobin
Hauptstrasse 111
3855 Brienz
Tel. 033 952 13 00
www.jobin.ch
Spieldosen (hier gefertigt seit
1865), Brienzer Kuckucksuhren
und andere handgefertigte
Artikel.

**Johann Wanner
Weihnachtshaus**
Spalenberg 14
4051 Basel
Tel. 061 261 48 26
Zu den Kunden des weltweit
größten Herstellers handgefertig-
ten Weihnachtsschmucks zählen
Königin Elisabeth und diverse
US-Präsidenten.

Kunstgewerbe Dörig
Poststrasse 6
9050 Appenzell
Tel. 071 787 11 82
www.myappenzell.com

Verzierte Gürtelschnallen aus
Metall, Sattelzubehör und
metallbesetztes Leder von einem
der letzten traditionellen Sattler
Appenzells.

Verrerie Bertin
Rue St-Joseph 4
1227 Carouge-Genève
Tel. 022 343 10 43
Exquisite handgefertigte Glasper-
len, Vasen und Geschenke vom
einzigen Glasbläser in Genf.

Mode, Accessoires &
Bekleidung
Alprausch
Bahnhofstrasse 33
3860 Meiringen
Tel. 033 971 07 85
www.alprausch.com
Alpinschick, Trendmode und
Wintersportbekleidung.

Bally
Bahnhofstrasse 66
8001 Zürich
Tel. 044 224 39 39
www.bally.com
Die weltweit größte Filiale des
bekannten Schweizer Schuhfabrikanten.

Freitag
Geroldstrasse 17
8005 Zürich
Tel. 044 366 95 20
www.freitag.ch
Ultracoole Accessoires aus
recyceltem Material.

Marta
Via Nassa 66
6900 Lugano
Tel. 091 923 58 69
Schöne Nachtwäsche und
Bekleidung.

Parfüm &
Drogerieartikel
Autour du Bain
Rue St-Joseph 12
1227 Carouge-Genève

Tel. 022 300 53 73
www.autourdubain.com
Schöne handgemachte Bioseifen
und -Badeprodukte.

Théodora
Grand-Rue 38
1204 Genf
Tel. 022 310 38 75
Edle Boutique, spezialisiert auf
Haute Parfumerie. Mo geschl.

Schokolade
Confiseur Bachmann
Schwanenplatz 7
6002 Luzern
Tel. 041 410 91 44
www.confiserie.ch
Größtes Schokolade- und
Pralinenangebot der Schweiz mit
über 250 Sorten. Tägl. geöffnet.

Fuchs
Getwingstrasse 24
3920 Zermatt
Tel. 027 967 20 63
www.fuchs-zermatt.ch
Schokolade in Form des Matterhorns.

Philippe Pascoët
Rue St-Joseph 12
1227 Carouge-Genève
Tel. 022 301 20 58
E-Mail: Boutiques@pascoet.com
www.pascoet.com
Exquisite Schokolade und Prali-
nen, darunter mit Kräutern und
Tees. Jul & Aug. Mo geschl.

Schuh
Höheweg 56
3800 Interlaken
Tel. 033 888 80 50
www.schuh-interlaken.ch
Vorführungen und Verkostungen
(täglich um 17 und 18 Uhr) bei
einem der ältesten Schokoladenhersteller des Landes.

Confiserie Sprüngli
Bahnhofstrasse 21
8001 Zürich
Tel. 044 224 46 46

www.spruengli.ch
Einer der berühmtesten Chocolatiers des Landes.

Teuscher
Rue du Rhône 2
1204 Genf
Tel. 022 310 87 78
www.teuscher.com
Die Spezialität des berühmten
Familienunternehmens sind
Trüffel.

Villars
Route de la Fonderie 2
1701 Fribourg
Tel. 026 426 65 49
www.chocolat-villars.com
Vergünstigte Schokolade direkt
ab Fabrik.

Spielzeug
Albert Schild
Bahnhofstrasse 19
3800 Interlaken
Tel. 033 822 34 34
www.swisssouvenir.ch
Traditionelles Holzspielzeug und
Souvenirs aus der Schweiz.

Sportbekleidung & -ausrüstung
Transa
Zürcherstrasse 7
8400 Winterthur
Tel. 052 238 01 00
www.transa.ch
Outdoor-Bekleidung und Sport-
artikel; Filialen in sechs Schweizer
Städten.

Victorinox
Schmiedgasse 57
6438 Ibach
Tel. 022 318 63 40
www.victorinox.com
Schweizer Armeemesser.

Uhren & Schmuck
Beyer
Bahnhofstrasse 31
8001 Zürich
Tel. 043 344 63 63

www.beyer-ch.com
Berühmtes Uhrengeschäft mit
Uhrenmuseum im Untergeschoss.
Vormittags geschl.

Bucherer
Schwanenplatz 5
6002 Luzern
Tel. 041 369 77 00
Größte Filiale der Schweizer
Schmuck- und Uhrenkette.
Tägl. geöffnet.

Jaeger-Lecoultre
Rue du Rhône 2
1204 Genf
Tel. 022 310 61 50
Schmuck und Uhren auf der
exklusivsten Einkaufsstraße
von Genf.

Junod
Place St-Francois 8
1003 Lausanne
Tel. 021 312 83 66
www.junod-lausanne.ch
Einer der ältesten Juweliere in der
frankophonen Schweiz.

Jean Kazès
Rue St-Joseph 21
1227 Carouge-Genève
Tel. 022 343 30 91
Traditionelles Uhrmacherge-
schäft mit allerlei exzentrischen
Zeitmessern.

Swatch
Bahnhofstrasse 94
8001 Zürich
Tel. 044 221 28 66
Das Gründungsgeschäft der
erfolgreichen Armbanduhren-
marke. Saisonale Kollektionen.

Swiss Lion
Löwenplatz 11
2004 Luzern
Tel. 041 410 61 81
www.swisslion.ch
Großes Angebot an Uhren und
Victorinox-Produkten. Tägl.
geöffnet.

Unterhaltung

Auch wenn die Schweiz ein eher kleines Land ist, finden das ganze Jahr über eine Menge Veranstaltungen vielfältiger Art statt. Die Hauptkulturzentren sind Genf, Zürich und Luzern. Hier gibt es erstklassige Opern-, Tanz- und Theaterprogramme von klassisch bis avantgardistisch. Aber auch in kleineren Orten können Besucher Konzerte und Musikfestivals erleben.

Über Veranstaltungen informieren die örtlichen Touristeninformationen und Tageszeitungen. Karten sind meist direkt am Veranstaltungsort erhältlich oder bei Ticketagenturen wie FNAC (*www.fnac.ch*) und TicketCorner (*www.ticketcorner.ch*).

Theater

Berner Puppentheater
Gerechtigkeitsgasse 31
3011 Bern
Tel. 031 311 95 85
www.berner-puppentheater.ch
Puppentheater für Erwachsene und Kinder in ehemaligem Weinkeller.

Kleintheater Luzern
Bundesplatz 14
6003 Luzern
Tel. 041 210 33 50
www.kleintheater.ch
Jedes Jahr gastieren hier über 200 Künstler aus Theater, Kabarett, Musik, Literatur und Tanz.

Luzerner Theater
Theaterstrasse 2
6003 Luzern
Tel. 041 228 14 14
www.luzerner-theater.ch
Die einzige Bühne in der Zentralschweiz für Oper, Sprechtheater und Tanz.

Mummenschanz
Trogenerstrasse 80
9450 Altstätten (bei St. Gallen)
Tel. 071 755 55 47
www.mummenschanz.com
Berühmtes Tourneetheater, berühmt für sein Pantomimen- und Maskentheater.

Narrenpacktheater
Kramgasse 30
3011 Bern
Tel. 031 352 05 17
www.narrenpack.ch
Traditionelles und modernes Volkstheater.

Schauspielhaus
Zeltweg 5
8032 Zürich
Tel. 044 258 70 70
www.schauspielhaus.ch
Grösstes und renommiertestes Theater der Schweiz. Klassisches und modernes Repertoire. Juli & Aug. meist geschl.

Schiffbau
Schiffbaustrasse 4
(abgehend von der Hardstrasse)
8005 Zürich
Tel. 044 258 77 77
www.schauspielhaus.ch
Zweite Spielstätte des Züricher Schauspielhauses, in einer alten Fabrikhalle. Juli & Aug. meist geschl.

Teatro di Locarno
Largo Zorzi 1
6600 Locarno
Tel. 091 756 61 60
www.teatrodilocarno.ch
Das wichtigste italienischsprachige Theater der Schweiz. Auf die Bühne kommt ein breites Programm.

Teatro Sociale Bellinzona
Piazza Governo 11
6500 Bellinzona
Tel. 091 820 24 44
www.teatrosociale.ch.
Theaterstücke und Musicals; im Sommer geschl.

Tell-Freilichtspiele
Tellbüro, Höheweg 37
3800 Interlaken
Tel. 033 822 37 22
www.tellspiele.ch
Schillers „Wilhelm Tell" wird im Sommer täglich bei Interlaken aufgeführt (siehe S. 51).

Theater Basel
Elisabethanstrasse 16
4051 Basel
Tel. 061 295 11 33
www.theater-basel.ch
Grosses Stadttheater, auch Oper und Ballett. Juli & Aug. meist geschl.

Theater an der Effingerstrasse
Effingerstrasse 14
3000 Bern
Tel. 031 382 72 72
www.dastheater-effingerstr.ch
Beliebtes alternatives Theater. Juli & Aug. geschl.

Theater St. Gallen
Museumstrasse 2/24
9004 St. Gallen
Tel. 071 242 06 06
www.theatersg.ch
Moderner Kulturkomplex für Theater, Konzerte und Ballett.

Théâtre de Vidy
Avenue Jaques-Dalcroxe 5
1007 Lausanne
Tel. 021 619 45 45
www.vidy.ch
Innovatives Theater mit französischsprachigen Stücken.

Klassische Musik, Oper & Tanz

Béjart Ballet Lausanne
Chemin du Presbytère 22

1004 Lausanne
Tel. 021 641 64 64
www.bejart.ch
Weltberühmte Tanzcompagnie,
gegründet vom verstorbenen
französischen Choreografen
Maurice Béjart (siehe S. 52).

Grand Théâtre de Genève
Place Neuve 5
1204 Genf
Tel. 022 418 31 30
www.geneveopera.ch
Spielzeit der Oper und des
Balletts ist von September bis Juli
(siehe S. 60).

Kultur-Casino Bern
Herrengasse 30
3011 Bern
Tel. 031 328 02 28
www.kultur-casino.ch
Tel. 031 328 24 24 (Berner Symphonieorchester)
Stammhaus des Berner Symphonieorchesters, das zu den besten
der Schweiz zählt.

**Kultur-und Kongresszentrum
Luzern (KKL)**
Europaplatz 1
6005 Luzern
Tel. 041 226 70 70
www.kkl-luzern.ch
Futuristische Konzerthalle mit
nahezu perfekter Akustik (siehe
S. 170).

Musikkollegium Winterthur
Rychenbergstrasse 94
8400 Winterthur
Tel. 052 268 15 60
www.musikkollegium.ch
Berühmt für sein zeitgenössisches
klassisches Repertoire.

Opernhaus Zürich
Falkenstrasse 1
8008 Zürich
Tel. 044 268 64 00
www.opernhaus.ch
Eines der führenden Opernhäuser Europas (siehe S. 200)
mit namhaften Regisseuren und

Stammhaus des Zürcher Balletts.
Aug. geschl.

Stadtcasino
Am Barfüsserplatz
4051 Basel
Tel. 061 273 73 73
www.casinobasel.ch
www.konzerte-basel.ch
Stammhaus des Sinfonieorchesters Basel (www.sinfonieorchester
basel.ch) und des Kammerorchesters Basel (www.kammerorchester-
basel.ch).

Stadttheater Bern
Kornhausplatz 20
3011 Bern
Tel. 031 329 52 52
www.stadttheaterbern.ch
Das Berner Stadttheater hat ein
festes Opern- und modernes
Tanzensemble.

Tonhalle St. Gallen
Museumstrasse 25
9000 St. Gallen
Tel. 071 242 06 06
www.theaterstgallen.ch
Prächtige Konzerthalle im
Jugendstil für Konzerte des
Sinfonieorchesters St. Gallen.
Juli & Aug. größtenteils geschl.

Tonhalle Zürich
Claridenstrasse 7
8002 Zürich
Tel. 044 206 34 40
www.tonhalle.ch
Konzerthaus von Weltrang
mit umfassendem klassischem
Konzertprogramm des Tonhalle-
Orchesters Zürich und des
Zürcher Kammerorchesters sowie
von Gastensembles. Juli & Aug.
größtenteils geschl.

Victoria Hall
Rue du Général-Dufour 14
1204 Genf
Tel. 022 418 35 00
www.ville-ge.ch/culture/
victoria_hall/index.html
Bedeutendstes Konzerthaus für

klassische Musik in Genf; es ist
außerdem das Stammhaus des
Orchestre de la Suisse Romande
(www.osr.ch). Juli & Aug. größtenteils geschl.

Jazz
Casino Barrière de Montreux
Rue du Théâtre 9
1820 Montreux
Tel. 021 962 83 83
www.casinodemontreux.ch
Wichtige Spielstätte beim
berühmten Jazz Festival (siehe
S. 83).

Gabs Lounge
Rue de Zurich 12
1201 Genf
Tel. 022 732 31 32
www.gabslounge.com
Bei den Einheimischen beliebt
für Live-Jazz, -Swing, -Blues und
-Boogie-Woogie.

Le Chat Noir
Rue Vautier 13
1227 Carouge
Tel. 022 307 10 40
www.chatnoir.ch
Einer der besten Jazzläden im
Raum Genf, im alten Städtchen
Carouge.

Le Chorus
Avenue de Mon-Repos 3
1005 Lausanne
Tel. 021 323 22 33
www.chorus.ch
Munterer Kellerclub, berühmt
für seinen Live-Jazz und für
Jamsessions. Juli, Aug. & Sept.
geschl.

Marian's Jazzroom
Hotel Innere Enge
Engestrasse 54
3012 Bern
Tel. 031 309 61 11
www.mariansjazzroom.ch
Sehr guter Jazzclub mit Auftritten
internationaler Jazz- und Blues-
größten. Juli & Aug. größtenteils
geschl.

**Montreux Centre de Congrès &
Musique**
Grand-Rue 95
1820 Montreux
Tel. 021 962 20 00
www.montreuxcongres.ch
Hauptspielstätte beim Montreux
Jazz Festival (siehe S. 83).

Moods
Schiffbaustrasse 6
8005 Zürich
Tel. 044 276 80 00
www.moods.ch
Bester Jazzclub von Zürich mit
regelmäßigem Live-Jazz, -Funk
und -Blues.

Widder
Widder Hotel
Rennweg 7
8001 Zürich
Tel. 044 224 25 26
www.widderhotel.ch
Gemütliche Pianobar mit Live-
Jazz.

Kino
Arthouse Le Paris
Gottfried-Keller-Strasse 7
8001 Zürich
Tel. 044 250 55 60
www.arthouse.ch/kino/leparis
Programmkino.

Festival Internazionale del Film
Piazza Grande
6600 Locarno
Tel. 091 756 21 21
www.pardo.ch
Im August verwandelt sich der
Hauptplatz von Locarno für
zehn Tage in Europas größtes
Freilichtkino; das Programm
bestreiten überwiegend europäische Filme.

La Scala
Rue des Eaux-Vives 23
1207 Genf
Tel. 022 736 04 22
www.les-scala.ch
Populäres Programmkino mit
Filmen aus der ganzen Welt.

OrangeCinema
www.orangecinema.ch
Open-Air-Kino (Juli–Aug.) in
Genf am See (Port-Noir), in
Zürich (Zürichhorn), an der
Grossen Schanze in Bern und auf
dem Münsterplatz in Basel.

Clubs
Bierhalle Wolf
Limmatquai 132
8001 Zürich
Tel. 044 251 01 30
www.bierhalle-wolf.ch
Bierkeller mit Blasmusik.

Club 1
Via Cantonale 1
6900 Lugano
Tel. 078 909 75 50
House-, R&B-, 70er- und 80er-
Abende. Mo & Di geschl.

Das Schwarze Schaf
Frankenstrasse 2
6003 Luzern
Tel. 041 210 43 35
www.dasschwarzeschaf.ch
Stylisher Club mit Mottoabenden.

Delta Beach Lounge
Parkhotel Delta
Via Delta 137–141
6612 Ascona
Tel. 091 785 77 85
www.parkhoteldelta.ch
Populäre Lounge mit großer
Seeterrasse; Jazz-, R&B- und
Piano- sowie DJ-Abende.

Farm Club
Route de la Poste
1936 Verbier
Tel. 027 775 20 10
www.farmclub.ch
Verbiers führender Club.

Kaufleuten
Pelikanstrasse 18
8001 Zürich
Tel. 044 225 33 22
www.kaufleuten.com
Zürichs mondänster Club mit
hohem Promifaktor.

King's Club, Badrutt's Palace
Via Serlas 27
7500 St. Moritz
Tel. 081 837 10 00
www.badruttspalace.com
Internationale Stars und Stern-
chen tummeln sich auf der Tanz-
fläche im Diskostil der 70er Jahre.
Themenabende.

Le Piano Bar
Hotel Le Mirador Kempinski
Chemin de l'Hôtel du Mirador 5
Chardonne
1801 Mont-Pèlerin
Tel. 021 925 11 11
www.kempinski.com/de/mirador
Gediegene Cocktailbar mit mehr
als 70 Sorten Champagner, hoch
über Vevey und dem Genfer See
mit traumhafter Aussicht.

MAD (Moulin à Danses)
Rue de Genève 23
1003 Lausanne
Tel. 021 340 69 69
www.mad.ch
Lausannes Tanzclub Nr. 1, mit
Top-DJs und wilden Partynächten
auf fünf Ebenen.

New Orleans Club
Quartiere Maghetti
6900 Lugano
Tel. 091 921 44 77
www.neworleansclublugano.com
Hip-Hop- und R&B-Club. So,
Mo & Di geschl.

Privilege
Piazza Dante 8
6900 Lugano
Tel. 091 922 94 38
www.privilegelugano.ch
House sowie 70er-, 80er-, Tanz-
und italienischer Pop.

Pur Pur
Seefeldstrasse 9
8008 Zürich
Tel. 044 419 20 66
www.purpurzurich.ch
Hippe marokkanische Loungebar
mit unterschiedlichster Musik.

Touren & Outdoor-Aktivitäten

Angesichts der vielen Berge und Seen ist es kein Wunder, dass die Schweiz ein Paradies für Winter- und Wassersportbegeisterte ist. Für Radsportler stellen die Bergstraßen eine Herausforderung dar und für Fahrradurlauber gibt es schöne Routen ohne schweißtreibende Anstiege. Hier findet jeder das passende Angebot für sich – ob geführte Thementouren, Heißluftballonfahrten oder Golf. Es gibt viel Spannendes in der Schweizer Natur zu erleben.

TOUREN

Dampfzugfahrten
Rosa-Dampffahrten
Appenzeller Bahnen AG
Bahnhof Heiden
9410 Heiden
Tel. 071 891 18 52
www.appenzellerbahnen.ch
Nostalgische Dampfzugfahrten
von Rorschach nach Heiden.

Kulinaria- & Weintouren
Au Clos de la République
Ruelle du Petit-Crêt
1098 Epesses
Tel. 021 799 14 44
www.patrick-fonjallaz.ch
Die Familie Fonjallaz keltert hier
schon in der 13. Generation Wein.
Di–Do zur Besichtigung und
Verkostung geöffnet.

Fromagerie d'Alpage
1663 Moléson-sur-Gruyères
Tel. 026 921 10 44
www.fromagerie-alpage.ch
Auf dem „Sentier des Fromageries" von Moléson-sur-Gruyères
nach Pringy weihen Infotafeln in
die Geheimnisse der Käseproduk-
tion ein. Am Ende gibt es eine
Schaumolkerei.

Schaukäserei Kloster Engelberg
Klosterstrasse 3
6390 Engelberg
Tel. 041 639 77 77
www.schaukaeserei-
engelberg.ch
In der klösterlichen Käserei
formen die Mönche den Käse
von Hand. Schaukäserei geöffnet
Mo–Sa 11–16 Uhr.

Vom Feld auf den Tisch
Ente Turistico Valposchiavo
7742 Poschiavo
Tel. 081 844 05 71
www.valposchiavo.ch
Über zwei Tage folgt man auf
einer geführten Schlemmer-
exkursion in Graubünden einem
Buchweizenkorn. Verkostungen,
Unterkunft und Frühstück
inbegriffen. Mai–Okt.

Lavaux Express
Gare du Lavaux Express
1096 Cully
Tel. 021 799 54 54
www.lavauxexpress.ch
Eine geführte Tour mit dem Reb-
bergzug durch die Weinberge, z.T.
mit Verkostungsstops. Abfahrt
vom Schiffsanleger Lutry oder
Cully. April–Okt.

Kutschfahrten
Rössli-Fahrten
Bahnhofstrasse 60
8553 Hüttlingen
Tel. 052 765 10 96
www.roessli-fahrten.ch
Pferdekutschfahrten.

Segway-Touren
Segway City Tours
8037 Zürich
Tel. 0848 734 929
www.segwaycitytours.ch
Sightseeing-Touren durch Zürich,
Bern, Genf und Basel. Mit
Einweisung; Pkw-Führerschein
erforderlich.

Tierbeobachtung
Liberty Bird
RB Reise Beratung
Belpstrasse 47
3000 Bern
Tel. 031 382 22 26
www.liberty-bird.com
Professionelle Individual- und
Gruppentouren für Vogelfreunde;
mit Sitz in Bern.

Wildbeobachtungspfad
Emmetten
Tourismus Beckenried-Klewenalp
Seestrasse 1
6375 Beckenried
Tel. 041 620 31 70
www.tourismus-beckenried.ch
Geführte Wanderung über elf
Kilometer am Vierwaldstätter See
bei Tagesanbruch. U.a. Steinböcke,
Gämsen, Murmeltiere sowie Adler.
Nur im Sommer.

OUTDOOR-AKTIVITÄTEN

Ballonfahrten & Paragliding
Ballon Château-d'Œx
SkyEvent SA
La Place
1660 Château-d'Œx
Tel. 026 924 22 20
www.volenballon.ch
Bergpanoramen über dem Heiß-
luftballonmekka der Alpen.

Fly-Xperience
Tel. 078 648 20 68
www.fly-xperience.com
Tandem-Paragliding über dem
Genfer See. Abfahrt vom Bahnhof
Villeneuve, ca. 1½ Std. Dauer.

Rappi Ballon
Lindenhofstrasse 16
8640 Rapperswil
Tel. 079 420 59 59

www.rappiballon.ch
Ballonfahrten über dem
Zürichsee.

Golf
Golf Club Crans-sur-Sierre
3963 Crans-Montana
Tel. 027 485 97 97
www.golfcrans.ch
18 Löcher, Par 72. Einer der
schönsten Turnierplätze der Welt.

Golf Club de Genève
Route de la Capite 70
1223 Cologny-Genève
Tel. 022 707 48 00
18 Löcher, Par 72.

Golf Club Küssnacht am Rigi
6403 Küssnacht am Rigi
Tel. 041 854 40 20
www.gck.ch
Der 18-Loch-Platz wird als sehr
umweltfreundlich gelobt.

Holzzuberbäder
Berglialp Matt
8766 Matt
Tel. 055 642 14 92
www.molkenbad.ch
Kräuter-, Honig- und Molke-
bäder unter freiem Himmel in
Holzzubern.

Radfahren &
Mountainbiking
Bike Arena
Parkhotel Schoenegg
3818 Grindelwald
Tel. 033 854 18 18
www.bikearena.ch
Geführte Touren für Anfänger
und Profis in der Jungfrau-
Region.

Bike Tech AG
Schwende 1
4950 Huttwil
Tel. 062 959 55 55
www.flyer.ch
Flyer-E-Bike-Ferien, Verleih,
Tagesausflüge und geführte
Touren.

Rentabike
www.rentabike.ch
Schweizweiter Fahrradverleih
(Stadträder, Mountainbikes,
Tandems und E-Bikes) ab vielen
Orten, z.B. Basel, Fribourg und
Yverdons-les-Bains.

SwissTrails GmbH
Chlupfstrasse 8
8165 Oberweningen
Tel. 043 422 60 22
www.swisstrails.ch
Verleih von Touren- und
Rennrädern sowie Mountain-
und E-Bikes, auch Touren mit
Gepäcktransport.

Sternbeobachtung
Observatoire Robert-A. Naef
Route du Petit-Épendes 45
1731 Épendes
Tel. 026 413 10 99
www.observatoire-naef.ch
Jeden Freitagabend öffentlich
zugänglich.

Wassersport
Centre Nautique Les Vikings
Avenue des Pins 34
1462 Yvonand
Tel. 079 342 90 50
www.lesvikings.ch
Verleih von Segel-, Tret- und
kleinen Motorbooten; Segel-
und Windsurf-Unterricht.

Ciels Bleus
Place du Vieux-Port
1006 Ouchy-Lausanne
Tel. 076 366 39 49
www.bateauecole.ch
Bootsverleih, Segel- und
Wasserski-Schule.

Kanuschule Scuol Outdoor
Engadin
Punt 42
7550 Scuol
Tel. 081 860 02 06
www.outdoor-engadin.ch
Kanutouren auf dem Inn im
schönen Unterengadin.

Lang Sailing
Seestrasse 24
8712 Stäfa
Tel. 044 928 18 18
www.sail.ch
Segelunterricht und Bootsverleih
am Zürichsee.

Wintersport
Bergün Filisur Tourismus
Hauptstrasse 83
7482 Bergün/Bravuogn
Tel. 081 407 11 52
www.berguen-filisur.ch
Die erste beleuchtete Rodel-
piste der Schweiz – die längste
Europas-– zieht sich über sechs
Kilometer von Preda nach Bergün.
Mit dem Zug geht es wieder den
Berg hinauf.

Kronberg-Bobbahn
Jakobsbad
Tel. 071 794 12 89
www.kronberg.ch
Sommerbobbahn am Fuß des
Kronbergs. Außerdem Seilpark
Jakobsbad.

Siberia Sports
Clos-Rognon
2406 La Brévine
Tel. 032 935 13 24
Fax 032 935 13 30
www.siberiasports.ch
Verleih von Langlaufausrüstung
und Schneeschuhen. Geführte
abendliche Schneeschuhwande-
rungen.

Tobogganing Park
Place des Feuilles
1854 Leysin
Tel. 024 494 28 88
www.tobogganing.ch
Snowtubing, nur im Winter, je
nach Schneeverhältnissen.

REGISTER

BILDNACHWEIS

Umschlagvorderseite: (o) Perov Stanislav/iStockphoto.com;
(ul) Steven Allen/iStockphoto.com; (ur) Creativaimage/
iStockphoto.com; Buchrücken: Shutterstock; Umschlagrück-
seite: (o) White Smoke/Shutterstock; (m) Shutterstock; (u)
Rudy Mareel/Shutterstock

2-3, Robert Harding/Photolibrary; 8, Bon Appetit/Alamy;
11, Fedor Selivanov/Shutterstock; 12, Look-foto/Photo-
library; 15, Stuart Dee/Photographers Choice/Getty Images;
16, Getty Images; 18, Robert Sprich/EPA/Corbis; 20-21,
Prisma Bildagentur AG/Alamy; 22, Arnd Wiegmann/
Reuters/Corbis; 24-25, Alistair Scott/Alamy; 27, Michael
Peuckert/Imageboker/Photolibrary; 28-29, Cornelia Doerr/
Age Fotostock/Photolibrary; 33, Luis Castaneda/Age
Fotostock/Photolibrary; 36, The Art Archive/Alamy; 39,
akg-images/Alamy; 40-41, Prisma Bildagentur AG/Alamy;
43, Andy Christiani; 45, Sigi Tischler/Keystone/Corbis;
46-47, Hemis/Alamy; 48, Prisma Bildagentur AG/Alamy;
51, Guenter Fischer/Imagebroker/Photolibrary; 53,
Imagebroker/Alamy; 54-55, JTB/Photolibrary; 56, Konrad
Wothe/Look-foto/Photolibrary; 60, Peter Richardson/
Robert Harding/Photolibrary; 63, Patrick Forget/Saga/
Photolibrary; 64, Patrick Forget/Saga/Photolibrary; 66,
Guenter Fischer/Imagebroker/Photolibrary; 69, Patrick
Forget/Saga/Photolibrary; 70, Tips Italia/Photolibrary; 72,
Imagebroker/Alamy; 75, Ingolf Pompe/Look-foto/Photo-
library; 76, Norbert Eisele-Hein/Imagebroker/Photolibrary;
78, White Smoke/Shutterstock; 80, Martin Moxter/Image-
broker/Photolibrary; 82, Gamma-Rapho/Getty Images; 84,
Walter Bibikow/Mauritius/Photolibrary; 86, Hervé Gyssels/
Photolibrary; 88, P. Narayan/Age Fotostock/Photolbrary;
91, Prisma Bildagentur AG/Alamy; 92, Ingolf Pompe/Look-
foto/Photolibrary; 94, Paul Raftery/View pictures/Photo-
library; 96, Martin Moxter/Imagebroker/Photolibrary; 98,
Jean-Lou Zemmermann/Bios/Photolibrary; 100, J. Charles
Gerard/Photolibrary; 101, Werner Dieterich/Imagebroker/
Photolibrary; 103, Michael Szonyi/Imagebroker/Photo-
library; 104, Hemis/Alamy; 107, Franck Guiziou/Hemis/
Photolibrary; 109, Media Colours/Alamy; 110, Louis Ber-
trand/Age Fotostock/Photolibrary; 112, JTB/Photolibrary;
116, Andy Christiani; 118, Andy Christiani; 120, S. Kennedy
Taylor/Getty Images; 123, Blaine Harrington III/Corbis; 124,
Norbert Eisele-Hein/Imagebroker/Photolibrary; 126, Fedor
Selivanov/Shutterstock; 128, Fresh Food Images/Photo-
library; 130, Ingolf Pompe/Look-foto/Photolibrary; 133, Paul
Thompson/Ticket/Photolibrary; 134, Gavin Hellier/Robert
Harding/Photolibrary; 136, Glyn Thomas/Age Fotostock;

138, Geoffrey Taunton/Alamy; 141, Prisma Bildagentur
AG/Alamy; 142, David Noton Photography/Alamy; 144,
Daniel Boschung/Corbis; 146, istockphoto/Thinkstock;
149, Guenter Fischer/Imagebroker/Photolibrary; 150,
Jevgenija Pigonze/Imagebroker/Photolibrary; 152, David
Wei/Alamy; 155, Norbert Eisele-Hein/Imagebroker/Photo-
library; 156, Andre Jenny/Alamy; 158, Eddie Gerald/Alamy;
162, Andy Christiani; 166, Andy Christiani; 168, Blickwinkel/
Alamy; 169, Barbara Boensch/Imagebroker/Photolibrary;
170, Martin Ruetschi/Corbis; 173, Prisma Bildagentur
AG/Alamy; 174, Hans Georg Eiben/F1 Online/Photolibrary;
176, Ingolf Pompe/Hemis/Photolibrary; 178, Bildarchiv
Monheim GmbH/Alamy; 181, Ingolf Pompe/Look-foto/
Photolibrary; 182, Steve Vidler/Photolibrary; 185, Prisma
Bildagentur AG/Alamy; 186, Ingolf Pompe/Look-foto/
Getty Images; 190, Ludovic Maisant/Hemis/Corbis; 193,
travelstock44/Alamy; 195, travelstock44/Photolibrary; 196,
Richard T. Nowitz/Corbis; 198, travelstock44/Alamy; 200,
Ludovic Maisant/Hemis/Corbis; 202, Thomas Sbampato/
Imagebroker/Photolibrary; 205, Massimo Borchi/Atlantide
Phototravel/Corbis; 206, Interfoto/Alamy; 208, Prisma
Bildagentur AG/Alamy; 211, Prisma Bildagentur AG/Alamy;
212, Shutterstock; 215, Eisbahnwadi Wadenswil/Swiss
Tourism; 216, travelstock44/Photolibrary; 218, Nick
Biemans/Shutterstock; 220, Werner Dieterich/Alamy; 223,
Werner Dieterich/Alamy; 224, Prisma Bildagentur AG/
Alamy; 226, Shutterstock; 228, Andy Christiani; 230, Ken
Welsh/Age Fotostock/Photolibrary; 233, Peter Wey/Shut-
terstock; 234, Peter Arnold Travel/Photolibrary; 236, Olaf
Boders/OSF/Photolibrary; 238, Interfoto/Alamy; 240, Rudy
Mareel/Shutterstock; 242, Rafael Rojas/Bios/Photolibrary;
245, JTB/Photolibrary; 246, Prisma Bildagentur AG/Alamy;
248 Ervin Monn/Shutterstock; 251, Tips Italia/Photolibrary;
252, Angelo Cavalli/Age Fotostock; 254, Robert Harding/
Alamy; 256, Darryl Leniuk/Getty Images; 259, Tibor Bognar/
Alamy; 260, Michael Szonyi/Imagebroker/Photolibrary; 262,
Shutterstock; 264, travelstock44/Alamy; 266, Shutterstock;
268, Andreas Strauss/Age Fotostock/Photolibrary; 270,
Dallas and John Heaton/Photolibrary.

Ein besonderer Dank gilt Photolibrary und Alamy für die sensationellen Bilder und Andy Christiani für seinen fotografischen
Beitrag. Windmill Books hat alles unternommen, um Urhebe-
rrechtsinhaber ausfindig zu machen. Fehlende Informationen
bitte per E-Mail an smortimer@windmillbooks.co.uk.

In der Reihe NATIONAL GEOGRAPHIC TRAVELER sind bisher folgende Titel erschienen:

ÄGYPTEN
ALASKA
AMSTERDAM
ARGENTINIEN
AUSTRALIEN
BARCELONA
BERLIN
BOSTON UND UMGEBUNG
CHINA
COSTA RICA
DEUTSCHE NATIONALPARKS
DOMINIKANISCHE REPUBLIK
FLORENZ UND TOSKANA
FLORIDA
FRANKREICH
GRIECHENLAND
GROSSBRITANNIEN
HAWAII
HONGKONG
INDIEN
IRLAND
ISTANBUL UND WESTLICHE
    TÜRKEI
ITALIEN
JAPAN
KALIFORNIEN
KAMBODSCHA
KANADA
KANADA-NATIONALPARKS
KARIBIK
KRETA
KUBA
LONDON
MADRID
MAROKKO
MEXIKO
MIAMI UND DIE FLORIDA KEYS
NEAPEL UND SÜDITALIEN
NEUSEELAND
NEW YORK
PANAMA
PARIS
PEKING
PERU
PIEMONT UND
    NORDWEST-ITALIEN MIT
    TURIN UND DEN ALPEN
PORTUGAL
PRAG UND TSCHECHIEN
PROVENCE UND CÔTE D'AZUR
ROM
RUMÄNIEN
SAN FRANCISCO
SANKT PETERSBURG
SCHOTTLAND
SHANGHAI
SIZILIEN
SPANIEN
STATE PARKS – AMERIKAS
    „KLEINE NATIONALPARKS"
SÜDAFRIKA
SYDNEY
TAIWAN
THAILAND
USA-NATIONALPARKS
VENEDIG
VIETNAM
WASHINGTON, D.C.
WIEN

Weitere Titel in Vorbereitung

Copyright © der Originalausgabe: National Geographic Society, Washington, D.C. 2012

Deutsche Ausgabe veröffentlicht von NATIONAL GEOGRAPHIC DEUTSCHLAND (G+J/RBA GmbH & Co KG),
1. Auflage, Hamburg 2012

Übersetzung: Gunter Mühl, Inga-Brita Thiele
Redaktion: Dorit Aurich, Julia Niehaus
Gesamtproducing: Bintang Buchservice GmbH, www.bintang-berlin.de
Druck und Verarbeitung: Offizin Andersen Nexö Leipzig GmbH

Printed in Germany
ISBN 978-3-86690-274-9

Titel der amerikanischen Originalausgabe:
National Geographic Traveler Switzerland

Die National Geographic Society, eine der größten gemeinnützigen wissenschaftlichen Vereinigungen der Welt, wurde 1888 gegründet, um «die geographischen Kenntnisse zu mehren und zu verbreiten». Sie unterstützt die Erforschung und Erhaltung von Lebensräumen sowie Forschungs- und Bildungsprogramme. Ihre weltweit mehr als neun Millionen Mitglieder erhalten monatlich das NATIONAL GEOGRAPHIC-Magazin, in dem die besten Fotografen der Welt berichten. Ihr Ziel: *inspiring people to care about the planet*, Menschen zu inspirieren, sich für ihren Planeten einzusetzen.

Die National Geographic Society informiert nicht nur durch das Magazin, sondern auch durch Bücher, Fernsehprogramme und DVDs.

Falls Sie mehr über NATIONAL GEOGRAPHIC wissen wollen, besuchen Sie unsere Website unter www.nationalgeographic.de